KB040996

논리적 사고의 기초

논리적 사고의 기초

최원배 지음

논리적 사고의 기초

최원배 지음

펴낸이 — 이숙
펴낸곳 — 도서출판 서광사
출판등록일 — 1977. 6. 30.
출판등록번호 — 제 406-2006-000010호

(10881) 경기도 파주시 회동길 77-12 (문발동)
Tel · (031) 955-4331 | Fax · (031) 955-4336
E-mail · phil6161@chol.com
http://www.seokwangsa.co.kr | http://www.seokwangsa.kr

제1판 제1쇄 펴낸날 · 2019년 3월 20일
제1판 제4쇄 펴낸날 · 2024년 1월 20일

ISBN 978-89-306-2422-0 93170

: **머리말**

이 책의 소개

이 책은 표준적인 논리학 입문서이다. 이 책은 다음 세 가지 특징을 지니고 있다. 첫째, 이 책은 논리학을 처음 배울 때 다루어야 할 핵심 주제를 모두 담고 있다. 이에 따라 명제논리 체계의 건전성과 완전성 증명도 다루었다. 둘째, 이 책은 입문서라는 점을 감안하여 논리학의 기초 개념이나 논리학에서 사용하는 여러 기법들을 자세하게 소개하고 있다. 특히 기법을 단순히 소개하는 데 그치지 않고, 그 기법의 배후에 있는 작동 원리를 파악할 수 있도록 하였다. 셋째, 이 책은 자연연역의 방법을 채택하여 논리학을 전개하고 있다. 이로써 논리학을 공부하는 것이 추론 능력을 키우는 데 보탬이 된다는 점을 실감할 수 있도록 하였다.

교재로 사용하는 선생님들께

이 책은 3학점 한 학기 수업의 교재로 쓰기 위해 만든 것이다. 다 다루기 벅차 일부를 빼야 한다면 다음과 같은 순서로 빼는 것이 좋을 것 같다.

첫째, 5.4절을 빼는 방안이다. 이 절은 이 책에서 가장 어려운 부분으로 명제논리의 완전성을 증명하는 부분이다. 5장 메타 논의 전체를 빼는 방안도 생각할 수 있겠지만 권할 만한 것은 아니다. 내 경험에 비추어 볼 때, 메타 논의를 훨씬 흥미로워 하는 학생도 꽤 있다.

둘째, 앞의 5.4절에 더해 진리나무의 방법을 전부(4.4절과 9장) 빼거나 일부(9장만 제외)를 빼는 방안이 가능하다. 일부를 뺄 경우 명제논리에 적용하는 방법만 다루고 이를 확장해 양화논리에 적용하는 것은 다루지 않아도 된다.

　셋째, 그래도 시간에 쫓긴다면 추가로 8장을 빼는 것도 한 가지 방안이다. 이렇게 하더라도 자연연역의 방법을 온전하게 소화하는 데는 문제가 없을 것이며, 특히 2학점 논리학 수업이라면 이것이 좋은 방안일 수 있다.

감사의 말

　이 책 도처에서 더미트, 프레게, 겐첸, 레몬의 영향력을 쉽게 감지할 수 있을 것이다. 나는 이들의 책으로부터 많은 것을 배웠다. 이밖에도 포브스, 호슨, 세인즈베리, 뉴턴 스미스, 피터 스미스, 스트로슨, 토마시의 책도 큰 도움이 되었다.

　나는 학부와 대학원에서 여훈근, 이초식 선생님께 논리학을 배웠다. 이분들에게 우선 감사를 드린다. 또한 자연연역의 방법이나 메타 논의와 관련해서는 한때 같이 모여 논리학을 공부했던 모임의 도움이 컸다. 그 모임의 구성원이었던 박준용, 김범인, 김동현 선생님 등께 이 자리를 빌려 감사를 드린다. 강의안을 다듬어 책으로 내도록 재촉해 준 홍지호 선생님, 그리고 이 책의 최종 원고를 읽고 많은 제안을 해 준 여영서 선생님께도 감사를 드린다. 무엇보다 논리학 강의를 계속 할 수 있도록 배려해 준 민찬홍 선생님께 특별히 감사를 드리고 싶다. 아울러 우리 과의 〈추리의 기법〉 수강생들에게도 감사의 말을 전하고 싶다. 그들의 예리한 질문 덕분에 나는 이 책에서 많은 것들을 좀 더 분명하게 표현할 수 있게 되었다고 생각한다.

　이 책을 통해 논리학이 논의거리가 풍부하고 꽤 흥미로운 학문임을 깨닫는 사람이 조금이라도 늘어나길 바란다.

2019년 2월 20일

최원배

: 차례

1장
논리학의 기초 개념

이 장에서는 타당성 개념을 중심으로 논리학의 기초 개념 몇 가지를 소개한다.
핵심 개념: 연역 논증, 단조성, 타당성, 논증의 반례, 일관성

1.1 논리학과 논증

논리학이란 무엇인가? 논리학에 대한 일반적인 정의 가운데 하나는 '좋은 논증과 나쁜 논증을 구분하는 일반적 방법을 다루는 학문'이라는 것이다. 이는 논증이 논리학의 주제임을 말해 준다. 그러면 논증이란 무엇인가? 다음이 논증의 간단한 예이다.

연수가 범인임이 분명해. 왜냐하면 목격자의 증언이 사실이라면, 연수가 범인일 수밖에 없는데, 목격자의 증언이 사실이라는 것이 최근 밝혀졌거든.

이 논증을 제시하는 사람은 연수가 범인이라는 자신의 주장이 옳다는 것을 보이기 위해 그 주장을 뒷받침한다고 생각되는 이유나 근거를 대고 있다.[1]

---

[1] **논증, 추리, 추론**
논리학의 탐구 주제를 이야기할 때, '논증'(argument)이라는 표현 외에 '추리'나 '추론'(inference, reasoning)이라는 표현을 쓰기도 한다. 우리 국어사전에 따르면, '논증'은 '옳고 그름을 이유를 들어 밝힘'이란 뜻이며, '추리'는 '알고 있는 것을 바탕으로 알지 못하는 것을 미루어서 생각함'이란 뜻이다. 사전에 나오는 설명을 따른다면, 다음은 논증의 예라고 할 수 있다.

논증을 제시하는 사람이 궁극적으로 내세우고자 하는 주장을 '결론'(conclu-sion)이라 부르고, 결론을 뒷받침하기 위해 제시되는 이유나 근거를 '전제'(premise)라 부른다. 따라서 논증은 다음과 같은 모양을 띠고 있다고 할 수 있다.

전제 $A_1, A_2, A_3, ..., A_n$
———————————————
결론 C

• 전제가 결론을 뒷받침한다.

전제나 결론을 구성하는 것은 일상적으로 '주장'이라고 부르는 것으로, 논리학에서는 이를 '명제'라고 한다. 명제의 특징은 맞거나 틀린다는 점이다. 맞는 명제를 참인 명제, 틀린 명제를 거짓인 명제라 부르는데, 이런 '참'과 '거짓'을 '진리값'(truth-value)이라 부른다.

연수는 이제 더 이상 학교를 못 다니게 될 것이다.
왜냐하면 학사 경고를 세 번 받으면 학교를 더 이상 못 다니게 되는데, 연수는 이번에 세 번째 학사 경고를 받았기 때문이다.

여기서 논증을 제시하는 사람은 연수가 더 이상 학교를 못 다니게 되었다는 사실을 이미 알고 있다. 그는 이 주장이 옳은 이유를 나름대로 제시하고 있는 것이다. 반면 다음은 추리의 예라고 할 수 있다.

학사경고를 세 번 받으면 학교를 더 이상 못 다니게 되는데, 연수는 이번에 세 번째 학사 경고를 받았다.
따라서 연수는 이제 더 이상 학교를 못 다니게 될 것이다.

이렇게 말하는 사람은 연수가 더 이상 학교를 못 다니게 되었다는 사실을 이전에는 모르고 있었다. 추리를 통해 그 사람은 새로이 이 사실을 알게 된 것이다. 결국 연수가 더 이상 학교를 못 다니게 되었다는 사실을 알고 있는 상태에서 그 주장이 참임을 보이기 위해 근거를 제시하는 것인지 아니면 제시된 정보를 이용해 그 사실을 새로이 알게 된 것인지에 따라 논증과 추리가 나뉜다고 말할 수 있다.

하지만 논증과 추리 모두 전제에 나와 있는 주장과 결론에 나와 있는 주장이 일정한 지지관계에 있다는 것을 말한다는 점에서는 서로 같다. 이런 이유에서 우리는 '논증'과 '추리', '추론'을 구분하지 않고 혼용해서 쓸 것이다.

연역 논증과 귀납 논증

결론이 받아들일 만한 것임을 보이기 위한 논증에는 기본적으로 두 가지 유형이 있다. 하나는 전제에 비추어 볼 때, 결론이 참일 수밖에 없다는 점을 보이고자 하는 논증이다. 이런 논증을 '연역 논증'이라 부른다. 다른 하나는 전제에 비추어 볼 때, 결론이 참일 가능성이 높다는 것을 보이고자 하는 논증이다. 이런 논증을 '귀납 논증'이라 부른다. 전제에 비추어 볼 때 결론이 명백히 옳다는 것을 보이기 위한 논증도 있고, 그 정도는 아니지만 결론의 신빙성이 상당히 높다는 것을 보이기 위한 논증도 있는 것이다.[2]

논증 { 연역 논증
　　　 귀납 논증

두 가지 유형의 논증을 더 나눌 수 있다. 연역 논증 가운데 실제로 전제가 결론을 완벽하게 정당화하는 논증이 있고 그렇지 못한 논증이 있다. 연역 논증의 목표를 실제로 달성하는 논증이 있고 그렇지 못한 논증이 있는 것이다. 다음 예를 보자.

(가) 19살이 넘은 사람은 모두 투표권이 있는데, 강희도 이제 19살이 넘었다. 따라서 강희도 이제 투표권이 있다.

(나) 어떤 사람은 춤을 잘 추고 어떤 사람은 노래를 잘한다. 따라서 춤도 잘 추고 노

2　연역 논증을 '일반적인 전제로부터 개별 사례에 관한 결론을 이끌어 내는 논증'이라고 설명하고, 귀납 논증을 '개별 사례에 관한 주장을 근거로 일반적인 결론을 이끌어 내는 논증'이라고 설명하는 경우가 흔히 있다. 그러면서 전자의 예로, "모든 사람은 죽는다, 소크라테스는 사람이다. 따라서 소크라테스는 죽는다"를 들고, 후자의 예로, "까마귀 #1이 검다, 까마귀 #2가 검다, …, 따라서 모든 까마귀는 검다"를 들곤 한다. 만약 이 설명이 연역 논증과 귀납 논증의 전형적 형태를 이야기해 주는 데 그치는 것이라면, 이는 받아들일 만하다. 하지만 그것이 연역 논증과 귀납 논증을 가르는 구분 기준이라고 생각한다면, 그것은 잘못이다. 연역 논증 가운데도 일반적인 주장을 결론으로 이끌어 내는 것("우리 반 학생들은 모두 장학생이고, 장학생은 모두 등록금을 내지 않는다. 따라서 우리 반 학생들은 모두 등록금을 내지 않는다")이 있고, 귀납 논증 가운데도 개별 사례에 관한 결론을 이끌어 내는 것("우리 반 학생들은 대부분 일반고 출신이고, 연수는 우리 반 학생이다. 따라서 연수도 일반고 출신일 것이다")이 있기 때문이다.

래도 잘하는 사람이 있게 마련이다.

(가)는 전제의 참이 결론의 참을 실제로 확실하게 보증하는 논증이다. 이런 논증을 '연역적으로 타당한'(deductively valid) 논증이라 부른다. (나)는 그렇지 않다. 이런 논증을 '연역적으로 부당한'(deductively invalid) 논증이라 부른다.[3]

연역 논증을 타당한 논증과 부당한 논증으로 나눌 수 있듯이, 귀납 논증을 두고서도 비슷한 구분을 할 수 있다. 귀납 논증으로 의도된 논증 가운데도 좋은 논증이 있고 나쁜 논증이 있다. 다음 예를 보자.

(다) 나는 연수가 듣는 수업을 여러 차례 같이 들었다. 그런데 연수는 수업 때마다 대개 지각을 하곤 했다. 따라서 연수는 오늘도 이 수업에 지각을 할 것 같다.

(라) 연수는 지난주에 있었던 이 수업에 지각을 했다. 따라서 연수는 오늘도 이 수업에 지각을 할 것 같다.

전제에 나와 있는 증거만을 바탕으로 생각해 본다고 하자. (다)에서는 전제가 결론을 강하게 뒷받침한다고 할 수 있다. 내가 연수와 여러 수업을 같이 들어 보았고, 수업 때마다 연수가 대개 지각을 하곤 했다는 사실에 비추어 볼 때, 우리는 오늘도 연수가 지각할 것이라고 충분히 예상할 수 있다. 반면 (라)는 그렇지 않다. (다)처럼 전제에 비추어 볼 때 결론이 참일 가능성이 높은 논증을 '귀납적으로 강한'(inductively strong) 논증이라 부르고, 그렇지 않은 논증을 '귀납적으로 약한'(inductively weak) 논증이라 부른다.

의도한 목적을 달성하는지를 고려할 때, 논증을 다음과 같이 구분할 수 있다.

$$
\text{논증}
\begin{cases}
\text{연역 논증}
\begin{cases}
\text{연역적으로 타당한 논증} \\
\text{연역적으로 부당한 논증}
\end{cases} \\
\text{귀납 논증}
\begin{cases}
\text{귀납적으로 강한 논증} \\
\text{귀납적으로 약한 논증}
\end{cases}
\end{cases}
$$

---

3 앞으로는 '연역적으로' 라는 말을 빼고 그냥 '타당한', '부당한' 이라고 말하겠다.

연역 논증과 귀납 논증의 차이

연역 논증과 귀납 논증 사이에는 중요한 차이가 있다. 논증의 전제가 모두 참이라고 해 보자. 이때 타당한 연역 논증이라면 그 논증의 결론은 결코 거짓일 수 없다. 하지만 강한 귀납 논증이라 하더라도 그 논증의 결론은 거짓일 수 있다. 이것이 연역 논증과 귀납 논증의 중요한 차이 가운데 하나이다. 논증 (다)의 예에서, 어젯밤에 연수가 마음을 다잡아 먹고 앞으로는 절대 지각을 하지 않겠다고 결심했을 수도 있다. 그래서 연수가 오늘부터는 제때 수업에 올 수도 있다. 만약 그런 일이 실제로 벌어진다면 결론은 거짓이 될 것이다. 그러므로 귀납적으로 강한 논증이라 하더라도 전제의 참이 결론의 참을 확실하게 보장하는 것은 아니다. 이 점에서 강한 귀납 논증은 타당한 연역 논증과 뚜렷이 대비된다.[4]

연역 논증과 귀납 논증 사이에는 새로운 정보가 하는 기능과 관련해 또 다른 중요한 차이가 있다. 어떤 연역 논증이 타당하다고 해 보자. 이때 어떠한 새로운 주장을 전제에 추가하더라도 그 논증의 타당성은 영향을 받지 않는다. 다시 말해, 원래의 논증이 타당하다면 그 논증의 전제에 어떠한 주장을 새로이 첨가하든 그 논증은 여전히 타당한 것으로 남는다.[5] 타당한 연역 논증이 가진 이런 독특한 성질을 일컬어 '단조적'(monotonic)이라고 말한다. 귀납 논증에서는 사정이 아주 다르다. 새로운 주장이 전제에 추가됨에 따라, 원래의 논증이 강한 논증으로 바뀌는 경우도 있고, 약한 논증으로 바뀌는 경우도 있다. 물론 논증의 강도에 아무런 영향을 주지 않는 경우도 있다. 그것은 전제에 새로이 추가되는 주장이 어떤 것이냐에 달려 있다. 귀납 논증이 가진 이런 성질을 일컬어 '비단조적'(non-monotonic)이라고 말한다.

---

4 연역적 타당성이라는 잣대를 가지고 평가한다면 귀납 논증은 모두 '부당한' 논증이 되고 만다. 실제로 그렇게 분류하는 사람도 있다. 하지만 이는 지나친 평가가 아닌가 한다. 귀납 논증은 연역적 타당성과 같은 엄격한 기준을 만족시키기 위해 제시된 논증이 아니기 때문이다. 도리어 연역 논증과 귀납 논증은 서로 목표가 다르고, 따라서 서로 다른 기준으로 평가하는 것이 더 온당해 보인다.

5 이 점을 도식적으로 나타내면 다음과 같다.

논증 "A_1, A_2, A_3, ..., A_n 따라서 C"가 타당하다면, 논증 "A_1, A_2, A_3, ..., A_n, B 따라서 C"도 타당하다.

이 단계에서 이를 납득하기란 쉽지 않을 것이다. '타당성'은 생각보다 훨씬 까다로운 개념이다. 나중에 이를 살펴볼 것이다.

귀납 논증이 비단조적이라는 것은 우리가 이미 알고 있던 사실이다. 과학의 이론이나 가설은 대개 귀납 추론을 통해 얻은 결론인데, 과학 이론의 신뢰성은 때로 극적으로 변화하기도 한다. 새로운 증거가 발견됨에 따라 기존의 이론이 옳을 가능성이 훨씬 커지는 경우도 있고, 틀릴 가능성이 커져 그 이론을 폐기해야 하는 경우도 있다. 이 점을 앞서 본 예 (다)를 통해 다시 생각해 보자. 이 논증에서는 내가 연수와 여러 차례 수업을 같이 들었는데, 수업 때마다 지각을 하곤 했다는 것이 애초 주어진 정보였다. 이제 새로이 다음과 같은 사실이 알려졌다고 해 보자.

수업 전에 연수는 늘 아르바이트가 있었고, 이 때문에 그가 주로 지각을 했고, 이제 그가 아르바이트를 그만두었다.

이런 정보가 추가될 경우, 논증 (다)의 강도는 낮아질 것이다. 한편 이번에는 다음과 같은 정보가 새로이 추가되었다고 해 보자.

연수는 수업 시간뿐만 아니라 다른 사람과의 약속 시간에도 제때 온 적이 별로 없다.

이때 논증 (다)의 강도는 한층 높아질 것이다. 귀납 논증이 갖는 이런 비단조성 때문에 귀납 논증에서는 새로운 증거가 원래의 논증을 강화하는지 약화하는지를 제대로 평가할 줄 아는 능력이 아주 중요하다. 이 주제는 비판적 사고(critical thinking)에서 다룬다. 이 책의 논의는 연역 논증에 국한되며, 이에 따라 앞으로 '논증'은 모두 연역 논증으로 의도된 논증을 의미할 것이다.

1.2 타당한 논증이란?

전제가 결론을 완벽하게 뒷받침한다는 것을 보일 목적으로 제시하는 연역 논증 가운데, 실제로 결론을 완벽하게 뒷받침하는 논증을 '타당한 논증'이라 부르고, 그렇지 않은 논증을 '부당한 논증'이라 부른다고 했다. 연역 논증이 타당하다는 말을 다음과 같이 여러 방식으로 표현하기도 한다.

> 연역 논증이 타당하다.
> ⇔ 전제가 결론을 함축한다(imply).
> ⇔ 전제로부터 결론이 따라 나온다(follow from).
> ⇔ 결론은 전제의 논리적 귀결(logical consequence)이다.

이들은 모두 같은 의미이다. 그래서 "논리학은 어떤 것으로부터 무엇이 따라 나오는지(what follows from what)를 연구하는 학문이다"라거나 "논리학은 논리적 귀결 관계를 탐구하는 학문이다"라는 말로 논리학을 정의하기도 한다. 이 점은 논리학에서 타당성(validity) 개념이 얼마나 중요한지를 잘 보여 준다. 타당한 논증이 되려면 정확히 어떤 조건을 만족해야 하는지, 타당한 논증인지 여부를 어떻게 판별할 수 있는지, 나아가 타당한 논증이 왜 중요한지 등을 좀 더 자세히 살펴보기로 하자.

타당한 논증의 정의

'연역 논증이 타당하다'는 말은 다음을 의미한다.[6]

> 연역 논증이 타당하다.
> ⇔ 전제가 모두 참이라면 결론이 참일 수밖에 없다(반드시 참이다).
> ⇔ 전제가 모두 참이면서 결론이 거짓일 수는 없다.
> ⇔ 결론이 거짓이라면 전제 가운데 적어도 하나는 거짓일 수밖에 없다.[7]

---

6 '타당성'은 여러 개의 주장으로 이루어지는 논증에 적용되는 개념이다. 한편 '참'이나 '거짓'은 논증을 구성하고 있는 개별 주장(명제)에 적용되는 개념이다. 간단히 말해 논증은 타당하거나 부당한 반면, 주장(명제)은 참이거나 거짓이다. 논리학 안에서 '참인 논증'이나 '타당한 주장'이란 말을 한다면, 그것은 심각한 혼동이다.

7 불필요한 오해를 방지하려면 타당성의 정의를 다음과 같이 적는 것이 더 좋다.

> 연역 논증이 타당하다.

세 가지는 모두 같은 정의로서, 각각은 타당한 논증이 되기 위한 필요충분조건을 서술한 것이다. 그러므로 타당한 논증이 되려면 여기 나온 조건 가운데 어느 하나를 만족해야 하며, 여기 나온 조건 가운데 어느 하나만 만족하면 타당한 논증이 된다.

타당성의 기준을 적용하기

타당한 논증의 정의를 이용해 아래 논증이 타당한지 여부를 따져 보기로 하자.

(1) 19살이 넘은 사람은 모두 투표권이 있다. 강희는 19살이 넘은 사람이다. 따라서 강희는 투표권이 있다.

(2) 연수의 고향은 연천이거나 포천이다. 연수의 고향은 연천이 아니다. 따라서 연수의 고향은 포천이다.

(3) 지영이는 2학년이고 진영이는 3학년이다. 따라서 지영이는 2학년이다.

첫 번째 정의를 적용해 (1)의 타당성을 따져 보자. 이를 위해 먼저 (1)의 전제가 모두 참이 되는 상황을 생각해 보자. 이 상황에서는 강희가 19살이 넘은 사람이고, 또한 19살이 넘은 사람은 모두 투표권을 가지고 있다. 이런 상황에서는 강희도 투표권이 있을 테고, 따라서 결론의 주장은 참일 것이다. 그러므로 이 논증은 타당하다. (2)에는 두 번째 정의를 적용해 보자. 이 논증의 두 전제가 모두 참이 되는 상황은 연수의 고향이 연천이거나 포천인데, 연천은 아닌 상황이다. 이 두 전제가 모두 성립하는 상황이라면 연수의 고향은 포천이어야 한다. 그러므로 그 상황에서는 결론이 말하는, 연수의 고향이 포천이라는 것은 거짓일 수 없다. 결국 이 논증의 전제가 모두 참이면서 결론이 거짓일 수는 없을 테

⇔ "전제가 모두 참이라면 결론이 참이다"가 반드시 성립한다.

⇔ "전제가 모두 참이면서 결론이 거짓이다"라는 것은 결코 성립할 수 없다.

⇔ "결론이 거짓이라면 전제 가운데 적어도 하나는 거짓이다"가 반드시 성립한다.

간단히 말해 정의에 나오는 '반드시'나 '～일 수 없다'라는 이른바 양상성(modality)은 따옴표 안의 전체 주장을 수식하는 것이지 후반부(즉 '결론이 참이다'나 '결론이 거짓이다')만 수식하는 것이 아니다.

고, 따라서 이 논증은 타당하다. (3)의 경우 세 번째 정의를 적용해 보자. 결론
이 거짓이라고 가정해 보자. 그렇다면 전제는 분명히 참일 수 없다. 왜냐하면
지영이가 2학년이 아니라면 "지영이가 2학년이고 진영이는 3학년이다"는 주장
은 당연히 거짓이기 때문이다. 따라서 이 논증도 역시 타당하다.

　아래 논증이 타당한지 생각해 보자.

　(4) 수학과 학생들은 모두 노래방에 자주 간다. 영진이는 노래방에 자주 간다. 따라
　　　서 영진이는 수학과 학생이다.
　(5) 수빈이는 소설을 좋아하거나 영화를 좋아한다. 따라서 수빈이는 영화를 좋아한다.

우리는 (4)에서 수학과 학생은 모두 노래방에 자주 가고 또한 영진이도 노래방
에 자주 가는 것이 사실이지만, 영진이가 수학과 학생이 아니라 물리학과 학생
인 상황을 충분히 생각할 수 있다. 이런 상황에서는 전제는 모두 참이지만 결론
은 거짓이다. 따라서 이 논증은 부당하다. (5)의 경우 수빈이는 소설광이어서
문학지에 소설이 발표될 때마다 바로바로 읽어치우는 사람이지만 영화관 근처
에는 얼씬도 하지 않는 사람이라고 해 보자. 이런 상황이라면 전제는 참이지만
결론은 거짓이다. 우리는 이런 상황을 충분히 생각해 낼 수 있다. 따라서 이 논
증은 전제가 참이라고 해서 결론이 예외 없이 참인 것은 아니므로 부당하다.

타당성을 파악하기 위해 주장이 실제로 참인지를 알 필요는 없다.

　논증이 타당한지를 판별할 때 전제와 결론에 나오는 주장이 실제로 참인지
여부를 알 필요는 없다. 우리는 앞의 논증에 나오는 강희나 연수, 지영, 진영,
영진, 수빈 등이 정확히 누구인지를 모르고도 타당성을 결정할 수 있었다. 타당
한지 여부를 판단할 때 우리는 전제가 모두 참이 되는 상황에서는 예외 없이 결
론도 참인지를 생각해 보면 된다. 바꾸어 말해, 전제가 모두 참인데 결론은 거
짓이 되는 상황이 논리적으로 가능한지[8]를 생각해 보아 타당한지 여부를 결정

8　'현실적으로'나 '물리적으로' 불가능하더라도 '논리적으로'는 가능한 일도 많이 있다. 여기
서 말하는 가능성은 이처럼 범위가 가장 넓은 '논리적 가능성'이다. 가령 나는 '현실적으로'

짓는다. 혹은 전제를 모두 참으로 만들면서 결론은 거짓으로 만드는 것이 논리
적으로 가능한지를 따져 타당성을 판별한다고 할 수도 있다.

타당성 개념의 정확한 이해

'타당성'은 이해하기 까다로운 개념이다. 그렇기 때문에 타당성 개념을 조금
더 살펴보기로 하자.

① 타당한 논증이지만 결론이 거짓인 것도 있다.

타당성의 정의 가운데 하나는 '...면, ...'라는 '조건부 주장' 형태로 되어 있
다. 이 점을 눈여겨 본 사람이라면 타당한 논증 가운데 실제로는 결론이 거짓인
것도 있음을 충분히 예상할 것이다. 타당한 논증이란 '전제가 모두 참이라면 결
론도 참일 수밖에 없는 논증'을 말하지, '전제가 모두 참이고 결론도 참인 논
증'을 말하는 것이 아니다. 이 때문에 타당하지만 결론이 거짓인 논증도 있다.
다음이 그런 예이다.

(6) 정치인은 모두 소설가이다. 김대중은 정치인이다. 따라서 김대중은 소설가이다.

이 논증이 타당한 이유는, 전제가 모두 참인 상황 — 물론 이런 가상 상황에서
는 흥미롭게도 정치인들이 모두 소설가로 활동하고 있을 것이며, 김대중도 정
치인이면서 소설가로 활동하고 있을 것이다 — 에서는 예외 없이 결론도 참일
것이기 때문이다. 이 논증은 전제가 모두 참이었더라면, 결론도 참이었을 수밖
에 없다는 점에서 타당성 기준을 만족시킨다. 다음도 타당하지만 결론은 거짓
인 사례이다.

(7) 조정래의 고향은 연천이거나 포천이다. 조정래의 고향은 연천이 아니다. 따라서

100미터를 15초 안에 뛸 수 없지만, 그것이 '물리적으로' 불가능하지는 않다. 한편 인류가 태양
에 착륙하는 일은 '물리적으로' 불가능할지 모르지만 그것은 분명히 '논리적으로'는 가능한 일
이다.

조정래의 고향은 포천이다.[9]

(8) 김연수는 영화감독이고 김숨은 소설가이다. 따라서 김연수는 영화감독이다.

타당하지만 결론이 거짓인 논증이 생겨나는 이유는, 전제 가운데 적어도 하나는 거짓이기 때문이다. 이를 통해 우리는 타당성에 대한 세 번째 정의가 왜 첫 번째 정의와 같은지도 파악할 수 있다.

② 부당한 논증이지만 결론이 참인 것도 있다.
아래 논증은 모두 부당하지만 결론은 참이다.

(9) 한국인은 모두 표현의 자유를 가지고 있다. 공선옥은 표현의 자유를 가지고 있다. 따라서 공선옥은 한국인이다.
(10) 황석영은 평안도에서 태어났거나 만주에서 태어났다. 따라서 황석영은 만주에서 태어났다.
(11) 고래는 모두 동물이다. 포유류는 모두 동물이다. 따라서 고래는 모두 포유류이다.

특히 (11)이 부당한 논증임을 주목할 필요가 있다. 고래가 현재와 같이 바다에 사는 동물이고 포유류도 현재처럼 모두 동물이지만, 고래가 사실은 새끼를 낳는 것이 아니라 알을 낳는 상황을 우리는 생각해 낼 수 있다. 그런 상황에서라면 전제는 모두 참이지만 결론은 거짓이다. 이는 이 논증이 부당하다는 의미이다. 하지만 이 논증에 나오는 세 주장은 모두 참이다. 이 예는 타당한 논증이 단순히 참인 주장의 모임이 아님을 잘 보여 준다. 우리가 타당한 논증에 대해 기대하는 것은 단순히 참인 주장을 모아 놓는 것이 아니다.

③ 타당성의 관건은 진리 보존적인지 여부이다.
앞의 논의에 따를 때, 전제와 결론이 모두 참인 주장으로 이루어져 있다고 해

9　조정래는 전남 순천시 승주읍에 있는 선암사에서 태어났다.

서 무조건 그 논증이 타당한 것은 아니다. 나아가 전제에 거짓인 주장이 들어있다고 해서 무조건 그 논증이 부당한 것도 아니다. 도리어 논증의 타당성 여부는 전제의 참이 결론의 참을 어김없이 보장해 주는지에 달려 있다. 논리학에서는 이 점을 "타당한 논증은 '진리 보존적'(truth-preserving)이다"라는 말로 표현한다. 전제의 참이 결론의 참으로 그대로 보존되느냐가 타당성의 관건이라는 말이다. 이처럼 타당성이란 전제나 결론 그 자체에 관한 주장이 아니라, 도리어 전제와 결론 사이의 관계에 관한 주장이라는 점을 명심해야 한다. 타당성은 결론이 어쩌다가 우연히 맞아떨어졌는지의 문제가 아니며, 전제가 그러그러할 경우 결론이 한 치의 오차도 없이 언제나 맞게 되어 있는지의 문제이다.

  타당한 논증이더라도 결론이 거짓인 것이 있으므로, 타당한 논증이 무슨 소용이 있겠는가라고 생각하는 사람도 있을 것이다. 타당한 논증은 중요하다. 전제 가운데 거짓인 명제가 들어 있을 경우에는 타당한 논증이든 부당한 논증이든 똑같이 거짓인 결론을 가질 가능성을 열어 둔다. 하지만 전제가 모두 참인 것으로 이루어져 있다면 사정은 다르다. 이때 그것이 타당한 논증이라면, 우리는 그 결론을 안심하고 믿어도 된다. 하지만 부당한 논증이라면 그렇지 않다. 결론이 참인 경우도 있고 거짓인 경우도 있을 테고, 따라서 우리는 결론이 참인지를 확신할 수 없다. 이 점이 타당한 논증과 부당한 논증의 중요한 차이이다.

타당성과 논증 형식

  앞에 나온 (1)에서 (11)까지의 논증을 꼼꼼히 살펴본 사람이라면, 그 가운데 일부는 일정한 공통점을 지니고 있다는 사실을 알았을 것이다. 타당한 논증이라고 든 예 가운데 (1)과 (6)은 공통점을 지니고 있다.

  (1) 19살이 넘은 사람은 모두 투표권이 있다. 강희는 19살이 넘은 사람이다. 따라서 강희는 투표권이 있다.

  (6) 정치인은 모두 소설가이다. 김대중은 정치인이다. 따라서 김대중은 소설가이다.

이 둘이 지닌 공통점을 논리학자들은 '논리적 형식'(logical form)이라 부른다.

그것을 구체적으로 드러내면 (가)와 같다.

    (가) F는 모두 G이다. m은 F이다. 따라서 m은 G이다.

한편 다음 두 논증도 모두 타당한데, 이들이 지닌 공통의 논리적 형식을 추출하
면 (나)와 같다.

    (3) 지영이는 2학년이고 진영이는 3학년이다. 따라서 지영이는 2학년이다.
    (8) 김연수는 영화감독이고 김숨은 소설가이다. 따라서 김연수는 영화감독이다.
    (나) P이고 Q. 따라서 P

    부당한 논증도 나름대로 논리적 형식을 공유하고 있다. 앞에 나온 (4)와 (9)
는 다음 논증이었다.

    (4) 수학과 학생들은 모두 노래방에 자주 간다. 영진이는 노래방에 자주 간다. 따라
        서 영진이는 수학과 학생이다.
    (9) 한국인은 모두 표현의 자유를 가지고 있다. 공선옥은 표현의 자유를 가지고 있
        다. 따라서 공선옥은 한국인이다.

이 둘의 공통점을 추출하면 다음과 같다.

    (다) F는 모두 G이다. m은 G이다. 따라서 m은 F이다.

한편 (5)와 (10)이 지닌 공통의 논리적 형식을 추출하면, 그것은 (라)라고 할
수 있다.

    (5) 수빈이는 소설을 좋아하거나 영화를 좋아한다. 따라서 수빈이는 영화를 좋아한다.
    (10) 황석영은 평안도에서 태어났거나 만주에서 태어났다. 따라서 황석영은 만주에

서 태어났다.

(라) P이거나 Q. 따라서 Q

지금까지 본 대로 타당성과 논증 형식은 같이 간다. 이 점을 논리학에서는 "타당한 논증은 형식 덕분에 타당하다"(Valid arguments are valid in virtue of their form)라는 슬로건으로 표현하곤 한다. 우리가 다루는 논리학을 '형식 논리학'(formal logic)이라고 부르는 이유도 바로 여기에 있다. 우리는 (1)과 (6)이라는 개별 논증이 타당한 이유는 이들이 (가)라는 타당한 논증 형식의 사례이기 때문이라고 말할 수 있다. 왜냐하면 (가)와 같은 논증 형식의 사례(F나 G 그리고 m 자리에 '적절한' 표현을 집어넣어 구성한 논증들)는 어느 것이나 전제가 모두 참이면 결론도 참일 수밖에 없기 때문이다.

논증의 타당성이 논리적 형식과 관련되어 있기 때문에 우리는 타당성을 기계에 비유할 수 있다. 타당한 논증 형식이라는 '기계'는 참을 입력하면 언제나 참을 결과로 산출한다. 이 기계의 경우 참을 입력했는데 거짓을 산출하는 일은 절대로 일어나지 않는다.

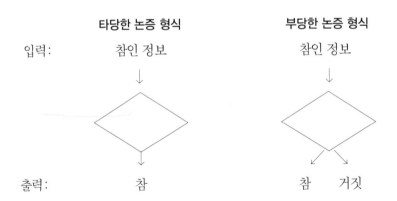

이런 기계는 믿을 수 있고 일을 맡길 만할 것이다. 이에 반해 참인 정보를 입력했는데 어떤 때는 참인 결과를 산출하고, 어떤 때는 거짓인 결과를 산출하는 기계가 있다고 해 보자. 그런 기계라면 신뢰할 수 없을 것이다. 제대로 입력했는데도 어떤 때는 맞게 계산해 주고, 어떤 때는 틀리게 계산해 주는 계산기를 생각해 보라. 그런 '고장난' 계산기로는 계산을 하려고 하지 않을 것이다. 이런 계산기가 부당한 논증 형식에 해당한다. (9), (10)과 같이 그 논증의 결론이 참임에도 불구하고 그것들을 좋지 않은 논증이라고 말하는 이유는 이 때문이다. 그것들은 결론이 우연히 맞아떨어진 것에 불과하다. 우리의 관심은 일정 조건에서 꼭 맞는 것, 즉 한결같이 참임을 보장해 주는 것에 있다. 이를 통해 우리는 논증의 타당성 문제는 단순히 결론이 참이냐 거짓이냐의 문제가 아니라 전제의 참이 결론의 참을 예외 없이 보장해 주느냐의 문제임을 다시 한번 확인할 수 있다.

논증의 타당성이 논증 형식에 달려 있기 때문에, 논리학은 주제 중립적(topic-neutral)이라는 특성과 보편적으로 적용 가능하다는 특성을 지니게 된다. 우리는 빈 '형식'에 아무 '내용'이나 다 담을 수 있기 때문이다. 아울러 이 점은 왜 중세 때부터 논리학을 대학의 기본 교과목 가운데 하나로 편성해서 모두에게 가르쳐 왔는지를 이해할 수 있게 해 준다.

부당한 논증 형식과 반례

타당한 논증 형식의 사례라면 그것은 전제가 다 참일 경우 결론도 예외 없이 참일 것이다. 반면 부당한 논증 형식의 사례라면 이것이 성립하지 않는다. 이는 부당한 논증 형식의 사례 가운데는 전제가 모두 참인데 결론은 거짓인 사례도 있게 마련이라는 의미이다. 그런 사례를 그 논증(형식)의 '반례'(counterexample)라고 부른다. 아래 (12)는 (다)라는 논증 형식이 부당하다는 점을 보여 주는 반례이며, 그것은 (4)와 (9)가 부당한 논증임을 보여 주는 반례이기도 하다.

(다) F는 모두 G이다. m은 G이다. 따라서 m은 F이다.

(4) 수학과 학생들은 모두 노래방에 자주 간다. 영진이는 노래방에 자주 간다. 따라서 영진이는 수학과 학생이다.

(9) 한국인은 모두 표현의 자유를 가지고 있다. 공선옥은 표현의 자유를 가지고 있다. 따라서 공선옥은 한국인이다.

(12) 국가대표 축구선수는 모두 운동에 소질이 있는 사람이다. 박찬호는 운동에 소질이 있는 사람이다. 따라서 박찬호는 국가대표 축구선수이다.

앞서 (11)도 부당한 논증이라고 말했는데, 이것이 부당한 논증임을 보여 주는 반례 가운데 하나는 (13)이다.

(11) 고래는 모두 동물이다. 포유류는 모두 동물이다. 따라서 고래는 모두 포유류이다.
(13) 개는 모두 동물이다. 고양이는 모두 동물이다. 따라서 개는 모두 고양이이다.

반례는 논리학에서 커다란 중요성을 지닌다. 왜 그럴까? 이를 알기 위해서는 논증 형식의 긍정적 사례와 부정적 사례, 즉 반례를 대비해 보면 된다. 우리는 전제도 참이고 결론도 참인 사례를 아무리 많이 모으더라도 그런 사례가 공통적으로 지닌 논증 형식이 타당하다는 점을 단정적으로 확신할 수는 없다. 우리가 지금까지 반례를 찾지 못했을 뿐, 나중에 찾게 될지도 모르기 때문이다. 하지만 단 하나의 부정적 사례, 즉 단 하나의 반례로도 그 논증 형식이 부당하다는 점은 확실하게 밝힐 수 있다. 왜냐하면 그 사례는 다음 주장이 거짓임을 증명해 주는 것이기 때문이다.

그 논증 형식의 사례는 모두 전제가 다 참이라면 결론도 참이다.

이런 이치로 논증(형식)의 반례를 제시해 어떤 논증이 부당한 것임을 증명할 수 있다. 이때 반례가 제 기능을 하려면, 다음 세 가지 요건을 갖추어야 한다. 첫째, 반례는 원래의 논증과 같은 논리적 형식을 지녀야 한다. 둘째, 반례에 나오는 전제는 누가 보더라도 참이어야 한다. 셋째, 반례에 나오는 결론은 누가 보더라도 거짓이어야 한다.

1.3 좋은 논증과 반박 방법

타당한 논증과 합당한 논증

우리는 (6), (7), (8)이 모두 타당한 논증이라고 말했다.

(6) 정치인은 모두 소설가이다. 김대중은 정치인이다. 따라서 김대중은 소설가이다.

(7) 조정래의 고향은 연천이거나 포천이다. 조정래의 고향은 연천이 아니다. 따라서 조정래의 고향은 포천이다.

(8) 김연수는 영화감독이고 김숨은 소설가이다. 따라서 김연수는 영화감독이다.

하지만 일상인들은 이것을 '좋은' 논증이라 부르지 않을 것이다. 이들은 전제가 모두 참이라면 결론도 참일 수밖에 없다는 점에서 타당한 논증임은 분명하지만, 전제에는 거짓인 주장이 들어 있고 결론도 실제로 거짓이기 때문이다.

우리는 타당한 논증을 다시 두 가지로 나눌 수 있다. 전제가 모두 참인 주장으로 이루어진 타당한 논증과 전제 가운데 거짓인 주장이 적어도 하나 들어 있는 타당한 논증으로 나눌 수 있다. 전자를 '합당한'(sound, '건전한') 논증이라고 말하고, 후자를 '합당하지 않은'(unsound) 논증이라고 말한다. 이런 구분을 받아들인다면 '좁은 의미의 좋은' 논증은 합당한 논증에 국한된다고 할 수 있다. 우리가 일상적으로 논증을 제시할 때 의도하는 것은 합당한 논증이라고 할 수 있다. 이 점을 감안해 논증을 새로 분류하면 다음과 같다.

연역 논증 { 타당한 논증 { 합당한 논증　☞ **연역적으로 좋은 논증** / 합당하지 않은 논증 / 부당한 논증

논증이 타당한지 여부를 파악하기 위해서는 논증에 나오는 주장이 실제로 참인지 여부를 알 필요가 없었다. 하지만 논증이 합당한지 여부를 파악하기 위해서는 논증에 나오는 주장이 실제로 참인지 여부를 알아야 한다. 이 점 때문에 논

증의 합당성을 판단하는 작업은 논리학자의 고유 과제일 수 없음을 알 수 있다.

좋은 논증이 아님을 보이는 두 가지 방법

일상생활에서 논증을 펼 때, 우리의 궁극적 관심은 합당한 논증을 하는 데 있다고 할 수 있다. 이는 좋은 논증이 되려면 타당해야 할 뿐만 아니라 합당하기까지 해야 한다는 의미이다. 바꾸어 말해 전제가 참일 경우 결론도 반드시 참이 되도록 짜여 있어야 할 뿐만 아니라 전제가 실제로 참인 주장으로 이루어져 있어야 한다는 것이다. 이처럼 타당성과 전제의 참이라는 두 가지 요건을 모두 갖추어야 비로소 좋은 논증이라 할 수 있다면, 상대방의 논증이 좋은 논증이 아님을 보이는 논박 방안에는 두 가지가 있게 될 것이다. 좋은 논증이 되기 위해 지녀야 할 요건 가운데 적어도 하나가 충족되지 않았음을 보이면 되기 때문이다.

첫째, 상대방의 논증이 타당하지 않음을 보이는 방식이다. 논쟁 상황이라면, 이는 내가 당신이 말하는 전제를 모두 받아들인다고 하더라도 그런 결론이 따라나오는 것은 아니라고 주장하는 것이다. 이는 상대방이 말하는 전제가 모두 참이라 하더라도 상대방이 말하는 결론이 참이라는 보장은 없다는 사실을 드러내는 것이다. 이 점을 밝히는 데 가장 효과적인 방안은 반례를 제시하는 것이다. 아래는 그런 가상 상황을 묘사한 것이다.

> 김 아무개: 어떤 사람은 춤을 잘 추고 어떤 사람은 노래를 잘한다. 따라서 춤도 잘 추고 노래도 잘하는 사람이 있게 마련이다.
> 이 아무개: 그렇지 않다! 춤도 잘 추고 노래도 잘하는 사람이 꼭 있다는 보장은 없다. 네 식대로라면 다음과 같이 말할 수 있을 텐데, 이는 분명히 터무니없는 주장이기 때문이다. "어떤 애완동물은 개이고 어떤 애완동물은 고양이이므로, 개이면서 고양이인 동물도 있게 마련이다."

여기서 이 아무개는 김 아무개 논증의 반례를 제시해 그를 논박하고 있는 것이다.

둘째, 상대방의 논증이 합당하지 않음을 보이는 방식이다. 이는 상대방의 논증에서 전제 가운데 적어도 하나가 참이 아님을 보이는 것을 말한다. 논쟁 상황이라면, 이는 당신이 내세우는 근거가 모두 옳다면 그런 결론이 따라 나오겠지만, 그 근거가 모두 옳은 것은 아니며, 따라서 당신이 말하는 결론이 옳다는 보장도 없다고 주장하는 것이다.

언뜻 생각해 보면, 둘째 방안이 논쟁에서 상대방의 주장을 논박하는 쉬운 방법인 것 같다. 하지만 꼭 그런 것은 아니다. 어떤 주장이 거짓임을 밝히는 일은 때로 매우 어렵다. 특히 사회적 현안과 관련된 주장의 경우 더욱 그렇다. 게다가 격렬한 논쟁이 일어나는 상황에서는 어떤 가치관의 차이 때문에 기본 전제에 대해 찬반 입장이 애초에 명확히 갈리는 때도 많다. 이때 단순히 상대방의 전제가 틀렸다고 말한다고 해서 상대방이 그것을 받아들일 리는 만무하다. 이런 상황에서라면 상대방의 전제를 모두 받아들인다고 하더라도 상대방이 말하는 그런 결론이 따라 나오는 것은 아님을 보이는 것이 훨씬 효과적이다. 간단히 말해 첫째 방안이 더 효과적인 논박 방안인 때도 있다.

상대방의 논증을 비판할 때 쓸 수 있는 두 방안은 논증을 평가하는 작업에도 그대로 적용된다. 그래서 논증의 평가 작업은 다음 두 가지를 따져 보는 일이라고 할 수 있다.

- 논증은 타당한가?
- 논증의 전제는 모두 참인가?

첫째, 결론이 전제로부터 따라 나오는지를 살펴보아야 한다. 이를 위해서는 구체적인 타당성 판별 기법을 터득하고 반례를 구성하는 절차를 익힐 필요가 있다. 앞으로 우리는 이런 작업에 집중할 것이다. 둘째, 전제가 모두 참인지를 살펴보아야 한다. 또는 (이것이 너무 강한 표현이라고 생각된다면) 전제가 받아들일 만한지를 따져 보아야 한다. 여기에는 우리가 가진 전체 지식이 동원될 뿐만 아니라, 다른 사람한테서 들은 주장을 어느 정도 믿어야 하는지 등에 관한 사항도 포함될 것이다. 나아가 우리가 이미 알고 있는 지식과 전제에 나와 있는 주장이 상충하는 것은 아닌지 등도 고려 사항이 될 수 있을 것이다. 이에 관해서는 별도의 논의가 필요하며, 이를 다루는 분야가 '비판적 사고'이므로 이를 참조하면 될 것이다.

1.4 타당성과 일관성

타당한 논증의 경우 전제를 받아들인다면 결론도 받아들여야 한다고들 말한다. 이런 당위는 어디서 나오는 것일까? 논증을 제시해 상대방을 설득할 수 있는 힘의 원천은 무엇일까? 이 물음에 대답하려면 일관성 개념을 도입해야 한다.

논리학에서는 여러 주장, 즉 명제들의 집합을 두고 그것들이 '일관적'(consistent)이라는 말을 하는데, 이는 다음을 의미한다.

> **명제들의 집합 {A$_1$, A$_2$, ..., A$_n$}이 일관적이다.**
> **⇔ 명제들 A$_1$, A$_2$, ..., A$_n$이 동시에 참일 수 있다.**

이 정의에 따를 때, 여러 주장이 일관적이라는 말은 그 집합의 원소인 각각의 개별 주장이 모두 실제로 참이라는 것이 아니라 그것이 모두 참이 되는 것이 가능하다는 것임을 주목하라. 주장들이 모두 성립하는 상황이 논리적으로 가능할 경우 우리는 그 주장들이 일관적이라고 말한다. 다음 두 주장으로 이루어진 명제 집합은 일관적이다.[10]

> {연수는 서울에 산다. 연수 동생은 부산에 산다.}

실제로 연수는 서울에 살고, 연수 동생은 부산에 살고 있다면 이 두 주장은 모두 참이 될 것이다. 나아가 이들이 실제로는 모두 대전에 살고 있어서 이 두 주

---

10 아마도 일상적으로는 이를 일컬어 두 주장이 '양립 가능하다'고 말할 것이다. 이 표현은 두 주장이 모두 참이라고 말하는 것이 아님을 잘 나타내 준다는 장점이 있다. 하지만 논리학에서는 세 개 이상의 여러 주장을 두고서도 그것들이 동시에 참일 수 있는지를 따지기 때문에 이때는 양립 가능하다는 말을 쓰기에 적절하지 않다.

장이 모두 거짓이라고 하더라도 위의 명제 집합은 여전히 일관적이다. 왜냐하면 이들이 각각 서울과 부산에 사는 것이 논리적으로[11] 불가능하지는 않기 때문이다.

한편 주장들이 일관적이지 않을 경우 우리는 그것들이 '비일관적'(inconsistent)이라고 말한다.[12] 가령 다음 두 주장은 비일관적이다.

> {연수는 고등학생이다. 연수는 고등학생이 아니다.}

여기 나오는 두 주장은 동시에 참일 수 없기 때문이다. 만약 앞의 주장, 즉 "연수는 고등학생이다"가 참이라면, 뒤의 주장, "연수는 고등학생이 아니다"는 거짓일 수밖에 없고, 마찬가지로 뒤의 주장이 참이라면 앞의 주장은 거짓일 수밖에 없다. 아래 주장들도 비일관적이다.

> {우리 반 학생들은 모두 2학년이다. 우리 반 학생들 가운데는 2학년이 아닌 학생도 있다.}

나아가 다음 주장들도 역시 비일관적이다.

---

11 아마도 현실적으로는 경제적 이유나 다른 사회적 이유로 두 사람이 서울과 부산에 살지 못하는 상황일 수도 있다. 그렇다고 우리는 그것이 '논리적으로' 불가능하다고 보지는 않는다. 앞서 말했듯이, 논리학에서 말하는 가능성은 현실적 가능성이나 물리적 가능성보다 훨씬 넓은 논리적 가능성이다.

12 **비일관적 명제들과 거짓인 명제들 사이의 차이**
비일관적 주장은 거짓인 주장과 다르다. 다음을 비교해 보자.

A: {서울의 인구는 900만이 안 된다. 춘천의 인구는 50만이 넘는다.}
B: {서울의 인구는 900만이 안 된다. 서울의 인구는 900만이 넘는다.}

A와 B 사이의 중요한 차이는 A는 일관적인데 반해 B는 비일관적이라는 데 있다. A에 나오는 주장들은 동시에 참일 가능성을 지니고 있었지만, 실제로는 모두 거짓으로 끝난 것이다. 반면 B에 나오는 주장들은 애초에 동시에 참일 가능성이 전혀 없는 것이다. 참일 가능성이 있는 것들 가운데 일부가 실제로 참이 된다. 어떤 사람이 A를 주장한다면, 그는 거짓 주장을 한 것이다. 어떤 사람이 B를 주장한다면, 그 사람은 결코 참일 수 없는 주장을 한 것이다.

{우리 반 학생들은 모두 2학년이다. 연수는 우리 반 학생이다. 연수는 2학년이 아니다.}

일관성/비일관성은 일차적으로 여러 개의 주장으로 이루어진 명제 집합에 적용되는 개념이다. 하지만 이 개념은 개별 명제에도 적용된다. 이는 마치 수학에서 단 하나의 원소로 이루어진 것도 집합이라고 부르는 것과 같다. 다음은 모두 일관적 명제의 예이다.

{연수는 2학년이다.}
{부산은 한국의 수도이다.}

두 번째 주장은 거짓이지만 여전히 일관적 명제이다. 그것은 참이 될 수도 있었기 때문이다. 반면 다음은 비일관적 주장의 예이다.

{연수는 물리학과 학생이고 연수는 물리학과 학생이 아니다.}

이 주장은 어느 경우에도 참일 수 없기 때문이다.

일관성을 파악하기 위해 주장이 실제로 참인지를 알 필요는 없다.

여러 주장이 일관적인지 여부를 알기 위해 거기 나오는 개별 주장의 참, 거짓 여부를 알아야 하는 것은 아니다. 주장의 의미를 파악하면 일관적인지를 바로 알 수 있다. 그것들이 모두 참이 되는 상황이 논리적으로 가능한지를 생각해 보기만 하면 되기 때문이다.

이 점에서 주장의 참/거짓과 주장의 일관성은 서로 다른 것임을 알 수 있다.[13] 어떤 주장이 참인지 여부를 알려면, 만약 그것이 경험세계에 관한 것이라고 할 때, 그 주장의 의미를 파악하는 것만으로는 안 된다. 가령 "지금 밖에 비가 오고

---

13 일관적 명제 가운데서 거짓인 것과 비일관적 명제이면서 거짓인 것을 각각 '우연적 거짓'과 '필연적 거짓'으로 불러 이들을 구분한다. 가령 "서울은 항구도시이다"는 우연적 거짓의 예라면, "서울은 한국의 수도이고 서울은 한국의 수도가 아니다"는 필연적 거짓의 예가 될 것이다.

있다"는 주장이 **참**인지 여부를 알기 위해서는 우리는 창밖을 내다보아 지금 실제로 비가 오고 있는지 여부를 확인해야 한다. 하지만 "지금 밖에 비가 오고 있다. 지금 밖에 바람이 많이 분다"가 **일관적**인지 여부를 알기 위해서는 이들 주장의 의미만 파악하면 된다. 개별 주장이 어떤 조건에서 참이 되는지를 파악한 다음, 그들 조건이 동시에 실현될 수 있는지를 생각해 보기만 하면 되기 때문이다. 일관성이 곧 어떤 주장의 참을 보장하는 것은 아니다. 도리어 일관성은 주장들이 참이 되기 위한 최소한의 요건이다.

타당한 논증의 전제를 받아들이면 왜 결론도 받아들여야 할까?

이제 앞의 물음으로 돌아가서, 타당한 논증의 경우 전제를 받아들이면 왜 결론도 받아들여야 하는지를 살펴보자. 아주 간단한 논증을 예로 들어보자.

> 연수는 수학과에 다니고 연수 동생은 물리학과에 다닌다. 따라서 연수는 수학과에 다닌다.

이 논증은 타당하다. 그런데 어떤 사람이 이 논증의 전제는 받아들인다고 하면서 결론은 받아들이지 못하겠다(또는 결론은 부정한다)고 말한다고 해 보자. 그 사람은 "연수는 수학과에 다니고 연수 동생은 물리학과에 다닌다"고 하면서 또한 "연수는 수학과에 다니지 않는다"고 말하는 셈이다. 그런데 이 두 주장으로 이루어진 명제 집합은 비일관적이다.

> {연수는 수학과에 다니고 연수 동생은 물리학과에 다닌다. 연수는 수학과에 다니지

$$
\text{명제} \begin{cases} \text{일관적 명제: 참일 수 있는 주장} \\ \text{비일관적 명제: 참일 수 없는 주장} \end{cases} \begin{cases} \text{참인 명제} \\ \text{거짓인 명제(우연적 거짓)} \\ \text{언제나 거짓인 명제(필연적 거짓)} \end{cases}
$$

거짓인 명제 가운데 우연적 거짓과 필연적 거짓을 나누는 것에 맞추어, 참인 명제도 마찬가지로 우연적 참과 필연적 참을 나눌 수 있다. "서울은 한국의 수도이다"는 우연적 참의 예가 될 것이며, "연수는 학생이거나 학생이 아니다"는 필연적 참의 예가 될 것이다.

않는다.}

이처럼 비일관적 주장을 하는 사람을 만난다면, 우리는 어떤 반응을 보일까? 대개는 황당해 할 것이다. 온건한 사람은 아마도 "이 사람하고는 말이 통하지 않는다"고 말하거나 "이 사람이 무슨 말을 하는지 모르겠다"고 말할 것이다. 이 때 우리가 할 수 있는 가장 호의적인 평가는 "이 사람은 '이고'의 의미를 모르고 있거나 아니면 그 말을 우리와는 전혀 다른 뜻으로 사용하고 있는 것 같다" 가 될 것이다. 이때 그 사람하고는 의사소통이 불가능할 테고, 진정한 논의도 할 수 없을 것이다. 그러므로 그 사람을 합리적으로 설득할 수도 없을 것이다.

예를 하나 더 보기로 하자. 다음 논증도 타당하다.

> 19살이 넘은 사람은 모두 투표권이 있다. 강희는 19살이 넘은 사람이다. 따라서 강희는 투표권이 있다.

이 논증의 전제는 받아들인다고 하면서 결론은 부정하는 사람이 있다면, 그 사람은 다음과 같은 비일관적인 주장을 하는 셈이 된다.

> {19살이 넘은 사람은 모두 투표권이 있다. 강희는 19살이 넘은 사람이다. 강희는 투표권이 없다.}

일반적으로 말해, 타당한 논증과 그 논증의 전제와 결론의 부정으로 이루어진 명제 집합 사이에는 다음과 같은 관계가 성립한다.[14]

> **논증 "A_1, A_2, ..., A_n 따라서 C"가 타당하다.**
> **⇔ 명제들의 집합 {A_1, A_2, ..., A_n, C의 부정}이 비일관적이다.**

---

14 'C의 부정'이란 C가 사실이 아님을 말하는 주장을 가리킨다.

어떤 논증이 타당하면 그 논증의 전제와 결론의 부정으로 이루어진 명제 집합은 비일관적이고, 전세와 결론의 부정으로 이루어진 명제 집합이 비일관적이라면 그 논증은 타당하다. 다만 여기서 우리가 고려하는 명제 집합은 전제와 결론의 부정으로 이루어진 집합이지 전제와 결론으로 이루어진 집합이 아니라는 점을 명심해야 한다.

타당한 논증과 특정 명제 집합의 비일관성 사이에 이런 관계가 있다는 사실은 두 가지 점에서 중요한 의미를 지닌다. 첫째, 타당한 논증의 전제를 모두 받아들인다고 하면서 결론은 부인한다면 이는 비일관적 주장을 하는 결과가 된다. 둘째, 전제와 결론의 부정으로 이루어진 명제 집합이 일관적인지 여부를 파악해 그 논증의 타당성 여부를 결정할 수 있다.[15] 달리 말하면, 전제와 결론의 부정이 동시에 참일 수 있는지를 확인해 그 논증이 타당한지 여부를 판별할 수 있다는 것이다. 영민한 사람이라면 타당한 논증의 두 번째 정의가 사실은 바로 이 점을 말하는 것임을 알 수 있을 것이다. 왜냐하면 어떤 명제가 거짓이라는 것은 그 명제의 부정이 참이라는 것과 같은 의미이기 때문이다.[16]

왜 논리학이 현실에 적용되는가?

비일관적인 주장을 하려고 하지 않는 한, 우리는 타당한 논증의 전제를 모두 받아들인다면 결론도 받아들여야 한다. 그렇게 하지 않는다면, 우리는 비일관적 주장을 하는 결과가 되고 만다. 여기가 논리학이 현실과 만나는 지점이다. 비일관적 주장이라면 그것들이 모두 참이 될 수는 없다. 결국 타당한 논증이 지닌 힘은 비일관성을 피해야 한다는 당위에서 나오는 것임을 알 수 있다. 적어도 일관적인 주장, 즉 동시에 참이 될 수 있는 주장을 하려고 노력해야 한다. 일관성이 참을 보장하는 것은 아니다. 하지만 일관성은 참이 되기 위한 최소 요건이다. 우리가 살아가면서 이런 기본 요건도 지키지 못하는 경우가 있을까 하고 생각할지 모르겠다. 그러나 그런 경우를 심심치 않게 본다.

15　스트로슨은 일관성을 기본 개념으로 잡아 타당성 개념을 설명한다.
16　다시 말해, 결론이 거짓이라는 것과 결론의 부정이 참이라는 것은 같은 의미이기 때문이다.

1. 연역 논증과 귀납 논증의 예를 하나씩 들고, 그것들이 어떻게 다른지 설명해 보라.

2. 귀납 논증이 비단조적임을 예를 들어 설명해 보라.

3. 타당성 개념에 관해 아는 대로 설명해 보라.

4. 다음에서 참인 것을 모두 고르면?
   ① 전제가 모두 참이면 그 논증은 타당하다.
   ② 결론이 거짓이면 그 논증은 부당하다.
   ③ 타당한 논증의 전제는 모두 참이다.
   ④ 전제 가운데 적어도 하나가 거짓이면 그 논증은 부당하다.
   ⑤ 전제와 결론이 모두 참이면 그 논증은 타당하다.
   ⑥ 전제와 결론이 모두 거짓이면 그 논증은 부당하다.
   ⑦ 전제는 모두 참이고 결론은 거짓이라면 그 논증은 부당하다.
   ⑧ 타당한 논증의 전제가 모두 참이라면 결론도 참이다.
   ⑨ 합당한 논증의 결론은 참이다.
   ⑩ 합당한 논증은 타당하다.

5. 다음에 해당하는 사례를 하나씩 들어라.
   ① 전제와 결론이 모두 거짓으로 이루어진 타당한 논증
   ② 전제는 모두 거짓이지만 결론은 참인 것으로 이루어진 타당한 논증
   ③ 합당한 논증

6. 논박 방법 두 가지를 설명해 보라.

7. 타당성과 합당성 개념을 비교하여 설명해 보라.

8 아래 논증이 부당함을 보여 줄 반례를 하나 들어라.

① 연수나 강희 가운데 적어도 한 사람은 장학생인데, 강희가 장학생인 것이 분명하므로, 연수는 장학생이 아닐 것이다.

② 영래가 3학년이면 진희는 2학년인데, 진희는 2학년인 것이 맞다. 따라서 영래는 3학년임이 분명하다.

③ 연수의 증언이 사실이라면, 영진이는 벌을 받아야 한다. 그런데 연수의 증언은 사실이 아닌 것으로 드러났다. 따라서 영진이가 벌을 받아서는 안 된다.

④ 지영이와 진영이 둘 다 이 과목에서 A를 받았다는 것은 사실이 아니다. 그런데 진영이는 이 과목에서 C를 받은 것으로 드러났다. 따라서 지영이가 이 과목에서 A를 받았음이 분명하다.

⑤ 여름에 비가 많이 오는 지역은 모두 가을에 바람도 많이 부는 지역이지만, 여름에 비가 많이 오는 지역은 모두 겨울에 눈이 많이 내리는 지역이 아니다. 따라서 가을에 바람이 많이 부는 지역은 모두 겨울에 눈이 많이 내리는 지역이 아니다.

9. 다음에서 참인 것을 모두 고르면?

① 타당한 논증의 경우 전제와 결론으로 이루어진 명제 집합은 일관적이다.

② 전제의 집합이 비일관적이라면 그 논증은 타당하다.

③ 결론이 비일관적 명제라면 그 논증은 부당하다.

④ 결론이 참일 수밖에 없는 명제로 이루어진 논증은 모두 타당하다.

⑤ 전제에 거짓일 수밖에 없는 명제가 들어 있는 논증은 모두 타당하다.

10. 타당한 논증의 전제를 받아들이면 결론도 받아들여야 하는 이유를 설명해 보라.

더 생각해 볼 것

- 타당한 논증은 모두 형식 때문에 타당한가? 가령 다음 논증은 타당한가?

  연수는 아버지이다. 따라서 연수는 남자이다.

  이것은 녹색이다. 따라서 이것은 빨간색이 아니다.

- 다음 논증은 타당한가?

  내일은 목요일이고 목요일이 아니다. 따라서 서울은 한국의 수도이다.

- 논증은 고유한 하나의 형식을 지니는가, 아니면 여러 형식을 지니는가?

- 모형이론적(model-theoretic) 귀결 개념 (또는 모형이론에서 말하는 타당성 개념)과 증명이론적(proof-theoretic) 귀결 개념(또는 증명이론에서 말하는 타당성 개념)이란 각각 무엇이고, 우리가 제시한 타당성 개념과 어떤 관계에 있는가?

1부

명제논리

2장부터 5장까지의 1부에서는 명제논리를 다룬다.

먼저 2장에서 명제논리의 기초 개념을 소개하고, 3장에서는 자연연역의 방법을 중심으로 명제논리를 전개한다. 4장에서는 진리표와 진리나무의 방법을 소개하고, 5장에서는 명제논리 체계의 건전성과 완전성을 증명한다.

명제논리란 무엇인가?

타당성 개념을 소개할 때 예로 든 논증 가운데 다음과 같은 것이 있었다.

(2) 연수의 고향은 연천이거나 포천이다. 연수의 고향은 연천이 아니다. 따라서 연수의 고향은 포천이다.

(3) 지영이는 2학년이고 진영이는 3학년이다. 따라서 지영이는 2학년이다.

이들의 논리적 형식을 추출하면 각각 다음과 같다.

P이거나 Q. P가 아니다. 따라서 Q
P이고 Q. 따라서 P

여기서 P나 Q 자리에 들어가는 것은 그 자체로 하나의 주장, 즉 명제이다.

한편 우리는 다음과 같은 논증도 보았다.

(1) 19살이 넘은 사람은 모두 투표권이 있다. 강희는 19살이 넘은 사람이다. 따라서 강희는 투표권이 있다.

이 논증의 논증 형식을 추출하면 다음과 같다.

F는 모두 G이다. m은 F이다. 따라서 m은 G이다.

이때 F, G, m 등의 자리에 들어가는 것은 그 자체로 명제를 나타내는 것이 아니다. 이처럼 논증 형식을 드러내기 위해 영어 알파벳 문자를 사용했지만 여기에 들어갈 수 있는 것은 서로 다른 것임을 알 수 있다.

1부에서는 논증 형식을 추출했을 때 P, Q 등의 문자처럼, 문자 자리에 그 자체로 하나의 독립된 명제가 들어갈 수 있는 논증을 다룬다. 이런 논증을 다루는 논리 체계를 '명제논리'(propositional logic)라고 부른다. 한편 F, G, m 등의 문자처럼, 문자 자리를 채울 수 있는 것이 그 자체로 독립된 명제가 아닌 것이 들어가는 논증은 우리가 2부에서 다룰 텐데, 이런 논증을 다루는 논리 체계를 '양화논리'(quantificational logic)라고 부른다.

2장
명제논리의 기초 개념

이 장에서는 '진리함수'란 개념을 중심으로 명제논리의 기초 개념 몇 가지를 소개한다.
핵심 개념: 결합사, 진리함수적 결합사, 진리함수적 복합 명제

2.1 명제의 분류: 단순 명제와 복합 명제

앞서 말했듯이, 명제논리에서는 다음과 같은 논증을 다룬다.

　(3) 지영이는 2학년이고 진영이는 3학년이다. 따라서 지영이는 2학년이다.

이 논증의 논증 형식을 추출하면 다음과 같은데,

　P이고 Q. 따라서 P

여기서 P나 Q 자리에는 그 자체로 하나의 주장, 즉 명제가 들어간다. 논증 형식을 이런 식으로 추출하는 데서 드러나듯이, 명제논리에서는 명제를 기본적으로 두 가지로 나눈다. 위의 논증에 나오는 다음 문장을 보자.

　가) 지영이는 2학년이고 진영이는 3학년이다.

가) 문장은 나)와 다) 문장이 결합된 것이라고 할 수 있다.

> 나) 지영이는 2학년이다.
> 다) 진영이는 3학년이다.

달리 말해, 가)는 나)와 다) 문장으로 더 분석될 수 있다. 반면 나)와 다)는 더 이상 또 다른 문장으로 분석될 수 없다. 만약 더 분석된다면 그것은 명제가 아닌 것들로 나누어지게 될 것이다. 이처럼 더 이상 다른 명제로 분석될 수 없는 명제를 '단순 명제'(simple proposition)라고 부르고, 단순 명제가 일정하게 결합되어 형성된 명제를 '복합 명제'(complex proposition)라고 부른다. 따라서 나)와 다)는 단순 명제인 반면, 가)는 복합 명제임을 알 수 있다. 때로 단순 명제를 '원자 명제', 복합 명제를 '분자 명제'라고 부르기도 한다. 단순 명제나 복합 명제 모두 명제이므로 참 아니면 거짓이라는 일정한 진리값을 갖는 것임은 물론이다.

결합사: 1항 결합사와 2항 결합사

문장을 결합해 새롭게 복합 명제를 만드는 표현을 '결합사'(연결사, connectives)라고 부른다. 앞에서 본 논증의 전제에는 '이고'라는 결합사가 나온다. 대략 말해, 결합사란 문장을 묶어 새로운 또 하나의 문장을 만드는 표현이라고 할 수 있다. 문법에서는 이런 표현을 '접속사'라 부르는데, 일상어에는 많은 접속사가 있다.

...이고 ...,   비록 ...일지라도 ...,

...이면서 ...,   ...이지만 ...

...이거나 ...,   ...면 ... 등등.

...이기 때문에 ...,

논리학에서는 위와 같은 통상적 접속사 외에 아래와 같은 표현도 결합사로 여긴다.

...라는 것은 사실이 아니다.	...라는 것은 합리적이다.
...는 필연적이다.	...는 의무이다.
...는 가능하다.	나는 ...라고 믿는다. 등등

여기서도 '...' 으로 표시된 빈자리에 일정한 문장을 넣으면 새로운 문장이 생겨나기 때문이다. 그래서 논리학에서 말하는 결합사란 정확히 표현한다면 '어떤 문장에 붙여 새로운 문장을 만들어 내는 연산자' (sentence-forming operators on sentences)[1]라고 할 수 있다. 우리가 보았듯이, 결합사 가운데는 하나의 문장에 붙여 새로운 문장을 만들어 내는 것도 있고 두 개의 문장을 묶어 새로운 문장을 만들어 내는 것도 있다. 전자를 '1항 결합사' 라 하고, 후자를 '2항 결합사' 라고 한다. 물론 세 개 이상, n개의 문장을 묶어서 새로운 문장을 만들어 내는 표현도 있을 수 있고, 그런 결합사는 'n항 결합사' 라고 부른다.

2.2 진리함수적 결합사란?

일상적으로 접속사라 부르지 않는 것도 논리학에서는 결합사로 간주하므로 결합사의 개수는 굉장히 많을 것이다. 하지만 표준적인 명제논리에서 사용하는 결합사는 많아야 5개 정도이며[2] 이들은 모두 중요한 한 가지 공통점을 지닌다. 그것은 그것들이 모두 '진리함수적' (truth-functional) 결합사라는 점이다. 결합사, 즉 문장에 붙여 새로운 문장을 만드는 연산자가 진리함수적이란 말은 무슨 뜻일까? 이를 이해하기 위해서는 우선 함수란 무엇인지를 알아야 한다. 함수란 정의역의 각 원소에 대해 치역의 한 원소가 고유하게 대응하는 관계를 말

---

1 단순히 '표현' 이라고 하지 않고 '연산자' 라고 부르는 이유는 아래에서 드러날 것이다.

2 왜 그럴까? 뒤에서 드러나겠지만, 다른 것들은 진리함수적 결합사가 아니거나 이미 도입한 진리함수적 결합사를 써서 정의할 수 있기 때문이다.

한다. 그렇기 때문에 가령 다음 함수의 함수값은 독립변수 x의 값이 주어지면 고유하게 결정된다.

$$f(x) = 2x + 1$$

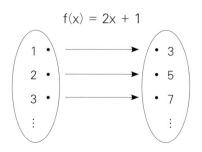

우리는 이와 비슷한 점을 복합 명제의 참/거짓이 정해지는 구조에서도 찾아 볼 수 있다. 다음 주장의 참/거짓은

연수는 2학년이고 강희는 3학년이다.

아래 두 주장의 참/거짓에 달려 있다.

연수는 2학년이다.
강희는 3학년이다.

달려 있는 방식을 함수의 경우처럼 나타낸다면 다음과 같다.

연수는 2학년이고 강희는 3학년이다.

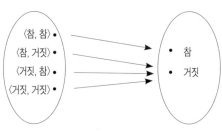

좀 더 간단한 예로, 다음 주장

지영이가 수학과 학생이라는 것은 사실이 아니다.

의 참/거짓은 아래 주장의 참/거짓에 달려 있다.

지영이는 수학과 학생이다.

그 방식을 우리는 다음과 같이 나타낼 수 있다.

지영이가 수학과 학생이라는 것은 사실이 아니다.

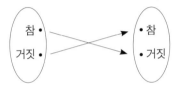

이처럼 진리함수적 결합사에 의해 형성된 명제(이런 명제를 '진리함수적 복합 명제'라고 한다)의 참/거짓은 그 명제를 이루고 있는 구성명제의 참/거짓에 의해 완전히 결정되는데, 이런 특성을 갖는 결합사를 바로 '진리함수적 결합사'라고 부른다.

우리가 일상적으로 사용하는 결합사가 모두 진리함수적 결합사인 것은 아니다. 다음 문장을 생각해 보자.

수빈이가 2학년이기 때문에 진영이는 3학년이다.

이 문장의 참/거짓은 다음 두 문장의 참/거짓만으로 결정되지 않는다.

수빈이는 2학년이다.
진영이는 3학년이다.

두 문장이 모두 참이더라도 앞의 문장이 참인 경우도 있고 거짓인 경우도 있기 때문이다.

수빈이가 2학년이기 때문에 진영이는 3학년이다.

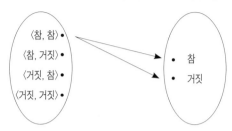

수빈이가 2학년인 것이 진영이가 3학년인 것과 일정한 관계에 있다면 이 문장은 참으로 여겨질 것이다. 하지만 두 사실 사이에 아무런 연관도 없는데 그런 주장을 하는 것이라면 그것은 거짓으로 여겨질 것이다. 이처럼 "수빈이가 2학년이기 때문에 진영이는 3학년이다"라는 명제의 참/거짓은 구성명제의 참/거짓만으로 결정되지 않는다. 그러므로 '... 때문에 ...'는 진리함수적 결합사가 아니다.

이렇게 볼 때, 진리함수적 결합사에 의해 결합된 복합 명제의 진리값은 구성명제의 진리값에 의해 완전히 결정되며, 나아가 그것에 의해서만 결정된다고 말할 수 있다. 진리함수적 복합 명제의 진리값을 정할 때에는 구성명제의 참/거짓 이외에는 어떠한 요소도 고려할 필요가 없게 된다. 대략 말해 수학에서 다루는 함수는 수에서 수로의 대응(즉 정의역과 치역이 수이거나 혹은 수들의 순서쌍) 관계를 나타내는 반면, 논리학에서 다루는 함수는 진리값(또는 진리값의 순서쌍)에서 진리값으로의 대응 관계를 나타낸다. 이 때문에 그런 함수를 '진리함수'(truth-function)라고 부른다. 수학에서 다루는 함수는 정의역이나 치역의 크기가 무한 집합인 경우도 흔히 있지만, 표준 논리학에서 다루는 진리함수는 이보다 훨씬 간단해서 치역은 많아야 두 개의 원소(즉 참 값, 거짓 값)만을 가지며,[3] 그래서 다루기도 훨씬 쉽다.

---

3   이런 점에서 표준 논리학은 참과 거짓이라는 두 개의 값만 인정하는 '2치 논리'(two-valued logic)이다. 참, 거짓 이외에 제삼의 진리값을 허용하는 '3치 논리'나 더 많은 진리값을 허용하는 '다치 논리'(many-valued logic)도 개발되어 있다.

2.3 네 가지 유형의 복합 명제: 부정, 연언, 선언, 그리고 조건언

우리가 명제논리에서 사용할 진리함수적 결합사 네 가지를 한꺼번에 나열하면 다음과 같다.

결합사 이름	기호	우리말 표현	영어 표현
부정	∼	...는 사실이 아니다.	it is not the case that ...
연언	&	...이고 ...	... and ...
선언	∨	...이거나 ...	... or ...
조건언	→	(만약) ...이면 ...	if ... then ...

이들 결합사를 써서 구성되는 복합 명제의 진리함수적 성격을 차례대로 살펴보자.

2.3.1 부정

P를 일정한 명제라고 하자.[4] 우리는 'P는 사실이 아니다'라는 명제를 다음과 같이 적기로 한다.

∼P

명제 '∼P'(기호 '∼'는 '낫 not이라고 읽는다)를 P의 '부정'(negation, 또는 '부정명제')이라 부른다. 가령 "연수는 수학과 학생이다"는 명제를 'P'라고 한다면, '∼P'는 "연수는 수학과 학생이라는 것은 사실이 아니다"는 것을 말하는 명제로, 이는 연수가 수학과 학생이 아니라는 것을 나타낸다. 이번에는 "우리 반 학생은 모두 2학년이다"는 명제를 'Q'라고 한다면, '∼Q'는 "우리 반 학생은 모두 2학년이라는 것은 사실이 아니다"는 것을 말하는 명제가 될 것이다. 이는 우리 반 학생이 모두 2학년이라는 주장이 참이 아님을 말하는 것이며, 우리 반 학생 가운데는 2학년이 아닌 사람도 있다는 주장을 나타낸다.

---

4 앞으로 P나 Q 등의 문자 자리에 여러분 스스로 실제 명제를 대입하면 된다.

부정 결합사의 진리함수적 성격은 간단하다. 명제 P가 실제로는 참인데 그것이 참이 아니라고 말한다면, 그 주장은 거짓이 될 것이다. 한편 P가 실제로 거짓인데 그것이 참이 아니라고 말한다면, 즉 그것이 거짓이라고 말한다면, 그 주장은 참이 될 것이다. 따라서 부정 결합사는 다음과 같은 진리함수적 대응을 나타낸다고 할 수 있다.

부정의 계산 규칙

A	~A
T	F
F	T

부정 결합사가 지닌 진리함수적 성격을 간단히 표현한다면, 부정명제는 원래 명제가 참이면 거짓이고 거짓이면 참이다.

2.3.2 연언

P와 Q를 어떤 명제라고 하자. 'P이고 Q' (P and Q)라는 명제는 다음과 같이 적는다.

P & Q

명제 'P & Q'를 P와 Q의 '연언' (conjunction 또는 '연언명제')이라 부르고, 연언을 구성하는 P와 Q를 '연언 성원' 또는 '연언지' (conjunct)라고 부른다.
연언 결합사의 진리함수적 성격은 다음과 같다.

연언의 계산 규칙

A	B	A & B
T	T	T
T	F	F
F	T	F
F	F	F

연언은 연언 성원이 모두 참이면 참이고, 그 밖의 경우 거짓이다. 그러므로 우리는 연언 주장이 참이 되려면, 연언 성원이 모두 참이어야 한다는 점을 알 수 있다.

2.3.3 선언

P와 Q를 어떤 명제라고 하자. 'P이거나 Q' (either P or Q)라는 명제는 다음과 같이 적는다.

P ∨ Q

명제 'P ∨ Q'를 P와 Q의 '선언' (disjunction 또는 '선언명제')이라 부르고, 선언을 구성하는 P와 Q를 '선언 성원' 또는 '선언지' (disjunct)라고 부른다.

두 가지 선언: 포괄적 선언과 배타적 선언

일상 언어의 '이거나' 는 두 가지 의미를 갖는다고 말한다. 두 가지란 '포괄적' (inclusive) 의미와 '배타적' (exclusive) 의미이다. 포괄적 의미란 'P이거나 Q'를 'P나 Q 가운데 적어도 하나는 참이며 둘 다 참이어도 그것은 참이다' 는 주장으로 이해하는 것이다. 한편 배타적 의미란 'P이거나 Q'를 'P나 Q 가운데 적어도 하나는 참이지만 둘 다 참은 아니다' 는 주장으로 이해하는 것이다. 이 둘은 선언지 가운데 적어도 하나가 참임을 주장한다는 점에서는 같지만, 선언지가 둘 다 참인 경우를 포괄하느냐 아니면 배제하느냐를 두고 서로 다르다.

아래에서 선언이 포괄적 의미인지, 배타적 의미인지, 아니면 어느 것인지 분명하지 않은지를 한번 생각해 보자.

1등 경품으로 핸드폰이나 디지털 카메라를 드립니다.

연수는 충청도 출신이거나 경기도 출신이다.

큰애나 둘째가 오늘 이사를 도우러 올 것이다.

진영이가 이 과목에서 D를 받았다면, 그는 기말고사를 망친 것이거나 출석을 안 한 것이다.

첫 번째와 두 번째는 배타적 의미로 쓰인 예라고 비교적 분명히 말할 수 있다. 하지만 다른 것은 썩 분명하지 않다. 아마도 맥락이나 말하는 사람의 의도가 무엇인지에 달려 있을 것이다. 가령 세 번째 예에서 말하는 사람은 큰애와 둘째가 모두 온다는 것까지 염두에 두고 있다고 볼 수도 있고 그렇지 않다고 볼 수도 있다. 그 사람은 큰애나 둘째 가운데 한 사람은 분명히 오고, 시간이 된다면 둘 다 올 수도 있다는 것을 주장하는 것일 수 있다. 반면 이번 이사가 간단한 일이고, 큰애와 둘째도 이 사실을 잘 알고 있으며, 나아가 이들이 서로 연락해 한 사람이 간다는 것을 알 경우 다른 사람은 가지 않을 것이라고 생각하고 있다면 배타적 의미의 선언 주장을 한 것이라고 할 수 있다. 일상어에서의 '이거나'가 포괄적 의미로 쓰였는지 배타적 의미로 쓰였는지를 구분하기가 언제나 쉬운 것은 아니다.[5] 우리에게 중요한 점은 '이거나'에 서로 구분되는 두 가지 용법이 있다는 사실이다. 논의를 위해 우리는 '이거나'가 어떤 의미로 쓰였는지가 맥락에 의해 늘 분명하다고 가정한다.

논리학에서는 선언의 표준적 의미를 포괄적 의미로 잡는다. 이에 따라 $P \vee Q$는 P와 Q가 모두 참인 것을 배제하지 않는 것으로 이해한다. 이런 선언 결합사의 진리함수적 대응을 표로 나타내면 다음과 같다.

선언의 계산 규칙

A	B	A ∨ B
T	T	T
T	F	T
F	T	T
F	F	F

---

5 우리말에서 배타적 선언을 명시적으로 나타내는 전형적인 방식은 "P이거나 아니면 Q"가 아닐까 싶다.

첫 줄, 즉 A와 B가 모두 참인 경우 A ∨ B는 참이 된다는 것에 선언이 포괄적 의미로 여겨진다는 점이 분명하게 반영되어 있다. 선언은 선언 성원 가운데 적어도 하나가 참이면 참이고, 그 밖의 경우는 거짓이다. 달리 말해 선언이 거짓이 되려면, 선언 성원이 모두 거짓이어야 한다.[6]

2.3.4 조건언

P와 Q를 어떤 명제라고 하자. '(만약) P이면 Q'라는 명제를 다음과 같이 적는다.[7]

$$P \rightarrow Q$$

명제 'P → Q'를 '조건언'(conditional 또는 '조건 명제')이라 부른다.[8] '조건언

---

6 배타적 의미의 선언이라면 다음과 같은 진리함수적 대응을 갖는다.

A	B	A ∨ B
T	T	F
T	F	T
F	T	T
F	F	F

7 조건언을 표현할 때 화살표(→) 대신 말굽 기호(⊃)를 사용하는 사람도 있다. 그런데 수학에서 부분집합 관계를 표시하는 데 말굽 기호를 사용하고 있어서 조건언이 그런 부분집합 관계를 표현한다고 생각하는 사람들이 가끔 있다. 이런 불필요한 오해를 불러오기 때문에 말굽 기호를 사용하는 것은 좋지 않다. 어떤 기호를 쓰든, 그것은 진리함수적 복합 명제로서의 조건언을 표현할 뿐이다.

8 학생들은 대개 조건언을 올바르게 이해하는 데 많은 어려움을 겪는다. 그 어려움은 대략 두 가지 때문인 것 같다.

첫째, 조건언을 복합 명제라고 생각해 본 적이 별로 없기 때문인 것 같다. 조건언은 애초에 덩어리로 된 하나의 주장일 뿐, 그것이 개별 주장 두 개가 결합되어 구성된 것이라는 생각을 하지 않는 것 같다.

둘째, 조건부 주장이 단정적 주장과 어떻게 다른지를 생각해 본 적이 없기 때문인 것 같다. 'P이면 Q'라는 조건부 주장은 'P이고 Q'나 'Q'라는 주장과 다르다. 'P이고 Q'를 주장하는 사람은 P도 주장하는 것이고 Q도 주장하는 것이다. 하지만 'P이면 Q'를 말하는 사람은 그렇지 않다. 이 점에서 'P이면 Q'와 'P이고 Q'는 서로 다르다. 또한 'P이면 Q'를 주장하는 사람은 P라는 조건 아래서 Q를 주장하는 것인 반면, 'Q'는 아무 조건 없이 Q를 단정적으로 주장하는 것이

을 구성하는 두 명제 가운데 P를 '전건'(antecedent), Q를 '후건'(consequent)
이라 부른다.

　우리는 여기서 조건언이 진리함수적 복합 명제라고 가정하고 논의를 시작하
겠다. 조건언이 진리함수적 복합 명제라고 한다면, 조건언의 진리값은 어떤 방
식으로 결정될까? 친구가 다음과 같은 주장을 했다고 하자.

　연수가 수업에 오면 강희도 수업에 온다.

이 주장은 어떤 경우에 참이고 어떤 경우에 거짓일까? 쉬운 것부터 따져 보자.
친구의 주장이 틀렸다고 말하게 되는 때는 어떤 때일까? 연수가 실제로 수업에
들어왔는데 강희는 오지 않았다면, 우리는 친구가 거짓말을 했다고 말할 것이
다. 이를 일반화한다면, 조건언은 전건이 참인데 후건이 거짓이면 거짓이 된다
는 것이다. 이 점에 대해서는 논란이 전혀 없다. 따라서 조건언이 진리함수적
복합 명제라는 점을 받아들인다면, 조건언의 진리함수적 대응은 우선 다음과
같은 형태가 될 것이다.

P	Q	P→Q
T	T	?
T	F	F
F	T	?
F	F	?

　나아가 조건언은 전건이 참이고 후건도 참이면 참이라고 말할 수 있을 것 같
다. 연수와 강희가 모두 수업에 왔다고 하자. 그러면 친구는 사실을 말한 것으
로, 즉 참인 주장을 한 것으로 간주할 것이다. 그런데 어떤 결합사가 진리함수
적 결합사라면, 그것은 정의상 그 결합사에 의해 구성된 복합 명제의 진리값은
그 명제를 구성하는 구성명제의 진리값에 의해 완전히 결정된다. 따라서 전건

다. 이 점에서 'P이면 Q'와 'Q'는 서로 다르다.

과 후건이 모두 참일 때 조건언이 참이 되는 사례가 있다는 것으로부터 우리는 조건언은 전건과 후건이 모두 참일 때에는 언제나 참이라고 해야 한다고 말할 수 있다. 왜냐하면 진리함수적 결합사로 구성된 복합 명제의 진리값은 구성명제의 진리값에 의해서만 결정되지 다른 요소에는 전혀 영향을 받지 않기 때문이다. 지금까지의 논의 결과, 조건언 결합사가 진리함수적 결합사라면 적어도 다음과 같은 진리함수적 대응을 지녀야 한다.

P	Q	P→Q
T	T	T
T	F	F
F	T	?
F	F	?

나머지 두 경우 조건언의 진리값은 어떻게 될까? 나머지 두 경우는 전건이 거짓인 경우이다. 이와 관련해, 조건언은 말 그대로 '조건부' 주장이므로 전건이 거짓일 경우에는 참/거짓을 따질 수 없다는 입장이 있을 수 있다. 이런 입장에 따르면, 조건이 실현되지 않았을 경우 그 조건부 주장은 '무효'가 되어 참도 아니고 거짓도 아니다.[9] 하지만 우리가 여기서 이 입장을 받아들일 수는 없다. 왜냐하면 우리는 조건언 결합사가 진리함수적 결합사라는 점을 일단 받아들였기 때문이다. 조건언의 진리값이 그것을 이루고 있는 구성명제의 진리값에 의해 완전히 결정된다는 점을 인정한다면, 전건이 거짓인 경우에도 조건언은 진리값을 갖는다고 할 수밖에 없다. 그렇지 않다면, 정의역의 한 원소에 대해 그에 대응하는 치역의 원소가 없게 되고, 그것은 진리 '함수적' 결합사일 수 없기 때문이다.

전건이 거짓인 때에도 조건언이 일정한 진리값을 가져야 한다면 가능한 방안은 다음 네 가지뿐이다.

---

9 '조건부 내기'에서는 전형적으로 이렇게 이해한다.

P	Q	P→Q			
T	T	T			
T	F	F			
F	T	T	T	F	F
F	F	T	F	T	F
		(1)	(2)	(3)	(4)

어떤 방안이 가장 자연스러울까? 여기서 우리는 대안을 하나씩 제거해 나감으로써 최선의 방안은 (1)임을 보이기로 하겠다.

　먼저 (2)가 좋은 방안이 아님은 쉽게 알 수 있다. 조건언의 진리값이 (2)와 같이 정해진다면, 이는 조건언 P → Q의 진리값이 언제나 후건 Q의 진리값과 같다는 의미이다. 이는 받아들일 수 없는 결과이다. "연수가 수업에 오면 강희도 수업에 온다"는 주장은 그냥 "강희가 수업에 온다"는 주장과는 아주 달라 보이기 때문이다.

　둘째, (4)가 좋은 방안이 아님도 쉽게 알 수 있다. 조건언의 진리값이 (4)와 같이 정해진다면, 이는 조건언 P → Q의 진리값이 연언 P & Q의 진리값과 언제나 같다는 것인데, 이도 받아들이기 어렵기 때문이다. "연수가 수업에 오면 강희도 수업에 온다"는 주장은 "연수가 수업에 오고 강희도 수업에 온다"라는 주장과는 큰 차이가 있어 보인다.[10]

　셋째, (3)이 좋은 방안이 아니라는 사실도 비슷한 식으로 보일 수 있다. 조건언의 진리값이 (3)과 같이 정해진다면, 조건언 P → Q는 언제나 조건언 Q → P와 같은 진리값을 갖게 될 것이다. 표를 보면 P, Q의 자리를 서로 바꾸더라도 진리값은 같기 때문이다. 이것도 받아들이기 어렵다. "연수가 수업에 오면 강희도 수업에 온다"라는 주장과 "강희가 수업에 오면 연수도 수업에 온다"는 주장은 서로 달라 보이기 때문이다.

　남은 방안은 (1)뿐이다. 따라서 우리는 조건언 결합사가 진리함수적 결합사라고 한다면, 조건언의 진리함수적 대응은 다음과 같다고 보는 것이 최선의 방

10　또는 "연수의 증언이 사실이라면 강희가 범인이다"와 "연수의 증언이 사실이고 강희가 범인이다"라는 두 주장을 대비해 보라.

안이라고 할 수 있다.[11]

조건언의 계산 규칙

A	B	A → B
T	T	T
T	F	F
F	T	T
F	F	T

조건언은 전건이 참인데 후건이 거짓인 경우에만 거짓이고, 그 밖의 경우는 모두 참이다. 바꾸어 말해 조건언은 전건이 거짓이거나 후건이 참이기만 하면 참이다. 이런 식으로 참/거짓이 정해지는 조건문을 일상적인 직설법적 조건문(indicative conditional)과 구분해 '진리함수적 조건문'(truth-functional conditional) 또는 '질료적 조건문'(material conditional)이라고 부르기도 한다.[12]

2.3.5 양조건언
이상으로 네 가지 종류의 진리함수적 복합 명제를 모두 설명했다. 그런데 논

---

11 이런 식의 설명은 Smith (2003), 126-8쪽에 나온다. 같은 설명을 Woods, eds. (2004), 79쪽에서도 찾아볼 수 있다.

12 우리가 일상적으로 사용하는 조건문에는 두 가지 종류가 있다. 하나는 직설법적 조건문(indicative conditionals)이고 다른 하나는 가정법적 조건문(subjunctive conditionals)이다. 가정법적 조건문을 때로 '반사실적 조건문'(counter-factual conditionals)이라고 부르기도 한다. 명칭에서 잘 드러나듯이, 가정법적 조건문은 화자가 전건이 실제로는 거짓이라고 믿고 있지만 만약 그것이 참이라고 가정할 경우 어떤 일이 벌어질지(혹은 벌어졌을지)에 관한 것이다.

우리가 일상적으로 사용하는 가정법적 조건문을 진리함수적 조건문으로 간주할 수 없다는 데 대해서는 모든 학자들이 동의한다. 왜냐하면 그렇게 한다면 "P였더라면 Q이었을 텐데"라는 가정법적 조건문은 모두 참이 되고 말뿐만 아니라 "P였더라면 Q가 아니었을 텐데" 또한 참이 되고 말 것이기 때문이다. 전건이 모두 거짓이기 때문이다. 하지만 어느 누구도 사실과 다른 가정을 한다고 해서 그런 가정 아래 어떤 주장이든 다 할 수 있다고 보지는 않을 것이다.

그러므로 우리가 사용하는 일상적 조건문을 과연 진리함수적 조건문으로 여길 수 있느냐 하는 물음은 정확하게 말하면 우리가 일상적으로 사용하는 직설법적 조건문을 과연 진리함수적 조건문으로 여길 수 있느냐의 물음인 것이다. 이를 두고서는 학자들 사이에 열띤 논란이 있다.

리학자들이 거론하는 다섯 번째 진리함수적 복합 명제도 있다. 우리는 이를 기본적인 유형의 복합 명제로 간주하지 않고, 이미 도입한 진리함수적 결합사를 써서 정의할 수 있는 '파생적인' 복합 명제 형태로 여기기로 한다. 다음 세 주장을 비교해 보자.

(ㄱ) 연수가 수업에 오면 강희도 수업에 온다.

(ㄴ) 강희가 수업에 오면 연수도 수업에 온다.

(ㄷ) 연수가 수업에 오면 강희도 수업에 오고, 강희가 수업에 오면 연수도 수업에 온다.

세 주장은 서로 다르다. (ㄱ)은 연수를 강희가 따라다닌다는 주장인 반면, (ㄴ)은 강희를 연수가 따라다닌다는 주장이다. 한편 (ㄷ)은 연수와 강희가 늘 수업에 같이 붙어 다닌다는 주장이라고 할 수 있다. 여러분은 고등학교 때 (ㄱ)과 (ㄴ)은 이른바 '역'으로서, 이 둘이 서로 다른 주장임을 배웠을 것이다. 여기서 도입하고자 하는 것은 제삼의 주장인 (ㄷ)으로, 이것은 (ㄱ)과 (ㄴ)이 둘 다 성립한다는 주장이다.

앞서와 마찬가지로 P와 Q를 어떤 명제라 하자. 우리는 (ㄷ) 형태의 주장을 다음과 같이 적기로 한다.

$$P \leftrightarrow Q$$

명제 'P $\leftrightarrow$ Q' (이를 "P이면 그리고 그런 경우에만 Q"라고 읽는다)를 '양조건언'(또는 '쌍조건언', bi-conditionals)이라 부른다. 우리는 양조건언에 해당하는 명제를 일상적으로 아주 다양한 방식으로 표현한다.

P이면 Q이고 Q이면 P

⇔ P이면 Q이고 그 역도 성립한다.

⇔ P이면 Q이고 P가 아니면 Q가 아니다.

⇔ P는 Q이기 위한 필요충분조건이다.[13]

⇔ P이면 Q이고 P이어야 Q

⇔ P이면 Q이고 P일 때에만 Q

양조건언 결합사는 없어도 된다. 우리가 이미 도입한 결합사만을 써서 양조건언에 해당하는 명제를 표현할 수 있기 때문이다. '양조건언'이라는 이름에 잘 드러나 있듯이, 이는 조건부 주장 두 개가 겹쳐 있는 형태이다. 'P이면 Q이고 Q이면 P'라는 주장은 P일 경우 Q가 성립하고, 또한 그 역인 Q일 경우 P도 성립한다는 것을 말한다. 그런 주장을 (P → Q) & (Q → P)라고 적어도 된다. 이 점을 받아들인다면, 우리는 양조건언 결합사의 진리함수적 성격이 어떤 것일지 쉽게 알 수 있다. 양조건언 결합사가 갖는 함수적 성격은 아래 표에서 (3)에 나와 있는 형태가 된다.

P	Q	(1) P → Q	(2) Q → P	(3) (P → Q) & (Q → P)
T	T	T	T	T
T	F	F	T	F
F	T	T	F	F
F	F	T	T	T

13　**조건언과 필요조건, 충분조건, 필요충분조건**

　조건언을 이용해 충분조건, 필요조건, 필요충분조건이 무엇인지를 설명할 수 있다.

　먼저 (1) 충분조건이다. 조건언 "P이면 Q"는 "P인데 Q가 아닌 것은 아니다"를 의미한다. 이는 P가 Q이기 위한 충분조건임을 말해 준다.

　이제 (2) 필요조건을 생각해 보자. "P이면 Q"를 Q를 기준으로 생각해 보자. 중고등학교 때 '대우'라고 배워 잘 알고 있듯이, "P이면 Q"는 "Q가 아니면 P가 아니다"와 같은 의미이다. 후자의 주장은 P이기 위해서는 Q가 꼭 필요함을 말하고, 이는 Q가 P이기 위한 필요조건임을 의미한다. 요약하면 조건언 "P이면 Q"는 P가 Q의 충분조건임을 뜻하고, 또한 Q가 P의 필요조건임을 뜻한다.

　마지막으로 (3) 필요충분조건이다. 양조건언은 "P이면 Q"와 "Q이면 P"를 둘 다 주장하는 것이다. 앞의 논의에 따를 때, "P이면 Q"는 P가 Q의 충분조건임을 말하고, "Q이면 P"는 P가 Q의 필요조건임을 말한다. 결국 이 둘을 주장하는 양조건언은 P가 Q의 필요충분조건임을 말하는 것임을 알 수 있다.

따라서 최종적으로 양조건언의 계산 규칙은 다음과 같다.

양조건언의 계산 규칙

A	B	A ↔ B
T	T	T
T	F	F
F	T	F
F	F	T

양조건언은 거기에 나오는 두 명제가 같은 진리값을 가지면 참이고, 그렇지 않다면 거짓이다. 달리 말해, 양조건언은 결합사 좌우편의 두 명제가 모두 참이거나 모두 거짓일 경우에만 참이 된다.

2.4 명제논리의 문법: 형성규칙

더 복잡한 명제

지금까지 우리가 살펴본 복합 명제는 대개 진리함수적 결합사를 한번 사용해 만든 것이었다. 예외가 있다면, 양조건언을 설명할 때 나온 (P → Q) & (Q → P)이다. 여기에는 결합사가 두 가지가 나온다. 그런데 진리함수적 결합사를 사용해 복잡한 명제를 만들어 낼 수 있는 정도에는 원칙적으로 한계가 없다. 사정은 우리 일상어에서도 마찬가지이다. 접속사를 이용해 간단한 문장을 여러 차례 연결해 아주 복잡한 긴 문장을 만들어 낼 수 있다. 명제논리에 나오는 명제도 이 점에서 다르지 않다. 다만 명제논리에서 사용하는 언어는 한국어와 같은 자연언어가 아니라 컴퓨터 프로그래밍 언어와 같은 인공언어라는 점이 다를 뿐이다.

단순한 명제로부터 복잡한 명제를 어떻게 만드는지를 보기 위해, 다음 세 명제를 예로 들어 생각해 보자.

연수는 수학과 학생이다: P

강희는 화학과 학생이다: Q

지영이의 말이 옳다: R

처음 두 주장을 연언으로 묶어 다음과 같은 주장을 할 수 있다.

연수는 수학과 학생이고 강희는 화학과 학생이다: P & Q

그리고 이 주장을 부정하는 경우도 있을 수 있다.

연수는 수학과 학생이고 강희는 화학과 학생이라는 것은 사실이 아니다: ~(P & Q)

나아가 이 주장을 일정한 조건 아래 내세우는 경우도 있을 수 있다.

지영이의 말이 옳다면, 연수는 수학과 학생이고 강희는 화학과 학생이라는 것은 사실이 아니다: R → ~(P & Q)

이처럼 간단한 문장에서 시작해 진리함수적 결합사를 여러 차례 사용하면 아주 복잡한 명제를 만들어 낼 수 있다.

식과 정식

앞서 말했듯이, 명제논리의 언어도 하나의 언어라고 할 수 있다. 따라서 이런 언어에도 자연언어의 문법과 같은 규칙이 있어서 어떤 것이 의미 있는 문장이고 어떤 것은 그렇지 않은지를 분간할 필요가 있다. 그런 것을 규정하는 규칙을 '형성규칙'(formation rule)이라 부른다. 우선 이 언어를 이루는 기호들을 엄밀하게 규정하면 다음과 같다.

기호: 명제 문자(propositional letters), P, Q, R, P_1, P_2 등

결합사   ~, &, ∨, →

괄호 (,)

이 기호들을 나열한 것을 '식'(formula)이라고 부른다. 가령 'P∼('는 식이다. 이런 식 가운데 '제대로 된 식'(well-formed formula), 간단히 '정식'이 따로 있는데, 어떤 것이 정식인지를 규정하는 규칙이 바로 형성규칙이다. 자연언어에 견준다면 "2학년이다 는 연수"는 식에 해당하고, "연수는 2학년이다"는 정식에 해당한다고 할 수 있다. 대략 말해 자연언어에서 무의미한 단어의 나열이 아니라 의미 있는 문장을 나타내는 것이 무엇인지를 골라낼 수 있게 하는 문법에 해당하는 것이 형성규칙인 셈이다. 일반적으로 채택하는 형성규칙은 다음과 같다.

(ㄱ) 명제 문자는 모두 정식이다.

(ㄴ) A가 정식이라면, ∼A도 정식이다.

(ㄷ) A와 B가 정식이라면, (A & B)도 정식이다.

(ㄹ) A와 B가 정식이라면, (A ∨ B)도 정식이다.

(ㅁ) A와 B가 정식이라면, (A → B)도 정식이다.[14]

(ㅂ) 앞의 방식으로 구성한 식들만 정식이다.

괄호

이 형성규칙에서 주목할 점은 결합사를 사용하여 복합 명제를 만들 때마다 괄호를 쓴다는 점이다. 다만 부정의 경우는 그렇지 않다. 괄호의 주된 목적은 애매함을 없애기 위한 것이다. 괄호를 쓰지 않고 적은 다음을 생각해 보자.

---

14 **변항과 메타 변항**.
앞서 구체적인 명제를 들 때는 P, Q 등의 문자를 사용하고, 여기서는 왜 A, B 등의 문자를 사용하는지 의아해 하는 사람이 있을 것이다. 이는 의도적이다. P, Q 등은 지금 정의되듯이, 우리가 살펴볼 논리 체계 내의 구체적 식을 가리킨다. 반면 A, B 등은 그런 식들에 대한 논의를 하기 위한 장치로, 그런 식들 일반에 관해 무엇인가를 말하기 위한 것이다. 이런 이유에서 전자를 '변항', 후자를 '메타 변항'이라 부른다.

(가) P & Q → R

이것은 서로 다른 두 가지 방식으로 읽힐 수 있다.

(나) (P & Q) → R
(다) P & (Q → R)

따라서 괄호가 필요하다. 하지만 앞에 나오는 형성규칙대로 2항 결합사를 써서 복합 명제를 만들 때마다 괄호를 쓰면, 괄호가 많아져 적기도 번거롭고 읽기도 불편하다. 형성규칙을 그대로 따른다면 (나)와 (다)는 각각 다음과 같이 적어야 할 것이다.

(나′) ((P & Q) → R)
(다′) (P & (Q → R))

애매하지 않다면 괄호의 사용을 되도록 줄이는 것이 좋다. 이런 점에서 가장 바깥 괄호는 생략하는 방안을 보통 채택하며, 그래서 (나)와 (다)처럼 적는 것이 일반적이다. 우리도 이런 관례를 따르기로 하겠다.[15]

---

15 나아가 이른바 결합사의 결합 '강도' (우선 순위, rank)를 미리 정해 놓으면, 괄호 사용을 더 줄일 수도 있다. 결합사들이 다음과 같은 순서로 강도를 지닌다고 약속해 보자.

$\sim \rangle \& \rangle \lor \rangle \to \rangle \leftrightarrow$

이때 "P & Q → R"은 다음을 나타내는 것이지,

(P & Q) → R

다음을 나타내는 것이 아니다.

P & (Q → R)

연언이 조건언 결합사보다 강한 결합 강도를 지닌다고 약속했기 때문이다. 우리가 후자를 의도한다면 그렇게 적으면 된다. 이런 식으로 일정한 약속을 해서 괄호 사용을 줄이는 방안은 수학에서 많이 쓰고 있다. 가령 2 + 3 × 5라고 적고 우리는 이것이 2 + (3 × 5)를 의미하는 것으로 여긴다. 하지만 우리는 여기서 결합사의 결합 강도와 관련된 약속을 따로 하지는 않을 것이다.

주 결합사

끝으로 복합 명제에서 주 결합사(main connective)가 무엇인지를 잠깐 설명하기로 하자. 앞에 나온 R → ~(P & Q)라는 복합 명제에는 결합사가 세 개가 나온다. 이 가운데 주 결합사는 조건언 결합사 '→'이다. 이것이 그 복합 명제의 구성 순서에서 가장 나중에 추가된 결합사이다. 한편 ~(P & Q)라는 명제에서는 주 결합사가 부정 결합사이다. 그것이 맨 나중에 붙은 것이기 때문이다. 이처럼 복합 명제의 구성 순서를 고려할 때 맨 나중에 붙은 결합사가 주 결합사가 되고, 해당 명제가 어떤 형태의 복합 명제인지는 주 결합사가 어떤 것인지에 달려 있게 된다. 이참에 명제논리의 언어나 우리가 앞으로 보게 될 양화논리의 언어와 같은 인공언어는 철저하게 단계적으로 구성되는 언어임을 주목해 두는 것이 좋다. 그것들은 아주 기초적인 벽돌로부터 시작해서 차근차근 쌓아올리도록 되어 있다.

2.5 명제논리의 언어로 표현하기: 기호화

2.5.1 명제논리의 언어로 표현하기

명제논리에서 다루는 추론 기법을 일상 논증에 적용하려면 먼저 일상 논증을 명제논리의 언어로 나타내는 기호화 작업이 필요하다. 여기서는 이를 짧게 다루기로 한다. 앞에서 말했듯이, 명제논리에 나오는 명제는 단순 명제 아니면 복합 명제이다. 따라서 일상어로 표현된 논증을 명제논리의 언어로 표현하기 위해서는 다음 두 가지 작업을 해야 한다.

첫째, 일상 언어 문장이 단순 명제를 표현한다고 보아야 하는지 아니면 복합 명제를 표현한다고 보아야 하는지를 결정해야 한다.

둘째, 복합 명제를 표현한다고 볼 경우 구체적으로 어떤 진리함수적 결합사를 사용하는 것이 가장 적절한지를 결정해야 한다.

이 작업을 할 때 우리는 의미, 즉 문장의 내용에 초점을 맞추어야 한다. 명제논리에서 사용되는 P, Q, R 등의 문자는 명제를 나타내는 것이지 문장을 나타내는 것이 아니라는 점을 명심할 필요가 있다. 그런데 일상 언어에서는 동일한 문장일지라도 맥락에 따라 서로 다른 의미를 지니기도 한다. 이 때문에 문장이 같다고 해서 그것이 동일한 내용을 지닌다는 점을 보장하는 것은 아니다. 더구나 우리는 일상 언어에서 동일한 내용을 여러 가지 다른 방식으로 표현하기도 한다. 이 때문에 문장이 다르다고 그것들이 같은 명제를 표현하지 않는다는 보장도 없다. 간단히 말해 우리는 문장의 내용을 잘 파악해 그것을 명제논리의 기호로 옮겨야 한다.

우선 쉬운 예부터 보기로 하자. 어느 마을에 A, B, C, D, E 다섯 개의 약국이 있는데, 다음과 같은 정보가 있다고 해 보자.

ㄱ. A와 B 모두 문을 열지는 않는다.

ㄴ. A가 문을 열었다면, C도 문을 열었다.

ㄷ. A가 문을 열지 않았다면, B가 문을 열었거나 C가 문을 열었다.

ㄹ. C는 문을 열지 않았다.

ㅁ. D가 문을 열었다면, B가 문을 열지 않았다.

ㅂ. D가 문을 열지 않았다면, E도 문을 열지 않았다.

이 정보를 명제논리의 언어로 기호화하면 다음과 같다.

ㄱ. A와 B 모두 문을 열지는 않는다: $\sim(A \ \& \ B)$

ㄴ. A가 문을 열었다면, C도 문을 열었다: $A \rightarrow C$

ㄷ. A가 문을 열지 않았다면, B가 문을 열었거나 C가 문을 열었다: $\sim A \rightarrow (B \vee C)$

ㄹ. C는 문을 열지 않았다: $\sim C$

ㅁ. D가 문을 열었다면, B가 문을 열지 않았다: $D \rightarrow \sim B$

ㅂ. D가 문을 열지 않았다면, E도 문을 열지 않았다: $\sim D \rightarrow \sim E$

기호화 과정에서 주의해야 할 사항 몇 가지를 설명하면 다음과 같다.

2.5.2 명제 통일하기

일상 논증에서 표현이 다르게 되어 있더라도 같은 명제를 나타낸다면 그것들은 같은 기호로 나타내야 한다. 물론 다른 명제라면 마땅히 다른 기호로 나타내야 한다. 같은 주장으로 볼지 여부는 맥락에 따라 다를 수 있다. 다음 예를 보자.

도덕적 판단이 객관성을 지닌다면 도덕적 판단은 경험적 근거를 가지며 유전적 요인과는 무관할 것이다. 사람들이 히틀러의 유태인 학살 행위를 잘못이라고 판단하는 것으로 볼 때, 도덕적 판단은 경험적 근거를 가진다. 따라서 도덕적 판단이 유전적 요인과 무관하다면 도덕적 판단은 객관성을 지닌다.

이 논증에 나오는 단순 명제를 다음과 같이 잡아보자.

P: 도덕적 판단이 객관성을 지닌다.
Q: 도덕적 판단은 경험적 근거를 가진다.
R: 도덕적 판단은 유전적 요인과는 무관하다.

이제 앞의 논증을 명제논리의 언어로 기호화하면 다음과 같다.

$P \rightarrow (Q \ \& \ R)$, Q 따라서 $R \rightarrow P$

여기서 우리는 두 번째 문장 전체 "사람들이 히틀러의 유태인 학살 행위를 잘못이라고 판단하는 것으로 볼 때, 도덕적 판단은 경험적 근거를 가진다"를 단순히 "도덕적 판단은 경험적 근거를 가진다"는 주장으로 이해한다는 점을 볼 수 있다.

2.5.3 혼동하기 쉬운 사례

조건문과 관련해 특히 혼동이 자주 발생할 수 있다. 기호화할 때는 늘 내용을 염두에 두어야 한다. 문장 형태가 기호화를 하는 데 도움을 주지만, 그것은 우리를 오도할 수도 있다. 먼저 다음 두 주장을 생각해 보자.

(가) 연수가 수업에 오면, 강희도 온다.
(나) 연수가 수업에 올 때에만, 강희도 온다.

두 주장이 명백히 다르다는 데 모두 동의할 것이다. 이 논증에 나오는 단순 명제를 다음과 같이 잡아 보자.

P: 연수가 수업에 온다.
Q: 강희가 수업에 온다.

우선 첫 번째 주장은 다음과 같이 기호화할 수 있을 것이다.

(1) P → Q

문제는 두 번째 주장을 어떻게 나타내어야 하는가이다. 이를 위해서는 이 주장이 정확히 무엇을 뜻하는지를 분명히 해야 한다. 두 번째 주장은 다음을 말한다고 할 수 있다.

(다) 연수가 수업에 오지 않으면, 강희도 오지 않는다.

그렇다면 이 주장은 다음과 같이 기호화될 것이다.[16]

(2) ~P → ~Q

---

16 '대우'라고 알고 있듯이, (2)는 다음 명제와 같은 것이다.
(3) Q → P

이제 다음 논증을 기호화한다고 해 보자.

오직 고온에서 저온으로 열의 이동이 발생할 때에만 열에서 동력을 얻을 수 있다. 따라서 열에서 동력을 얻을 수 있었다면 고온에서 저온으로 열의 이동이 발생한 것이다.

R과 S를 각각 다음과 같이 잡아보자.

R: 고온에서 저온으로 열의 이동이 발생한다.
S: 열에서 동력을 얻을 수 있다.

앞서 말했듯이, 우리는 다음 두 주장을 구분해야 한다.

(라) 고온에서 저온으로 열의 이동이 발생할 경우에만 열에서 동력을 얻을 수 있다.
(마) 고온에서 저온으로 열의 이동이 발생할 경우(또는 고온에서 저온으로 열의 이동이 발생한다면), 열에서 동력을 얻을 수 있다.

첫 번째 문장 (라)를 (마)로 보아 R → S로 기호화해서는 안 된다. 그러면 (라)를 어떻게 기호화해야 할까? (라)는 다음을 의미한다.

(라)' 고온에서 저온으로 열의 이동이 발생하지 않는다면, 열에서 동력을 얻을 수 없다.

이는 ~R → ~S로 기호화될 수 있다(물론 이는 다시 의미상 S → R와 같다). 따라서 원래 논증은 다음과 같이 기호화할 수 있다.

~R → ~S 따라서 S → R

지금까지 논의한 것을 일반화하면 다음과 같다.

A일 때에만 B = A가 아니라면, B가 아니다.[17]

다음도 마찬가지이다.

A이어야 B = A가 아니라면, B가 아니다.

---

17 "-만"의 애매성

우리말에서 '-만'이 들어가는 구문은 사실 애매한 것으로 보인다. 앞서 보았듯이, 'P일 때에만 Q'는 P가 Q의 필요조건임을 나타내는 것이 일반적이라고 할 수 있다. 하지만 때로 그것은 필요충분조건을 나타내기도 하는 것으로 보인다. 다음 예를 보자.

M: 이 수업에서는 전출을 해야만 A⁺를 받는다.

맥락을 감안해 볼 때, 이는 전출이 A⁺를 받는 데 필요조건임을 의미할 것이다. 전출을 하기만 하면 A⁺를 받는다는 것, 즉 그것이 충분조건이기도 하다고 읽는 것은 자연스럽지 않을 것이다. 반면 다음 예를 보자.

N: 이 수업에서는 만점을 맞아야만 A⁺를 받는다.

이때는 이를 만점을 맞는 것이 A⁺를 받는 데 필요조건일 뿐만 아니라 충분조건이기도 하다는 것으로 읽는 것이 자연스러워 보인다. 이 경우 말하는 사람은 만점을 맞으면 당연히 A⁺를 받게 되고, 나아가 만점을 맞아야만 A⁺를 받게 된다는 점을 강조하는 것으로 볼 수 있다. 다시 말해 그 사람은 만점을 맞는 것이 A⁺를 받는 충분조건임은 당연해서 생략하고 있고, 그것이 필요조건이기도 하다는 점을 명시적으로 밝히고 있는 것이다. 이렇게 본다면 N은 다음을 생략해 표현한 것이라고 볼 수 있다.

O: 이 수업에서는 만점을 맞으면 A⁺를 받고, 그리고 만점을 맞아야만 A⁺를 받는다.

또는 이를 다음과 같이 나타낼 수도 있을 것이다.

O: 이 수업에서는 만점을 맞으면 A⁺를 받고, 그리고 만점을 맞지 못하면 A⁺를 받지 못한다.

이처럼 우리말의 '-만' 구문은 필요조건을 나타내기도 하고, 때로 더 강하게 필요충분조건을 나타내기도 하는 것으로 보인다. 하지만 이처럼 '-만' 구문을 필요충분조건을 나타내는 것으로 읽을 수 있는 맥락이 있다고 하더라도, 우리는 명시적으로 그렇게 나와 있지 않는 한 그것은 필요조건을 표현하는 것으로 읽는다.

한편, 어떤 점에서 '-면' 구문도 충분조건뿐만 아니라 필요충분조건을 나타낸다고 볼 수 있을 것 같다. 어떤 맥락에서는 'P이면 Q'가 'P이면 Q이고 그리고 P가 아니면 Q가 아니다'를 의미하기도 하는 것으로 보인다. 가령 오늘 저녁에 동창생 모임이 있다고 알려준 친구에게 내가 "오늘 회사 일이 일찍 끝나면 나도 참석하겠다"고 말했다면, 이는 "오늘 회사 일이 일찍 끝나면 내가 참석하고, 일찍 끝나지 않으면 나는 참석하지 않겠다"는 의미라고 할 수 있다. 이처럼 '-면' 구문도 어떤 점에서 애매하지만 그럼에도 우리는 특별히 필요충분조건으로 읽으라는 지시가 없는 한 충분조건만을 표현하는 것으로 읽는 것이 관례이다.

비슷한 것을 하나 더 들면 다음과 같다.

A를 하기 위해서는 B를 해야 한다 = B를 하지 않으면, A를 할 수 없다.

다음 논증을 명제논리의 언어로 표현한다고 해 보자.

코페르니쿠스의 지동설이 옳다면 행성의 운동을 설명하기 위해서 주전원의 존재를 가정해야 한다. 그러므로 주전원의 존재를 가정하지 않고는 행성의 운동을 설명할 수 없다.

P, Q, R이 각각 다음을 나타낸다고 하자.

P: 코페르니쿠스의 지동설이 옳다.
Q: 행성의 운동을 설명할 수 있다.
R: 주전원의 존재를 가정한다.

첫 번째 문장에 나오는 "행성의 운동을 설명하기 위해서 주전원의 존재를 가정해야 한다"는 "주전원의 존재를 가정하지 않으면, 행성의 운동을 설명할 수 없다"를 의미한다고 볼 수 있다. 그렇다면 이는 $\sim R \rightarrow \sim Q$로 기호화될 것이다. 첫 번째 문장은 코페르니쿠스의 지동설이 옳다는 조건하에서 위의 주장을 하는 것이므로, 다음과 같이 기호화된다.

$P \rightarrow (\sim R \rightarrow \sim Q)$

위의 논증은 이제 다음과 같이 기호화할 수 있다.

$P \rightarrow (\sim R \rightarrow \sim Q)$ 따라서 $\sim R \rightarrow \sim Q$

기호화를 하는 기계적인 규칙은 없다. 이는 기계적인 번역, 즉 번역기가 있을 수 없다는 말이 아니다. 사실 그런 것이 있다. 다만 완벽한 번역기는 없다는 말이다. 기호화를 할 때 문장 자체에 집착하기보다 그 문장이 표현하고자 하는 의미에 신경을 써야 한다.

연 습 문 제

※ 다음 개념을 설명해 보라.
　① 진리함수적 결합사와 비진리함수적 결합사
　② 진리함수적 조건언
　③ 포괄적 선언과 배타적 선언
　④ 주 결합사
　⑤ 진리함수적 조건언의 진리값이 결정되는 방식과 그렇게 보는 이유

3장
자연연역의 방법

이 장에서는 우리가 일상적으로 추론하는 방식을 형식화한 자연연역의 방법을 다룬다.
여기에서는 명제논리의 추리규칙 8가지를 소개한다.
핵심 개념: 제거규칙, 도입규칙, 소거

3.1 기초 개념: 제거규칙과 도입규칙

자연연역(natural deduction)의 방법은 1935년 겐첸(G. Gentzen)에 의해 처음
개발되었다. 그는 프레게, 러셀, 힐버트 등이 채택한 공리적 방법(the axiomat-
ic method)이 수학에서 실제로 쓰는 증명 방법과는 거리가 있다고 보고, 수학
자가 실제로 쓰는 증명 방법을 형식화하고자 하였는데, 이것이 그 결과이다.

우선 수학의 증명 사례를 하나 보기로 하자. 다음은 고등학교 수학 교과서에
나오는 예(대한교과서 고등학교 『수학』 10-가, 2003년, 43쪽)이다.

임의의 두 실수 a, b에 대하여 $a > b$이고 $b > c$이면, $a > c$임을 증명하라.

증명

$a > b$이고 $b > c$이면, $a - b > 0$이고 $b - c > 0$이므로

$a - c = (a - b) + (b - c) > 0$

따라서 $a > c$ ■

위의 증명을 좀 더 자세하게 재구성하면 다음과 같다.

---

a 〉b   가정

b 〉c   가정

a − b 〉0   a 〉b의 정의, 즉 a 〉b ⇔ a − b 〉0

b − c 〉0   b 〉c의 정의

a − c = (a − b) + (b − c)

(a − b) + (b − c) 〉0

a − c 〉0

따라서 임의의 실수 a, b에 대하여 a 〉b이고 b 〉c이면 a 〉c ■

예를 하나 더 보자(같은 책, 26쪽).

다음 명제가 참임을 증명하라. "n이 자연수일 때, n^2이 짝수이면 n도 짝수이다."

증명

주어진 명제의 대우 "n이 자연수일 때, n이 홀수이면 n^2은 홀수이다."를 증명하면 된다.

n이 홀수이면 n = 2k + 1 (k는 0 또는 자연수)로 나타낼 수 있다.

따라서 $(2k + 1)^2 = 4k^2 + 4k + 1 = 2(2k^2 + 2k) + 1$

여기서 $2k^2 + 2k$는 0 또는 자연수이므로 n^2은 홀수이다.

곧, n이 홀수이면 n^2은 홀수이다.

따라서 n^2이 짝수이면 n도 짝수이다. ■

예에서 보듯이, 수학의 증명이 모두 공리에서 출발하는 것은 아니다. 도리어 주어진 전제나 조건에서 시작하고 있음을 볼 수 있다. 증명을 할 때 한 단계에서 다음 단계로 넘어갈 때는 일정한 근거가 있어야 하는데, 그런 단계적 이행을 정당화하는 것은 '추리규칙'(rule of inference)이라는 것이다. 공리적 방법에

서는 공리(또는 공리 도식 axiom schema)와 추리규칙이 둘 다 있는 반면 자연
연역의 방법에서는 공리는 없고 추리규칙만 있다.

턴스타일과 시퀀트

본격적인 시작에 앞서, 자연연역에 필요한 용어를 두 가지 도입하기로 하자. 앞
에서 우리는 다음과 같은 일상적 논증이 명제논리에서 다루는 논증이라고 했다.

(2) 연수의 고향은 연천이거나 포천이다. 연수의 고향은 연천이 아니다. 따라서 연
수의 고향은 포천이다.

(3) 지영이는 2학년이고 진영이는 3학년이다. 따라서 지영이는 2학년이다.

위 논증은 다음과 같은 논증 형식을 지닌 것이다.

(2′) P이거나 Q. P가 아니다. 따라서 Q

(3′) P이고 Q. 따라서 P

우리가 도입한 결합사를 사용해, 위의 논증 형식을 적으면 다음과 같다.

(2″) P ∨ Q, ~P 따라서 Q

(3″) P & Q   따라서 P

여기서 새로운 기호를 하나 도입하기로 하자. 앞으로 우리는 위의 논증 형식을
다음과 같이 적기로 한다.

(2‴) P ∨ Q, ~P ⊢ Q

(3‴) P & Q ⊢ P

여기 나오는 기호 '⊢'의 이름은 '턴스타일'(turnstile)이며, 때로 '주장 기

호'(assertion sign)라고 부르기도 한다. 엄밀하게 말하면, 이 기호는 '구문론적 (증명이론적) 턴스타일'이고, 전제(가정)로부터 앞으로 도입될 추리규칙에 의해 결론이 '도출가능하다'는 것을 의미한다. 이는 나중에 도입할 '⊨' 기호, 이른바 '의미론적(모형이론적) 턴스타일'과 대비된다. 하지만 이 단계에서는 이것이 전제와 결론을 한 줄에 나열했을 때 어디까지가 전제이고 어떤 것이 결론인지를 분간할 수 있도록 해 주는 기호라고 보면 된다. 우리는 이것을 일상어로 '따라서'라고 읽기로 하겠다. 다만 이 기호는 결합사가 아님을 명심해야 한다. 그것은 문장을 묶어 새로운 명제를 만드는 표현이 아니다.

(2″′)와 (3″′) 같은 것을 논리학의 전문용어로는 '시퀀트'(sequent)라고 부른다. 이는 대략 말해 추리나 추리 형식을 뜻한다고 할 수 있다. 하지만 시퀀트라는 개념이 그것과 정확히 일치하는 것은 아니다.[1] 뒤에서 보겠지만, 우리가 통상적으로는 추리라고 부르지 않을 것도 시퀀트라고 부르기 때문이다. 이런 차이가 있다는 점을 잊지 않는다는 단서 아래 우리는 앞으로 시퀀트를 그냥 '추리'라고 부르기로 하겠다.

제거규칙과 도입규칙

어떤 주장(들)으로부터 다음 주장으로 나아가는 단계별 이행이 바로 추리(추론)이다. 단계별 이행은 일정한 추리규칙을 통해서만 가능하다. 애초 프레게가 현대 논리학을 개발한 목적은 바로 증명을 엄밀하게 하기 위한 것이었다. 그는 증명을 할 때 직관적으로 자명하다고 생각해 근거를 구체적으로 명시하지 않고 넘어가는 추론을 철저하게 배격하고자 하였다.

표준적인 자연연역 체계에는 결합사마다 한 쌍의 추리규칙이 있다. 제거규칙 (elimination rule)과 도입규칙(introduction rule)이 그것이다. 이들은 모두 추

---

1 시퀀트의 일반 형식은 다음과 같다.

$A_1, A_2, A_3, ..., A_n \vdash C_1, C_2, C_3, ..., C_k$

여기 나오는 턴스타일 왼편 식과 턴스타일 오른편 식 사이에 성립하는 여러 관계를 다루는 연산 체계를 '시퀀트 계산'(sequent calculus)이라 부른다. 시퀀트 오른편에 여러 개의 명제가 나오는 것은 이른바 '여러 결론 논리'(multiple conclusion logic)라 부른다.

리규칙이므로 전제로부터 결론을 이끌어 낼 수 있게 하는 규칙이다. 다시 말해 단계별 이행을 가능하게 하는 것이다. 하지만 제거규칙과 도입규칙의 성격은 꽤 다르다. 대략 말해, 제거규칙은 주어진 **전제**를 어떻게 활용할 수 있는지를 일러 주는 규칙인 반면, 도입규칙은 문제의 **결론**을 얻고자 한다면 어떤 것을 확보해야 하는지를 일러 주는 규칙이다. 가령 연언 제거규칙은 P & Q와 같은 연언명제가 전제로 주어졌을 때 이를 어떻게 활용할 수 있는지를 말해 주는 추리규칙인 반면, 연언 도입규칙은 R & S와 같은 연언명제를 결론으로 얻고자 한다면 어떻게 해야 하는지를 일러 주는 추리규칙이다. 그러므로 제거규칙은 해당 명제의 활용법을 말해 주는 추리규칙인 반면, 도입규칙은 해당 명제의 확보 방법을 말해 주는 추리규칙이라고 할 수 있다.[2]

우리는 여기서 기본 결합사를 부정, 연언, 선언, 조건언 네 개로 잡기로 한다. 결합사마다 한 쌍의 규칙이 있으므로 표준적인 자연연역 체계라면 명제논리에 모두 여덟 개의 기본규칙이 있게 되며, 우리도 이를 따를 것이다. 추리규칙을 소개하기 전에 먼저 증명을 적는 방법을 설명하기로 하자.

증명을 적는 방법

자연연역의 증명을 적는 방식에는 두 가지가 있다. 하나는 레몬 방식(Lemmon-style)이고 다른 하나는 피치 방식(Fitch-style)이다. 우리는 여기서 레몬 방식을 채택한다. 다음은 우리가 앞으로 살펴볼 추리의 증명 사례로, 이를 예로 들어 레몬 방식의 증명 표기법을 설명하기로 하겠다.

P→Q, Q→R, P ⊢ R

1	(1) P→Q	전제
2	(2) Q→R	전제
3	(3) P	전제
1,3	(4) Q	1,3 →E

<hr/>

2 이와 관련해 겐첸은 "도입규칙은 … 관련 기호의 정의를 제시하는 것이며, 제거규칙은 … 그 정의의 결과 이외의 것이 아니다"라고 말했다. Gentzen (1969), 80쪽.

1,2,3   (5) R   2,4 →E

여기서 맨 위에 나오는 "P → Q, Q → R, P ⊢ R"은 우리가 증명하고자 하는 추리이다. 턴스타일('⊢' 기호) 왼편에 있는 세 개의 전제 P → Q, Q → R, P 로부터 턴스타일 오른편에 나오는 결론 R을 얻을 수 있음을 보이면 된다. 그 아래 나오는 것은 기본적으로 세 가지이다. 맨 왼쪽 숫자, 중간의 숫자와 명제, 그리고 맨 오른쪽에 나오는 것이다.

	⇓	⇓
1	(1) P → Q	전제
2	(2) Q → R	전제
3	(3) P	전제
1,3	(4) Q	1,3 →E
1,2,3	(5) R	2,4 →E

우선 중간에 나오는 숫자, (1), (2), (3) 등은 일련번호이다. 이것은 증명의 단계를 표시한다. 단계별 숫자 바로 옆에 나오는 명제, 가령 (1) 옆에 나오는 'P → Q'는 (1) 단계에서 얻은 명제가 'P → Q'임을 나타낸다. '(4) Q'는 네 번째 단계에서 명제 Q를 얻었음을 나타낸다.

다음으로, 맨 오른쪽에 나오는 '전제'나 '1,3 →E'는 해당 단계의 명제를 어떻게 얻었는지를 명시적으로 표시해 주는 것이다. (1) 단계 오른쪽에 나와 있는 '전제'는 'P → Q'가 전제로부터 온 것임을 나타내고, '1,3 →E'는 (4)단계에서 얻은 명제 'Q'가 (1)단계에서 얻은 명제 'P → Q'와 (3)단계에서 얻은 명제 'P'에 곧 보게 될 '→E'라는 추리규칙을 적용해 얻은 것임을 나타낸다.

마지막으로, 각 단계의 맨 왼쪽에 나오는 1, 2, 3 등의 번호는 각 단계별로 얻은 명제가 궁극적으로 어떤 명제에 의존하는지를 말해 주는 목록이다. 가령 (4) 단계에 나오는 맨 왼쪽 번호 '1,3'은 이때 얻은 명제 Q가 궁극적으로 (1)단계에서 얻은 명제 P → Q와 (3)단계에서 얻은 명제 P에 의존한다는 것을 나타낸다.

이런 레몬 표기법은 우리가 어떤 정보로부터 일정한 결론을 이끌어 냈다면, 우선 이런 결론을 이끌어 내게 한 과정을 낱낱이 단계별로 나타내고(이것이 중간의 일련번호를 통해 드러난다), 각 단계별 결론이 어떻게 얻어졌는지를 명시하고(이것이 맨 오른쪽에 나오는 것들이다), 해당 결론이 궁극적으로 어떤 근거에 기초해 있는지(이것이 맨 왼쪽에 나오는 것들이다)를 분명하게 적어 준다는 것을 의미한다. 가령 우리가 "연수가 이번 사건의 범인이다"라는 최종 결론에 도달했다면, 어떤 과정과 추론 방식을 거쳐 그런 결론을 얻었으며, 그런 결론을 내릴 수 있게 한 궁극적 근거는 무엇인지를 정확하게 드러낸다는 의미이다. 이 증명 방식이 얼마나 엄밀하고 꼼꼼한 것일지 짐작할 수 있을 것이다.

의존관계

단계별로 맨 왼쪽에 적는 것은 그 단계별 명제가 궁극적으로 어떤 근거에 의존하는지를 명시하는 목록인데, 이 의존관계 목록은 두 가지 원칙에 따라 작성한다. 앞의 예를 그대로 보기로 하자.

1	(1) $P \rightarrow Q$	전제	
2	(2) $Q \rightarrow R$	전제	
3	(3) P	전제	
1,3	(4) Q	1,3 $\rightarrow$E	
1,2,3	(5) R	2,4 $\rightarrow$E	

첫째 원칙은 의존관계는 누적된다는 것이다. 가령 (4) 단계에 얻은 Q는 (1)과 (3)을 이용해 얻은 것인데, (1)과 (3)은 각각 1과 3에 의존한다고 나와 있으므로 (4)가 궁극적으로 의존하는 명제는 {1,3}이 된다. 다만 그 두 목록에 중복되는 번호가 있을 경우, 그것을 두 번 적지는 않는다.[3] 둘째 원칙은 의존관계는 소급된다

---

3 바로 이 점을 분명히 하기 위해 의존하는 명제 목록을 적을 때 집합 기호, { }를 쓰기도 한다. 잘 알고 있듯이, 가령 {1,1,3}과 {1,3}은 같은 집합이다. 하지만 집합 기호를 추가로 쓰는 일은 번거롭기 때문에 우리는 그렇게 하지 않았다.

는 것이다. 가령 (5) 단계에서 얻은 R은 2와 4 단계의 명제를 이용해 얻은 것인
데, (2)는 2에 의존하고 (4)는 1과 3에 의존하므로 (5)가 궁극적으로 의존하는 명
제는 {2,4}가 아니라 {1,2,3}이 된다. 이 두 원칙 외에도 의존관계 목록에서 빼는
절차와 관련해 중요한 사항이 하나 더 있는데, 이것은 나중에 소개하기로 한다.

이제 명제논리에서 사용할 자연연역의 추리규칙을 하나하나씩 소개하기로
한다.

3.2 연언 및 조건언 규칙

① 연언 제거규칙 &E

처음 소개할 규칙은 연언 제거규칙이다. 이것은 제거규칙이므로 연언이 전제
로 주어졌을 때 그 정보를 어떻게 활용할 수 있는지를 말해 주는 규칙임을 알
수 있다. 가령 "연수는 2학년이고 강희는 3학년이다"라는 연언 정보를 우리는
어떻게 활용할 수 있을까? 이 정보로부터 우리는 어떤 것을 추론할 수 있을까?
이로부터 우리는 "연수는 2학년이다"라는 사실도 추론할 수 있고 "강희는 3학
년이다"라는 사실도 추론할 수 있다. 연언 제거규칙은 이런 추론을 가능하게 하
는 추리규칙이다.

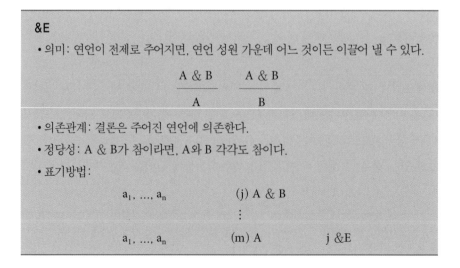

&E
- 의미: 연언이 전제로 주어지면, 연언 성원 가운데 어느 것이든 이끌어 낼 수 있다.

$$\frac{A \& B}{A} \qquad \frac{A \& B}{B}$$

- 의존관계: 결론은 주어진 연언에 의존한다.
- 정당성: A & B가 참이라면, A와 B 각각도 참이다.
- 표기방법:

$a_1, ..., a_n$	(j) A & B	
	⋮	
$a_1, ..., a_n$	(m) A	j &E

우리 표기법에서는 연언이 나오면 원할 경우 그 아래 단계의 어디에서나 연언 성원 하나를 적을 수 있게 하는 규칙이 될 것이다.[4]

다음 추리를 증명한다고 하자.

101. P & Q ⊢ P　　　　　　　단순화

오른쪽에 적은 '단순화'는 이 추리 방식이 '단순화'라고 불리는 유명한 추리 형태임을 말해 준다. 앞으로 우리는 널리 알려진 추리 방식의 경우 그 이름을 옆에 적어놓을 것이다. 이를 어떻게 증명할까? 이를 위해 먼저 '증명'이 무엇인지 분명히 하자.

증명이란 앞서 수학 교과서에 나온 예에서 본 것처럼 단계별로 진행되는 식들의 나열이다. 올바른 증명이 되려면, 주어진 전제로부터 허용된 추리규칙을 사용해 원하는 결론이 맨 마지막 단계에 나옴을 보여야 한다. 더 엄밀히 말하면, 증명의 단계에 나오는 것은 주어진 전제이거나 (나중에 보게 되듯이) 논의를 위한 가정이거나 전제나 가정으로부터 추리규칙에 의해 도출되는 것이어야 하며, 마지막 줄에 결론이 나와야 한다.[5]

증명을 하려면 증명의 전략을 세워야 한다. 이를 위해서는 주어진 전제가 어떤 명제 형태인지를 파악해야 하고, 나아가 얻어야 할 결론이 어떤 명제 형태인지를 알아야 한다. 우리 예의 경우, 전제는 연언이다. 이를 활용하려면 연언 제거규칙을 쓰면 될 것이다. 결론은 단순 명제로, 전제의 연언 성원 가운데 하나임을 알 수 있다. 방금 도입한 연언 제거규칙이 원하는 연언 성원을 떼어 올 수 있게 하는 규칙이므로, 이를 적용하면 결론 P를 얻을 수 있다.

4　추리규칙을 의미와 무관하게 순전히 '게임의 규칙'으로 이해해도 된다. 그 경우 연언 제거규칙은 'A & B' 형태가 있으면 우리는 언제든 'A'나 'B'를 마음대로 따로 떼어 올 수 있다는 규칙이 될 것이다.

5　이것이 '증명'에 대한 일반적 정의이다.

101. P & Q ⊢ P

1	(1) P & Q	전제
1	(2) P	1 &E

(1) 단계의 맨 오른쪽에 나오는 '전제'는 명제 P & Q가 주어진 전제로부터 얻은 것임을 나타낸다. 맨 왼쪽에 나오는 번호 1은 명제 P & Q가 1, 즉 자기 자신에 의존한다는 것을 나타낸다. 전제로부터 온 명제는 언제나 자기 자신에 의존한다. (2) 단계는 원하는 결론 P로, 오른쪽에 나오는 '1 &E'는 (1) 단계에 나오는 명제에 연언 제거규칙 &E을 적용해 P를 얻었음을 표시해 준다. 연언 제거규칙을 통해 얻는 결론은 원래의 연언에 의존하므로 맨 왼쪽에는 1이라고 적었다.

다음 추리도 쉽게 증명할 수 있다.

102. (P → Q) & (Q ∨ R) ⊢ Q ∨ R

주어진 전제는 연언이므로 연언 제거규칙을 쓰는 것이 기본 전략이다. 얻어야 할 결론은 전제의 오른쪽 연언 성원이므로 연언 제거규칙을 써서 바로 얻을 수 있다.

102. (P → Q) & (Q ∨ R) ⊢ Q ∨ R

1	(1) (P → Q) & (Q ∨ R)	전제
1	(2) Q ∨ R	1 &E

이번에는 다음을 증명한다고 하자.

103. P & (Q & R) ⊢ R

주어진 전제는 연언 P & (Q & R)이고 얻어야 할 결론은 전제의 오른쪽 연언지 안에 들어 있는 R이다. 이를 얻으려면 연언 제거규칙에 의해 먼저 오른쪽 연언지를 얻고, 그 연언지에 연언 제거규칙을 한 번 더 적용하면 된다.

103. P & (Q & R) ⊢ R

1	(1) P & (Q & R)	전제
1	(2) Q & R	1 &E
1	(3) R	2 &E

이때 (3)의 왼쪽에 나오는 의존하는 명제 목록에는 1을 적게 된다. 의존관계는 소급되기 때문에, (2)에 연언 제거규칙을 적용해 (3)을 얻었지만 (2)가 1에 의존하고 있으므로 (3)은 궁극적으로 1에 의존하는 것이다.

　② 연언 도입규칙 &I

　두 번째로 소개할 규칙은 연언 도입규칙이다. 이것은 도입규칙이므로 연언을 결론으로 얻고자 할 때 우리가 어떤 정보를 확보해야 하는지를 말해 주는 규칙일 것이다. 가령 'P이고 Q'라는 연언 주장을 결론으로 얻고자 한다면 어떻게 해야 할까? 어떤 정보를 확보해야 'P이고 Q'라는 연언 주장을 정당화하기에 충분할까? 이를 위해서는 P라는 주장과 Q라는 주장을 각각 확보하면 충분할 것이다. 연언 도입규칙은 이를 말해 준다.

&I

- 의미: 임의의 두 명제가 주어지면, 이들을 연언으로 결합한 연언명제를 결론으로 이끌어 낼 수 있다.

$$\frac{A,\ B}{A\ \&\ B}$$

- 의존관계: A & B는 A와 B에 모두 의존한다.
- 정당성: A와 B가 개별적으로(낱개로) 참이라면, A & B도 분명히 참이다.
- 표기방법:

$a_1, ..., a_n$	(j) A	
	$\vdots$	
$b_1, ..., b_q$	(m) B	
	$\vdots$	
$a_1, ..., a_n, b_1, ..., b_q$	(o) A & B	j,m &I[6]

연언 도입규칙이 쓰인 예를 보기로 하자.

104. P, Q ⊢ P & Q

1	(1) P	전제
2	(2) Q	전제
1,2	(3) P & Q	1,2 &I

전제는 두 개의 단순 명제이고, 얻어야 할 결론은 연언 형태이다. 연언 도입규칙을 적용하는 것이 이를 얻는 방안이다. 주어진 전제는 결론에서 필요로 하는 각각의 연언 성원이므로, 이들을 전제로 들여온 다음 연언 도입규칙을 적용해 연언으로 결합하였다.

이번에는 연언의 경우 교환법칙이 성립한다는 것을 보여 주는 다음 추론을 증명해 보기로 하자.

105. P & Q ⊢ Q & P

1	(1) P & Q	전제
1	(2) Q	1 &E
1	(3) P	1 &E
1	(4) Q & P	2,3 &I

전제와 결론이 모두 연언이다. 결론에서 연언을 얻으려면 연언 도입규칙에 따라 연언 성원 각각을 확보해야 한다. 그런데 이는 전제로부터 연언 제거규칙을 통해 각각 따로 얻을 수 있다. 이것이 (2)와 (3) 단계에서 한 작업이다. 이를 토대로 (4)에서 원하던 연언을 얻었다. 이 증명에서 주목할 것은 (4)가 의존하는

---

6 이때 연언 성원이 주어지는 순서는 상관없다. 가령 증명에서 A를 (3) 단계에서 확보하고, B를 (5) 단계에서 얻었다고 해 보자. 이때 우리는 연언 도입규칙을 통해 A & B를 얻을 수도 있고, B & A를 얻을 수도 있다. 다만 책에 따라, 전자의 경우 연언 도입규칙의 적용을 3,5 &I라고 적고, 후자의 경우에는 5,3 &I라고 적어 구분하기도 한다. 우리는 그렇게 하지 않고 앞 단계 번호를 언제나 먼저 적어 후자의 경우에도 똑 같이 3,5 &I라고 적을 것이다.

명제 목록이다. (4) 단계의 명제는 연언 도입규칙을 적용해 얻은 것이고, 연언 도입규칙을 통해 얻은 명제는 연언 성원들에 의존한다고 했다. 따라서 2와 3에 의존하게 되는데, 2와 3은 다시 모두 1에 의존하고 있으므로 최종적으로 1에 의존한다. 의존관계는 소급되기 때문이다.

이번에는 연언의 결합법칙을 증명해 보기로 하자.

106. P & (Q & R) ⊢ (P & Q) & R

이를 어떻게 증명할 수 있을까? 먼저 증명의 얼개를 짜는 것이 필요하다. 이를 위해서는 우리가 쓸 수 있는 전제가 어떤 것이고, 얻어야 할 결론이 어떤 형태인지를 확인해야 한다. 전제는 연언이다. 이를 활용하려면 연언 제거규칙을 써야 할 것이다. 결론도 연언이다. 이를 얻으려면 연언 도입규칙을 써야 할 테고, 연언 성원인 (P & Q)와 R을 각각 확보해야 할 것이다. 이를 고려할 때 증명은 대략 다음과 같이 진행되어야 한다.[7]

1	(1) P & (Q & R)	전제
	⋮	
	(j) R	
	⋮	
	(m) P & Q	
	(n) (P & Q) & R	j,m &I

남은 작업은 우리가 필요로 하는 각각의 연언 성원 R과 P & Q를 구체적으로

---

7   P & Q를 얻은 다음 R을 얻어도 된다. 아래가 그런 증명이다.

106. P & (Q & R) ⊢ (P & Q) & R

1	(1) P & (Q & R)	전제
1	(2) P	1 &E
1	(3) Q & R	1 &E
1	(4) Q	3 &E
1	(5) P & Q	2,4 &I
1	(6) R	3 &E
1	(7) (P & Q) & R	5,6 &I

얻는 것이다. R은 주어진 전제에서 연언 제거규칙을 두 차례 적용하면 얻을 수 있다. P & Q는 연언이므로 연언 성원 P와 Q를 각각 얻어야 한다. 주어진 전제로부터 연언 제거규칙을 적용하면 이 둘을 각각 얻을 수 있다. 이런 생각에 따라 증명의 단계를 채우면 다음과 같다.

106. P & (Q & R) ⊢ (P & Q) & R

1	(1) P & (Q & R)	전제
1	(2) P	1 &E
1	(3) Q & R	1 &E
1	(4) Q	3 &E
1	(5) R	3 &E
1	(6) P & Q	2,4 &I
1	(7) (P & Q) & R	5,6 &I

여기서도 각 단계의 명제가 궁극적으로 의존하는 명제는 모두 1임을 주목하라. 특히 이 증명의 (4)에서 (7) 단계의 명제는 (1)이 아닌 다른 명제에 일정한 추리규칙을 적용해 얻은 것이지만 모두 1에 의존한다. 의존관계는 소급되기 때문이다.

③ 조건언 제거규칙 →E

세 번째 소개할 규칙은 조건언 제거규칙이다. 이는 제거규칙이므로 조건언이 전제로 주어졌을 때 이를 어떻게 활용할 수 있는지를 말해 주는 규칙이 된다. 조건언을 우리는 어떻게 활용할 수 있을까? 이를 활용하는 대표적인 방식 가운데 하나는 다음이다.

→E
- 의미: 조건언이 주어지고 조건언의 전건이 주어지면, 조건언의 후건을 이끌어 낼 수 있다.

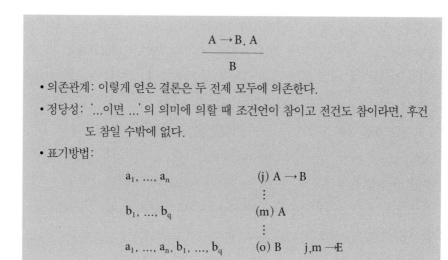

- 의존관계: 이렇게 얻은 결론은 두 전제 모두에 의존한다.
- 정당성: '...이면 ...'의 의미에 의할 때 조건언이 참이고 전건도 참이라면, 후건도 참일 수밖에 없다.
- 표기방법:

앞서 나온 연언 제거규칙과 달리, 조건언 제거규칙은 두 개의 전제로부터 결론을 이끌어 내는 규칙이라는 점을 주목해야 한다. 조건언만 있어서는 안 되고 조건언의 전건이 추가로 있어야 조건언을 활용할 수 있다.[8] 이는 조건언을 활용하고 싶다면 조건언의 전건이 추가로 확보될 수 있는지를 살펴보아야 한다는 의미이고, 또한 조건언의 후건을 얻고 싶다면 그 조건언의 전건을 얻을 수 있는지를 살펴보아야 한다는 의미이기도 하다.

조건언 제거규칙을 사용해 증명할 수 있는 추리의 예를 몇 가지 보기로 하자.

107. $P \rightarrow Q, P \vdash Q$　　　　전건 긍정식[9]

이는 '전건 긍정식' 또는 '전건 긍정규칙'이라고 부르는 직관적인 추론이다. 조건언이 주어지고 나아가 조건언의 전건이 주어지면, 이들로부터 조건언의 후건

8　연언의 경우 하나의 전제로부터 바로 결론을 이끌어 낼 수 있다. 연언과 견주었을 때 왜 이런 차이가 나는 것일까? 그것은 연언과 조건언이 지닌 주장의 힘 차이 때문이다. 연언은 강력한 정보인 반면 조건언은 그에 비해 약한 정보이다.

9　전건 긍정식과 비슷한 다음 추리 방식은 부당하다는 점을 기억할 필요가 있다.

　　$P \rightarrow Q, Q$ 따라서 P　　　　후건 긍정의 오류

을 결론으로 이끌어 낼 수 있다는 것을 말하기 때문에 이런 이름이 붙었다. 이를 증명해 보자. 전제 가운데 하나가 조건언이므로 조건언 제거규칙을 강구해 보아야 할 것이다. 우리 예의 경우 이 규칙을 적용할 수 있도록 조건언의 전건 마저 주어져 있다. 따라서 전제를 들여온 다음 조건언 제거규칙을 적용해 원하는 결론을 바로 얻을 수 있다. 다음이 완성한 증명이다.[10]

107. $P \rightarrow Q, P \vdash Q$

1	(1) $P \rightarrow Q$	전제
2	(2) P	전제
1,2	(3) Q	1,2 $\rightarrow$E

또 다른 예를 보자.

108. $\sim Q \rightarrow (\sim P \rightarrow Q), \sim Q \vdash \sim P \rightarrow Q$

1	(1) $\sim Q \rightarrow (\sim P \rightarrow Q)$	전제
2	(2) $\sim Q$	전제
1,2	(3) $\sim P \rightarrow Q$	1,2 $\rightarrow$E

이 추론도 앞서와 같이 세 단계를 거쳐 증명이 완결된다. 조건언과 조건언의 전건이 전제로 주어져 있으므로, 조건언 제거규칙을 적용하면 원하는 결론을 쉽게 얻을 수 있다.

이번에는 약간 더 긴 증명을 보기로 하자.

109. $P \rightarrow Q, Q \rightarrow R, P \vdash R$

우선 증명의 전략을 세워야 한다. 얻어야 할 결론은 R이다. 전제는 모두 세 개

---

10 여기서 (1)과 (2)의 순서가 바뀌어도 될까? 물론 된다.

로, 그 가운데 둘이 조건언 형태의 명제이다. R을 어떻게 확보할 수 있을까? R
은 두 번째 전제 Q → R의 후건에 들어 있다. 두 번째 전제가 조건언이므로 이
조건언의 전건인 Q를 확보할 수 있다면, 조건언 제거규칙에 의해 후건 R을 얻
을 수 있을 것이다. Q는 어떻게 얻을 수 있을까? Q는 첫 번째 전제, P → Q의
후건에 들어 있다. 앞서와 마찬가지로 전건인 P를 확보할 수 있다면 조건언 제
거규칙에 의해 후건 Q를 얻을 수 있을 것이다. 그런데 세 번째 전제가 P이다.
이에 따라 우리는 다음과 같은 증명 전략을 세울 수 있다. 먼저 첫 번째 전제와
세 번째 전제에 조건언 제거규칙을 적용해 Q를 얻고, 이렇게 얻은 Q와 두 번째
전제에 조건언 제거규칙을 다시 적용해 최종적으로 R을 얻는다. 아래 증명은
이를 구체적으로 실행한 것이다.

109. P → Q, Q → R, P ⊢ R

1	(1) P → Q	전제
2	(2) Q → R	전제
3	(3) P	전제
1,3	(4) Q	1,3 →E
1,2,3	(5) R	2,4 →E

주어진 전제를 도입한 것이 (3) 단계까지이다. 이들은 모두 자기 자신에 의존하
므로, 왼쪽 번호에 단계별 번호가 그대로 나타난다. (4)는 (1)과 (3)에 조건언
제거규칙을 적용해 얻은 것이고, (5)는 (2)와 (4)에 조건언 제거규칙을 적용해
얻은 것이다. 그런데 (5)를 얻을 때 사용한 (2)는 2 자신에 의존하고, (4)는 1과
3에 의존하므로, (5)는 최종적으로 {1,2,3} 모두에 의존하게 된다.[11]

11　이제 우리는 제대로 된 증명이 어떤 것일지 짐작해 볼 수 있다.
　　첫째, 최종 결론은 주어진 전제에만 의존해서 이끌어져야 한다. 바꾸어 말해 주어지지 않은
추가 전제에 의존해서 결론이 이끌어진 것이면, 그것은 제대로 된 증명이 아니다.
　　둘째, 언뜻 보아 최종 결론은 언제나 주어진 전제 모두에 의존해야 한다고 생각할지 모르겠
다. 그러나 꼭 그런 것은 아니다. 불필요한 전제가 주어질 수도 있고, 전제 가운데 일부만 이용
해 원하는 결론을 얻을 수도 있다.

④ 조건언 도입규칙 →I

조건언 도입규칙은 도입규칙이므로 결론이 조건언인 명제를 얻고자 할 때 사용하는 추리규칙이 될 것이다. 어떤 정보를 확보하면 이를 근거로 'P이면 Q' 와 같은 조건언을 결론으로 내릴 수 있을까? 다시 말해 'P이면 Q' 라는 조건부 주장을 정당화하기 위해서는 무엇을 하면 충분할까? 예를 하나 생각해 보자. 우리가 다음 두 가지 사실을 알고 있다고 하자.

연수가 수업에 오면 강희도 온다.
강희가 수업에 오면 지영이도 온다.

이런 상황에서 우리가 다음 주장을 정당화하려 한다고 해 보자.

연수가 수업에 오면 지영이도 온다.

어떻게 할까? 우리는 다음과 같이 논증할 것이다.

연수가 수업에 온다고 가정해 보자. 그러면 "연수가 수업에 오면 강희도 온다"고 했으므로, 강희가 온다는 것을 알 수 있다. 그리고 이때 "강희가 수업에 오면 지영이도 온다"고 했으므로, 지영이도 온다는 것을 알 수 있다. 결국 연수가 수업에 온다고 가정하면, 우리는 지영이도 온다는 것을 알 수 있다. 그러므로 우리는 "연수가 수업에 오면 지영이도 온다"고 말할 수 있다.

여기에서 보듯이, 'P이면 Q' 라는 조건부 주장을 정당화하기 위해서는 'P를 가정하면 이로부터 (필요하다면 다른 가정을 써서) Q라는 결론을 이끌어 낼 수 있다' 는 것을 보이면 된다. 조건언 도입규칙은 이런 방식의 추리이다.

셋째, 증명의 단계가 진행됨에 따라 궁극적으로 의존하는 가정들의 숫자가 언제나 늘어나기만 하는 것은 아니다. 우리는 곧 그렇지 않은 경우도 있음을 보게 될 것이다.

→I

- 의미: 전건 A를 가정했을 때 이로부터 (필요하다면 다른 가정을 써서) 후건 B를 이끌어 낼 수 있다는 것을 보이면, 우리는 최종적으로 A → B라는 조건언을 결론으로 이끌어 낼 수 있다.

$$\begin{array}{c} A \\ \vdots \\ B \\ \hline A \to B \end{array}$$

- 의존관계: 최종 결론 A → B는 A로부터 B를 이끌어 내는 과정에서 이용된 명제에 의존하지만 A 자체에는 의존하지 않는다.
- 정당성: 'A이면 B'는 A가 성립한다고 가정하면 B도 성립한다는 의미이다.
- 표기방법:

j	(j) A	가정
	⋮	
$a_1, ..., a_n$	(m-1) B	
$a_1, ..., a_n/-j$	(m) A → B	j,m-1 →I

조건언 도입규칙의 특징

조건언 도입규칙은 두 가지 점에서 앞에서 본 추리규칙과는 다르다. 첫째, 이 추리규칙은 증명 안에 하나의 하위증명(부속증명, sub-proof, subordinate proof)을 포함한다. 위의 도식에서 ' ⋮ '으로 표시한 것은 하위증명이 들어갈 자리를 나타낸다. 우리 체계의 추리규칙을 사용해 가정한 전건으로부터 후건을 실제로 도출한 다음에야 비로소 조건언 도입규칙에 따라 조건언인 결론을 적을 수 있게 된다. 둘째, 이 추리규칙은 이른바 '소거되는 가정'(discharged assumption)[12]이 있다. 최종적으로 얻는 결론인 조건언 A → B는 후건 B를 이끌어 내는 데 사용된 명제에는 의존하지만 애초 가정한 전건 A에는 의존하지

---

12 여기서 어떤 가정이 '소거된다'는 말은 그 가정이 어디로 사라진다는 의미가 아니다. 그것은 최종 결론은 더 이상 그 가정에 의존하지 않는다는 것을 말한다. 즉 의존하는 명제 목록에서 그 가정은 빠진다는 의미로, 논의를 위해 일시적으로 어떤 것을 가정했다가 최종적으로 그 가정에서 완전히 벗어나서 최종 결론을 주장할 수 있다는 의미이다.

않는다. A는 조건언 도입규칙을 적용하는 그 단계에서 결론 A → B가 의존하는 명제 목록에서 빠지게 된다. 위의 표기법에서는 이를 다음과 같이 나타냈다.

$a_1, ..., a_n/-j$

이런 가정을 두고 그 가정이 '소거된다'고 말한다. A는 소거되는 가정이다.[13] 그러므로 조건언 도입규칙을 적용하는 단계에서 의존하는 명제의 개수는 직전 단계보다 하나 줄어들게 된다. 이것이 앞에서 우리가 말한 의존관계 목록을 적을 때 고려해야 할 세 번째 원칙이다. 어떤 추리규칙의 경우 소거되는 가정이 있고, 이를 감안해서 의존관계 목록을 작성해야 한다.

조건언 도입규칙이 구체적으로 어떻게 적용되는지를 보기로 하자. 다음을 증명한다고 해 보자.

110. $P \rightarrow Q$, $Q \rightarrow R \vdash P \rightarrow R$ 가언 삼단논법

가언 삼단논법[14]이라고 부르는 직관적인 추론이다. 이는 우리가 일상적으로 자주 쓰는 추론으로, 좀 전에 본 연수가 나오는 예도 이런 추론의 사례라 할 수 있다. 증명의 전략을 세워 보자. 전제는 두 개의 조건언이고 얻어야 할 결론도 조건언이다. 조건언인 결론을 얻기 위해서는 조건언 도입규칙을 사용해야 한다. 이에 따를 때 우선 해야 할 일은 얻고자 하는 결론의 전건 P를 가정하는 일이다.

---

13 때로 소거되는 가정임을 명시적으로 나타내기 위해 꺾쇠([ ]) 괄호를 사용해 [A]라고 적는 사람도 있다. 하지만 우리는 애초에 주어진 명제는 '전제'로, 논의를 위해 가정하는 명제는 '가정'으로 구분해 적을 것이다.
14 '가언'이란 조건부 주장을 일컫는 전통 논리학의 용어이며, 이때 '삼단논법'이란 두 개의 전제와 하나의 결론으로 이루어진 논증을 일컫는다.

1	(1) $P \rightarrow Q$	전제
2	(2) $Q \rightarrow R$	전제
3	(3) P	가정
	$\vdots$	

(3)단계의 오른쪽에 나오는 '가정'은 명제 P는 전제가 아니라 논의를 위해 가정한 것임을 말해 준다. 전제가 그랬듯이, 가정으로 도입되는 명제는 자기 자신에 의존한다. 그러므로 (3)의 왼쪽 번호는 '3'이 된다. 우리가 (1), (2), (3)으로부터 R을 얻는다면 조건언 도입규칙에 의해 P → R이라는 조건언을 최종결론으로 얻을 수 있다. 증명은 대략 다음과 같은 모습을 띠게 될 것이다.

1	(1) $P \rightarrow Q$	전제
2	(2) $Q \rightarrow R$	전제
3	(3) P	가정
	$\vdots$	
	(n-1) R	
	(n) $P \rightarrow R$	3,n-1 →I

이제 당면 과제는 R을 얻는 것이다. R은 (2)의 후건에 들어 있으므로, 전건 Q를 확보한다면 얻을 수 있다. Q는 (1)과 가정한 전건인 (3)으로부터 조건언 제거규칙을 적용해 얻을 수 있다. 완성한 증명은 다음과 같다.

110. $P \rightarrow Q, Q \rightarrow R \vdash P \rightarrow R$

1	(1) $P \rightarrow Q$	전제
2	(2) $Q \rightarrow R$	전제
3	(3) P	가정
1,3	(4) Q	1,3 →E
1,2,3	(5) R	2,4 →E
1,2	(6) $P \rightarrow R$	3,5 →I

이때 의존하는 명제 목록인 맨 왼쪽 번호를 잘 적어야 한다. (5)단계의 R은 {1,2,3}에 의존한다. 의존관계는 소급되고 또한 누적되기 때문이다. (6)은 1과 2에만 의존하지 3에는 의존하지 않는다. 조건언 도입규칙을 적용하는 단계에서 가정한 전건은 의존하는 명제 목록에서 제외되는 소거되는 가정이기 때문이다.[15]

이제 다음 추리를 증명해 보자.

    111. $P \to (Q \to R) \vdash (P \& Q) \to R$ 이입 원리

'이입 원리'라고 부르는 직관적인 추론인데, 이 추론의 역(이를 '이출 원리'라고 부른다)도 성립한다. 우리는 이 추론을 일상적으로 자주 쓴다. 가령 "순천에 갈 경우, 시간이 된다면 송광사를 한번 둘러 보아라"라는 말을 우리는 "순천에 가는데 시간이 된다면, 송광사를 한번 둘러 보아라"라는 의미로 이해한다. 이를 어떻게 증명할 수 있을까? 주어진 전제는 조건언이고 얻어야 할 결론도 조건언이다. 결론을 얻기 위해서는 전건 $P \& Q$를 가정해서[16] 후건 R이 따라 나온다

---

15 앞서 증명한 것과 방금 증명한 것을 비교해 보자.

    109. $P \to Q, Q \to R, P \vdash R$

    110. $P \to Q, Q \to R \vdash P \to R$

109에서는 결론이 단정적 주장 'R'인 반면, 110에서는 결론이 그보다 약한 조건부 주장 'P → R'이다. 이런 차이는 109에는 110에 없는 정보(즉 P)가 전제에 추가로 들어 있다는 점과 연관되어 있다.

16 어떤 사람은 'P & Q'라는 '대담한' 가정을 해도 되는지 의아하게 생각할 것이다. 대답은 어떠한 가정이든 해도 된다는 것이다. 자연연역에서 증명의 각 단계가 무엇을 의미하는지를 정확히 이해한다면 이런 걱정은 저절로 사라질 것이다. 증명에서 각 단계에 나오는 명제는 그 자체로 참임을 주장하는 것이 아니다. 도리어 각 단계는 왼쪽 번호가 말하는 근거에 비추어 볼 때 그 단계에 나오는 명제가 참임을 주장하는 것이다. 이 점을 고려해서 앞서 왼쪽에 단계별 번호로 나타낸 근거를 구체적 명제로 적어 준다면 다음과 같다.

    111. $P \to (Q \to R) \vdash (P \& Q) \to R$

    (1) $P \to (Q \to R)$ ∴ $P \to (Q \to R)$

    (2) $P \& Q$ ∴ $P \& Q$

    (3) $P \& Q$ ∴ P

    (4) $P \& Q$ ∴ Q

    (5) $P \to (Q \to R), P \& Q$ ∴ $Q \to R$

는 것을 보여야 하므로, 증명은 대략 다음과 같이 진행되어야 할 것이다.

1	(1) P → (Q → R)	전제
2	(2) P & Q	가정
	⋮	
	(n-1) R	
	(n) (P & Q) → R	2,n-1 →I

남은 작업은 (1)과 (2)를 활용해 R을 얻는 하위증명을 완성하는 일이다. R은 (1)의 후건의 후건 자리를 차지하고 있으므로, 조건언 제거규칙을 두 차례 적용하면 얻을 수 있다. 이런 절차대로 증명을 구성하면 다음과 같다.

111. P → (Q → R) ⊢ (P & Q) → R

1	(1) P → (Q → R)	전제
2	(2) P & Q	가정
2	(3) P	2 &E
2	(4) Q	2 &E
1,2	(5) Q → R	1,3 →E
1,2	(6) R	4,5 →E
1	(7) (P & Q) → R	2,6 →I

---

(6) P → (Q → R), P & Q ∴ R
(7) P → (Q → R)   ∴ (P & Q) → R

여기에서 드러나듯이 (1), (2) 단계에서는 전제와 결론이 각각 같으며, 이들은 당연히 올바른 추론이다. 달리 말해, (2) 단계에서 우리는 아무런 근거 없이 그냥 'P & Q'가 참이라고 주장하는 것이 아니다. 이때 우리는 'P & Q'라는 전제로부터 'P & Q'라는 결론을 내릴 수 있다는 것을 말하고 있을 뿐이다. 이는 명백히 타당한 추론이다. 나머지의 이후 단계들도 모두 그 자체로 올바른 추론이라는 점을 쉽게 알 수 있을 것이다. 이를 통해 우리는 자연연역의 각 단계별 진행은 사실은 올바른 추론들의 연쇄였다는 점을 알 수 있다. 이처럼 시퀀트들의 연쇄를 다루는 추론이 바로 시퀀트 계산이다.

이번에도 (7)의 맨 왼쪽에 나오는 의존하는 명제 목록을 잘 적어야 한다. (7)은 (2)와 (6)을 사용해 얻은 것이므로 (2)와 (6)이 의존하는 명제, 즉 1과 2에 의존하지만 2가 소거되는 가정이어서 최종적으로 1에만 의존하게 된다.

연 습 문 제

※ 지금까지 도입한 추리규칙을 이용하여 다음을 증명하라.

① $Q \& P \vdash P \& Q$

② $(P \& Q) \& R \vdash P \& (Q \& R)$

③ $P \to (P \to Q), P \vdash Q$

④ $P \to (Q \to R), P \to Q, P \vdash R$

⑤ $P \to (Q \& R), P \vdash R$

⑥ $P \vdash (P \to Q) \to Q$

⑦ $P \vdash Q \to (P \& Q)$

⑧ $P \to (Q \& R) \vdash P \to R$

⑨ $P \to Q, P \to R, P \vdash Q \& R$

⑩ $(P \& Q) \to R, P \vdash Q \to R$

⑪ $(P \& Q) \to R \vdash P \to (Q \to R)$ 이출 원리

⑫ $P \to Q, P \to R \vdash P \to (Q \& R)$

⑬ $Q \to R \vdash (P \& Q) \to (P \& R)$

⑭ $P \to (Q \& R) \vdash (P \to Q) \& (P \to R)$

⑮ $P \to Q, R \to S \vdash (P \& R) \to (Q \& S)$

3.3 부정 및 선언 규칙

⑤ 부정 제거규칙 ~E

규칙을 설명하기 전에 먼저 '이중부정'(double negation)이 무엇인지부터 보자. 다음 주장에서 출발하자.

가) 강희는 2학년이다.

이 주장을 부정한 것은 다음이다.

나) 강희는 2학년이 아니다.

이번에는 이 주장을 다시 부정한다고 해 보자. 그것은 다음이다.

다) 강희가 2학년이 아니라는 것은 사실이 아니다.

이런 식으로 어떤 명제를 연거푸 부정할 수 있다. 이때 다)를 가)의 '이중부정'이라 부른다. 그것은 가)의 부정인 나)를 또다시 부정한 것이기 때문이다. 가)를 'P'로 기호화한다면, P의 이중부정은 '~~P'로 나타낸다.[17]

부정 제거규칙은 다음을 말한다.[18]

---

17 '~~P'는 '~P'의 부정이다. P의 이중부정을 '~(~P)'로 적는다면 이 점을 좀 더 쉽게 파악할 수 있겠지만, 앞서 형성규칙에서 보았듯이 부정의 경우 우리는 괄호를 하지 않으므로 그렇게 적지 않는다.

18 '호기심이 많은' 사람은 부정 제거규칙이 다음과 같은 형태가 아닐까 생각할지 모르겠다.

$$\frac{\sim A}{A}$$

물론 이런 규칙을 세울 수도 있다. 하지만 이런 규칙은 우리가 여기서 암암리에 가정하고 있는 '타당한' 추리규칙이 아닐 것이다.

~E
- 의미: 한 명제의 이중부정이 전제로 주어지면, 우리는 부정기호 둘을 동시에 없 앤 명제를 이끌어 낼 수 있다.

$$\frac{\sim\sim A}{A}$$

- 의존관계: 주어진 전제에 의존한다.
- 정당성: 'A가 아니라는 것은 사실이 아니다'는 'A'라는 주장과 다르지 않다.
- 표기방법:

$a_1, ..., a_n$	(j) $\sim\sim A$	
	$\vdots$	
$a_1, ..., a_n$	(m) A	j ~E

부정 제거규칙 또한 연언 제거규칙처럼 하나의 명제에 적용된다. 부정 제거규 칙이란 결국 이중부정을 한꺼번에 없앨 수 있는 규칙임을 알 수 있다.

다음을 증명한다고 해 보자.

112. $\sim\sim(P \lor Q) \vdash P \lor Q$

이 추리의 전제는 $P \lor Q$라는 복합 명제의 이중부정이다. 방금 도입한 부정 제 거규칙을 적용하면 이중부정을 모두 없앤 결론을 얻을 수 있다. 이때 얻은 결론 은 이중부정을 없애기 전의 명제에 그대로 의존한다.

112. $\sim\sim(P \lor Q) \vdash P \lor Q$

1	(1) $\sim\sim(P \lor Q)$	전제
1	(2) $P \lor Q$	1 ~E

부정 제거규칙은 하나의 명제에 바로 적용하므로 (2) 단계의 오른쪽 번호에는 1 하나를 적는다.

다음도 쉽게 증명할 수 있다.

113. ~~(P & Q) ⊢ P

1	(1) ~~(P & Q)	전제
1	(2) P & Q	1 ~E
1	(3) P	2 &E

전제 ~~(P & Q)를 들여온 다음 두 번째 단계에서 부정 제거규칙을 적용해 이중부정을 모두 없앴다. 그렇게 얻은 명제 P & Q는 연언이므로, 이로부터 연언 성원 가운데 하나인 P를 연언 제거규칙에 의해 얻었다.

다음을 증명해 보자.

114. P → ~~Q, P ⊢ Q

1	(1) P → ~~Q	전제
2	(2) P	전제
1,2	(3) ~~Q	1,2 →E
1,2	(4) Q	3 ~E

두 개의 전제가 주어져 있다. 얻어야 할 결론은 첫 번째 전제의 후건을 구성하고 있는 Q이다. 전제를 도입한 다음 조건언 제거규칙을 적용해 첫 번째 전제의 후건을 확보하고, 이것에 부정 제거규칙을 적용해 원하는 결론을 얻었다.

⑥ 부정 도입규칙 ~I

부정 도입규칙은 도입규칙이므로 부정명제를 결론으로 얻고자 할 때 어떻게 해야 하는지를 일러 주는 규칙일 것이다. 어떤 조건에서 일정한 명제를 부정하는 것이 정당화될까? 어떤 주장이 사실이 아님을 보이는 방법은 무엇일까? 그 주장이 사실이라면, 터무니없는 일이 벌어진다는 것을 보이는 것이 한 가지 방법이다. 짐작하듯이, 수학에서 쓰는 귀류법 증명이 이 방법이다.[19]

---

19 예(고등학교『공통수학』, 지학사, 2000년, 41쪽)

위에서 '터무니없는 일'이 벌어진다고 했는데, 누구나 동의할 수 있는 그런 일이란 어떤 것일까? 아마도 다음과 같은 주장이 터무니없다는 데는 모두 동의할 것이다.

연수는 2학년이고 연수는 2학년이 아니다.
서울은 한국의 수도이고 한국의 수도가 아니다.

이처럼 어떤 명제와 그 명제의 부정이 연언으로 결합된 형태의 명제, B & ~B 를 '모순'[20]이라 부르기로 하자.

모순: 어떤 명제와 그 명제의 부정이 연언으로 결합된 명제로, B & ~B 형태의 명제를 말한다.

이 개념을 써서 부정 도입규칙을 설명할 수 있다.

$\sqrt{2}$가 무리수임을 증명하라.

증명

$\sqrt{2}$가 유리수라고 가정하면, 서로 소인 양의 정수 a, b에 대하여 $\sqrt{2} = \frac{a}{b}$로 나타낼 수 있다.

양변을 제곱하여 정리하면

$a^2 = 2b^2$

여기서 a^2은 짝수이므로 a도 짝수이어야 한다.

그러므로 a = 2m(m은 양의 정수)으로 놓고, $a^2 = 2b^2$에 대입하면

$(2m)^2 = 2b^2$

따라서 $b^2 = 2m^2$

즉 b^2이 짝수이므로 b도 짝수이어야 한다.

따라서 a, b가 서로 소라는 가정에 모순이다.

그러므로 $\sqrt{2}$는 유리수가 아니고 무리수이다. ■

---

20   여기서 말하는 '모순'은 순전히 형태상의 일정한 특징을 가진 명제로서, 구문론적으로 정의되고 있음을 주목해야 한다. 이 개념은 비일관적 명제와는 구분된다. 모순은 모두 비일관적 명제이지만, 비일관적 명제가 모두 모순은 아니다. 가령 (P & (P → Q)) & ~Q는 비일관적 명제이지만 모순은 아니다.

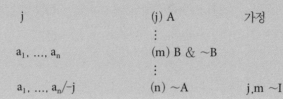

~I

- 의미: A를 가정해서 (필요하다면 다른 가정도 써서) 모순이 도출된다는 것을 보이면, 우리는 최종적으로 ~A를 결론으로 이끌어 낼 수 있다.

$$\frac{A \\ \vdots \\ B \ \& \ \sim B}{\sim A}$$

- 의존관계: 최종 결론 ~A는 모순을 이끌어 낼 때 사용된 다른 명제에는 의존하지만, 가정 A에는 의존하지 않는다. A는 소거되는 가정이다.
- 정당성: 명제 A가 모순을 야기한다면 A는 참일 수 없고, 따라서 그것의 부정인 ~A가 참이다.
- 표기방법:

j	(j) A	가정
	⋮	
$a_1, ..., a_n$	(m) B & ~B	
	⋮	
$a_1, ..., a_n/-j$	(n) ~A	j,m ~I

부정 도입규칙의 특징

조건언 도입규칙처럼 부정 도입규칙도 두 가지 특징을 지닌다. 첫째, 이 추리규칙은 하나의 하위증명을 포함하고 있다. 이 규칙을 사용할 때 어떤 명제를 가정해서 모순이 도출됨을 증명해야 한다. 이 증명이 이루어지면 우리는 애초의 가정을 부정할 수 있게 된다. 둘째, 이 추리규칙을 적용할 때도 소거되는 가정이 있다. 최종적으로 얻는 부정명제는 애초에 가정한 명제에는 의존하지 않는다. 다만 모순을 도출할 때 이용한 명제에는 의존한다. 만약 모순을 초래하는데 이바지한 명제가 여럿일 경우, 어떠한 명제이든 부정할 수 있다. (그것은 순전히 우리의 선택에 달려 있다. 다만 '잘못' 고르면 원하는 결론을 얻지 못할 수도 있다).

다음을 증명한다고 해 보자.

115. P → Q, ~Q ⊢ ~P   후건 부정식[21]

'후건 부정식' 또는 '후건 부정규칙'이라고 부르는 직관적인 추론이다. 조건언
이 주어지고, 나아가 조건언의 후건의 부정이 주어지면, 이들로부터 조건언의
전건의 부정을 결론으로 이끌어 낼 수 있다는 것을 말하기 때문이다. 우리의 기
본규칙을 가지고, 이를 어떻게 증명할 수 있을까? 결론이 부정명제 ~P이다.
이를 얻는 한 가지 방안은 P를 가정해 모순이 도출됨을 보여 그것을 최종적으
로 부정하는 것이다. 부정 도입규칙은 그런 이행을 가능하게 하는 규칙이다. 큰
그림은 다음과 같이 진행하는 것이다.

1	(1) P → Q	전제
2	(2) ~Q	전제
3	(3) P	가정
	⋮	
	(n-1) 모순	
	(n) ~P	3,n-1 ~I

구체적으로 어떤 모순을 구성할 수 있을까? 여기서 모순은 어떤 명제와 그 명
제의 부정으로 이루어진 연언 형태의 명제를 말한다. 모순은 연언 형태를 띠므
로, 이를 얻으려면 연언 도입규칙에 따라 연언 성원 각각을 확보해야 한다. 어
떤 연언 성원을 확보해 모순을 구성할 수 있을까? 전제를 살펴보면, ~Q와 Q
가 들어 있으므로 이들을 모두 얻을 수 있다면 우리가 바라는 모순을 얻게 된
다. 이런 발상에 따라 증명을 구체적으로 해 나가면 다음과 같다.

115. P → Q, ~Q ⊢ ~P

---

21 후건 부정식과 형태가 비슷해서 타당한 추론으로 오인하기 쉬운 다음은 부당한 추론이다.

    P → Q, ~P 따라서 ~Q   전건 부정의 오류

1	(1) P → Q	전제
2	(2) ~Q	전제
3	(3) P	가정
1,3	(4) Q	1,3 →E
1,2,3	(5) Q & ~Q	2,4 &I
1,2	(6) ~P	3,5 ~I

(5)에서 (6) 단계로 넘어갈 때, 애초에 가정한 명제 번호인 3은 의존하는 명제 목록에서 빠진다. 그것은 소거되는 가정이기 때문이다. 그래서 (5)의 왼쪽에는 {1,2,3}이 나오지만, (6)의 왼쪽에는 {1,2}만 나온다.

이제 다음 추리를 살펴보자.

116. P → Q, P → ~Q ⊢ ~P

이 추론의 타당성은 직관적으로 분명하다. 첫 번째 전제는 P이면 Q임을 말하고, 두 번째 전제는 P이면 ~Q임을 말하고 있다. 이때 P가 참이라면 Q와 ~Q를 모두 얻을 수 있고 이는 모순이므로 P가 참일 수 없음을 알 수 있다. 증명 절차 또한 이런 직관적 생각과 다르지 않다. 결론이 부정명제이므로 부정 도입규칙에 따라 P를 가정해 모순을 도출하는 절차를 거치면 된다. 이때 P를 가정하는 순간 어떤 모순을 구성할 수 있는지는 분명하다. 완성한 증명은 다음이다.

116. P → Q, P → ~Q ⊢ ~P

1	(1) P → Q	전제
2	(2) P → ~Q	전제
3	(3) P	가정
1,3	(4) Q	1,3 →E
2,3	(5) ~Q	2,3 →E
1,2,3	(6) Q & ~Q	4,5 &I

1,2   (7) ~P   3,6 ~I

이 증명에서도 (6)에서 (7) 단계로 넘어갈 때, 애초에 가정한 명제 번호인 (3)은 의존하는 명제 목록에서 빠진다는 점을 볼 수 있다. 그것은 소거되는 가정이기 때문이다. (6)의 왼쪽 번호에 나와 있듯이, 모순을 낳는 데 쓰인 명제는 {1,2,3}이다. 이 셋 가운데 모순을 야기한 장본인으로 (3)의 P를 지목해 그것이 참이 아니라는 결론을 내리고 있다.

다음 추론을 생각해 보자.

117. P → ~P ⊢ ~P

언뜻 보면 이상한 추론 같다. 가령 "연수가 오늘 수업에 온다면, 연수는 오늘 수업에 오지 않는다"는 주장은 "연수는 오늘 수업에 오지 않는다"는 주장을 함축한다는 것이다. 아마도 "P이면 P가 아니다"라는 형태의 주장을 우리가 일상적으로 좀처럼 하지 않기 때문에 낯설게 느껴져서 그럴 것이다. 하지만 결론이 부정 명제라는 점에 주목해, 부정 도입규칙을 강구하는 순간 이는 온당한 추론임을 알 수 있다. P를 가정할 경우 전제로부터 조건언 제거규칙을 통해 ~P를 얻을 수 있는데 이는 가정한 P와 모순을 야기하므로, P는 참일 수 없음을 알 수 있기 때문이다. 완성한 증명은 다음과 같다.

117. P → ~P ⊢ ~P

1	(1) P → ~P	전제
2	(2) P	가정
1,2	(3) ~P	1,2 →E
1,2	(4) P & ~P	2,3 &I
1	(5) ~P	2,4 ~I

다음 추론을 보자.

118. ~(P & Q), P ⊢ ~Q

아주 직관적인 추론이다. 첫 번째 전제는 P와 Q가 둘 다 참은 아님을 말해 주고, 두 번째 전제는 P가 참임을 말해 준다. 이때 우리는 Q가 거짓임을 추론할 수 있다. 이를 어떻게 증명할 수 있을까? 결론이 부정명제이므로, 부정 도입규칙을 강구하는 것이 방안이다. 이에 따라 Q를 가정해서 모순을 도출하는 전략을 구사해 보자.

1	(1) ~(P & Q)	전제
2	(2) P	전제
3	(3) Q	가정
	⋮	
	(n-1) 모순	
	(n) ~Q	3,n-1 ~I

(1), (2), (3)으로부터 어떤 모순을 얻을 수 있을지는 Q를 가정하는 순간 비교적 쉽게 떠올릴 수 있다. 완성한 증명은 다음과 같다.

118. ~(P & Q), P ⊢ ~Q

1	(1) ~(P & Q)	전제
2	(2) P	전제
3	(3) Q	가정
2,3	(4) P & Q	2,3 &I
1,2,3	(5) (P & Q) & ~(P & Q)	1,4 &I
1,2	(6) ~Q	3,5 ~I

다음으로 '대우'라고 부르는 추리를 증명한다고 해 보자.

119. P → Q ⊢ ~Q → ~P   대우

전략을 세워야 한다. 결론이 조건언이므로 조건언 도입규칙을 써야 할 것이다.
이는 전건인 ~Q를 가정해서 후건인 ~P를 도출한 다음 이들을 전건과 후건으
로 연결한 조건언을 최종 결론으로 이끌어 내야 한다는 의미이다. 큰 전략을 묘
사하면 다음과 같다.

1	(1) P → Q	전제	
2	(2) ~Q	가정	
	⋮		
	(n-1) ~P		
	(n) ~Q → ~P	2,n-1 →I	

(n-1) 단계의 ~P를 얻으려면 어떻게 해야 할까? 이것이 부정명제라는 점에 착
안하여 부정명제를 얻는 방법인 부정 도입규칙을 쓰는 방안을 강구해 볼 수 있
다. 이 증명에서는 이를 생각해 내는 것이 가장 중요하다. 이렇게 진전된 전략
을 묘사하면 다음과 같다.

1	(1) P → Q	전제	
2	(2) ~Q	가정	
3	(3) P	가정	
	⋮		
	(n-2) 모순		
	(n-1) ~P	3,n-2 ~I	
	(n) ~Q → ~P	2,n-1 →I	

다음 과제는 (1), (2), (3)으로부터 모순을 얻는 일이다. 이는 그다지 어렵지 않
다. 빈 부분을 채운 온전한 증명은 다음과 같다.

119. $P \rightarrow Q \vdash \sim Q \rightarrow \sim P$

1	(1) $P \rightarrow Q$	전제
2	(2) $\sim Q$	가정
3	(3) P	가정
1,3	(4) Q	1,3 $\rightarrow$E
1,2,3	(5) Q & $\sim Q$	2,4 &I
1,2	(6) $\sim P$	3,5 $\sim$I
1	(7) $\sim Q \rightarrow \sim P$	2,6 $\rightarrow$I

마지막 (7)단계의 명제가 의존하는 목록을 보면 1만 나온다. 이는 최종 결론 $\sim$Q $\rightarrow$ $\sim$P가 주어진 전제인 P $\rightarrow$ Q에만 의존해 올바르게 도출된 것임을 말해준다. 최종 결론이 주어진 전제 이외의 명제에 의존하고 있다면, 이는 주어진 명제 이외의 것을 사용해 결론을 도출했다는 의미이며 이런 증명은 올바른 것일 수 없다. 달리 말해, 증명 과정에서 전제 이외의 가정을 도입했다면 그것은 적절한 단계에서 모두 소거되어야 한다.

부정 도입규칙의 확장

부정 도입규칙은 기본적으로 부정인 결론을 얻고자 할 때 사용된다. 그런데 부정 도입규칙을 사용하여 긍정인 결론도 얻을 수 있다. 어떻게 하면 될까? 애초에 부정명제를 가정하면 된다. 가령 $\sim$P를 가정하여 모순이 도출됨을 보이면 P의 이중부정인 $\sim\sim$P를 얻을 수 있을 테고, 여기에 부정 제거규칙을 적용하면 최종적으로 긍정명제인 P를 얻을 수 있다.

다음 추리를 증명해 보자.

120. $\sim(\sim P$ & $\sim Q)$, $\sim P \vdash Q$

우리가 조금 전에 증명한 118($\sim(P$ & $Q)$, $P \vdash \sim Q$, "둘 다 참은 아닌데, 하나가 참이라면 다른 하나는 거짓이다"라는 형태의 추론)과 쌍을 이루는 또 다른 직관적인 추론이다. 120에서 첫 번째 전제는 P와 Q가 둘 다 거짓은 아님을 말해 주고, 두 번째 전제는 P가 거짓임을 말해 준다. 이때 우리는 이 두 정보로부터 Q가 참일 수밖에 없음을 추리해 낼 수 있다. 이 추론의 증명은 다음과 같다.

120. ~(~P & ~Q), ~P ⊢ Q		
1	(1) ~(~P & ~Q)	전제
2	(2) ~P	전제
3	(3) ~Q	가정
2,3	(4) ~P & ~Q	2,3 &I
1,2,3	(5) (~P & ~Q) & ~(~P & ~Q)	1,4 &I
1,2	(6) ~~Q	3,5 ~I
1,2	(7) Q	6 ~E

위의 증명에서도 중요한 단계는 (3)이다. 원하는 결론 Q를 직접 얻기가 어려워 보여 우회 전략으로 귀류법 전략을 구사하였다. ~Q를 가정해 모순을 얻는 방안을 착상하는 순간 어떤 모순을 얻을 수 있을지는 비교적 쉽게 떠오른다.

연 습 문 제

※ 다음을 증명하라.
① P ⊢ ~(~P & ~Q)
② ~P ⊢ ~(P & Q)
③ P & ~Q ⊢ ~(P → Q)
④ P → Q ⊢ ~(P & ~Q)
⑤ ~(~P & ~Q) ⊢ ~P → Q
⑥ P → ~Q ⊢ Q → ~P
⑦ ~P → Q ⊢ ~Q → P

⑧ ~(P & ~Q), ~Q ⊢ ~P

⑨ ~P → P ⊢ P

⑩ ~P → Q, ~P → ~Q ⊢ P

⑪ ~(~P & Q), Q ⊢ P

⑫ ~P → Q, ~Q ⊢ P

⑬ P → ~Q, Q ⊢ ~P

⑭ P → (Q & R), ~R ⊢ ~P

⑮ P → Q, R → ~Q ⊢ ~(P & R)

---

⑦ 선언 도입규칙 ∨I

　마지막 남은 추리규칙은 선언 결합사와 관련한 한 쌍의 규칙이다. 선언의 경우, 편의상 도입규칙을 먼저 소개하기로 한다. 선언 제거규칙은 복잡하기 때문이다. 선언 도입규칙은 도입규칙이므로, 어떤 상황에서 선언명제를 주장할 수 있을지를 말해 주는 규칙이 될 것이다. 우리는 어떤 상황에서 P ∨ Q 형태의 선언을 정당화할 수 있을까? 대답은 간단하다. 이를 위해서는 P나 Q 가운데 어느 하나를 확보하면 충분하다는 것이다.

∨I

• 의미: 어떤 명제가 전제로 주어지면, 그 명제를 선언 성원으로 갖는 선언을 결론으로 이끌어 낼 수 있다.

$$\frac{A}{A \vee B} \qquad \frac{A}{B \vee A}$$

• 의존관계: 이렇게 얻은 결론은 주어진 전제에 의존한다.

• 정당성: A가 참이면, A ∨ B도 당연히 참이다. 선언은 선언 성원 하나만 참이어도 참이기 때문이다.[22]

• 표기방법:

$a_1, ..., a_n$	(j) A	
	⋮	
$a_1, ..., a_n$	(m) A ∨ B	j ∨I

이 규칙은 어떤 점에서 별 흥미 없어 보인다. 아마도 일상적으로 이런 식으로 추리하는 사람은 거의 없을 듯하다.[23] 'P' 하나가 단독으로 참임을 알고 있는데 어느 누가 이로부터 'P이거나 Q'를 이끌어 내겠는가? 물론 그럴 것이다. 'P'는 'P이거나 Q'보다 훨씬 강한 정보이다. 'P'를 명시적으로 주장할 수 있는 상황인데도 'P이거나 Q'를 주장한다면 이는 우리가 대화를 할 때 암암리에 따르는 어떤 규범을 위반하는 것으로 생각된다.[24] 하지만 이 규칙은 분명히 진리보존적이다. 선언 성원 가운데 어느 하나가 참이면 선언은 참이기 때문이다. 이 규칙은 우리가 원하는 선언 형태로 어떤 명제를 바꾸어 주는 데 주로 사용된다.

다음 추리의 증명을 보자.

121. P ⊢ P ∨ Q

| 1 | (1) P | 전제 |
| 1 | (2) P ∨ Q | 1 ∨I |

얻고자 하는 결론은 선언이고, 선언을 얻는 방법은 선언 도입규칙이다. 이에 따를 때 결론의 선언 P ∨ Q를 얻으려면 선언 성원 가운데 하나인 P나 Q를 확보하면 된다. 그런데 P가 전제에 주어져 있으므로 이를 이용하면 원하는 선언을 바로 얻을 수 있다.

---

22 이는 선언이 참이면 선언 성원도 참이라고 말하는 것이 아니다. 혼동하지 말아야 한다. 아래에서 왼편은 부당한 추론이지만 오른편은 타당한 추론이다.

$$\frac{A \vee B}{A}\text{(부당한 추론)} \qquad \frac{A}{A \vee B}\text{(타당한 추론)}$$

23 포퍼는 이런 추리가 일상적으로 '내기'에서 자주 쓰인다고 말한다. K. R. Popper, "What is Dialectic?", *Mind* N.S. 49 (1940), reprinted in *Conjectures and Refutations*, 318쪽 참조.

24 가령 내가 방금 연수가 도서관으로 들어가는 것을 보았는데, 잠시 후 다른 친구 하나가 내게 연수가 어디 있는지 아느냐고 물었다고 해 보자. 이때 "연수는 도서관에 있거나 학교 앞 술집에 있을 거야"라고 대답했다면, 어떤 의미에서 나는 거짓말을 한 것은 아니다. 그렇지만 나는 친구를 '오도했다'고 할 수 있다. 이런 일은 우리가 대화를 할 때 암암리에 따르는 규범 가운데 하나인 "가장 강한 정보를 제공하라"는 것을 지키지 않았기 때문에 발생한다. 이와 관련된 논의로는 P. Grice, *Studies in the Way of Words* (Harvard Univ. Press, 1989) 참조.

하나만 더 보기로 하자.

122. $(P \lor Q) \to R \vdash (P \to R)\ \&\ (Q \to R)$

이 추론을 일컫는 일정한 이름은 없지만 이것은 직관적으로 분명할 뿐만 아니라 우리가 일상적으로 자주 쓰는 추론이기도 하다. 가령 "미시령에 비가 많이 오거나 눈이 많이 올 경우 교통 당국은 차량의 통행을 제한한다"는 정보는 "미시령에 비가 많이 올 경우 교통 당국은 차량의 통행을 제한하고 미시령에 눈이 많이 올 경우 교통 당국은 차량의 통행을 제한한다"는 것을 함축한다. 사실 이 추론의 역도 성립해서 이들은 같은 의미이다. 일상생활에서는 조건언 두 개로 이루어진 연언 정보를 간단하게 표현하는 수단으로 주로 쓰이며, 법이나 규정 같은 데서 특히 이런 구문을 자주 볼 수 있다.

　이를 증명해 보자. 결론은 연언명제이므로 연언 도입규칙에 따라 연언 성원 각각을 얻어야 한다. 연언 성원 자체는 조건언이므로 조건언 도입규칙에 따라 조건언의 전건을 가정해서 후건을 얻는 절차를 거쳐야 할 것이다. 따라서 증명은 대략 다음과 같이 진행되어야 한다.

1	(1) $(P \lor Q) \to R$	전제
2	(2) P	가정
	⋮	
	(k) R	
	(k+1) $P \to R$	2,k →I
k+2	(k+2) Q	가정
	⋮	
	(n) R	
	(n+1) $Q \to R$	k+2,n →I
	(n+2) $(P \to R)\ \&\ (Q \to R)$	k+1,n+1 &I

채워야 할 중간 과정은 우선 (1)과 (2)로부터 R을 얻는 일인데, 이는 방금 소개한 선언 도입규칙을 (2)에 적용함으로써 쉽게 얻을 수 있고, 이는 (1)과 (k+2)로부터 R을 얻을 때도 마찬가지이다. 완성한 증명은 다음과 같다.

122. (P ∨ Q) → R ⊢ (P → R) & (Q → R)

1	(1) (P ∨ Q) → R	전제
2	(2) P	가정
2	(3) P ∨ Q	2 ∨I
1,2	(4) R	1,3 →E
1	(5) P → R	2,4 →I
6	(6) Q	가정
6	(7) P ∨ Q	6 ∨I
1,6	(8) R	1,7 →E
1	(9) Q → R	6,8 →I
1	(10) (P → R) & (Q → R)	5,9 &I

⑧ 선언 제거규칙 ∨E

이제 명제논리에서 도입할 마지막 추리규칙인 선언 제거규칙을 볼 차례이다. 이 규칙은 자연연역 체계에서 가장 복잡한 규칙이면서 또한 자연연역의 '백미'라 할 수 있는 아주 우아한 추리 방식이기도 하다. 먼저 이 규칙이 어떤 것일지 생각해 보자. 이것은 선언 제거규칙이므로, 선언명제가 전제로 주어졌을 때 이를 어떻게 활용할 수 있는지를 일러 주는 규칙일 것이다. 선언 정보를 어떻게 활용할 수 있을까? 우선 연언과 비교했을 때, 선언 정보는 상당히 약한 정보임을 주목해야 한다. 그것은 선언지 중에 적어도 하나가 참임을 말해 줄 뿐이다. 하지만 이것도 아주 유익한 정보임에는 틀림없다. 형사가 범인을 두 명으로 좁혔다면 비록 정확히 누가 범인인지는 모른다 하더라고 그것은 중요한 성과임이 분명하기 때문이다.

선언 제거규칙을 정식화하기 전에 선언 정보를 우리가 일상적으로 어떻게 활용하는지를 보기로 하자. 다음과 같은 상황을 생각해 보자.

　　지영이와 진영이는 나와 아주 친한 친구이다. 이들은 학교에 오면 늘 나한테 점심을
　　사 준다. 그런데 나는 오늘 지갑을 집에 두고 나와 수중에 돈 한 푼 없다. 하지만 나
　　는 오늘 지영이나 진영이 가운데 적어도 하나가 학교에 나와 있다는 사실은 알고 있
　　다. 나는 오늘 점심을 먹을 수 있을까 없을까?

여기서 밑줄 친 정보가 바로 선언 정보이다. 이런 상황에서 여러분은 내가 오늘
점심을 굶지 않을 것임을 확신할 수 있을 것이다. 왜 그런가? 우리는 다음과 같
은 추론을 하기 때문이다.

　　지영이나 진영이 가운데 적어도 하나는 학교에 나와 있다. 지영이가 나와 있다고 해
　　보자. 그렇다면 내가 학교에 있을 경우 그는 나한테 늘 점심을 사 주므로 오늘 나는
　　점심을 먹을 수 있을 것이다. 이번에는 진영이가 나와 있다고 해 보자. 그렇다면 그도
　　내가 학교에 있을 경우 나한테 늘 점심을 사 주므로 오늘 나는 점심을 먹을 수 있을
　　것이다. 그런데 둘 가운데 적어도 한 사람이 나와 있다는 것은 분명하므로, 어느 경우
　　든 나는 오늘 점심을 먹을 수 있을 것이다.

선언 제거규칙은 이런 사고방식을 형식화한 것으로, 우리가 일상적으로 사용하
는 나무랄 데 없는 추리 방식이다.
　　선언 제거규칙은 다음과 같이 정식화된다.

∨E
- 의미: 선언 A ∨ B가 전제로 주어져 있을 때, 왼쪽 선언 성원 A를 가정해서 C
　　를 이끌어 낼 수 있음을 보이고, 오른쪽 선언 성원 B를 가정해서도 똑같이
　　C를 이끌어 낼 수 있음을 보인다면, 우리는 최종적으로 C를 이끌어 낼 수
　　있다.

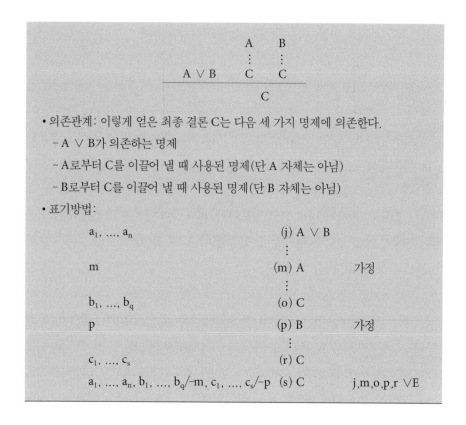

- 의존관계: 이렇게 얻은 최종 결론 C는 다음 세 가지 명제에 의존한다.
  - A ∨ B가 의존하는 명제
  - A로부터 C를 이끌어 낼 때 사용된 명제(단 A 자체는 아님)
  - B로부터 C를 이끌어 낼 때 사용된 명제(단 B 자체는 아님)
- 표기방법:

선언 제거규칙의 특징

선언 제거규칙[25]의 특징을 잠깐 얘기하자. 이 규칙은 두 개의 하위증명으로 이루어져 있다. 우리는 두 개의 소증명을 해 보임으로써 전체 증명을 완성하게 된다. 나아가 이 규칙에도 소거되는 가정이 있다. 증명 과정에서 가정하는 각각의 선언 성원은 소거되는 가정이어서, 최종 결론은 가정한 각각의 선언 성원에는 의존하지 않는다. 또한 이 규칙의 경우에는 오른쪽에 다음과 같이 무려 5개

---

25 선언을 활용하는 방식 가운데 우리에게 익숙한 것은 다음과 같은 형태의 선언 삼단논법이다.

A ∨ B
~A
∴ B

하지만 대개의 자연연역 체계에서는 선언 삼단논법을 기본규칙으로 삼지는 않는다. 그것은 기본규칙을 이용해 증명이 가능한 파생규칙 가운데 하나가 된다. 우리도 나중에 이를 파생규칙으로 도입할 것이다.

의 단계별 번호를 적는다는 점도 좀 색다르다.

① 선언 A ∨ B가 나오는 줄

② A가 가정된 줄

③ A로부터 C가 이끌어지는 줄

④ B가 가정된 줄

⑤ B로부터 C가 이끌어지는 줄

이 규칙이 어떻게 적용되는지 보기 위해 다음을 증명해 보자.

123. $P \rightarrow R, Q \rightarrow R, P \vee Q \vdash R$ 단순 구성적 양도논법

전제 가운데 하나가 선언인 $P \vee Q$이므로 선언 제거규칙의 적용이 기본 전략이
된다. 선언의 왼쪽 선언 성원 P를 가정해서 원하는 결론 R을 얻을 수 있음을 보
이고, 또한 오른쪽 선언 성원 Q를 가정해서도 같은 결론 R을 얻을 수 있음을
보인다면 비로소 우리는 R이라고 결론 내릴 수 있다. 이에 따라 증명은 다음과
같은 식으로 진행되어야 한다.

1	(1) $P \rightarrow R$	전제
2	(2) $Q \rightarrow R$	전제
3	(3) $P \vee Q$	전제
	(4) P	가정
	$\vdots$	
	(m-1) R	
	(m) Q	가정
	$\vdots$	
	(n-1) R	
	(n) R	$\vee$E

남은 작업은 주어진 것들로부터 R을 얻는 것이다. 이는 두 차례에 걸쳐 이루어
지는데, 한 번은 (1) P → R, (2) Q → R, (3) P ∨ Q, (4) P로부터 (m-1) R을
얻는 것이고, 다른 한 번은 (1) P → R, (2) Q → R, (3) P ∨ Q, (m) Q로부터
(n-1) R을 얻는 것이다. 이 단계들을 채우면 다음과 같다.

123. P → R, Q → R, P ∨ Q ⊢ R

1	(1) P → R	전제
2	(2) Q → R	전제
3	(3) P ∨ Q	전제
4	(4) P	가정
1,4	(5) R	1,4 →E
6	(6) Q	가정
2,6	(7) R	2,6 →E
1,2,3	(8) R	3,4,5,6,7 ∨E

막바지 중요한 작업은 (8) 단계에서 오른쪽과 왼쪽을 올바르게 적는 일이다. 오
른쪽에 적는 것은 어떤 규칙을 어디에 적용했는지를 나타낸다. 선언 제거규칙
의 경우 모두 5개의 관련 명제를 적는다. 그것들은 각각 애초의 선언, 가정한
왼쪽 선언 성원, 그로부터 이끌어 낸 결론, 가정한 오른쪽 선언 성원, 그로부터
이끌어 낸 결론이며, 선언 제거규칙의 약호는 ∨E이다. 맨 왼쪽에 적는 것은 궁
극적으로 의존하는 명제 목록이다. (8) 단계의 R을 얻는데 사용한 명제는 3, 4,
5, 6, 7이고 이들이 의존하는 명제는 각각 {3}, {4}, {1,4}, {6}, {2,6}이다. 결국
의존하는 명제는 {1,2,3,4,6}인 셈인데, 이 가운데 4와 6은 소거되는 가정이다.
따라서 {1,2,3}만 남게 되고, 이들 번호가 (8) 단계의 왼편에 나와 있다.
　선언 제거규칙을 사용하는 증명은 기본적으로 복잡할 수밖에 없다. 그 안에
서 하위증명을 두 개나 해야 하기 때문이다. 증명을 하다가 길을 잃지 않으려면
선언 제거규칙을 사용하는 증명의 기본 얼개를 분명히 해 두어야 한다. 특히 올
바른 증명이 되려면 결론이 최종 단계까지 포함해 모두 세 차례 등장해야 한다

는 점을 기억하는 것이 좋다. 나아가 선언 성원 각각을 가정해 결론이 도출됨을 보여야 한다는 점도 기억해야 한다. 아마 이런 점을 분명히 하기 위해서는 다음처럼 하위증명 두 개를 나란히 배치하는 것이 도움이 될지도 모르겠다.[26]

123. $P \rightarrow R$, $Q \rightarrow R$, $P \lor Q \vdash R$

	1	(1) $P \rightarrow R$		전제			
	2	(2) $Q \rightarrow R$		전제			
	3	(3) $P \lor Q$		전제			
4		(4) P 가정			6	(6) Q 가정	
1,4		(5) R 1,4 $\rightarrow$E			2,6	(7) R 2,6 $\rightarrow$E	
	1,2,3		(8) R			3,4,5,6,7 $\lor$E	

일부 학자들은 이런 표기법을 쓰기도 한다.[27] 하지만 우리는 그렇게 하지 않을 것이다.

또 다른 예를 들어 선언 제거규칙을 익히기로 하자.

124. $P \rightarrow R$, $Q \rightarrow S$, $P \lor Q \vdash R \lor S$ 복합 구성적 양도논법

전제 가운데 하나가 선언이므로 선언 제거규칙의 사용이 기본 전략이다. 이는 주어진 전제와 선언 성원을 각각 가정해서 결론 $R \lor S$가 도출됨을 보여야 한다는 의미이다. 증명은 대략 다음과 같이 진행되어야 할 것이다.

1	(1) $P \rightarrow R$	전제
2	(2) $Q \rightarrow S$	전제

---

26 이렇게 적으면 (5)를 증명할 때 우리가 쓸 수 있는 명제는 1,2,3,4인 반면 (7)을 증명할 때 우리가 쓸 수 있는 명제는 1,2,3,6임을 분명히 할 수 있다. 다시 말해 (7)을 얻는 과정에서는 (4)가 가정되는 것이 아님을 분명히 해 준다는 장점이 있다.

27 뉴턴 스미스가 그런 예이다. Newton-Smith (1994) 참조.

3	(3) P ∨ Q	전제
	(4) P	가정
	⋮	
	(m-1) R ∨ S	
	(m) Q	가정
	⋮	
	(n-1) R ∨ S	
	(n) R ∨ S	∨E

두 개의 하위증명에서 얻어야 할 결론은 선언인 R ∨ S이다. 이는 선언 성원 R
이나 S 가운데 어느 하나를 확보하면 선언 도입규칙에 의해 얻을 수 있다. 완성
한 증명은 다음과 같다.

124. P→R, Q→S, P ∨ Q ⊢ R ∨ S

1	(1) P→R	전제
2	(2) Q→S	전제
3	(3) P ∨ Q	전제
4	(4) P	가정
1,4	(5) R	1,4 →E
1,4	(6) R ∨ S	5 ∨I
7	(7) Q	가정
2,7	(8) S	2,7 →E
2,7	(9) R ∨ S	8 ∨I
1,2,3	(10) R ∨ S	3,4,6,7,9 ∨E

마지막 (10)단계에서 결론이 의존하는 명제 목록에는 4와 7이 소거되어
{1,2,3}만 남게 된다.

다음을 증명한다고 하자.

125. $(P \to R)\ \&\ (Q \to R) \vdash (P \lor Q) \to R$

결론이 조건언이므로 주된 전략은 조건언 도입규칙이다. 증명은 다음과 같은
형태로 진행되어야 할 것이다.

1	(1) $(P \to R)\ \&\ (Q \to R)$	전제
2	(2) $P \lor Q$	가정
	⋮	
	(n-1) R	
1	(n) $(P \lor Q) \to R$	2,n-1 →I

당면 과제는 (1)과 (2)로부터 R을 얻는 일인데, (2)가 선언이므로 이를 활용하
려면 선언 제거규칙을 써야 한다. 이에 따라 선언 성원 P와 Q를 각각 가정하여
결론의 후건 R을 도출해야 한다.

1	(1) $(P \to R)\ \&\ (Q \to R)$	전제
2	(2) $P \lor Q$	가정
3	(3) P	가정
	⋮	
	(k) R	
	(k+1) Q	가정
	⋮	
	(n-2) R	
	(n-1) R	2,3,k,k+1,n-2 ∨E
1	(n) $(P \lor Q) \to R$	2,n-1 →I

중간 과정을 모두 채우면 이것으로 선언 제거규칙을 적용하는 과정이 일단락되
는 셈이다. 남은 작업은 애초의 주된 전략대로 조건언 도입규칙을 적용하여 조

건언을 최종 결론으로 이끌어 내는 것이다. 다음이 완성한 증명이다.

125. (P→R) & (Q→R) ⊢ (P∨Q)→R

1	(1) (P→R) & (Q→R)	전제
2	(2) P∨Q	가정
3	(3) P	가정
1	(4) P→R	1 &E
1,3	(5) R	3,4→E
6	(6) Q	가정
1	(7) Q→R	1 &E
1,6	(8) R	6,7→E
1,2	(9) R	2,3,5,6,8 ∨E
1	(10) (P∨Q)→R	2,9→I

이상으로 명제논리의 추리규칙 8가지 소개가 모두 끝났다. 이들을 한꺼번에 표로 제시하면 다음과 같다.

자연연역의 추리규칙 목록(명제논리)

	규칙 이름과 약호	다른 이름	특징
1	연언 제거규칙 &E	단순화	
2	연언 도입규칙 &I		
3	조건언 제거규칙 →E	전건 긍정식, 분리 규칙	
4	조건언 도입규칙 →I	조건 증명	하위증명, 소거되는 가정
5	부정 제거규칙 ~E	이중부정 소거	
6	부정 도입규칙 ~I	귀류법	하위증명, 소거되는 가정
7	선언 도입규칙 ∨I		
8	선언 제거규칙 ∨E		하위증명 두 개, 소거되는 가정

※ 다음을 증명하라.

① $P \& Q \vdash P \lor Q$

② $P \lor Q \vdash Q \lor P$

③ $P \lor Q, Q \rightarrow R \vdash P \lor R$

④ $(P \& Q) \lor (P \& R) \vdash P \& (Q \lor R)$

⑤ $Q \rightarrow R \vdash (P \lor Q) \rightarrow (P \lor R)$

⑥ $(P \lor Q) \rightarrow R \vdash Q \rightarrow R$

⑦ $P \rightarrow Q, R \rightarrow S \vdash (P \lor R) \rightarrow (Q \lor S)$

⑧ $P \rightarrow Q, P \rightarrow R, \sim Q \lor \sim R \vdash \sim P$ 단순 파괴적 양도논법

⑨ $P \rightarrow Q, R \rightarrow S, \sim Q \lor \sim S \vdash \sim P \lor \sim R$ 복합 파괴적 양도논법

⑩ $P \lor R, \sim S \rightarrow \sim P \vdash R \lor S$

양 도 논 법

조건언과 선언이 둘 다 나오는 논증 형태 가운데 유명한 것이 있는데, 그것은 양도논법(dilemma)이라고 불리는 것이다. 이것은 꽤 복잡한 논증이다. 그럼에도 일상적으로 비교적 자주 쓰인다. 정치권에서 정당 대변인들이 논평을 발표할 때 이런 양도논법을 구사하는 일도 가끔 있다. 신문에서도 이런 논증의 사례를 찾아볼 수 있다.

양도논법의 형식적 특징부터 보기로 하자. 양도논법에는 세 개의 전제가 있다. 두 개의 전제는 조건언이고, 나머지 하나는 선언이다. 결론은 선언 형태인 것도 있고 그렇지 않은 것도 있다. 양도논법에는 다음 네 가지 형식이 있다.[28]

---

28 양도논법을 분류하는 기준은 다음과 같다. 결론이 선언 형태인 것을 우선 '복합(complex) 양도논법', 선언 형태가 아닌 것을 '단순(simple) 양도논법'이라 부른다. 그리고 결론에 부정 표

A→C, B→C, A ∨ B ⊢ C   단순 구성적 양도논법

A→B, A→C, ~B ∨ ~C ⊢ ~A   단순 파괴적 양도논법

A→B, C→D, A ∨ C ⊢ B ∨ D   복합 구성적 양도논법

A→B, C→D, ~B ∨ ~D ⊢ ~A ∨ ~C   복합 파괴적 양도논법

양도논법에 대한 논박 방식 세 가지

위에 나온 양도논법은 모두 타당한 논증이다. 이들은 모두 타당하기 때문에, 이런 논증을 반박하려면 그 논증이 합당하지 않음을 보이는 수밖에 없다. 양도논법에는 두 가지 종류의 전제가 나오므로, 이에 따라 다음 두 가지 논박 방식이 있다.

(1) 뿔 사이로 피하기: 양도논법에 나오는 선언이 거짓임을 보이는 것이다.

(2) 뿔 꺾기: 양도논법에 나오는 조건언 가운데 하나가 거짓임을 보이는 것이다.

이런 이름이 붙은 이유는 양도논법을 통해 논증을 펴는 것을 두 뿔로 공격해 오는 모습으로 형상화했기 때문일 것이다. 그런데 양도논법을 비판하는 데는 또 하나의 방법이 있다. 그것은 '반대 딜레마로 되받기'라는 방법이다.

(3) 반대 딜레마로 되받기: 같은 형태이지만 결론이 상반되는 내용을 지닌 양도논법을 제시하는 것이다.

이 방법은 원래 논증을 직접적으로 논박하는 것은 아니지만, 원래 논증의 효력을 약화시킨다고 할 수 있다.

　반대 딜레마로 되받기의 전형적 사례는 프로타고라스와 율라투스 사

현이 들어 있다면 '파괴적(destructive) 양도논법', 그렇지 않다면 '구성적(constructive) 양도논법'이라 부른다. 이 두 가지를 조합하면 모두 네 가지 양도논법이 생겨나게 된다.

이에 벌어진 일화다. 프로타고라스는 나중에 수강료를 받겠다는 조건으로 율라투스에게 변론술을 가르쳤다. 변론술을 잘 배워 첫 번째 변론을 맡아 승소한 경우 프로타고라스에게 수강료를 내겠다는 것이 구체적인 약속이었다. 그러나 변론술을 다 배운 후에도 율라투스는 변론을 맡지 않았고, 밀린 수강료를 내려고 하지도 않았다. 이에 프로타고라스는 율라투스를 상대로 수강료 청구 소송을 제기해, 재판정에서 다음과 같은 논증을 제시했다.

프로타고라스가 제시한 양도논법

만일 율라투스가 이 재판에서 진다면, 그는 (법정 판결에 따라) 나에게 수강료를 내야 한다. 또한 그가 재판에서 이긴다면, 그는 (애초의 계약 조건에 따라) 나한테 수강료를 내야 한다. 그런데 그는 재판에서 지거나 이길 것이다. 그러므로 율라투스는 나한테 수강료를 내야 한다.

율라투스가 제시한 반대 딜레마로 되받기

만일 내가 재판에서 이긴다면, 나는 프로타고라스에게 (법정 판결에 따라) 수강료를 지불할 필요가 없다. 또한 내가 재판에서 진다면, 나는 (첫번째 소송 사건에서 이길 경우에만 수강료를 내기로 한 애초 계약 조건에 따라) 프로타고라스에게 수강료를 낼 필요가 없다. 나는 재판에서 이기거나 질 것이다. 따라서 나는 프로타고라스에게 수강료를 낼 필요가 없다.

3.4 좀 더 복잡한 명제논리 추론의 증명

여러 개의 가정이 나오는 증명: 가정의 층위
다음을 증명한다고 하자.

126. P → (Q → R) ⊢ Q → (P → R)

이를 어떻게 증명할 수 있을까? 주어진 전제는 조건언이고 얻어야 할 결론도 조건언이다. 조건언 Q → (P → R)을 얻기 위해서는 전건 Q를 가정해서 후건 P → R이 도출된다는 것을 보이면 된다. 이를 묘사하면 다음과 같다.

1	(1) P → (Q → R)	전제
2	(2) Q	가정
	⋮	
	(n-1) P → R	
1	(n) Q → (P → R)	2,n-1 →ㅣ

이 전략을 구사한다면, 당면 과제는 (n-1) 단계에 나오는 P → R을 얻는 일이다. 이것은 어떻게 얻을 수 있을까? 이 명제도 조건언이다. 조건언 도입규칙에 따를 때, 전건 P를 가정해서 후건 R이 도출됨을 보이면 된다. 이에 따라 우리 작업은 다음과 같이 진행되어야 한다.

1	(1) P → (Q → R)	전제
2	(2) Q	가정
3	(3) P	가정
	⋮	
	(n-2) R	
	(n-1) P → R	3,n-2 →ㅣ
1	(n) Q → (P → R)	2,n-1 →ㅣ

남은 과제는 R을 얻는 것이다. 우리에게 주어져 있는 것은 지금 (1), (2), (3)이다. 이들을 어떻게 활용하면 원하는 R을 얻을 수 있을까? R이 (1) P → (Q → R)의 후건의 후건 자리에 나오고 있으므로, 이를 떼어 오는 것이 방안일 것이

다. 이는 앞에서 했듯이, 두 단계를 거쳐 얻을 수 있다. 이런 전략에 따라 온전한 증명을 구성하면 다음과 같다.

126. P → (Q → R) ⊢ Q → (P → R)

1	(1) P → (Q → R)	전제
2	(2) Q	가정
3	(3) P	가정
1,3	(4) Q → R	1,3 →E
1,2,3	(5) R	2,4 →E
1,2	(6) P → R	3,5 →I
1	(7) Q → (P → R)	2,6 →I

여기서도 조건언 도입규칙을 적용하기 때문에 의존하는 가정들 목록이 하나씩 줄어든다는 점을 확인할 수 있다. (6)에서는 가정한 전건이 (3)이므로 그것이 의존하는 명제 목록에서 빠지게 되고, (7)에서는 가정한 전건이 (2)이므로 그것이 의존하는 명제 목록에서 빠지게 된다. 이처럼 조건언 도입규칙을 적용할 때는 왼쪽에 적는 의존하는 명제 목록이 하나씩 줄어드는지를 확인하는 것도 중요하다.

위의 증명에서 가정의 순서가 바뀐다면(즉 Q가 아니라 P를 먼저 가정한다면) 그것은 잘못된 증명이다.

126. P → (Q → R) ⊢ Q → (P → R)

1	(1) P → (Q → R)	전제
2	(2) P	가정
3	(3) Q	가정
1,3	(4) Q → R	1,2 →E
1,2,3	(5) R	3,4 →E
1,3	(6) P → R	2,5 →I

1	(7) Q → (P → R)	3,6 →ㅣ

조건언을 얻는 방식은 조건언의 전건을 가정해서 후건이 도출됨을 보인 다음, 최종적으로 '전건이면 후건' 이란 조건언을 얻는 것이다. 그것이 조건부 주장을 정당화하는 방법이기 때문이다.[29]

다음을 증명해 보자.

127. P ∨ (Q ∨ R) ⊢ Q ∨ (P ∨ R)

1	(1) P ∨ (Q ∨ R)	전제
2	(2) P	가정
2	(3) P ∨ R	2 ∨I
2	(4) Q ∨ (P ∨ R)	3 ∨I
5	(5) Q ∨ R	가정
6	(6) Q	가정
6	(7) Q ∨ (P ∨ R)	6 ∨I
8	(8) R	가정
8	(9) P ∨ R	8 ∨I
8	(10) Q ∨ (P ∨ R)	9 ∨I
5	(11) Q ∨ (P ∨ R)	5,6,7,8,10 ∨E
1	(12) Q ∨ (P ∨ R)	1,2,4,5,11 ∨E

여기서는 선언 제거규칙이 두 차례 사용되었다. (11)과 (12)에 나오는 다섯 개의 번호는 두 차례 사용된 선언 제거규칙이 각각 어디서 시작되어 어디서 끝났는지를 말해 준다. (12)에 나오는 선언 제거규칙의 사용이 이 증명의 주된 전략이고, (11)에 나오는 선언 제거규칙은 주된 전략의 일부 안에서 다시 구사된 선언 제거규칙이다. 이 증명을 다음과 같이 적으면 구조를 파악하기가 더 쉬울지

---

29 앞서 말했듯이, 자연연역의 증명을 적는 방식 가운데 지금 우리가 지금 쓰고 있는 것은 레몬 방식이다. 또 다른 방식인 피치 방식으로 위의 증명을 적는다면 다음과 같다.

모르겠다.

127. P ∨ (Q ∨ R) ⊢ Q ∨ (P ∨ R)

1	(1) P ∨ (Q ∨ R)	전제

2	(2) P	가정
2	(3) P ∨ R	2 ∨I
2	(4) Q ∨ (P ∨ R)	3 ∨I

5	(5) Q ∨ R	가정
6	(6) Q	가정
6	(7) Q ∨ (P ∨ R)	6 ∨I

8	(8) R	가정
8	(9) P ∨ R	8 ∨I
8	(10) Q ∨ (P ∨ R)	9 ∨I

5	(11) Q ∨ (P ∨ R)	5,6,7,8,10 ∨E

1	(12) Q ∨ (P ∨ R)	1,2,4,5,11 ∨E

이렇게 적을 경우, (3)과 (4) 단계의 추론은 (1), (2)라는 가정 아래 이루어진

---

126. P → (Q → R) ⊢ Q → (P → R)

(1)	P → (Q → R)	전제
(2)	Q	가정
(3)	P	가정
(4)	Q → R	1,3 →E
(5)	R	2,4 →E
(6)	P → R	3,5 →I
(7)	Q → (P → R)	2,6 →I

이 표기법에서는 (2) 단계와 (3) 단계의 가정이 서로 다른 층위에 있다는 점이 잘 드러난다. (3) 단계의 P는 (2) 단계의 Q라는 큰 가정 아래 있는 하위 가정이다. 레몬 방식에서는 그 점을 명시적으로 드러내지는 않지만 여기서도 가정의 층위 구분은 여전히 존재한다. 레몬 방식에서도 앞서 한 가정 Q가 큰 가정이고 나중에 한 가정 P는 그 안에 있는 작은 가정인 것이다.

것인 반면, (7) 단계의 추론은 (1), (5), (6)이라는 가정 아래 이루어진 것임을 분명히 해 준다. 바꾸어 말해 (7) 단계의 추론에서는 (2)라는 가정은 우리가 이용할 수 없는 정보라는 점이 잘 드러난다. (2)에서 (4) 단계까지의 증명은 그 자체로 완결된 하나의 증명이라는 점을 잊지 말아야 한다. 레몬 방식의 표기법에서는 이 점이 잘 드러나지 않아 때로 앞 단계에 나오는 명제는 어느 것이든 이후 단계에서 이용할 수 있다고 오해할 우려가 있다.[30]

이번에는 다음 추리를 증명한다고 하자.

128. $P \rightarrow (Q \vee R), Q \rightarrow R \vdash P \rightarrow R$

결론이 조건언이므로 조건언 도입규칙을 사용하는 방안을 강구해야 한다. 결론의 전건 P를 가정한 다음 이 명제와 첫 번째 전제를 이용해 우리가 얻을 수 있는 것은 결론의 후건 R이 아니라 그보다 약한 주장인 선언 $Q \vee R$이다. 선언 $Q \vee R$을 활용하려면 선언 제거규칙을 써야 한다. 얻어야 할 결론이 R이란 점을 생각해 볼 때, 선언 제거규칙의 사용은 다음과 같은 식으로 진행되어야 한다.

1	(1) $P \rightarrow (Q \vee R)$	전제
2	(2) $Q \rightarrow R$	전제
3	(3) P	가정
1,3	(4) $Q \vee R$	1,3 →E
5	(5) Q	가정
	⋮	
	(m) R	
m+1	(m+1) R	가정
	⋮	
	(n-2) R	

---

30 피치 방식의 표기법에서는 소증명이 독립된 증명이어서 거기 있는 명제를 이용할 수 없다는 사실을 아래에서 보듯이 '선이 끊어져 있다'는 것을 통해 드러낸다.

		(n-1) R	4,5,m,m+1,n-2 ∨E
1,2		(n) P→R	3,n-1 →I

여기서도 가정이 세 차례 나온다. 하지만 이 경우 이들의 층위를 혼동할 우려는 없다. 두 개의 선언 성원을 차례로 가정하여 결론 R을 얻는 과정을 채운 최종 증명은 다음과 같다.

128. P → (Q ∨ R), Q→R ⊢ P→R

1	(1) P → (Q ∨ R)	전제
2	(2) Q→R	전제
3	(3) P	가정
1,3	(4) Q ∨ R	1,3 →E
5	(5) Q	가정

----

127. P ∨ (Q ∨ R) ⊢ Q ∨ (P ∨ R)

(1)	P ∨ (Q ∨ R)	전제
(2)	P	가정
(3)	P ∨ R	2 ∨I
(4)	Q ∨ (P ∨ R)	3 ∨I
(5)	Q ∨ R	가정
(6)	Q	가정
(7)	Q ∨ (P ∨ R)	6 ∨I
(8)	R	가정
(9)	P ∨ R	8 ∨I
(10)	Q ∨ (P ∨ R)	9 ∨I
(11)	Q ∨ (P ∨ R)	5,6,7,8,10 ∨E
(12)	Q ∨ (P ∨ R)	1,2,4,5,11 ∨E

나아가 이 방식에서는 어떤 가정이 같은 층위에 있고, 어떤 것은 서로 다른 층위에 있는지도 '공간적으로' 잘 드러난다. 그림에서 알 수 있듯이, (6)은 (1)과 (5)라는 큰 가정 안에 있는 것이지만 (2)라는 가정 아래 있는 것은 아니며, (8)과 같은 층위에 있는 것이기는 하지만 그것과는 독립된 가정이다. 비유적으로 말하면, '큰 방' 안에 두 개의 '작은 방'이 나란히 배치되어 있는데, 첫 번째 작은 방을 나온 다음에야 두 번째 작은 방으로 들어갈 수 있다(물론 이 경우 두 번째 작은 방 안에는 다시 두 개의 '더 작은 방'이 있는 구조이다.).

2,5	(6) R	2,5 →E
7	(7) R	가정
1,2,3	(8) R	4,5,6,7,7 ∨E
1,2	(9) P → R	3,8 →I

여기서 주목할 점은 (7) 단계이다. 이는 가정이면서 동시에 결론이다.[31] 이 때문에 (8)의 오른쪽 번호에 7이 두 차례 나온 것이다.[32]

이번에는 다음 증명을 보자.

129. P ∨ Q, P ∨ R ⊢ P ∨ (Q & R)

1	(1) P ∨ Q	전제
2	(2) P	가정
2	(3) P ∨ (Q & R)	2 ∨I

---

31 이 때문에 가령 P ⊢ P의 증명은 다음과 같이 이루어진다.

1	(1) P	전제

한 줄짜리 증명으로 끝난다. 우리는 앞에서 각 단계는 이런 것을 의미한다고 말했다.

32 이 증명을 피치 방식으로 표기하면 다음과 같다.

128. P → (Q ∨ R), Q → R ⊢ P → R

(1)	P → (Q ∨ R)	전제
(2)	Q → R	전제
(3)	P	가정
(4)	Q ∨ R	1,3 →E
(5)	Q	가정
(6)	R	2,5 →E
(7)	R	가정
(8)	R	반복
(9)	R	4,5,6,7,8 ∨E
(10)	P → R	3,9 →I

이 방식에서는 (7), (8)에서 잘 드러나듯이 앞 단계에서 주어진 전제나 가정을 언제든 가져올 수 있게 하는 '반복' 규칙이 추가된다.

4	(4) Q	가정
5	(5) P ∨ R	전제
6	(6) P	가정
6	(7) P ∨ (Q & R)	6 ∨I
8	(8) R	가정
4,8	(9) Q & R	4,8 &I
4,8	(10) P ∨ (Q & R)	9 ∨I
4,5	(11) P ∨ (Q & R)	5,6,7,8,10 ∨E
1,5	(12) P ∨ (Q & R)	1,2,3,4,11 ∨E

여기에서는 선언 제거규칙이 두 차례 적용되었다. (11)과 (12)에 나와 있는 5개의 번호는 선언 제거규칙이 어디서 시작되고 어디서 끝났는지를 말해 준다. (11)에 나오는 선언 제거규칙의 사용은 큰 선언 제거규칙의 범위 안에 들어 있는 작은 증명이다.

어떤 가정을 하면 될까?

드모르간 법칙의 한 사례인 다음 추론을 보자.

130. ~(~P & ~Q) ⊢ P ∨ Q　　　　　드모르간 법칙

이는 직관적으로는 자명한 추론이다. 전제는 P와 Q가 둘 다 거짓은 아님을 말해 준다. 이 정보로부터 우리는 P나 Q 가운데 적어도 하나는 참임을 바로 알 수 있다. 이를 어떻게 증명할 수 있을까? 전제는 부정명제이고 결론은 선언이다. 전제로부터 결론을 바로 얻을 수 있을 것 같지 않으므로 귀류법 전략이 시도해 봄 직한 방안이다.

1	(1) ~(~P & ~Q)	전제
2	(2) ~(P ∨ Q)	가정

$$\vdots$$

(k) 모순

어떤 모순을 구성할 수 있을까? 이를 생각해 내는 것이 이 증명에서 가장 중요한 작업이다. 다음이 완성된 증명이다.

130. $\sim(\sim P \ \& \sim Q) \vdash P \lor Q$

1	(1) $\sim(\sim P \ \& \sim Q)$	전제
2	(2) $\sim(P \lor Q)$	가정
3	(3) P	가정
3	(4) $P \lor Q$	3 $\lor$I
2,3	(5) $(P \lor Q) \ \& \sim(P \lor Q)$	2,4 &I
2	(6) $\sim P$	3,5 $\sim$I
7	(7) Q	가정
7	(8) $P \lor Q$	7 $\lor$I
2,7	(9) $(P \lor Q) \ \& \sim(P \lor Q)$	2,8 &I
2	(10) $\sim Q$	7,9 $\sim$I
2	(11) $\sim P \ \& \sim Q$	6,10 &I
1,2	(12) $(\sim P \ \& \sim Q) \ \& \sim(\sim P \ \& \sim Q)$	1,11 &I
1	(13) $\sim\sim(P \lor Q)$	2,12 $\sim$I
1	(14) $P \lor Q$	13 $\sim$E

이 증명의 구조를 잘 파악할 필요가 있다. 주된 전략은 귀류법이다. 따라서 모순을 얻는 것이 당면 과제이다. 어떤 모순을 구할 수 있을까? 모순은 B & $\sim$B 형태의 명제를 말한다. 여기서 중요한 착상은 이때 (1)이 어떤 식으로든 쓰일 것이라는 점이다. 어떻게 쓰일까? (1)은 부정명제 형태이다. 만약 우리가 $\sim$P & $\sim$Q를 얻을 수 있다면 이것과 (1)을 연언으로 묶어 모순을 구성해 낼 수 있을 것이다. 이런 절차를 생각해 내는 것이 이 증명의 핵심이다. 다음으로 $\sim$P

& ~Q는 어떻게 얻을 수 있을까? 이는 연언이므로 연언 성원 각각을 얻어야
할 것이다. 위의 증명에서 (3)단계부터 (10)단계까지가 그 작업이다. 이 과정에
서 우리가 얻는 연언 성원 자체가 각각 ~P와 ~Q라는 부정명제이므로 다시 부
정 도입규칙을 이용하는 전략을 구사하였다. 원하던 연언 성원을 모두 확보하
면, 원래의 목표대로 모순을 도출하고 부정 도입규칙을 적용해 최종 결론을 얻
으면 된다. 이 예가 주는 교훈은 귀류법 전략을 구사할 때 주어진 명제를 어떻
게 활용할지를 잘 생각해야 한다는 것이다.

다음 추론을 살펴보자.

131. P → Q, ~P → Q ⊢ Q

직관적으로는 아주 분명한 추론이다. 두 전제는 P이면 Q가 성립하고 또한 ~P
이면 Q가 성립한다는 것을 말해 주고 있는데, P이거나 ~P 가운데 하나는 반드
시 성립할 것이므로 어쨌건 Q가 성립할 것임을 쉽게 알 수 있기 때문이다. 이
를 증명하려면 어떻게 해야 할까? 결론이 부정명제는 아니다. 하지만 앞서 이
야기했듯이 부정 도입규칙을 이용해 긍정인 명제를 최종적으로 얻을 수도 있
다. 이런 우회 전략을 구사해 보기로 하자.

1	(1) P → Q	전제
2	(2) ~P → Q	전제
3	(3) ~Q	가정
	⋮	
	(n-2) 모순	
	(n-1) ~~Q	3,n-2 ~I
	(n) Q	n-1 ~E

남은 작업은 모순을 얻는 것이다. 문제는 어떤 모순을 얻을 수 있는가 하는 점
이다. 여기서도 한 가지 발상은 모순을 구성하는 데 전제가 일정한 역할을 할

것이라는 점이다. 전제는 모두 조건언이다. 조건언을 활용하기 위해서는 조건
언의 전건을 확보해야 한다. 따라서 당면 과제는 조건언의 전건을 얻는 것이다.
(2)번 전제를 활용해 모순을 얻고자 한다면 전건인 ~P를 얻어야 할 테고, 이런
의도에서 (4) 단계에서 P를 가정하였다.[33] 이후의 단계는 비교적 쉽다.

131. P → Q, ~P → Q ⊢ Q

1	(1) P → Q	전제
2	(2) ~P → Q	전제
3	(3) ~Q	가정
4	(4) P	가정
1,4	(5) Q	1,4 →E
1,3,4	(6) Q & ~Q	3,5 &I
1,3	(7) ~P	4,6 ~I
1,2,3	(8) Q	2,7 →E
1,2,3	(9) Q & ~Q	3,8 &I
1,2	(10) ~~Q	3,9 ~I
1,2	(11) Q	10 ~E

이 증명에서 주의할 것은 (5) 단계에서 Q를 얻었지만 이로써 증명을 마치면 잘
못이라는 점이다. (5)는 맨 왼쪽 번호에 명시되어 있듯이, (1)과 (4)를 써서 나
온 것으로 논의를 위해 추가한 가정 (4)에 여전히 의존하고 있기 때문이다. 나
아가 (8)단계로 마쳐도 올바른 증명이 아니다. 그것도 여전히 주어지지 않은 전
제, 즉 (3)에 의존하고 있기 때문이다.
　지금까지 살펴본 두 사례는 귀류법을 써서 증명을 할 때 모순을 얻기 위해 어
떤 가정을 하는 것이 좋을지와 관련해 흥미로운 점을 시사해 준다. 그것은 전제
를 활용할 수 있는 방안이면 된다는 것이다. 전제를 구체적으로 어떤 식으로 활

33　전제 (1)을 이용하는 방안도 똑 같이 가능하다. 이때는 ~P를 가정하면 된다.

용할 수 있을지는 사안마다 다르며, 이를 착상해 내는 일은 아주 창의적인 작업
이다.

어떤 가정을 부정할 수 있을까?

다음 증명이 올바른지를 생각해 보자.

	132. ~P & ~Q ⊢ ~(P ∨ Q)	드모르간 법칙
1	(1) ~P & ~Q	전제
2	(2) P ∨ Q	가정
3	(3) P	가정
1	(4) ~P	1 &E
1,3	(5) P & ~P	3,4 &I
1,3	(6) ~(P ∨ Q)	2,5 ~I

드모르간 법칙의 한 형태를 증명하고자 한 이 시도는 올바르지 않다. (6) 단계
에서 부정 도입규칙이 잘못 적용되었다. 부정 도입규칙은 어떤 명제를 가정해
서 모순이 도출되면 그 명제를 부정할 수 있다는 것이다. 이때 우리는 모순을
도출하는 데 기여한 명제 가운데 어느 하나를 부정할 수 있다. 다시 말해, 모순
을 도출하는 데 아무런 기여도 하지 않은 명제를 부정할 권리는 없다. 모순을
도출하는 데 기여한 명제가 어떤 것인지는 맨 왼쪽에 적는 의존관계 목록에 잘
나와 있다.

<u>1,3</u>	(5) P & ~P	3,4 &I

위의 예에서 모순을 도출하는 데 기여한 명제는 (1)과 (3)이며, 이 둘 가운데
어느 하나를 우리는 부정할 수 있다. 이런 이유에서 (2)를 부정한 증명은 올바
르지 않다. (2)는 모순을 초래한 요인이 아니기 때문이다. 올바른 증명은 아래
나오는 것이다.

132. ~P & ~Q ⊢ ~(P ∨ Q)

1	(1) ~P & ~Q	전제
2	(2) P ∨ Q	가정
3	(3) P	가정
1	(4) ~P	1 &E
1,3	(5) P & ~P	3,4 &I
3	(6) ~(~P & ~Q)	1,5 ~I
7	(7) Q	가정
1	(8) ~Q	1 &E
1,7	(9) Q & ~Q	7,8 &I
7	(10) ~(~P & ~Q)	1,9 ~I
2	(11) ~(~P & ~Q)	2,3,6,7,10 ∨E
1,2	(12) (~P & ~Q) & ~(~P & ~Q)	1,11 &I
1	(13) ~(P ∨ Q)	2,12 ~I

이 증명에서는 모순을 야기하는 데 쓰인 명제 가운데 하나인 (1)을 부정하고 있음을 알 수 있다. 이처럼 부정 도입규칙을 쓸 때는 실제로 모순을 초래한 명제 가운데 어느 하나를 부정하고 있는지를 확인할 필요가 있다.

상호 도출가능

전제가 하나의 명제로 이루어진 추리 가운데 A ⊢ B와 B ⊢ A를 모두 증명할 수 있을 때 우리는 A와 B가 '상호 도출가능하다'(inter-derivable)고 말하고 이를 'A ⊣⊢ B'라고 적는다. A ⊣⊢ B를 증명하는 작업은 두 부분, (가) A ⊢ B와 (나) B ⊢ A로 이루어진다. 나중에 보겠지만, 상호 도출가능한 명제는 서로 '동치'인 쌍에 해당한다.

133. P → Q ⊣⊢ ~(P & ~Q)

(가) P → Q ⊢ ~(P & ~Q)

1	(1) $P \rightarrow Q$	전제
2	(2) $P \& \sim Q$	가정
2	(3) P	2 &E
2	(4) $\sim Q$	2 &E
1,2	(5) Q	1,3 →E
1,2	(6) $Q \& \sim Q$	4,5 &I
1	(7) $\sim(P \& \sim Q)$	2,6 ~I

(나) $\sim(P \& \sim Q) \vdash P \rightarrow Q$

1	(1) $\sim(P \& \sim Q)$	전제
2	(2) P	가정
3	(3) $\sim Q$	가정
2,3	(4) $P \& \sim Q$	2,3 &I
1,2,3	(5) $(P \& \sim Q) \& \sim(P \& \sim Q)$	1,4 &I
1,2	(6) $\sim\sim Q$	3,5 ~I
1,2	(7) Q	6 ~E
1	(8) $P \rightarrow Q$	2,7 →I

위의 증명을 살펴보자. (가)에서는 결론이 부정명제이므로 귀류법 전략을 시도하였다. 그래서 부정되기 전의 명제를 가정하여 모순을 얻고자 하였다. 부정되기 전의 명제를 가정하는 순간 어떤 모순을 얻을 수 있을지는 비교적 쉽게 떠오른다. Q와 ~Q로 이루어진 모순을 염두에 두고 이들 연언 성원을 차례로 확보하여 모순을 확립하였다. 이를 토대로 모순을 초래한 (1)과 (2) 가운데 (2)를 부정하여 원하던 결론을 얻었다.

  (나)에서는 얻어야 할 결론이 조건언이므로 조건언 도입규칙을 사용하는 것이 기본 전략이다. 그래서 (2)에서 전건인 P를 가정하였다. 당면 과제는 후건 Q를 도출하는 것이다. 그런데 Q를 바로 얻기 어려워 보여, 우회 전략으로 ~Q를 가정하여 모순을 얻는 방안을 시도하였다. 문제는 어떤 모순을 얻을 수 있는가

하는 점이다. (1)이 어떤 명제의 부정이므로, 부정되기 전의 명제 P & ~Q를 확보할 수 있다면 모순을 얻을 수 있을 것이다. 그런데 P & ~Q은 지금까지 진행한 증명 단계들로부터 쉽게 얻을 수 있다. 이후 단계는 귀류법을 적용하고, 최종적으로 원하던 결론을 조건언 도입규칙을 통해서 얻는 과정이다.

연 습 문 제

1. 다음을 증명하라.

① $P \rightarrow (Q \rightarrow R) \vdash (P \rightarrow Q) \rightarrow (P \rightarrow R)$

② $P \rightarrow (Q \rightarrow (R \rightarrow S)) \vdash R \rightarrow (P \rightarrow (Q \rightarrow S))$

③ $(P \rightarrow R) \vee (Q \rightarrow R) \vdash (P \& Q) \rightarrow R$

④ $P \rightarrow (Q \vee R), R \rightarrow S \vdash P \rightarrow (Q \vee S)$

⑤ $(P \vee Q) \vee R \vdash P \vee (Q \vee R)$

⑥ $(P \vee Q) \& (P \vee R) \vdash P \vee (Q \& R)$

⑦ $P \vee Q \vdash \sim(\sim P \& \sim Q)$ 드모르간 법칙

⑧ $\sim P \rightarrow Q \vdash P \vee Q$

⑨ $P \vee (Q \& R) \vdash (P \vee Q) \& (P \vee R)$

⑩ $\sim(P \vee Q) \vdash \sim P \& \sim Q$ 드모르간 법칙

2. 다음을 증명하라.

① $P \& (Q \vee R) \dashv\vdash (P \& Q) \vee (P \& R)$

② $P \& Q \dashv\vdash \sim(P \rightarrow \sim Q)$

③ $P \& Q \dashv\vdash \sim(\sim P \vee \sim Q)$ 드모르간 법칙

④ $\sim(P \& Q) \dashv\vdash \sim P \vee \sim Q$ 드모르간 법칙

⑤ $\sim(P \rightarrow Q) \dashv\vdash P \& \sim Q$

3. 다음을 증명하라.

   ① ~(P & ~Q), ~Q ⊢ ~P

   ② P ∨ ~Q, Q ⊢ P

   ③ P ⊢ P

   ④ P & P ⊣⊢ P

   ⑤ P ∨ P ⊣⊢ P

증 명 고 안 하 기

1. 먼저 주어진 전제와 얻어야 할 결론이 어떤 형태의 명제인지를 파악하라.

2. 전제 가운데 하나가 선언명제라면 선언 제거규칙을 주된 전략으로 강구하라. 이를 위해서는 주어진 전제와 왼쪽 선언 성원으로부터 원하는 결론을 도출할 수 있음을 보이고, 주어진 전제와 오른쪽 선언 성원으로부터도 같은 결론을 도출할 수 있음을 보여야 한다.

3. 결론이 조건언이라면 조건언 도입규칙을 강구하라. 이를 위해서는 조건언의 전건을 가정한 다음 이 가정과 주어진 전제로부터 후건을 도출할 수 있음을 보여야 한다.

4. 결론이 부정명제라면 부정 도입규칙을 강구하라. 이를 위해서는 부정하기 전의 명제를 가정해서 모순을 도출할 수 있음을 보여야 한다. 이때 모순은 연언명제 형태이므로 대개 연언 도입규칙이 쓰이게 마련이다.

5. 때로 결론이 부정명제가 아니더라도, 결론을 바로 얻을 수 없다면 부정 도입규칙을 강구하라.

6. 부정 도입규칙을 쓸 때, 주어진 전제가 부정명제라면 이것이 모순을 구성하는 데 어떤 식으로든 쓰일 수 있다는 점을 기억하라.

증 명 에 서 점 검 할 사 항

자연연역의 증명을 적는 방식인 이른바 '레몬 방식'은 또 다른 방식인 '피치 방식'과 대비된다. 레몬 방식의 장점은 그 안에 증명이 올바른지를 스스로 확인해 볼 수 있는 장치를 구비하고 있다는 점이다. 이때 맨 왼쪽 번호는 아주 유용한 지표가 된다. 아래 목록은 증명을 구성한 다음 확인 해 보아야 하는 몇 가지 점검 사항이다.

1. 결론과 관련하여

- 증명에서 최종 결론이 주어진 전제에만 의존하고 있는지를 확인해야 한다. 이를 확인하려면 증명의 마지막 단계에서 맨 왼쪽에 나타나는 번 호는 모두 주어진 전제를 가리키는지를 보면 된다. 만약 다른 번호가 나타난다면, 그것은 주어진 전제 이외에 다른 전제를 추가로 써서 최종 결론을 증명했다는 의미이며, 이는 잘못된 증명이다.
- 주어진 전제만으로 마지막 단계 이전에 이미 최종 결론을 얻은 것은 아닌 지도 확인해야 한다. 때로 불필요하게 증명을 길게 만드는 경우도 있다.
- 가정으로 도입만 하고 이후 한 번도 쓰지 않은 명제는 없는지도 확인해 야 한다. 그런 가정이 있는지를 확인하려면 각각의 일련번호가 적어도 한번은 오른쪽에 등장하는지를 보면 된다. 한 번도 등장하지 않는 것이 있다면 그것은 불필요한 가정이라는 의미이다.

2. 조건언 도입규칙의 사용과 관련하여

- 전건은 순수한 가정인지를 확인해야 한다. 조건언 도입규칙을 적용할 때, 전건은 순수한 가정이어야 하지 다른 것으로부터 이끌어진 것이어 서는 안 된다. 따라서 조건언 도입규칙을 적용하는 첫 단계의 명제가 자기 자신에 의존하는지를 확인해야 한다.
- 후건이 전건으로부터 실제로 이끌어진 것인지를 확인해야 한다. 조건 언 도입규칙이 올바르게 적용되기 위해서는 가정한 전건이 후건을 이 끌어 내는 데 실제로 이용되어야 한다.[34] 이를 확인하려면, 후건을 얻은

단계의 맨 왼쪽 번호에 가정한 전건의 번호가 나타나는지를 보면 된다.

- 조건언 도입규칙을 적용할 때 의존하는 가정의 개수가 하나 줄어드는
지도 확인해야 한다. 그렇지 않다면 그것은 조건언 도입규칙을 잘못 적
용했다는 의미이다.

3. 부정 도입규칙의 사용과 관련하여

- 부정되기 전의 명제가 실제로 모순을 초래하는 데 기여한 것인지를 확
인해야 한다. 모순을 초래하는 데 기여한 명제 가운데 어느 하나를 부
정할 수 있지 아무 명제나 부정할 수 있는 것은 아니다. 이를 확인하려
면 부정되기 전의 명제 번호가 모순이 의존하는 명제 목록에 포함되어
있는지를 보면 된다. 포함되어 있지 않다면 그것은 부정 도입규칙을 잘
못 적용했다는 의미이다.

- 부정할 수 있는 명제가 여러 개일 경우 하나를 부정하면 실제로 모순이
해소되는지를 확인해야 한다. 여전히 모순이 남는다면, 이는 부정 도입
규칙이 올바르게 적용된 것이라 할 수 없다.[35] 이런 일은 모순을 야기하
는 강한 가정을 도입해 놓고, 그보다 약한 가정을 추가로 도입할 때 발
생한다.

4. 선언 제거규칙의 사용과 관련하여

- C에 해당하는 것이 모두 세 차례 등장하는지를 확인해야 한다.

---

34   곧 보겠지만 P ⊢ Q → P가 성립하므로 어떤 명제이든 그것을 약화해 조건부 주장으로 만
들 수 있다. 하지만 이 단계에서는 조건언 도입규칙을 엄격하게 이해하는 것이 좋다.

35   귀류법의 작동 원리는 (1) 어떤 명제들이 모순을 함축한다면 그런 결과를 낳는 그 명제들이
다 참일 수는 없다. 즉 그것들이 일관적일 수 없다는 것을 말해 주며, (2) 그러므로 모순을 초래
한 명제 가운데 어느 하나를 버린다는 데 있다. 이때 우리는 어느 하나를 버림으로써 일관성을
회복한다는 것을 당연하게 전제한다. 귀류법을 적용하고 난 뒤의 명제가 일관적인지를 확인할
필요가 있다는 요구는 바로 이런 사실에 근거한다. 하지만 뒤에서 정리를 증명할 때 보겠지만,
때로 이런 엄격한 요구를 충족시키지 못하는 경우도 있다. 비일관적인 명제 자체를 가정할 때가
그런 경우이다.

3.5 정리와 파생규칙

정리

추리규칙 가운데 조건언 도입규칙과 부정 도입규칙은 독특한 성질을 지니고 있다. 이 규칙을 적용하면 왼편에 적는 가정의 개수가 하나씩 줄어들게 된다. 이 규칙을 적용하기 전에 남아 있는 가정이 하나뿐이라고 해 보자. 이때 조건언 도입규칙이나 부정 도입규칙을 적용하면 가정이 아무것도 남지 않게 될 것이다.

```
1          (1) P & ~P              가정
           (2) ~(P & ~P)          1,1 ~I
```

여기서 증명된 이 추리를 다음과 같이 적는다.[36]

```
134. ⊢ ~(P & ~P)      무모순율
```

이런 식으로 증명할 수 있는 추리의 결론을 '정리'(theorem)라 부른다. ~(P & ~P)는 정리이다. 정리란 전제의 개수가 0인 증명가능한 추리의 결론을 말한다.[37] 전제의 개수가 0이라는 말은 어떤 전제에도 의존하지 않고 이끌어 낼 수 있다는 의미이다. 이때 턴스타일 '⊢'는 '따라서'라기보다 '다음은 정리이다'라고 읽는다.

조건언 도입규칙을 이용해 여러 가지 중요한 정리를 얻을 수 있다. 위에서 본 것은 '무모순율'이라 부르는 것이다.[38] 아래 몇 가지가 더 나온다.

---

36 여기서 우리는 '추리'가 통상적인 '추리'(형태)보다 더 확장된 개념임을 알 수 있다. 우리는 상식적으로 아무 전제도 없는 것을 추리라고 부르지는 않을 것이다.

37 정리는 참이나 거짓인 하나의 명제이지 타당하거나 부당한 추리가 아님을 명심하라. 뒤에서 보겠지만, 정리는 항진명제에 대응하는 구문론적인 용어이다.

38 여기서 우리는 전통적으로 '사고법칙'이라고 불렸던 것이 자연연역 체계에서는 추리규칙을 통해 증명되는 것임을 볼 수 있다.

135. ⊢ P → P   동일률

| 1 | (1) P | 가정 |
| | (2) P → P | 1,1 →I |

136. ⊢ P → ~~P   이중부정의 법칙

1	(1) P	가정
2	(2) ~P	가정
1,2	(3) P & ~P	1,2 &I
1	(4) ~~P	2,3 ~I
	(5) P → ~~P	1,4 →I

정리의 증명이라고 다를 것은 없다. 주어진 전제가 아무것도 없으므로, 결론에 나오는 명제 형태에 주목해 해당 명제를 어떻게 얻을 수 있을지를 강구하면 된다. 동일률은 조건언이므로 얻고자 하는 조건언의 전건을 가정해 후건을 얻었다. 이때 조건언 도입규칙을 마지막에 적용함으로써 의존하는 명제의 개수는 0이 되었다.[39] 두 번째 이중부정의 법칙의 증명에서도 얻어야 할 결론은 조건언이다. 전건 P를 가정한 다음 후건인 P의 이중부정을 부정 도입규칙에 의해 얻었다. 마지막에 조건언 도입규칙을 적용함으로써 여기서도 의존하는 명제의 개수는 0이 되었다.

다음 정리도 쉽게 증명할 수 있다.

---

39 동일률이라는 정리의 증명을 다음과 같은 자명한 추론의 증명과 비교해 보면, 자연연역의 각 단계가 무엇을 뜻하는지를 좀 더 잘 이해할 수 있다.

P ⊢ P

| 1 | (1) P | 전제 |

이 추론은 우리가 P라는 전제로부터 언제나 P라는 결론을 내릴 수 있음을 말해 준다. 이는 명백히 진리보존적인 타당한 추론이다. 전제와 결론이 같은 주장으로 이루어져 있으므로 전제가 참이면서 결론이 거짓일 수는 없을 것이기 때문이다. 한편 ⊢ P → P은 아무런 전제에 의존하지 않고도 P → P라는 주장을 할 수 있다는 것을 말해 준다. 나중에 보겠지만, 정리는 구체적인 세계에 관해 아무런 정보도 담고 있지 않은 아주 특이한 형태의 주장이다.

137. ⊢ (P & Q) → P

1	(1) P & Q	가정
1	(2) P	1 &E
	(3) (P & Q) → P	1,2 →I

이번에는 부정 도입규칙을 이용해 증명되는 정리를 하나 보기로 하자.

138. ⊢ P ∨ ~P   배중율(the law of excluded middle)

1	(1) ~(P ∨ ~P)	가정
2	(2) P	가정
2	(3) P ∨ ~P	2 ∨I
1,2	(4) (P ∨ ~P) & ~(P ∨ ~P)	1,3 &I
1	(5) ~P	2,4 ~I
1	(6) P ∨ ~P	5 ∨I
1	(7) (P ∨ ~P) & ~(P ∨ ~P)	1,6 &I
	(8) ~~(P ∨ ~P)	1,7 ~I
	(9) P ∨ ~P	8 ~E

기본 전략은 귀류법인 부정 도입규칙이다. 그래서 ~(P ∨ ~P)를 가정한 다음 모순을 도출하고, 최종적으로 부정 제거규칙을 적용해 배중률 P ∨ ~P을 얻고자 하였다. 다음 당면 과제는 모순을 얻는 일이다. 이때 모순에 (1)번 가정이 이용되어야 할 것이라는 점이 중요한 착상이다. (1)이 부정명제이므로, 부정되기 전의 명제 P ∨ ~P를 확보하면 되고, 이는 선언명제이므로 선언 성원 가운데 어느 하나를 확보하면 될 것이다. 이런 생각에 따라 ~P를 얻기 위해 (2) 단계에서 P를 가정하였다.[40] (4)단계에서 모순을 얻어 (5) 단계에서 (2)를 부정하는 부정 도입규칙을 구사하였고,[41] 이렇게 얻은 명제를 활용해 다시 모순을 구성해

---

40 물론 P를 얻어도 되며, 이를 위해서는 ~P를 가정하면 될 것이다.

최종적으로 아무런 가정에도 의존하지 않는 명제를 도출한 것이다.

대입 사례

앞서 우리는 P ∨ ~P라는 정리를 증명했다. 다음 정리는 어떻게 증명할 수 있을까?

⊢ Q ∨ ~Q

나아가 다음은 어떻게 증명할까?

⊢ (Q → R) ∨ ~(Q → R)

이를 증명하라고 하면 아마 대부분의 사람들은 쓸데없는 일에 시간을 낭비한다고 느낄 것이다. 이런 직관은 올바르다. 이들은 모두 앞의 정리 P ∨ ~P와 '같은 형식의 사례'라고 말할 수 있기 때문이다. 실제로 이들은 모두 원래 정리에 나오는 P 자리를 Q나 Q → R로 바꾼 것이다. 여기서 바꾸어도 원래의 성질을 잃지 않도록 하려면 바꿀 때 일정한 제한 조건을 지켜야 한다.

이를 위해 '대입 사례'(substitution instance)라는 개념을 엄밀히 정의하기로 하자. 대입 사례가 되려면 대입을 할 때 다음 두 가지 요건을 지켜야 한다. 첫째, 대입은 명제 문자(이를 '명제 변항', 간단히 '변항'이라 부르기도 한다) 단위로 해야 한다. 다시 말해 복합 명제를 하나의 단위로 보고 그것을 다른 명제로 바꿀 수는 없다. 그러므로 (Q → R) ∨ ~(Q → R)는 Q ∨ ~Q의 대입 사례이지만, Q ∨ ~Q는 (Q → R) ∨ ~(Q → R)의 대입 사례가 아니다. 어떤 명제의 대입 사례이든 그 사례는 적어도 원래 명제만큼의 '길이'(length)를 지

---

41   (4) 단계의 모순은 (1)과 (2)라는 두 개의 명제에 의존하고 있으므로 이것으로부터 바로 원하는 결론을 얻을 수는 없다. (4) 단계의 모순을 근거로 우리가 (1)을 부정하는 부정 도입규칙을 쓴다면 이때 우리가 얻는 것은 아무런 가정에도 의존하지 않는 정리가 아니라 P라는 가정에 의존하는 추리, 즉 'P ⊢ P ∨ ~P'의 증명이 되고 만다.

니게 되고, 원래 명제의 결합사가 대입 사례에서 사라지는 일은 결코 일어나지 않는다. 둘째, 대입은 일률적으로 해야 한다. 주어진 명제에 나오는 문자를 다른 (복합)명제로 바꾸었다면, 그 문자가 나오는 자리는 모두 바꾸어야 한다. 다시 말해 일부만 바꾸어서는 안 된다. 이를 '일률적 대입'(uniform substitution)이라고 한다. 가령 R ∨ ~R은 Q ∨ ~Q의 대입 사례이지만, R ∨ ~Q는 Q ∨ ~Q의 대입 사례가 아니다.

대입 사례라는 개념을 분명히 했으므로, 이제 우리는 다음과 같이 말할 수 있다.

(S1) 이미 증명된 정리의 대입 사례 또한 증명될 수 있다.

나아가 정리에 대해 성립하는 이런 일반적 성질은 추리에도 적용된다. 이를 위해 '추리의 대입 사례'란 말을 정의하기로 하자. 추리의 대입 사례란 추리에 나오는 명제 문자 자리에 다른 명제(이는 복합 명제일 수 있다)를 대입해 얻은 추리를 말한다. 예를 들어 보자.

(가) P → Q, ~Q ⊢ ~P
(나) P → (Q ∨ R), ~(Q ∨ R) ⊢ ~P

(나)는 (가) 추리의 대입 사례이다. (나)의 증명은 (가)의 증명에서 P 자리는 그대로 두고(또는 P 자리에 P를 대입하고) Q 자리에 (Q ∨ R)을 대입하기만 하면 된다. 결국 (가)의 증명은 암암리에 (나)와 같은 추리에 대한 증명이기도 하다는 점을 알 수 있다. 따라서 우리는 다음과 같이 말할 수 있다.

(S2) 이미 증명된 추리의 대입 사례 또한 증명될 수 있다.

이 점에서 P, Q, R 등의 명제 문자는 특정 명제를 나타낸다고 했지만 그것을 '변항'이라고 불러도 된다는 점을 여기서 분명히 알 수 있다.

파생규칙: 정리 도입규칙과 추리 도입규칙

개별 정리나 추리에 대한 증명은 그 자체로 일반성을 띠고 있다. (S1)과 (S2)에 비추어 볼 때 이미 증명한 정리나 추리의 대입 사례가 나올 때마다 이를 굳이 다시 증명할 필요는 없을 것이다. 그것들이 증명될 수 있다는 점이 분명하므로, 그 결과를 활용한다면 증명의 수고도 덜 수 있을 것이다. 이를 위해 다음과 같은 규칙을 도입하기로 하자.

정리 도입규칙 TI

- 의미: 증명의 어느 단계에서나 이미 증명된 정리나 그 정리의 대입 사례를 들여올 수 있다.
- 의존관계: 정의상 정리는 어떤 가정에도 의존하지 않는다.
- 정당성: 앞서 증명된 정리이다.
- 표기방법:

$$\vdots$$
$$\text{(m) A \quad TI +++}$$
$$\vdots$$

표기방법에서 '+++' 자리에는 우리가 도입하는 정리의 이름(가령 '배중률')을 적거나 아니면 그 형태(가령 '⊢ A ∨ ~A')를 적어 주기로 한다.

정리 도입규칙(the rule of theorem introduction)은 기본규칙(primitive rule)이 아니라 파생규칙(derived rule)이다. 그것은 다른 추리를 증명할 때 이미 증명된 정리를 다시 반복해서 증명하는 수고를 덜어 주는 역할을 할 뿐이다. 이 규칙에 의해 도입되는 정리는, 정리이기 때문에 아무런 가정에도 의존하지 않는다. 따라서 증명을 적을 때, 도입되는 정리가 나오는 단계의 왼편에는 어떤 번호도 나오지 않는다.

정리 도입규칙을 이용하면 증명이 얼마나 간단해지는지를 보기로 하자. 우선 다음 추리를 기본규칙만을 사용해 증명한다고 하자.

139. P → Q ⊢ ~P ∨ Q

1	(1) P → Q	전제
2	(2) ~(~P ∨ Q)	가정
3	(3) ~P	가정
3	(4) ~P ∨ Q	3 ∨I
2,3	(5) (~P ∨ Q) & ~(~P ∨ Q)	2,4 &I
2	(6) ~~P	3,5 ~I
2	(7) P	6 ~E
1,2	(8) Q	1,7 →E
1,2	(9) ~P ∨ Q	8 ∨I
1,2	(10) (~P ∨ Q) & ~(~P ∨ Q)	2,9 &I
1	(11) ~~(~P ∨ Q)	2,10 ~I
1	(12) ~P ∨ Q	11 ~E

꽤 긴 증명이다. 정리 도입규칙을 이용한다면 이 증명을 간단히 줄일 수 있다.

139. P → Q ⊢ ~P ∨ Q

1	(1) P → Q	전제
	(2) P ∨ ~P	TI 배중률
3	(3) P	가정
1,3	(4) Q	1,3 →E
1,3	(5) ~P ∨ Q	4 ∨I
6	(6) ~P	가정
6	(7) ~P ∨ Q	6 ∨I
1	(8) ~P ∨ Q	2,3,5,6,7 ∨E

(2) 단계에서 정리 도입규칙을 써서 배중률을 정리로 도입했다. 이때 정리는 정의상 아무런 가정에도 의존하지 않고 증명되는 명제이므로, 궁극적으로 의존하

는 명제 목록을 적는 맨 왼쪽에는 아무것도 적지 않는다. 남은 과제는 (1)과 (2)를 이용해 원하는 결론을 얻는 것이다. (2)가 선언명제이므로 선언 제거규칙의 사용이 기본 전략이다. 얻고자 하는 결론이 선언명제이므로 선언 도입규칙에 따라 선언 성원 하나를 확보해 각각의 선언 성원으로부터 원하는 결론을 도출할 수 있음을 보였다. 마지막 (8) 단계에서 선언 제거규칙을 적용하는 것으로 기본 전략을 마무리하였다.

정리를 이용해 증명을 간단히 한 예를 또 하나 보기로 하자.

140. $P \vdash (P \ \& \ Q) \lor (P \ \& \ \sim Q)$

1	(1) P	전제
	(2) $Q \lor \sim Q$	TI 배중률
3	(3) Q	가정
1,3	(4) $P \ \& \ Q$	1,3 &I
1,3	(5) $(P \ \& \ Q) \lor (P \ \& \ \sim Q)$	4 $\lor$I
6	(6) $\sim Q$	가정
1,6	(7) $P \ \& \ \sim Q$	1,6 &I
1,6	(8) $(P \ \& \ Q) \lor (P \ \& \ \sim Q)$	7 $\lor$I
1	(9) $(P \ \& \ Q) \lor (P \ \& \ \sim Q)$	2,3,5,6,8 $\lor$E

이번에는 (2) 단계에서 배중률의 또 다른 대입 사례인 $Q \lor \sim Q$를 정리 도입규칙에 의거해 정리로 도입했다. 이것 또한 선언명제이므로 선언 제거규칙의 사용이 기본 전략이다. 기본규칙만을 써서 이 증명을 한다면 다음과 같이 꽤 긴 증명이 된다.

140. $P \vdash (P \ \& \ Q) \lor (P \ \& \ \sim Q)$

1	(1) P	전제
2	(2) $\sim (Q \lor \sim Q)$	가정

3	(3) Q	가정
3	(4) Q ∨ ~Q	3 ∨I
2,3	(5) (Q ∨ ~Q) & ~(Q ∨ ~Q)	2,4 &I
2	(6) ~Q	3,5 ~I
2	(7) Q ∨ ~Q	6 ∨I
2	(8) (Q ∨ ~Q) & ~(Q ∨ ~Q)	2,7 &I
	(9) ~~(Q ∨ ~Q)	2,8 ~I
	(10) Q ∨ ~Q	9 ~E

11	(11) Q	가정
1,11	(12) P & Q	1,11 &I
1,11	(13) (P & Q) ∨ (P & ~Q)	12 ∨I
14	(14) ~Q	가정
1,14	(15) P & ~Q	1,14 &I
1,14	(16) (P & Q) ∨ (P & ~Q)	15 ∨I
1	(17) (P & Q) ∨ (P & ~Q)	10,11,13,14,16 ∨E

위에서 네모 상자 안에 든 단계들이 정리 도입규칙 덕분에 생략해도 되었던 것임을 알 수 있다.

　앞에서 우리가 증명한 다음 추론도 정리 도입규칙을 활용할 경우 좀 더 쉽게 증명할 수 있다.[42]

42　앞에서는 이를 다음과 같이 증명했다.

131. P → Q, ~P → Q ⊢ Q

1	(1) P → Q	전제
2	(2) ~P → Q	전제
3	(3) ~Q	가정
4	(4) P	가정
1,4	(5) Q	1,4 →E
1,3,4	(6) Q & ~Q	3,5 &I
1,3	(7) ~P	4,6 ~I

131. P → Q, ~P → Q ⊢ Q

1	(1) P → Q	전제
2	(2) ~P → Q	전제
	(3) P ∨ ~P	TI 배중률
4	(4) P	가정
1,4	(5) Q	1,4 →E
6	(6) ~P	가정
2,6	(7) Q	2,6 →E
1,2	(8) Q	3,4,5,6,7 ∨E

　이미 증명된 정리를 활용해 증명을 좀 더 짧게 할 수 있듯이, 이미 증명된 추리를 활용해서도 증명을 좀 더 효율적으로 해낼 수 있다. 이를 위해 또 하나의 파생규칙으로 추리 도입규칙(the rule of sequent introduction)을 추가하기로 하자.

추리 도입규칙 SI

- 의미: A_1, ..., A_n ⊢ C가 이미 증명된 추리(또는 그것의 대입 사례)일 경우, 전제 A_1, ..., A_n로부터 C를 이끌어 낼 수 있다.
- 의존관계: C는 A_1, ..., A_n이 의존하는 명제에 의존한다.
- 정당성: 이미 증명된 추리이다.
- 표기방법:

$$\vdots$$

a_1, ..., a_n	(j) A_1	

$$\vdots$$

b_1, ..., b_q	(m) A_n	
a_1, ..., a_n, b_1, ..., b_q	(n) C	j,...,m SI +++

1,2,3	(8) Q	2,7 →E
1,2,3	(9) Q & ~Q	3,8 &I
1,2	(10) ~~Q	3,9 ~I
1,2	(11) Q	10 ~E

표기방법에서 '+++' 자리에는 우리가 적용하는 추리의 이름(가령 '후건 부정
식')을 적거나 아니면 그 형태(가령 'A → B, ~B ⊢ ~A')를 적어 주기로 한다.
  추리 도입규칙이 어떻게 쓰이는지 예를 들어 설명하기로 하자. 다음은 드모
르간 법칙의 또 한 가지 형태이다.[43]

  P ∨ Q ⊢ ~(~P & ~Q)

이 추리를 파생규칙으로 써서 선언 삼단논법을 증명한다고 하자. 추리 도입규
칙을 사용한다면 비교적 쉽게 이를 증명할 수 있다.

141. P ∨ Q, ~P ⊢ Q 선언 삼단논법

1	(1) P ∨ Q	전제
1	(2) ~(~P & ~Q)	1 SI 드모르간 법칙
3	(3) ~P	전제
4	(4) ~Q	가정
3,4	(5) ~P & ~Q	3,4 &I
1,3,4	(6) (~P & ~Q) & ~(~P & ~Q)	2,5 &I
1,3	(7) ~~Q	4,6 ~I
1,3	(8) Q	7 ~E

(1) P ∨ Q에 이미 증명된 드모르간 법칙을 파생규칙으로 활용해 (2) 단계에서
~(~P & ~Q)를 바로 얻었다. 이때 (2)는 (1)에 의존하므로 왼쪽 번호는 1이
된다.
  파생규칙을 사용하지 않고 기본규칙만으로 선언 삼단논법을 증명한다면 다
음과 같은 꽤 긴 증명이 된다.

---

43 이것은 3.4절 연습문제 1의 7번에서 증명한 바 있다.

141. P ∨ Q, ~P ⊢ Q

1	(1) P ∨ Q	전제
2	(2) P	가정
3	(3) ~P & ~Q	가정
3	(4) ~P	3 &E
2,3	(5) P & ~P	2,4 &I
2	(6) ~(~P & ~Q)	3,5 ~I
7	(7) Q	가정
8	(8) ~P & ~Q	가정
8	(9) ~Q	8 &E
7,8	(10) Q & ~Q	7,9 &I
7	(11) ~(~P & ~Q)	8,10 ~I
1	(12) ~(~P & ~Q)	1,2,6,7,11 ∨E
13	(13) ~P	전제
14	(14) ~Q	가정
13,14	(15) ~P & ~Q	13,14 &I
1,13,14	(16) (~P & ~Q) & ~(~P & ~Q)	12,15 &I
1,13	(17) ~~Q	14,16 ~I
1,13	(18) Q	17 ~E

위에서 네모 상자로 표시한 부분이 앞의 증명에서는 드모르간 법칙의 한 형태인 'A ∨ B ⊢ ~(~A & ~B)'를 파생규칙으로 사용함으로써 생략했던 단계들임을 알 수 있다.

이번에는 두 개 이상의 전제가 나오는 추리를 예로 들어, 추리 도입규칙이 구체적으로 어떻게 사용되는지를 보기로 하자. 우리는 앞에서 '후건 부정식'이라고 불리는 다음 추리를 증명했다.

115. P → Q, ~Q ⊢ ~P

이제 후건 부정식을 파생규칙으로 이용해 앞서 증명한 '대우'를 다시 증명하면 다음과 같다.

119. P → Q ⊢ ~Q → ~P

1	(1) P → Q	전제
2	(2) ~Q	가정
1,2	(3) ~P	1,2 SI 후건 부정식
1	(4) ~Q → ~P	2,3 →ㅣ

여기서 (3) 단계의 명제는 추리 도입규칙을 적용해 얻은 것이고, 구체적으로 (1)과 (2)에 후건 부정식이라는 형태를 적용한 것이므로 (3) 단계에서 오른쪽에 이를 '1,2 SI 후건 부정식'이라고 표시한 것이다. 후건 부정식을 통해 얻은 결론은 원래의 조건언과 부정한 후건에 모두 의존하므로, (3) 단계의 왼쪽 번호는 {1,2}가 된다.

정리 도입규칙과 추리 도입규칙이라는 파생규칙을 새로이 도입한다고 해서 증명되지 않던 정리나 추리가 새로이 증명되는 것은 아니다. 그것은 증명을 좀 더 짧게 할 수 있도록 해 줄 뿐이다. 그럼에도 8가지 기본규칙 이외에 이 두 가지 파생규칙을 허용하게 되면 증명은 훨씬 수월하게 된다. 증명에서 쓸 수 있는 '도구'가 크게 늘어나는 것이기 때문이다. 앞서 증명한 정리나 추리의 사례는 어느 것이든 파생규칙의 사례로 활용할 수 있고, 나아가 앞으로 증명할 것도 일단 증명하고 나면 파생규칙의 사례로 활용할 수 있다. 따라서 우리가 쓸 수 있는 파생규칙의 개수는 원리상 무수하다.

이미 증명한 정리나 추리를 우리가 모두 기억할 수도 없고, 그것을 모두 기억해서 이후에 파생규칙으로 써야 하는 것도 아니다. 더구나 증명한 결과가 똑 같은 중요성을 지니는 것도 아니다. 이미 증명한 추리 가운데 일상적으로 자주 쓰거나 철학적으로 의미가 있는 것을 잠깐 살펴보기로 하겠다.

자주 사용할 만한 중요한 파생규칙

조건언이 전제 가운데 하나로 나오는 형태부터 보기로 하자. 우리 자연연역 체계의 기본규칙 가운데 하나인 조건언 제거규칙 $A \rightarrow B$, $A \vdash B$와 더불어 조건언 정보를 활용하는 가장 흔한 방식은 다음일 것이다.

$A \rightarrow B$, $\sim B \vdash \sim A$　　　　　　　　　후건 부정식

$A \rightarrow B$, $B \rightarrow C \vdash A \rightarrow C$　　　　　가언 삼단논법

가언 삼단논법에서 보듯이, 조건부 주장으로만 전제가 이루어져 있을 경우 결론 또한 대개는 조건부 주장이다. 하지만 조건부 주장의 전제로부터 단정적 주장을 결론으로 이끌어 낼 수 있는 경우가 드물게 있다. 일정한 이름이 붙어 있지는 않지만, 아래 나오는 추론은 그래서 기억할 만하다.

$A \rightarrow B$, $A \rightarrow \sim B \vdash \sim A$

$A \rightarrow B$, $\sim A \rightarrow B \vdash B$

$A \rightarrow \sim A \vdash \sim A$

첫 번째 추론이 타당한 이유는 비교적 쉽게 파악할 수 있을 것이다. A라고 하면 B와 $\sim$B를 동시에 얻을 수 있을 터이므로 우리는 A가 사실일 리 없음을 쉽게 추론할 수 있다. 두 번째 추론은 전제가 A이면 B가 성립하고, 또한 $\sim$A이면 B가 성립한다는 것을 말해 주고 있으므로 결론 B가 무조건 성립하리라는 점을 알 수 있다. 앞서 보았듯이, 배중률이라는 정리 도입규칙을 사용하는 방식의 증명을 떠올린다면 선언 제거규칙을 사용해 이를 아주 쉽게 증명할 수도 있다. 세 번째 추론은 언뜻 보면 반직관적인 것 같다. 하지만 $A \rightarrow \sim A$라는 전제가 주어져 있을 경우, A라고 가정하면 $A \,\&\, \sim A$라는 모순을 바로 얻을 수 있을 터이므로, $\sim$A라는 결론을 내릴 수 있다는 점을 알 수 있다.

조건언이 나오는 다음 두 추론도 파생규칙으로 사용한다면 아주 유용하다.

A → (B → C) ⊣⊢ (A & B) → C   이입/이출 원리

(A ∨ B) → C ⊣⊢ (A → C) & (B → C)

'이입/이출 원리'라 불리는 첫 번째 추론은 'A'라는 조건 아래 'B → C'라는
조건부 주장을 내세우는 형태의 이른바 '중첩 조건언'(embedded conditional)
은 'A이고 B'라는 조건 아래 'C'를 주장하는 것과 같다는 것을 말해 준다. 일
정한 이름이 붙어 있지 않은 두 번째 추론 (A ∨ B) → C ⊣⊢ (A → C) & (B
→ C)도 우리가 자주 사용하는 추론이다.

이제 조건언이 아닌 다른 복합 명제 형태가 전제에 나오는 추론을 보기로 하
자. 다음 추리를 부르는 우리말 이름은 없지만[44] 타당한 추리라는 점은 쉽게 알
수 있다.

~(A & B), A ⊢ ~B

~(~A & ~B), ~A ⊢ B

첫 번째 추리에서 전제는 A와 B가 둘 다 참은 아닌데 A가 참임을 말해 준다.
이때 우리는 B가 거짓임을 쉽게 추론할 수 있다. 두 번째 추리의 전제는 A와 B
가 둘 다 거짓은 아닌데 A가 거짓임을 말해 준다. 이때 우리는 B가 참임을 추리
할 수 있다.

끝으로 언급할 것은 우리가 조금 전에 드모르간 법칙이라는 파생규칙을 이용
해 증명했던 선언 삼단논법이다.

A ∨ B, ~A ⊢ B   선언 삼단논법

이것은 A나 B 가운데 적어도 하나는 참이라는 정보가 주어져 있는 상황에서 A
는 참이 아니라는 정보가 추가로 주어질 경우 B가 참임을 추리할 수 있다는 것

---

44   이 추론을 라틴어로는 'modus ponendo tollens'라고 부른다.

을 말해 준다. 선언 삼단논법은 우리 자연연역 체계의 기본규칙은 아니다. 하지만 우리가 일상생활에서 선언 정보를 이런 방식으로 자주 활용한다는 점은 분명하다.

지금까지 소개한 자주 사용할 만한 파생규칙을 한꺼번에 나열하면 다음과 같다.

추리 형식	우리말 이름
A → B, ~B ⊢ ~A	후건 부정식
A → B, B → C ⊢ A → C	가언 삼단논법
A → B, A → ~B ⊢ ~A	
A → B, ~A → B ⊢ B	
A → ~A ⊢ ~A	
A → (B → C) ⊣⊢ (A & B) → C	이입/이출 원리
(A ∨ B) → C ⊣⊢ (A → C) & (B → C)	
~(A & B), A ⊢ ~B	
~(~A & ~B), ~A ⊢ B	
A ∨ B, ~A ⊢ B	선언 삼단논법

8개의 기본규칙 이외에 이들 10개를 파생규칙으로 이용하면 증명을 훨씬 더 효율적으로 할 수 있을 것이다.

철학적으로 흥미로운 추론

끝으로, 증명이 되므로 명백히 타당한 추론이지만 그 의미를 되새겨볼 필요가 있는 추론 형태 몇 가지를 보기로 하자. 우리는 이 절 앞에서 P → Q ⊢ ~P ∨ Q를 증명했다. 이를 기본규칙만을 써서 증명했을 뿐만 아니라 배중률을 이용할 경우 좀 더 효율적으로 증명할 수 있다는 점도 이미 보았다. 그런데 이 추리의 역도 파생규칙을 사용하면 쉽게 증명할 수 있다.

142. ~P ∨ Q ⊢ P → Q

1	(1) ~P ∨ Q	전제
2	(2) P	가정
2	(3) ~~P	2 SI A ⊢ ~~A
1,2	(4) Q	1,3 SI 선언 삼단논법
1	(5) P → Q	2,4 →I

결국 다음이 성립한다는 것을 알 수 있다.

P → Q ⊣⊢ ~P ∨ Q

이는 조건언 P → Q과 선언 ~P ∨ Q이 상호 도출가능하다는 점을 말해 준다. 따라서 원한다면 언제든 우리는 전자를 후자로 대치할 수 있고 그 역도 가능하다. 조건언과 선언이 이런 관계에 있다는 사실은 그 자체로도 흥미로울 뿐만 아니라, 이를 파생규칙으로 활용하면 철학적으로 흥미로운 결과들을 쉽게 얻을 수 있다는 점에서도 주목할 만하다.

선언 ~P ∨ Q이 조건언 P → Q을 함축한다는 점을 파생규칙으로 이용하면 '질료적 함축의 역설'(the paradoxes of material implication)이라 부르는 다음 두 추론을 쉽게 증명할 수 있다.

143. P ⊢ Q → P   질료적 함축의 역설

1	(1) P	전제
1	(2) ~Q ∨ P	1 ∨I
1	(3) Q → P	2 SI ~A ∨ B ⊢ A → B

다음도 비슷한 방식으로 쉽게 증명할 수 있다.

144. ~P ⊢ P → Q   질료적 함축의 역설

1	(1) $\sim$P	전제
1	(2) $\sim$P $\vee$ Q	1 $\vee$I
1	(3) P $\rightarrow$ Q	2 SI $\sim$A $\vee$ B $\vdash$ A $\rightarrow$ B

나아가 방금 증명한 것들을 파생규칙으로 이용하면, 다음 정리도 쉽게 증명할 수 있다.

145. $\vdash$ (P $\rightarrow$ Q) $\vee$ (Q $\rightarrow$ P)

	(1) P $\vee$ $\sim$P	TI 배중률
2	(2) P	가정
2	(3) Q $\rightarrow$ P	2 SI A $\vdash$ B $\rightarrow$ A
2	(4) (P $\rightarrow$ Q) $\vee$ (Q $\rightarrow$ P)	3 $\vee$I
5	(5) $\sim$P	가정
5	(6) P $\rightarrow$ Q	5 SI $\sim$A $\vdash$ A $\rightarrow$ B
5	(7) (P $\rightarrow$ Q) $\vee$ (Q $\rightarrow$ P)	6 $\vee$I
	(8) (P $\rightarrow$ Q) $\vee$ (Q $\rightarrow$ P)	1,2,4,5,7 $\vee$E

그런데 방금 증명한 것들은 직관적으로는 이상해 보인다. 다음을 다시 보자.

143. P $\vdash$ Q $\rightarrow$ P

144. $\sim$P $\vdash$ P $\rightarrow$ Q

이들이 이상하다는 점은 다음 두 추론이 타당한 것이라는 점을 통해 알 수 있다.[45]

---

45 이 절에서 우리가 보았듯이, 이런 결과의 원천은 조건언과 선언이 상호 도출가능한 동치임을 말해 주는 다음이라고 할 수 있다.

   $\sim$P $\vee$ Q $\dashv\vdash$ P $\rightarrow$ Q

어떤 학자들은 질료적 함축의 역설을 근거로 들어, 일상적 조건문은 논리학에서 쓰는 진리함수

연수는 2학년이다. 따라서 서울이 한국의 수도이면, 연수는 2학년이다.

연수는 2학년이 아니다. 따라서 연수가 2학년이면, 오늘은 화요일이다.

앞서 증명한 다음 정리도 직관적으로는 이상해 보인다.

145. ⊢ (P → Q) ∨ (Q → P)

이것이 정리라는 말은 가령 "연수가 수업에 오면 강희도 온다가 성립하거나 강희가 수업에 오면 연수도 온다"가 언제나 성립한다는 것이다.[46]

아마도 다음이 증명가능한 추리라는 점은 더욱 이상하게 비칠 것이다.

146. P & ~P ⊢ Q   EFQ

적 조건문과 다르다고 주장하기도 한다.

다른 한편, 일상적 조건문 'P이면 Q' (이를 P ⇒ Q로 나타내기로 하자)가 진리함수적 조건문 (P → Q)과 동치임을 보여 주는 강력한 논증도 있다. 이 둘이 동치임을 보이려면 다음이 모두 성립함을 보이면 된다.

  (가) P ⇒ Q 따라서 P → Q
  (나) P → Q 따라서 P ⇒ Q

'논란 없는 원리'라고 부르는 (가)는 다음과 같이 쉽게 보일 수 있다. P ⇒ Q는 명백히 ~(P & ~Q)를 함축하며, 이는 P → Q와 동치이므로 결국 (가)가 성립한다. 이번에는 '이행원리'라고 부르는 (나)의 증명이다. 편의를 위해 (나) 대신 같은 형태인 다음을 보이기로 한다.

  (나') ~P → Q 따라서 ~P ⇒ Q

(나')의 전제 ~P → Q는 P ∨ Q와 동치이다. 그런데 P ∨ Q는 P나 Q 가운데 적어도 하나는 참임을 말해 준다. 이때 우리는 P가 참이 아니라면 Q라고 말할 수 있다. 이것이 바로 ~P ⇒ Q 이며, 따라서 (나')도 성립한다. 결국 이 둘은 동치이다.

46 이 정리에 나오는 조건언을 선언으로 바꾸어 보면 다음과 같은데,

  (~P ∨ Q) ∨ (~Q ∨ P)

여기에는 P와 ~P가 선언 성원으로 둘 다 들어 있으므로 언제나 참이 된다는 점을 쉽게 알 수 있다. 이 점은 위의 식이 정리인 이유가 조건언이 선언과 동치로 여겨지기 때문이라는 점을 시사해 준다.

이를 'EFQ'(*Ex Falso Quidlibet*)라고 부른다. "모순으로부터는 아무것이나 다 따라 나온다"는 의미이다. 이것이 타당한 추론이라는 것은 가령 다음 추론이 타당하다는 말이다.

연수는 2학년이고 2학년이 아니다. 따라서 서울은 한국의 수도이다.

대다수의 사람들은 고개를 갸웃할 것이다. EFQ를 증명하는 방식 가운데 루이스(C. I. Lewis)가 제시한 증명은 특히 흥미롭다.

146. P & ~P ⊢ Q

1	(1) P & ~P	전제
1	(2) P	1 &E
1	(3) P ∨ Q	2 ∨I
1	(4) ~P	1 &E
1	(5) Q	3,4 SI 선언 삼단논법

왜냐하면 여기서 사용된 추리규칙 가운데 어느 것도 부정하기가 쉽지 않기 때문이다.[47] 연언 제거나 선언 도입, 선언 삼단논법 모두 타당한 추론으로 보인다. 그렇지만 우리는 전제로부터 그런 결론이 따라 나온다고 말하는 데는 강한 거부감을 느낀다.[48]

---

47 연관 논리학자들(relevant logicians)은 선언 삼단논법을 문제 삼는다.
48 다른 한편으로 보면 EFQ는 왜 비일관성이 문제가 되는지를 보여 준다고 할 수 있다. 어떤 논리 체계가 비일관적이라면, 다시 말해 그 안에 'B & ~B' 형태의 모순을 포함하고 있다면 그 체계에서는 어느 것이든 다 도출가능하게 된다. 그렇기 때문에 우리는 모순이 들어 있는 체계를 싫어하는 것이다. 나아가 이런 성질을 이용해, 어떤 논리 체계에서 따라 나오지 않는 명제가 적어도 하나 있음을 보여 그 체계가 모순을 포함하고 있지 않음(즉 일관적임)을 증명하기도 한다.

1. 다음을 8개의 기본규칙만을 사용하여 증명하라.

① $\vdash (Q \to R) \to ((P \to Q) \to (P \to R))$

② $\vdash (P \to R) \to ((Q \to R) \to ((P \lor Q) \to R)))$

③ $\vdash (P \to (Q \ \& \sim Q)) \to \sim P$

④ $\vdash (\sim P \to P) \to P$

⑤ $\vdash (P \to Q) \to (\sim Q \to \sim P)$

2. 다음을 기본규칙이나 파생규칙을 사용하여 증명하라.

① $\vdash P \lor (P \to Q)$

② $\vdash (P \to Q) \lor (Q \to R)$

③ $\vdash ((P \to Q) \to P) \to P$

④ $P \to (Q \ \& \ R), \sim Q \vdash \sim P$

⑤ $P \to (Q \lor R), \sim Q \vdash P \to R$

⑥ $(P \lor Q) \to R \vdash \sim R \to \sim P$

⑦ $P \lor Q \vdash \sim P \to Q$

⑧ $(P \to Q) \to Q \dashv\vdash P \lor Q$

⑨ $(P \ \& \ Q) \to R \vdash (P \to R) \lor (Q \to R)$

⑩ $P \to (Q \lor R) \dashv\vdash (P \to Q) \lor (P \to R)$

3. 다음을 파생규칙을 사용하여 증명하라.

① $P \to (\sim Q \to R) \vdash \sim Q \to (\sim P \lor R)$

② $P \to (Q \ \& \ R), S \to (P \lor T), \sim R \vdash S \to T$

③ $\sim P \to Q, \sim R \to S, (S \lor Q) \to T \vdash \sim (P \ \& \ R) \to T$

④ $P \lor \sim Q, P \lor \sim R, Q \lor R \vdash P$

⑤ $\sim (P \ \& \ R), Q \to ((R \lor T) \lor S), S \to T, Q \vdash \sim T \to \sim P$

4장
진리표와 진리나무

이 장에서는 진리표와 진리나무라는 장치를 통해 명제논리 추론의 타당성을 판별하는
방법을 소개한다.
핵심 개념: 진리표, 진리나무

4.1 기초 개념: 진리표

4.1.1 진리표

결합사를 소개할 때 말했듯이, 명제논리에서 사용하는 결합사는 모두 진리함수
적 결합사이다. 이 때문에 복합 명제를 이루고 있는 구성명제의 진리값이 주어지
면, 우리는 그 복합 명제의 진리값을 계산해 낼 수 있다. 진리함수적 복합 명제의
진리값은 구성명제의 진리값에 의해 완전히 결정되기 때문이다. 이때 우리는 각
결합사가 지닌 고유한 진리함수적 성격에 근거하여 복합 명제의 진리값을 계산하
게 된다. 네 가지 기본 결합사의 계산 규칙을 한꺼번에 나타내면 다음과 같다.

A	B	~A	A & B	A ∨ B	A → B
T	T	F	T	T	T
T	F	F	F	T	F
F	T	T	F	T	T
F	F	T	F	F	T

이 표에 드러난 각 결합사의 진리함수적 성격을 요약해 보자. 부정은 원래 명제

가 참이면 거짓이고, 거짓이면 참이다. 연언은 연언 성원이 모두 참일 때에만 참이고, 그 밖의 경우에는 거짓이다. 선언은 선언 성원이 모두 거짓일 때에만 거짓이고, 그 밖의 경우에는 참이다. 달리 말해 선언은 선언 성원 가운데 하나라도 참이면 참이고, 그 밖의 경우에는 거짓이다. 조건언은 전건이 참인데 후건이 거짓인 경우에만 거짓이고, 그 밖의 경우에는 참이다. 달리 말해 전건이 거짓이거나 후건이 참이면 조건언은 참이다.

이제 복합 명제의 진리값을 계산하는 방식을 살펴보자. P는 참이고, Q는 거짓이라고 할 때 다음 명제가 참인지 거짓인지를 알아보자.

$P \rightarrow \sim Q$

계산 순서는 수학에서 수식의 값을 계산하는 순서와 같다. 가령 x=1, y=2, z=3일 때 우리는 x×(y+z)의 값을 계산할 수 있다. 이 계산을 하려면, 덧셈 계산과 곱셈 계산을 할 줄 알아야 한다. 마찬가지로 $P \rightarrow \sim Q$의 진리값을 계산해 내려면, 부정과 조건언의 진리값이 어떤 식으로 결정되는지를 알아야 한다. 수식 1×(2+3)의 값을 알기 위해서는 먼저 (2+3)의 값을 계산해야 하듯이, $P \rightarrow \sim Q$의 진리값을 알기 위해서는 $\sim Q$의 진리값을 먼저 계산해야 한다. Q가 거짓이므로 부정의 계산 규칙에 따라 $\sim Q$는 참임을 알 수 있다. 이 값과 주어진 P의 값을 바탕으로 조건언 $P \rightarrow \sim Q$의 진리값을 구하면 된다. 조건언은 전건과 후건이 모두 참일 경우에 참이므로 참이 된다. 따라서 P가 참이고 Q는 거짓일 때, $P \rightarrow \sim Q$라는 명제의 진리값은 참이다.

앞에서 본 것은 P가 참이고 Q는 거짓인 경우였다. P, Q가 다른 진리값을 갖는 경우는 어떨까? 우선 다른 진리값을 갖는 경우로는 어떤 것이 있을까? 두 개의 단순 명제 P, Q는 각각 참과 거짓의 진리값을 가질 수 있으므로 이들이 가질 수 있는 서로 다른 진리값의 조합 방식은 모두 네 가지가 된다. 일반화해서 말한다면, n개의 단순 명제가 있을 때 가능한 진리값의 조합 방식은 2^n 가지이다. 이를 n개의 단순 명제가 있을 경우 이들 단순 명제에 진리값을 할당하는 방식(truth-assignment)은 2^n 가지가 있다고 말하기도 한다. 이처럼 가능한 모든 진리값의 조합 방식에서 해당 명제가 어떤 진리값을 갖는지를 망라해서 나타낸 것이 해당 명제의 **진리표**(truth-table)이다. 다음은 P → ~Q 명제의 진리표를 작성한 것이다.

P → ~Q의 진리표

P	Q	P → ~Q
T	T	T **F** F T
T	F	T **T** T F
F	T	F **T** F T
F	F	F **T** T F

위에서 굵은 글씨로 표시된 것이 P → ~Q라는 명제가 그것을 구성하는 단순 명제 P, Q가 각각 〈T, T〉, 〈T, F〉, 〈F, T〉, 〈F, F〉라는 값을 가질 때 갖는 진리 값이다. 이 복합 명제의 주 결합사는 조건언 결합사인데, 이처럼 주 결합사 아래 해당 명제가 최종적으로 갖는 진리값을 적는다.

진리표를 작성하는 방식

앞의 설명을 토대로, 진리표를 작성하는 방식을 순서대로 정리하면 다음과 같다.

① 복합 명제에 나오는 단순 명제를 골라낸다.
② 단순 명제의 개수에 따라 가능한 진리값의 조합 방식을 나열한다.[1]

---

1 **가능한 진리값의 조합을 모두 나열하는 편리한 방식**
　단순 명제의 개수가 많아지면 가능한 진리값의 조합을 빠트리거나 중복되지 않고 정확히 나열하는 것도 큰일이다. 한 가지 기계적인 방식은 다음과 같다. 우선 단순 명제의 개수에 따라 가능한 전체 조합이 몇 가지인지는 알 수 있다. 그러면 맨 왼쪽 칸부터 채워나간다고 하자. 첫 번째 칸에는 가능한 전체 조합 가운데 위에서부터 정확히 반까지의 줄에는 T를 적고 나머지 반의 줄에는 F를 적는다. 가령 가능한 조합이 모두 여덟 가지라면, 위에서부터 4번째 줄까지는 T를 적고, 나머지 네 줄에는 F를 적는다. 그 다음 칸에는 앞 칸의 반만큼 위에서부터 T를 적고 나머지는 F를 적는 과정을 두 차례 반복한다. 이런 식으로 맨 오른쪽 칸에 도달할 때까지 계속한다. 물론 맨 오른쪽 칸에 도달하면, 최종적으로 위에서부터 한번씩 T와 F를 번갈아 적는 과정을 반

③ 결합사의 계산 규칙에 따라 복합 명제의 진리값을 단계적으로 계산해 나간다.

④ 각각의 조합 방식에 대해 해당 명제가 최종적으로 갖는 진리값을 주 결합사 아래
적는다.

명제논리에서는 방금 도입한 진리표라는 장치를 통해 여러 가지 논리적 개념
의 성격을 더 잘 이해할 수 있다. 그것을 살펴보기로 하자.

4.1.2 항진명제, 비일관적 명제, 우연명제

다음 명제의 진리표를 작성해 본다고 하자.

$P \rightarrow (P \lor Q)$

$P \rightarrow (P \lor Q)$의 진리표

P	Q	$P \rightarrow (P \lor Q)$
T	T	T **T** T T T
T	F	T **T** T T F
F	T	F **T** F T T
F	F	F **T** F F F

진리표에서 드러나듯이, 이 명제는 P, Q가 어떤 진리값을 갖든 언제나 참이다.
이처럼 가능한 모든 진리값 할당에서 참인 값을 갖는 명제를 '항진명제' 또는
'토톨로지'(tautology)라고 부른다. 구성명제가 어떤 진리값을 갖든 참이 된
다는 것은 이 명제가 내용과 무관하게, 논리적 형식 때문에 참임을 말해 준
다. 그래서 이런 명제를 '논리적으로 참인'(logically true) 명제라고 부르기도
한다.[2] 다음은 항진명제의 또 다른 예이다.

복하게 될 것이다.

2 논리적으로 참인 명제는 사실상 아무런 경험적 내용도 담고 있지 않은 명제이다. 이를 이해
하기 위해 다음 예를 생각해 보자. 일기예보를 하는 사람이 "내일은 비가 오거나 오지 않을 것이
다"라고 말했다고 해 보자. 이런 '예보'는 우리가 내일 우산을 가지고 집을 나서야 할지를 결정

$P \lor \sim P, P \to P, (P \,\&\, Q) \to P, (P \to (Q \to R)) \to ((P \,\&\, Q) \to R))$

이번에는 $(P \to Q) \,\&\, (P \,\&\, \sim Q)$라는 명제의 진리표를 작성해 보자.

$(P \to Q) \,\&\, (P \,\&\, \sim Q)$의 진리표

P	Q	$(P \to Q) \,\&\, (P \,\&\, \sim Q)$		
T	T	T	F	F
T	F	F	F	T
F	T	T	F	F
F	F	T	F	F

진리표를 보면 이 명제는 P, Q가 어떤 진리값을 갖든 언제나 거짓이다. 이처럼 가능한 모든 진리값 할당에서 거짓인 값을 갖는 명제를 '비일관적 명제'[3] (inconsistency)라고 부른다. 이것은 논리적 형식 때문에 늘 거짓인 값을 갖는 명제로, '논리적으로 거짓인' (logically false) 명제라고 부르기도 한다. 다음은 비일관적 명제의 예이다.

$P \,\&\, \sim P, \sim (P \to P), \sim (P \lor \sim P), \sim Q \,\&\, (P \,\&\, (P \to Q))$

한편 항진명제도 아니고 비일관적 명제도 아닌 것을 '우연명제' (contingency)라고 부른다. 이런 명제는 모든 진리값 할당에서 참인 값을 갖는 것도 아니고, 모든 진리값 할당에서 거짓인 진리값을 갖는 것도 아니다. 바꾸어 말해, 진리값 할당 가운데 참인 값을 갖는 경우도 있고 거짓인 값을 갖는 경우도 있다. 다음은 우연명제의 예이다.

하는 데 아무런 지침도 되지 않는다. 하지만 그 예보는 결코 틀릴 수 없다. 그 예보는 현실 세계에 전혀 관여하지 않기 때문에 결코 틀릴 수 없는 것이다.

3 이를 '모순명제' (contradiction)라고 부르기도 한다. 하지만 우리는 앞에서 'B & ~B' 형태의 명제를 가리키는 데 그 이름을 이미 사용했다. 우리의 용어법에서 보면, 모순명제는 모두 비일관적 명제이지만 비일관적 명제가 모두 모순명제는 아니다.

~P ∨ ~Q, P & (P → Q), P → ~P

이처럼 진리표라는 장치를 통해 명제논리에 나오는 명제를 세 가지로 나눌
수 있다. 명제의 진리표를 작성했을 때 주 결합사 아래 나타나는 진리값이

- 모두 참이라면, 그것은 항진명제이고,
- 모두 거짓이라면, 그것은 비일관적 명제이고,
- 모두 참인 것도 아니고 모두 거짓인 것도 아니라면, 즉 참인 줄도 적어도
하나 있고 거짓인 줄도 적어도 하나 있다면, 그것은 우연명제이다.

항진명제와 정리

앞 장에서 우리는 '정리'라는 것을 보았다. 가령 P → P는 정리였다. 정리는
추리규칙이란 개념을 이용해 정의되는 것으로서, 우리 체계에서 아무런 가정
(전제)에도 의존하지 않고 증명되는 명제를 의미했다. 이 때문에 '정리'는 구문
론적인 개념 또는 증명이론적 개념이라고 말한다. 한편 '항진명제'는 방금 보
았듯이 진리표 검사에 의해 규정되는 개념으로서, 참/거짓과 같은 의미론적 개
념을 이용해 정의되기 때문에 의미론적 개념이라고 말한다. 나중에 우리는 정
리는 모두 항진명제이고, 또한 항진명제는 모두 정리임을 증명할 것이다.

4.1.3 동치

다음 두 명제의 진리표를 하나의 표 안에 작성한다고 해 보자.

P → Q와 ~Q → ~P

P → Q와 ~Q → ~P의 진리표

P	Q	P → Q	~Q → ~P
T	T	T	T
T	F	F	F
F	T	T	T
F	F	T	T

표에서 드러나듯이, 이 두 명제는 언제나 같은 진리값을 갖는다. 이런 두 명제를 두고 우리는 이들이 '동치이다'(equivalent) 또는 '동치관계에 있다'고 말한다. 명제논리에서 동치인 두 명제 A, B의 진리표를 작성하게 되면 A가 참인 경우에는 언제나 B도 참이고 그 역도 성립한다. 위의 사례는 이른바 '대우'라고 불리는 동치인 쌍이다. 다음은 명제논리에서 널리 알려진 동치인 쌍들이다.

P & Q와 ~(~P ∨ ~Q)   드모르간 법칙

P ∨ Q와 ~(~P & ~Q)   드모르간 법칙

P와 ~~P   이중부정

동치와 상호 도출가능

앞서 우리는 '상호 도출가능한' 쌍들을 보았다. 여기서 말하는 '상호 도출가능하다'는 것은 구문론적인 혹은 증명론적인 개념이다. 반면 두 명제가 '동치이다'는 것은 의미론적 개념이다. 전자는 추리규칙을 이용해서 정의되는 개념인 반면 후자는 참/거짓과 같은 의미론적 개념을 이용해 정의되기 때문이다. 우리 명제논리 체계에서 상호 도출가능한 명제는 모두 서로 동치이며, 동치인 두 명제는 모두 상호 도출가능하다. 나아가 두 명제 A, B가 동치라면, (A → B) & (B → A)는 항진명제가 된다.

4.1.4 일관성

일관성 여부도 진리표를 이용해 확인할 수 있다. 명제논리에 나오는 명제가 일관적이라면, 그들 명제의 진리표를 작성할 경우 모두가 참인 진리값의 조합이 적어도 하나는 존재한다. 바꾸어 말해 그들 명제가 모두 참이 되도록 진리값을 할당하는 방식이 적어도 하나는 존재한다. 그렇지 않다면 그것은 비일관적 명제 집합이다. 다음 두 명제 집합의 진리표를 하나의 표 안에 작성해 보자.

{P → Q, ~P, Q}

{P → Q, P, ~Q}

{P → Q, ~P, Q}의 진리표

P	Q	P → Q	~P	Q
T	T	T	F	T
T	F	F	F	F
F	T	T	T	T
F	F	T	T	F

{P → Q, P, ~Q}의 진리표

P	Q	P → Q	P	~Q
T	T	T	T	F
T	F	F	T	T
F	T	T	F	F
F	F	T	F	T

정의에 따를 때, 전자는 일관적 명제 집합이다. 왜냐하면 세 명제가 모두 참이되는 진리값의 조합이 적어도 하나(즉 P는 거짓이고 Q는 참일 때)는 있기 때문이다. 후자는 비일관적 명제 집합이다. 어떤 진리값의 조합에서도 세 명제가 모두 참이 될 수는 없기 때문이다.

　앞서 얘기한 대로, 기본적으로 여러 명제에 적용되는 일관성 개념은 개별 명제에도 적용된다. 항진명제와 우연명제는 모두 일관적인 반면, 모순명제를 포함하는 비일관적 명제는 그렇지 않음을 알 수 있다.

연 습 문 제

1. 다음 명제의 진리표를 작성해 보라.

① P → P   ⑪ Q → (P ∨ P)

② P → ~P   ⑫ Q → (P ∨ ~P)

③ P ∨ P   ⑬ (P → P) → Q

④ P ∨ ~P   ⑭ P → (Q → Q)

⑤ ~(P ∨ ~P)   ⑮ (P → P) & Q

⑥ P & ~P   ⑯ (P → P) ∨ Q

⑦ ~(P ∨ Q)   ⑰ P ∨ (Q → Q)

⑧ P → (Q & Q)   ⑱ (P ∨ Q) → R

⑨ ~P → ~Q   ⑲ P → (Q → R)

⑩ Q → P   ⑳ (P → Q) → R

2. 명제 형태에 주목해 다음이 항진명제인지, 비일관적 명제인지, 우연명제인지 말하라.

① P

② P → ~P

③ ~(P → P)

④ ~(P → P) ∨ (P → (P ∨ Q))

⑤ (P → Q) ∨ (Q → P)

⑥ ~(((P ∨ Q) & ~P) → Q)

⑦ ((P → Q) & (Q → R)) → (P → R)

⑧ ~((((P → Q) & (R → S)) & (P ∨ R)) → (Q ∨ S))

⑨ P & (Q & (R & (S & (T & (U & ~P)))))

⑩ ((((P ∨ Q) ∨ R) ∨ S) ∨ T) ∨ ~P

3. 다음에서 참인 것을 모두 고르면?

  ① A가 항진명제라면, ~A는 비일관적 명제이다.

  ② A가 비일관적 명제라면, ~A는 항진명제이다.

  ③ A가 항진명제이고 B는 비일관적 명제라면, A → B는 항진명제이다.

  ④ A가 비일관적 명제이고 B는 항진명제라면, A → B는 항진명제이다.

  ⑤ A가 항진명제이고 B는 비일관적 명제라면, A ∨ B는 항진명제이다.

  ⑥ A가 항진명제이고 B는 비일관적 명제라면, A & B는 비일관적 명제이다.

  ⑦ A가 항진명제이고 B는 비일관적 명제라면, ~(A & B)는 항진명제이다.

  ⑧ A와 B가 모두 우연명제라면 A ∨ B도 우연명제이다.

  ⑨ A와 B가 서로 동치라면, (A → B) & (B → A)는 항진명제이다.

  ⑩ A와 B가 서로 동치라면, ~A와 ~B도 서로 동치이다.

더 생각해 볼 것

- 항진명제는 모두 서로 동치인가? 가령 P ∨ ~P와 Q → Q는 서로 동치인가?

- 비일관적 명제는 모두 서로 동치인가? 가령 P & ~P와 ((Q → R) & Q) & ~R은 서로 동치인가?

4.2 진리표의 방법

다음과 같은 간단한 논증을 생각해 보자.

오늘이 화요일이면, 내일은 수요일이다. 내일이 수요일이면, 모레는 목요일이다. 따라서 오늘이 화요일이면, 모레는 목요일이다.

여기에 나오는 단순 명제, "오늘이 화요일이다", "내일은 수요일이다", "모레는 목요일이다"를 각각 P, Q, R이라고 하자. 위의 논증은 다음과 같이 기호화할 수 있다.

P → Q, Q → R 따라서 P → R

나아가 '따라서'에 해당하는 기호로 새로이 턴스타일 '⊨'를 도입하기로 하자.[4] 이 단계에서 이 기호는 논증에 나오는 명제를 한 줄에 적을 때, 어디까지가 전제이고 어느 것이 결론인지를 분간해 주는 역할을 한다고 생각하면 된다. 우리는 이 기호를 '따라서'라고 읽기로 한다. 앞으로는 이 기호를 사용해 논증을 기호화하기로 한다.

P → Q, Q → R ⊨ P → R

이 논증이 타당한지를 어떻게 알 수 있을까? 앞에서 도입한 진리표를 활용하면 우리는 논증의 타당성을 판단해 낼 수 있다. 먼저 논증의 진리표[5]를 작성하기로 하자. 논증의 진리표를 작성하는 방법은 개별 명제의 진리표를 작성하는 것과 다르지 않다. 다만 논증에는 여러 개의 명제가 나오므로, 그것을 하나의 표 안에 한꺼번에 작성한다고 생각하면 된다. 다음과 같이 진행하면 된다.

- 논증에 나오는 단순 명제를 모두 골라낸다.
- 단순 명제의 개수에 따른 가능한 진리값의 조합을 모두 나열한다.

---

4   이 기호는 결합사가 아님을 유의하라.
5   논증의 '진리표'라는 말은 오해의 소지가 있다. 1장에서 타당성 개념을 소개할 때 강조했듯이, 명제는 참이거나 거짓이지만, 논증은 참이거나 거짓이 아니라 타당하거나 부당할 뿐이기 때문이다. 그래서 어떤 논리학자들은 논증에 나오는 개별 명제가 가질 수 있는 진리값의 모든 조합에 대해 그 논증에 나오는 명제가 어떤 진리값을 갖는지를 보여 주는 표를 '진리표'라 부르지 않고 '상황 탐색표'(circumstance surveyor)라고 부른다(Newton-Smith (1994) 참조). 우리는 여기서 이런 새로운 용어를 도입하지 않고 관례를 좇아 그냥 '진리표'라는 말을 쓸 것이다. 하지만 논증이 참이거나 거짓이라고 말하려는 것은 아님을 주의하라!

• 각 경우마다 논증에 나오는 명제의 진리값을 계산한다.

이 절차를 따라 앞의 논증이 타당한지 여부를 확인해 보자. 그 논증에는 P, Q, R 세 개의 단순 명제가 나온다. 따라서 가능한 진리값의 조합 방식은 2^3 = 8가지이다. 이를 나열하면 다음과 같다.

	P	Q	R	P→Q,	Q→R	⊨	P→R
(1)	T	T	T				
(2)	T	T	F				
(3)	T	F	T				
(4)	T	F	F				
(5)	F	T	T				
(6)	F	T	F				
(7)	F	F	T				
(8)	F	F	F				

각각의 조합에 대해, 그 논증에 나오는 명제의 진리값을 계산할 차례이다. 결과는 다음과 같다.

	P	Q	R	P→Q,	Q→R	⊨	P→R
(1)	T	T	T	T	T		T
(2)	T	T	F	T	F		F
(3)	T	F	T	F	T		T
(4)	T	F	F	F	T		F
(5)	F	T	T	T	T		T
(6)	F	T	F	T	F		T
(7)	F	F	T	T	T		T
(8)	F	F	F	T	T		T

남은 과제는 이 표를 판독해 논증이 타당한지 여부를 파악하는 일이다. 어떻게 하면 될까? 타당성의 정의에 따를 때, 논증이 타당한지 여부는 전제가 모두 참이면서 결론이 거짓일 수 있는지에 달려 있다. 따라서 우리는 표에서 표시해 놓

은 다음 부분을 주목하면 된다.

	P	Q	R	P → Q, Q → R	⊨	P → R
(1)	T	T	T	T	T	T
(2)	T	T	F	T	F	F
(3)	T	F	T	F	T	T
(4)	T	F	F	F	T	F
(5)	F	T	T	T	T	T
(6)	F	T	F	T	F	F
(7)	F	F	T	T	T	T
(8)	F	F	F	T	T	T

전제가 모두 참이 되는 줄은 (1), (5), (7), (8)번 줄인데, 그런 줄에서는 언제나 결론도 참으로 나타나고 있다. 다시 말해, 표를 보면 전제가 모두 참이 되는 진리값의 조합은 네 가지인데, 그때마다 결론도 참임을 알 수 있다. 따라서 이 논증은 타당하다고 말하게 된다.

이번에는 다음 논증이 타당한지 살펴보기로 하자.

P → Q, Q ⊨ P

이 논증의 진리표를 작성하면 다음과 같다.

P	Q	P → Q	Q	⊨	P	
T	T	T	T		T	
T	F	F	F		T	
F	T	T	T		F	☜
F	F	T	F		F	

전제가 모두 참이 되는 조합으로는 두 가지가 있다. 하나는 P와 Q가 모두 참인 때이고, 다른 하나는 P는 거짓이고 Q는 참인 때이다. 전자의 경우에는 결론도 참이지만 후자의 경우에는 결론이 거짓이다. 이는 전제가 모두 참인 상황에서

는 언제나 결론도 참인 것은 아니라는 의미이다. 따라서 이 논증은 부당하다고 판정한다.

위의 논증에서 후자처럼 P는 거짓이고 Q는 참일 경우에만 부당하고 전자처럼 P와 Q가 모두 참일 경우에는 타당하다고 말하는 것이 아님을 주의하라. 후자처럼 전제가 모두 참인데 결론은 거짓이 되는 경우를 허용하기 때문에 이 논증은 부당하다고 말하는 것이다. 그러므로 P와 Q가 모두 참이라 하더라도 이 논증은 여전히 부당하다. 그 경우 그 논증은 전제와 결론이 우연히 맞아떨어진 것에 불과하다. 타당성 개념을 설명하면서 이야기 했듯이, 우리가 타당한 논증에 대해 기대하는 것은 결론이 우연히 맞아떨어진 것이 아니라 일정한 조건에서 예외 없이 맞는 것임을 기억하라.

타당성 판별의 관건

진리표를 이용해 타당성을 판가름하는 방식을 일반화해서 설명하면 다음과 같다. 아래와 같은 논증이 있다고 하자.

$$A_1, A_2, A_3, ..., A_n \vDash C$$

이 논증에 나오는 단순 명제를 $a_1, a_2, a_3, ..., a_p$라고 하자. 이 단순 명제가 가질 수 있는 진리값의 모든 조합을 나열하고, 그 다음에 각각의 조합마다 논증에 나오는 명제가 어떤 진리값을 갖는지를 진리함수적 결합사의 계산 규칙에 따라 계산한다. 그 결과 얻게 되는 진리표는 대략 다음과 같은 형태가 될 것이다.

a_1	a_2	a_3	...	a_p	A_1	A_2	A_3	...	A_n	$\vDash$	C	
T	T	T	...	T								
		...										
		...			T	T	T	...	T		F	☞
		...										
F	F	F	...	F								

이 표에서 우리가 타당성을 결정하기 위해 확인할 사항은 '전제가 모두 참인데

결론은 거짓인 줄'이 하나라도 있는지 여부이다. 따라서 우리는 다음과 같이 말할 수 있다.

> **진리표를 이용해 타당성을 가리는 방법:**
>
> 진리표에서 전제가 모두 참인데 결론은 거짓인 줄이 하나라도 있다면 그 논증은 부당하고, 그렇지 않다면 타당하다.

4.3 약식 진리표의 방법

다음 논증이 타당한지 여부를 진리표를 이용해 판단한다고 해 보자.

P → Q, R → S, P ∨ R ⊨ Q ∨ S

이 논증에는 4개의 단순 명제가 나오므로 진리표를 작성한다면 16개의 줄을 만들어야 한다. 만약 5개가 나오는 논증이라면 32가지의 가능한 진리값 조합 방식이 있고, 10개라면 1024가지가 있게 된다. 원칙적으로 이런 경우에도 진리표를 작성해서 논증의 타당성을 알아낼 수 있다. 하지만 이는 우리가 실제로 해내기는 아주 번거로운 방법이다. 좀 더 효과적인 방안은 없을까?

앞서 보았듯이, 진리표 방법에서 타당성의 관건은 전제가 모두 참인데 결론은 거짓인 줄이 하나라도 있는지 여부이다. 이는 전제 가운데 적어도 하나가 거짓이거나 결론이 참인 줄은 타당성을 결정짓는 데 아무런 역할도 하지 못하며, 그런 줄은 무시해도 된다는 의미이다. 타당성을 판가름하기 위해 단순 명제가 가질 수 있는 모든 진리값의 조합을 다 살펴볼 필요는 없었던 것이다. 모든 가능한 진리값의 조합 방식을 망라하지 않고도, 타당성의 관건이 되는 줄의 존재 여부를 확인할 수 있다면 우리의 목적은 달성되는 셈이다. 어떻게 하면 될까?

착상은 간단하다. 진리표를 이용해 논증의 타당성을 파악하는 방법을 거꾸로 적용해 보는 것이다. 진리표 방법에서는 논증에 나오는 단순 명제의 진리값을 고정시켜 놓고 그런 다음 논증에 나오는 전제와 결론의 진리값을 계산해 가는 순서로 진행한다. 약식 진리표의 방법에서는 이 순서가 역전된다. 전제와 결론의 진리값을 먼저 고정시켜 놓고 그런 다음 그런 진리값을 갖기 위해서는 단순 명제가 어떤 값을 가져야 하는지를 추적해 나간다. 달리 말한다면, 이 방법은 전제는 모두 참이면서 결론은 거짓이 되도록 단순 명제에 하나의 진리값을 할당할 수 있는지를 따져 보는 것이라고 할 수 있다.[6]

간단한 예를 들어 약식 진리표 방법의 작동 원리를 설명해 보기로 하자.

$$P \rightarrow Q, Q \rightarrow R \vDash P \rightarrow R$$

이 논증의 전제가 모두 참인데 결론은 거짓인 줄이 하나라도 있는지가 타당성의 관건이다. 따라서 우리는 다음과 같은 줄이 존재하는지를 확인하면 된다.

$$\begin{array}{ccccccc} P & Q & R & & P \rightarrow Q, & Q \rightarrow R & \vDash & P \rightarrow R \\ & & & & T & T & & F \end{array}$$

다음으로 해야 할 일은 여기 나오는 복합 명제, $P \rightarrow Q, Q \rightarrow R, P \rightarrow R$이 각각 T, T, F의 진리값을 가진다고 할 때, 그것을 구성하는 단순 명제 P, Q, R은 각각 어떤 진리값을 가져야 하는지를 따져 보는 일이다.

언뜻 보면 이 일은 꽤 복잡할 것 같다. 그러나 꼭 그렇지는 않다. 이를 위해 진리함수적 결합사의 특징을 주목할 필요가 있다.

A B	A & B	A ∨ B	A → B
T T	T	T	T
T F	F	T	F
F T	F	T	T
F F	F	F	T

---

6 '논증이 부당함을 입증해 줄 진리값의 조합'이 존재하는지를 확인한다고 말해도 된다.

이 표를 보면 연언이 참이 되는 경우의 수는 한 가지뿐이다. 연언이 참이 되려면 연언 성원이 모두 참이어야 하고, 다른 도리는 없다. 한편 선언이나 조건언은 거짓이 되는 경우의 수가 한 가지뿐이다. 선언이 거짓이 되려면 선언 성원이 모두 거짓이어야 하며, 조건언이 거짓이 되려면 전건은 참인데 후건이 거짓이어야 한다. 이런 계산 규칙의 특성을 잘 활용하면, 복합 명제가 특정 진리값을 갖는다는 사실로부터 그러기 위해서는 구성명제가 어떤 진리값을 가져야 하는지를 추적해 나갈 수 있다.

우리가 보고 있던 원래의 논증으로 되돌아가자.

$$P \quad Q \quad R \qquad P \rightarrow Q, \qquad Q \rightarrow R \vDash P \rightarrow R$$
$$\qquad\qquad\qquad\qquad T \qquad\qquad T \qquad\quad F$$

전제는 모두 조건언이므로 참이 되는 방식이 세 가지이다. 결론도 조건언인데, 조건언이 거짓이 되는 경우의 수는 한 가지뿐이다. 그러므로 여기서 출발하는 것이 효과적일 것이다. 조건언인 결론이 거짓이 되려면, P와 R이 각각 T, F인 진리값을 가져야 한다. 이 점을 다음과 같이 적기로 하자.

$$P \quad Q \quad R \qquad P \rightarrow Q, \qquad Q \rightarrow R \vDash P \rightarrow R$$
$$\qquad\qquad\qquad\qquad T \qquad\qquad T \qquad\quad T F F$$

지금까지 우리는 결론이 거짓이 되려면, P는 참이고 R은 거짓이어야만 한다는 점을 확인했다. 확정된 단순 명제의 진리값을 다음과 같이 맨 왼쪽에 적어두기로 하자.

$$P \quad Q \quad R \qquad P \rightarrow Q, \qquad Q \rightarrow R \vDash P \rightarrow R$$
$$T \quad\;\; F \qquad\quad T \qquad\qquad T \qquad\quad T F F$$

우리가 확인하고자 하는 것은 전제를 모두 참으로 만들면서 결론이 거짓이 될 수 있는지 여부이므로, 결론을 거짓으로 만드는 진리값에서 전제가 모두 참이 되는지를 계속 살펴보자. 앞서 P → Q가 참이 되는 경우의 수는 세 가지였다. 하지만 결론을 거짓으로 만들려면 P가 참일 수밖에 없었고, 이 점을 감안하면

P → Q가 참이 되는 경우의 수는 이제 한 가지로 줄어든다. Q는 참이어야 한다. 이를 다음과 같이 적기로 하자.

```
P Q R      P → Q,    Q → R  ⊨  P → R
T T F      T T T        T        T F F
```

맨 왼쪽에 나타나 있듯이, 이 논증을 구성하는 단순 명제의 진리값이 이제 모두 확정되었다. P, Q, R은 각각 T, T, F인 값을 갖는다. 이런 진리값의 조합에서 과연 전제는 모두 참인데 결론은 거짓인지를 확인해 보자. 두 번째 전제 Q → R 은 Q가 T이고 R이 F일 때 참이 아니라 거짓이다. 이를 다음과 같이 나타내자.

```
P Q R      P → Q,    Q → R  ⊨  P → R
T T F      T T T      T T̸ F      T F F
                        F
```

우리는 P, Q, R이 각각 T, T, F의 값을 가질 때 전제가 모두 참이면서 결론이 거짓일 수는 없음을 알 수 있다. 이는 전제를 모두 참으로 만들고 결론을 거짓으로 만드는 진리값의 할당이 원리적으로 불가능하다는 것을 말해 준다. 따라서 타당성의 정의에 따를 때 이 논증은 타당하다.

이제 약식 진리표 방법을 설명하면 다음과 같다.

> 약식 진리표를 이용해 타당성을 가리는 방법:
> 전제는 모두 참인데 결론은 거짓이 되도록 단순 명제에 일관되게 하나의 진리값을 할당할 수 있다면 그 논증은 부당하고, 그렇지 않다면 타당하다.

이 과정에서 우리는 다음 두 가지 사실을 이용한다.

첫째, 결합사는 모두 진리함수적 결합사이고 결합사마다 고유한 계산 규칙을 지닌다.

둘째, 어떤 명제든 참 아니면 거짓으로, 한 명제가 동시에 두 가지 진리값을 가질 수는 없다.

다음 논증이 타당한지를 약식 진리표의 방법으로 따져 보자.

$$P \quad Q \qquad P \to Q, \qquad Q \vDash P$$
$$ T \qquad\quad T \quad F$$

여기서는 타당성의 관건이 되는 줄의 존재 유무를 확인하기 위해 전제와 결론에 진리값을 할당하는 순간 거기 나오는 단순 명제의 진리값도 확정된다. 전제와 결론에 두 개의 단순 명제가 나오고 있기 때문이다.

$$P \quad Q \qquad P \to Q, \qquad Q \vDash P$$
$$F \quad T \qquad\quad T \qquad\quad T \quad F$$

남은 작업은 P, Q가 각각 그런 값을 가질 때 실제로 전제는 모두 참이고 결론은 거짓인지를 확인해 보는 것이다.

$$P \quad Q \qquad P \to Q, \qquad Q \vDash P$$
$$F \quad T \qquad F\,T\,T \qquad\; T \quad F$$

확인해 보면 실제로 그렇다는 점을 알 수 있다. 전제는 모두 참인데 결론은 거짓이 되도록 단순 명제에 일관되게 하나의 진리값을 할당할 수 있다. 이는 전제가 모두 참이면서 결론이 거짓인 줄이 적어도 하나 있음을 말해 준다. 따라서 타당성의 정의에 따를 때 이 논증은 부당하다.

이제 우리가 약식 진리표의 방법을 도입할 필요가 있다는 점을 보이기 위해 든 예였던 복합 구성적 양도논법을 살펴보기로 하자. 우리는 다음과 같은 줄이 생겨나도록 P, Q, R, S에 일관되게 하나의 진리값을 할당할 수 있는지를 따져 보면 된다.

$$P \quad Q \quad R \quad S \qquad P \to Q, \qquad R \to S, \qquad P \vee R \vDash Q \vee S$$
$$ T \qquad\qquad T \qquad\qquad T \qquad F$$

이번에도 결론에서 시작하는 것이 효과적일 것이다. 선언이 거짓이 되는 경우의 수는 한 가지뿐이기 때문이다. 그러기 위해서는 Q와 S는 모두 F이어야 한다.

$$P \quad Q \quad R \quad S \qquad P \to Q, \qquad R \to S, \qquad P \lor R \models Q \lor S$$
$$F \quad \quad \quad \qquad F \qquad T \qquad T \qquad\quad F F $$

Q와 S의 진리값이 정해졌다. 이 정보를 활용하면 남은 P와 R의 값도 쉽게 확정할 수 있다.

$$P \quad Q \quad R \quad S \qquad P \to Q, \qquad R \to S, \qquad P \lor R \models Q \lor S$$
$$F \quad F \quad F \quad F \qquad F \ T \ F \qquad F \ T \ F \qquad\quad T \qquad\qquad F \ \ F \ \ F$$

P와 R도 F여야 한다. 이로써 단순 명제 P, Q, R, S의 진리값이 모두 정해졌다. 마지막 작업은 단순 명제가 이런 값을 가질 때 실제로 전제는 모두 참이면서 결론은 거짓이 되는지를 확인하는 일이다. 우리는 그렇지 않다는 점을 알 수 있다. 세 번째 전제 P $\lor$ R은 그런 진리값 할당에서 참이 아니라 거짓이 되고 만다.

$$P \quad Q \quad R \quad S \qquad P \to Q, \qquad R \to S, \qquad P \lor R \models Q \lor S$$
$$F \quad F \quad F \quad F \qquad F \ T \ F \qquad F \ T \ F \qquad\quad F \ \cancel{T} \ F \qquad F \ \ F \ \ F$$
$$ F$$

이는 전제는 모두 참인데 결론은 거짓이 되도록 개별 명제에 일관되게 하나의 진리값을 할당할 수 없다는 의미이다. 따라서 원래의 논증은 타당하다.

이번에는 다음 논증의 타당성을 약식 진리표의 방법으로 파악한다고 해 보자.

$$P \quad Q \quad R \qquad (P \lor Q) \to R \models P \to R$$

결론부터 시작하면 우리는 P와 R의 진리값을 바로 고정할 수 있다.

$$P \quad Q \quad R \qquad (P \lor Q) \to R \models P \to R$$
$$T \quad \quad F \qquad\quad T \quad\ \ \cancel{T} \ F \qquad T \ F \ F$$

이때 우리는 P와 R의 진리값만을 고려해도 전제가 참이면서 결론이 거짓인 조합이 생겨날 수 없음을 알 수 있다. 따라서 이 논증은 타당하다고 판정한다. 이런 경우에는 Q의 값을 별도로 고정할 필요가 없다. 어떤 진리값을 갖든 전제가 참이면서 결론이 거짓일 수는 없을 것이기 때문이다.

약식 진리표 방법의 한계

약식 진리표의 방법은 전제가 모두 참이면서 결론은 거짓이 되도록 그 논증에 나오는 단순 명제에 일관되게 하나의 진리값을 할당할 수 있는지를 추적해 보는 것이다. 이때 우리는 선언이나 조건언은 거짓이 되는 방안이 하나뿐이며, 연언은 참이 되는 방안이 하나뿐이라는 점을 적극 이용한다. 그런데 결론이 연언명제이거나 전제가 선언이거나 조건언 명제라면 어떻게 해야 할까? 예를 들어 다음 논증을 약식 진리표의 방법으로 타당성을 가린다고 해 보자.

$(P \ \& \ Q) \lor (R \rightarrow S) \vDash P \ \& \ R$

전제는 선언이므로 참이 되는 경우의 수가 세 가지이다. 결론은 연언이므로 거짓이 되는 경우의 수가 역시 세 가지이다. 이때에는 앞서 본 예들과 달리, 경우의 수가 유일하지 않으므로 단순 명제에 일정한 진리값을 바로 할당할 수 없다. 이런 상황에서는 경우의 수를 나누어 차례대로 하나씩 검토하는 수밖에 없다. 완전 진리표의 방법을 일부 다시 도입해야 하는 것이다. 이 점에서 약식 진리표 방법은 한계가 있다.

1. 진리표의 방법을 사용해 다음 논증이 타당한지 여부를 밝혀라.

① P → ~P ⊨ ~P

② ~P ⊨ P → ~P

③ ~P → P ⊨ P

④ P ⊨ ~P → P

⑤ P & Q ⊨ P

⑥ P ⊨ P & Q

⑦ P ⊨ P ∨ Q

⑧ P ∨ Q ⊨ P

⑨ P → Q, ~Q ⊨ ~P

⑩ P ∨ Q, ~P ⊨ Q

⑪ P ∨ Q, P ⊨ ~Q

⑫ P ∨ Q, ~(P & Q), P ⊨ ~Q

⑬ ~P ∨ ~Q, P ⊨ ~Q

⑭ ~(P & Q), P ⊨ ~Q

⑮ ~(P & Q), ~P ⊨ Q

⑯ ~(~P & ~Q), ~P ⊨ Q

⑰ ~(~P & ~Q), P ⊨ ~Q

⑱ P → Q, P → ~Q ⊨ ~P

⑲ P → Q, ~P → Q ⊨ Q

⑳ (P → Q) & (Q → P), P ⊨ Q

2. 약식 진리표의 방법을 사용하여 다음 논증이 타당한지 여부를 판정해 보라.

① (P ∨ Q) → R ⊨ Q → R

② (P ∨ Q) → R, ~R ⊨ ~(P ∨ Q)

③ (P ∨ Q) → R, ~R ⊨ ~P

④ (P ∨ Q) → R, ~P ⊨ Q → R

⑤ (P ∨ Q) → R, ~(P ∨ R) ⊨ Q

⑥ P → (Q & R) ⊨ (P & Q) → R

⑦ P → (Q ∨ R) ⊨ (P ∨ Q) → R

⑧ P → (Q → R), Q ⊨ P → R

⑨ P → Q, P → R ⊨ P → (Q & R)

⑩ P → Q, P → R, P ⊨ Q & R

⑪ P → Q, R → Q, P ∨ R ⊨ Q

⑫ (P & Q) → R, P ⊨ Q → R

⑬ P → (Q & R), ~Q ⊨ ~P

⑭ P → (Q ∨ R), ~Q ⊨ P → R

⑮ P → (Q & R), Q ⊨ P → R

3. 아래 나오는 논증의 형태에 주목해, 이들이 타당한지 여부를 진리표나 약식
 진리표의 방법을 사용해 확인해 보라.

① P ⊨ P

② P & ~P ⊨ Q

③ P ⊨ Q ∨ ~Q

④ P & ~P ⊨ Q ∨ ~Q

⑤ Q ∨ ~Q ⊨ P & ~P

⑥ P → Q, P, ~Q ⊨ R

⑦ P → Q, P ⊨ Q

⑧ P → Q, P, R ⊨ Q

⑨ P → Q, Q → R ⊨ P → R

⑩ P → Q, ~(P → R) ⊨ ~(Q → R)

4.4 진리나무의 방법

완전한 진리표의 방법에 견주어 볼 때, 약식 진리표의 방법은 아주 편리하다.
복합 명제가 특정한 진리값을 갖기 위해서는 그것을 이루고 있는 구성명제가
어떤 진리값을 가져야 하는지를 단번에 확정할 수 있다면 특히 그렇다. 하지만
복합 명제가 특정한 진리값을 갖는 방안이 여러 가지라면 사정은 달라진다. 그
때는 가능한 경우의 수를 하나씩 찬찬히 따져 보는 수밖에 없다. 그런 상황에도
대처할 수 있는, 좀 더 효과적이고 기계적인 방법은 없을까? 있다. 그런 방법이
바로 진리나무(truth-tree)의 방법이다. 이 방법은 타당성을 가리는 아주 강력
한 방법이며, 가장 많이 쓰는 방법이기도 하다.

기본 착상

진리나무의 방법에서도 논증의 타당성을 가리기 위해서는 전제가 모두 참인데 결론은 거짓이 되는 진리값 할당이 가능한지를 따져 보아야 한다. 타당성의 관건이 바로 그런 진리값의 조합이 존재하는지 여부이기 때문이다. 간단한 논증을 예로 들어 진리나무의 방법의 작동 원리를 설명해 보기로 하자.

P→Q, Q→R ⊨ P→R

우리의 목표는 이 논증의 전제가 모두 참이고 결론은 거짓이 되는 진리값 할당이 원리적으로 가능한지를 점검하는 것이다. 약식 진리표의 방법에서도 그랬듯이, 전제나 결론 가운데 어느 것을 먼저 고려하든 상관없다. 다만 전제는 참이되는 경우의 수를 고려하고, 결론은 거짓이 되는 경우의 수를 고려한다는 점을 명심해야 한다. 우리 예에서 결론은 P → R이라는 조건언이다. 조건언이 거짓이 되는 경우의 수는 한 가지뿐이다. 따라서 여기서 논의를 시작하는 것이 경제적일 것이다. 조건언은 전건이 참이고 후건이 거짓인 경우에 거짓이므로, 결론 P → R이 거짓이 되려면 P와 R은 각각 T와 F여야 한다. 이를 이번에는 다음과 같이 적기로 하자.

PT ——— RF

즉 어떤 명제가 참이어야 한다면 그 명제 바로 뒤에 T라고 적고, 거짓이어야 한다면 그 명제 바로 뒤에 F라고 적어 해당 명제가 구체적으로 어떤 진리값을 가져야 하는지를 명시하기로 하자.

우리가 보고 있는 논증의 결론이 거짓이면서 전제는 모두 참이 되는 진리값의 조합이 존재한다는 것이 밝혀진다면 앞의 논증은 부당한 것으로 평가될 것이다. 어느 전제를 먼저 고려해도 상관없지만, 첫 번째 전제인 P → Q부터 보기로 하자. 이 전제는 조건언이다. 조건언이 참이 되는 경우의 수는 세 가지, 즉 (1), (3), (4)이다.

	P	Q	P → Q
(1)	T	T	T
(2)	T	F	F
(3)	F	T	T
(4)	F	F	T

이 세 가지를 다른 방식으로 표현한다면, 두 가지로 줄여 말할 수 있다. 어떻게 하면 될까? 다음 표를 유심히 살펴보자.

	P	Q	P → Q
(1)	T	T	T
(2)	T	F	F
(3)	F	T	T
(4)	F	F	T

표에서 드러나듯이 세 가지(즉 (1), (3), (4))를 전건이 거짓인 경우(즉 이에는 (3)과 (4)가 포함된다)와 후건이 참인 경우(즉 이에는 (1)과 (3)이 포함된다) 두 가지로 줄여 말할 수 있다.

지금까지의 논의 결과, 결론이 거짓이 되는 경우의 수는 한 가지뿐이고, 첫 번째 전제가 참이 되는 경우의 수는 두 가지이다. 우리가 확인하고자 하는 것은 전제가 모두 참이면서 결론이 거짓이 되는 진리값 할당이 가능한가 하는 것이다. 그러므로 이들 조건은 동시에 만족되어야 한다. 이를 다음과 같이 나타내기로 하자.

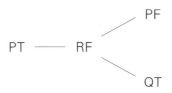

그런데 우리가 고려한 경우의 수 가운데, 결론이 거짓이면서 첫 번째 전제가 참이 되는 경우의 수 하나는 불가능한 조합임을 알 수 있다. 왜냐하면 그것은 같은 명제인 P가 참이면서(즉 PT라고 표시되어 있다) 또한 거짓이기를(즉 PF라고 표시되어 있다) 요구하기 때문이다. 즉 결론을 거짓으로 만들기 위해서는

P가 참이어야 하면서 또한 첫 번째 전제를 참으로 만들기 위해서는 거짓이어야한다고 말하고 있기 때문이다. 그런 경우는 실현될 수 없는 것이고, 따라서 그경우의 수는 이제 더 이상 따져 보지 않아도 된다. 이를 구체적으로 드러내기위해 그 경우 옆에 × 표시를 하기로 하자.

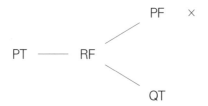

아직 다른 한 경우는 가능성이 남아 있으므로 계속 따져 보기로 하자. 남은 한가지 가능성은 P가 참이고 R은 거짓이면서 Q가 참인 경우이다. 이 경우 결론은거짓이면서 첫 번째 전제는 참이 된다. 남은 것은 두 번째 전제이다. 이 전제 또한 조건언이므로 앞서와 마찬가지로 참이 되는 경우는 전건 Q가 거짓인 때와 후건 R이 참인 때라고 말할 수 있다. 이 점을 추가로 다음과 같이 나열해 보자.

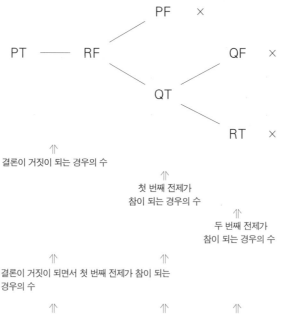

우리는 앞에서 고려한 것과 같은 이유에서 이 두 가능성이 모두 봉쇄된다는 것을 알 수 있다. 왜냐하면 앞서 결론을 거짓으로 만들면서 첫 번째 전제가 참이 되려면, P가 참이고 R은 거짓이면서 Q가 참인 값을 가져야 했던 반면, 두 번째 전제를 참으로 만들려면 Q가 거짓이거나 R이 참이어야 할 텐데, 이 둘 모두 이전의 요구와 상충하기 때문이다. 지금까지 우리는 결론을 거짓으로 만들면서 전제를 모두 참으로 만드는 진리값의 조합이 가능한지를 살펴보았다. 그 결과 그런 가능성은 없음이 드러났다. 이는 원래 논증의 전제가 모두 참인데 결론이 거짓일 수는 없다는 의미이다.[7] 그러므로 타당성의 정의에 따를 때, 원래의 논증은 타당하다는 것을 알 수 있다. 이상이 진리나무 방법의 작동 원리에 관한 설명이다.[8]

그런데 실제 진리나무는 앞의 그림과는 다른 모습이다. 이제 이를 보기로 하자. 우선 앞에서 채택한 표기방법을 약간 수정해 보자. 앞에서 우리는 어떤 명제가 참이어야 함을 나타내기 위해 그 명제 바로 뒤에 T를 적고, 거짓이어야 함을 나타내기 위해 해당 명제 바로 뒤에 F를 적었다. 이처럼 해당 명제가 어떤 값을 가져야 하는지를 직접적으로 병기하는 방안은 번거로울 뿐만 아니라 복잡해 보이기도 하므로, 표기방법을 간단하게 만들어 보자. 어떤 명제가 참이어야 함을 나타내기 위해서는 그 명제 기호를 그대로 적고, 어떤 명제가 거짓이어야 함을 나타내기 위해서는 그 명제 기호 앞에 부정기호를 붙이기로 하자.[9] 이런 약속을 하면 앞의 그림은 다음과 같이 바뀌게 된다.

---

7   약식 진리표 방법과 진리나무 방법이 다른 점이 무엇인지를 생각해 보라. 약식 진리표 방법의 경우 한번 확정한 개별 명제의 진리값을 계속 '끌고 간다'. 반면 진리나무 방법의 경우 각 단계마다 새로이 명제의 진리값을 할당한다. 이 때문에 이 방법에서는 한 명제가 앞 단계에서 어떤 값을 가져야 했는지를 기억할 필요가 없다. 이런 특성 덕분에 진리나무 방법이 좀더 기계적인 방식으로 다가온다. 나아가 진리나무의 방법에는 복합 명제의 참/거짓이 되는 경우의 수를 많아야 두 가지로 좁혀 놓았다는 점도 혁신적이라고 할 수 있다.

8   나는 이를 Howson (1997)에게서 배웠다.

9   달리 말해, 명제 문자에 부정기호가 붙어 있지 않다면 그 명제가 참이어야 함을, 붙어 있다면 그 명제가 거짓이어야 함을 나타내기로 한다고 해도 된다. 또는 어떤 명제가 거짓이라면 그 명제의 부정은 참이므로, 위의 설명은 어떤 명제가 참이어야 하면 그 명제 문자를 그대로 적고, 어떤 명제가 거짓이어야 하면 그 명제의 부정이 참이어야 한다는 것을 나타낸다고 말해도 된다.

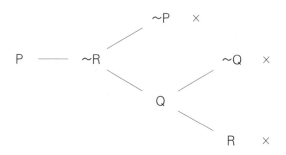

그림이 훨씬 간단해졌다. 다음으로 이 그림을 오른쪽으로 90도 회전시켜서 바로 세운다고 해 보자. 그러면 아래와 같은 모습이 될 것이다.

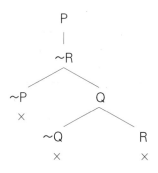

이 그림을 '진리나무'라고 한다. 그림에서 아래 방향으로 뻗어 있는 선을 '가지'(branch)라고 부른다. 위의 진리나무에는 모두 세 개의 가지가 있다. 한편 가지가 '닫혀 있다'(closed)는 말은 그 가지 끝에서 줄기 방향으로 거슬러 올라갔을 때 어떤 명제와 그 명제에 부정기호를 붙인 명제가 동시에 나온다는 말이다. 진리나무의 가지가 닫혀 있을 경우 그 가지의 끝에다가 × 표시를 한다. 한편 닫혀 있지 않은 가지를 '열린'(open) 가지라고 하고, 열린 가지 끝에는 ○ 표시를 한다. 이제 진리나무를 그려 논증의 타당성을 판별하는 기준을 다음과 같이 서술할 수 있다.

진리나무에 의해 타당성을 가리는 방법:

진리나무에서 열린 가지가 하나라도 있다면 그 논증은 부당하고, 그렇지 않다면 타당하다.

조건언 이외의 진리나무

지금까지 우리는 조건언을 진리나무로 어떻게 나타내는지를 살펴보았다. 그
내용을 정리하면 다음과 같다. 조건언의 계산 규칙에서 드러나듯이, 조건언이
거짓이 되는 경우의 수는 한 가지이다.

	A	B	A → B
(1)	T	T	T
(2)	T	F	F
(3)	F	T	T
(4)	F	F	T

이를 진리나무의 방법에서는 다음과 같이 나타낸다.

$$\sim(A \rightarrow B)$$
$$A$$
$$|$$
$$\sim B$$

한편 조건언이 참이 되는 경우의 수는 세 가지이지만 이를 전건이 거짓이거나
후건이 참인 경우 두 가지로 바꾸어 표현할 수 있었다.

	A	B	A → B
(1)	T	T	T
(2)	T	F	F
(3)	F	T	T
(4)	F	F	T

그래서 진리나무로는 조건언이 참이 되는 경우를 다음과 같이 가지를 쳐서 나
타낸다.

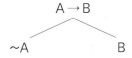

이제 나머지 유형의 복합 명제는 진리나무로 어떻게 나타내는지를 살펴보자. 먼저 연언인데, 연언의 계산 규칙은 다음과 같다.

	A	B	A & B
(1)	T	T	T
(2)	T	F	F
(3)	F	T	F
(4)	F	F	F

연언이 참이 되는 경우의 수는 한 가지로, 그것은 연언 성원이 모두 참일 때이다. 진리나무 방법에서는 그것을 다음과 같이 표현한다.

한편 연언이 거짓이 되는 경우의 수는 세 가지이다. 조건언에서도 그랬듯이, 세 가지를 두 가지로 바꾸어 표현할 수 있다. 어떻게 하면 될까? 다음 표를 보자.

	A	B	A & B
(1)	T	T	T
(2)	T	F	F
(3)	F	T	F
(4)	F	F	F

거짓이 되는 세 가지 경우를 왼편의 연언 성원 A가 거짓인 경우와 오른편 연언 성원 B가 거짓인 경우 두 가지라고 바꾸어 말할 수 있다. 그러므로 연언이 거짓이 되는 경우는 진리나무로 다음과 같이 나타낸다.

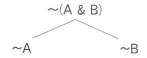

이제 이쯤에서 진리나무 방법에서 가지를 치는 경우와 가지를 치지 않고 바로 아래 내려 적는 경우의 차이가 분명해졌을 것이다. 가지를 치는 것은 서로 다른 두 가지 경로가 있다는 것을 나타내는 것인 반면, 바로 아래 내려 적는 것은 동시에 만족되어야 하는 한 가지 경로만 있다는 것을 의미한다.

다음으로 선언의 진리나무 작성법을 보기로 하자. 참인 경우는 어떻게 나타낼까? 선언이 참이 되는 경우는 세 가지인데, 앞서와 마찬가지로 두 가지로 줄여 표현할 수 있다.

	A	B	A ∨ B
(1)	T	T	T
(2)	T	F	T
(3)	F	T	T
(4)	F	F	F

그것은 선언 성원 각각이 참이 되는 경우라고 말하는 것이다. 따라서 선언이 참이 되는 경우를 나타내는 진리나무는 다음과 같은 형태가 된다.

한편 선언이 거짓이 되는 경우는 한 가지뿐으로, 선언 성원 모두가 거짓이 되는 때이다.

	A	B	A ∨ B
(1)	T	T	T
(2)	T	F	T
(3)	F	T	T
(4)	F	F	F

따라서 선언이 거짓이 되는 경우를 나타내는 진리나무는 다음과 같다.

$$\sim(A \lor B)$$
$$\sim A$$
$$|$$
$$\sim B$$

지금까지의 논의결과를 한꺼번에 제시하면 다음과 같다.[10]

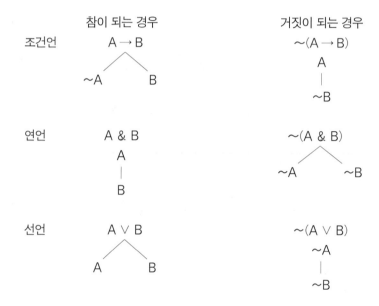

	참이 되는 경우	거짓이 되는 경우
조건언	A → B	~(A → B)
연언	A & B	~(A & B)
선언	A ∨ B	~(A ∨ B)

10　양조건언은 진리나무로 어떻게 나타낼까? 양조건언의 계산 규칙은 다음과 같다.

	A	B	A ↔ B
(1)	T	T	T
(2)	T	F	F
(3)	F	T	F
(4)	F	F	T

이처럼 양조건언은 참이 되는 경우의 수가 두 가지, 거짓이 되는 경우의 수도 두 가지이므로 이들을 그대로 나열하면 된다.

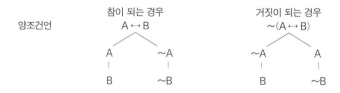

양조건언

다음 논증의 타당성 여부를 진리나무 방법으로 알아본다고 해 보자.

P → Q, Q ⊨ P

이 논증의 진리나무를 그리면 다음과 같다.

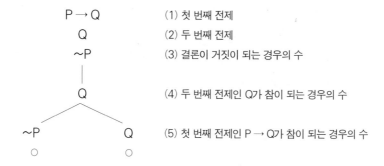

열린 가지가 적어도 하나 있으므로, 이 논증은 부당하다. 이를 앞으로 간단히 다음과 같이 나타내기로 한다.

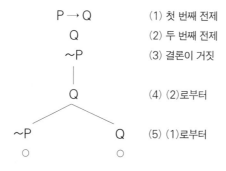

다음 논증의 타당성을 진리나무의 방법으로 파악해 본다고 하자.

P ∨ Q, P ⊨ ~Q

진리나무를 그리면 다음과 같다.

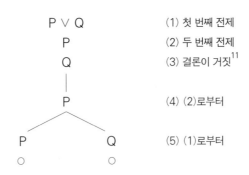

이번에도 열린 가지가 적어도 하나 있으므로, 이 논증 또한 부당함을 알 수 있다.
　다음 논증의 타당성 여부를 진리나무의 방법을 사용해 파악해 본다고 하자.

$P \rightarrow Q, R \rightarrow S, \sim Q \vee \sim S \models \sim P \vee \sim R$

이 논증의 진리나무를 그리면 다음과 같다.

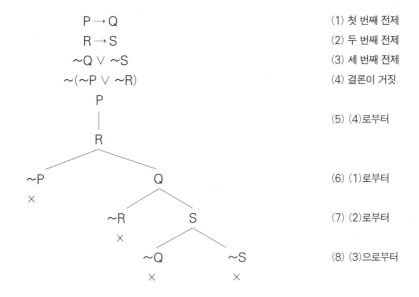

모든 가지가 닫혀 있으므로, 이 논증은 타당하다.

11　엄밀하게 한다면 '$\sim\sim$Q'라고 적어야 하지만 이중부정은 바로 소거했다. 앞으로도 이중부
정은 따로 표시하지 않기로 한다.

복잡한 논증을 진리나무로 그리기

이제 복합 명제의 구성요소가 다시 복합 명제일 경우 진리나무를 어떻게 그리는지를 보기로 하자. 다음 논증을 보자.

$(P \rightarrow Q) \rightarrow P \vDash P$

결론이 거짓이 되는 경우를 진리나무로 나타내면 다음과 같이 된다.

$(P \rightarrow Q) \rightarrow P$ (1) 전제
$\sim P$ (2) 결론이 거짓

'$(P \rightarrow Q) \rightarrow P$'라는 전제가 참이 되는 경우의 수를 진리나무로 나타내려면 어떻게 해야 할까? 방법은 간단하다. 이런 복잡한 명제의 경우 괄호 안에 있는 복합 명제를 그 자체로 하나의 단위로 보고 단계적으로 진리나무를 그려 나가면 된다. '$P \rightarrow Q$'를 'K'라고 잡기로 하자. 그러면 앞의 명제는 곧 $K \rightarrow P$라는 형태의 조건언 명제가 되고, 이를 진리나무로 나타내는 것은 어렵지 않다. 이는 조건언이므로 전건 K에 해당하는 $P \rightarrow Q$(지금 이 단계에서는 이를 하나의 덩어리로 여긴다)가 거짓이거나 후건 P가 참인 경우에 참이 된다. 이를 진리나무로는 다음과 같이 나타낸다.

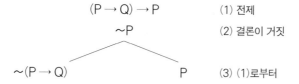

(1) 전제
(2) 결론이 거짓

(3) (1)로부터

남은 작업은 $\sim(P \rightarrow Q)$(즉 $\sim K$)를 진리나무로 마저 나타내는 것이다. 이것은 진리나무의 표기법에서 명제 K가 거짓이어야 한다는 것을 의미한다. 그런데 K는 조건언 형태의 명제이므로, 우리가 나타내야 할 것은 조건언 $P \rightarrow Q$가 거짓이 되는 경우이다. 이 조건언은 전건 P가 참이면서 후건 Q가 거짓인 한 경우에 거짓이 되므로 이 점을 진리나무로 나타내면 다음과 같이 될 것이다.

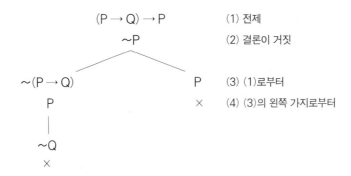

마지막 남은 일은 이 진리나무의 가지가 모두 닫혀 있는지를 확인하는 것이다. 그림에서 확인할 수 있듯이 가지가 모두 닫혀 있으므로 이 논증은 타당하다고 판정하게 된다.

다음 두 논증의 진리나무를 같은 방식으로 그리면 다음과 같이 될 것이다.

$(P \rightarrow Q) \rightarrow Q \models P$

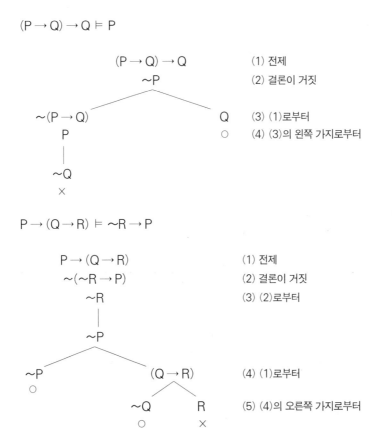

$P \rightarrow (Q \rightarrow R) \models \sim R \rightarrow P$

열린 가지가 적어도 하나 있으므로 두 논증 모두 부당함을 알 수 있다.

진리나무에 관한 논의를 마치기 전에 두 가지만 더 생각해 보기로 하자. 첫째, 열린 가지는 무엇을 뜻할까? 둘째, 진리나무를 효과적으로 그리는 방안은 무엇일까?

열린 가지의 의미

첫째 물음부터 보자. 가령 방금 본 논증은 열린 가지가 있으므로 부당한 논증이라고 했다.

$(P \rightarrow Q) \rightarrow Q \vDash P$

$(P \rightarrow Q) \rightarrow Q$	(1) 전제
$\sim P$	(2) 결론이 거짓
$\sim(P \rightarrow Q) \qquad\qquad Q$	(3) (1)로부터
P $\qquad\qquad\qquad\qquad$ ○	(4) (3)의 왼쪽 가지로부터
$\sim Q$	
×	

열린 가지가 있는 논증은 왜 부당한 것일까? 열린 가지는 전제는 모두 참인데 결론은 거짓이 되는 진리값의 조합이 있음을 나타내 주기 때문이다. 구체적으로 어떻게? 우리는 앞에서 진리나무 방법의 작동 원리를 설명한 다음 표기방법을 단순화할 때 어떤 문자에 부정기호가 붙은 것은 해당 명제가 거짓이어야 함을, 붙지 않은 것은 참이어야 함을 나타내기로 한다고 약속했다. 이를 감안하면, 앞의 진리나무에서 오른쪽 열린 가지를 거슬러 올라갔을 때 만나게 되는 문자, Q와 $\sim P$는 Q가 참이고 P가 거짓일 때 해당 논증의 전제는 참이지만 결론은 거짓이 된다는 것을 말해 준다. 실제로 '검산'을 해 보면 이를 확인할 수 있다.

P	Q			(P	$\rightarrow$	Q)	$\rightarrow$	Q	$\vDash$	P
F	T			F	T	T	T	T		F

이처럼 진리나무 방법이란 어떤 논증이 타당한지 여부를 가려내 줄 뿐만 아니라, 부당하다면 구체적으로 어떤 진리값의 조합에서 전제는 모두 참이지만 결론은 거짓이 되는지도 찾아 준다. 이 점에서 진리나무 방법이 강력하다고 말하는 것이다.

이번에는 다음 논증이 타당한지 여부를 진리나무로 확인해 보자.

$$(P \vee Q) \to (R \vee S) \vDash P \to S$$

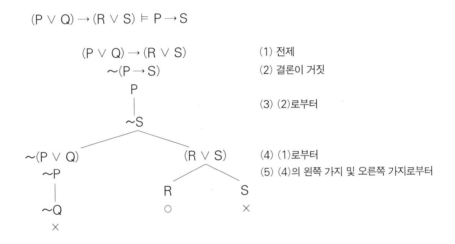

이때도 열린 가지가 있으므로 이 논증은 부당한 것임이 분명하다. 열린 가지에 나오는 문자는 P, R, ~S이다. 이는 P, R, S가 각각 〈참, 참, 거짓〉일 때 전제가 참이지만 결론은 거짓임을 의미할 것이다. 열린 가지에 나오지 않는 Q는 무엇을 의미할까? Q는 참이든 거짓이든 상관없다는 것을 의미한다. 더 정확히 말해, P, Q, R, S가 각각 〈참, 참, 참, 거짓〉일 때뿐만 아니라 〈참, 거짓, 참, 거짓〉일 때에도 이 논증의 전제는 참이지만 결론은 거짓임을 의미한다.

진리나무를 그리는 효율적 순서

둘째 물음은 진리나무를 그리는 순서와 관련한 것이다. 여러분은 어떤 순서로 진리나무를 작성하는 것이 효과적일지 짐작하고 있을 것이다. 우선 가지를 치는 경우와 가지를 치지 않는 경우가 둘 다 있다면, 가지를 치지 않는 것을 먼저 그리는 것이 좋다. 다시 말해, 경우의 수를 둘로 나누는 명제를 되도록 나중에 그리라는 것이다. 나아가 모두 가지를 치는 경우라면, 한 가지는 바로 닫히는 것을 먼저 그리는 것이 좋다. 그래야만 덜 번거롭다. 앞에 나온 다음 사례를 다시 보자.

P → Q, R → S, ~Q ∨ ~S ⊨ ~P ∨ ~R

우리는 이 논증의 진리나무를 다음과 같이 그려 타당성을 확인했다.

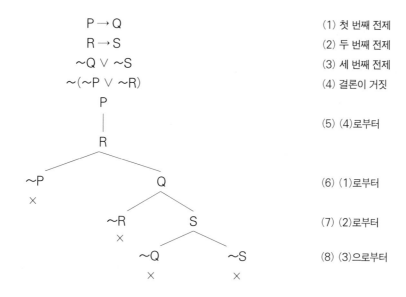

P → Q	(1) 첫 번째 전제
R → S	(2) 두 번째 전제
~Q ∨ ~S	(3) 세 번째 전제
~(~P ∨ ~R)	(4) 결론이 거짓
P	(5) (4)로부터
R	
~P Q	(6) (1)로부터
~R S	(7) (2)로부터
~Q ~S	(8) (3)으로부터

이 진리나무에서는 단계를 진행해 나갈 때마다 가지가 하나씩 닫힌다. 진리나무를 그리는 순서를 달리 한다면 어떻게 될까? 결론 이후에 세 번째 전제 ~Q ∨ ~S를 먼저 그린다고 해 보자. 이때는 두 개의 가지 가운데 어느 것도 닫히지 않는다.

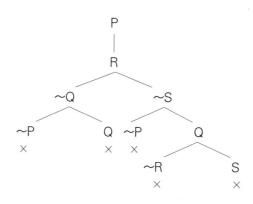

이 예의 교훈은 타당성을 효과적으로 확인하고자 한다면 진리나무를 그릴 때 닫힌 가지가 생기도록 순서를 적절히 잡는 것이 좋다는 것이다.

예를 하나 더 보기로 하자. 다음 논증의 타당성을 진리나무로 확인한다고 해 보자.

$$P \,\&\, Q, (R \lor S) \to P \vDash R \to Q$$

결론, 두 번째 전제, 첫 번째 전제 순서로 그린다고 해 보자.

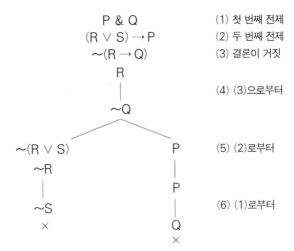

P & Q	(1) 첫 번째 전제
(R ∨ S) → P	(2) 두 번째 전제
~(R → Q)	(3) 결론이 거짓
R	(4) (3)으로부터
~Q	
~(R ∨ S) P	(5) (2)로부터
~R P	
~S P	(6) (1)로부터
× Q	
×	

이번에는 순서를 달리해 결론을 표시한 다음, 첫 번째 전제를 표시해 보자.

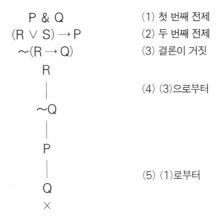

P & Q	(1) 첫 번째 전제
(R ∨ S) → P	(2) 두 번째 전제
~(R → Q)	(3) 결론이 거짓
R	(4) (3)으로부터
~Q	
P	
Q	(5) (1)로부터
×	

이 경우 두 번째 전제를 진리나무로 표시하기도 전에 이미 모든 가지가 닫히게 된다. 이는 무슨 의미일까? 이는 결론을 거짓으로 만들면서 첫 번째 전제를 참으로 만드는 진리값의 조합이 있을 수 없음을 말한다. 사정이 이러하므로 첫 번째 전제와 두 번째 전제를 모두 참으로 만들면서 결론을 거짓으로 만드는 진리값의 조합은 당연히 존재하지 않을 것이다. 그러므로 이 논증은 타당하다. 이처럼 전제나 결론에 나오는 명제를 아직 다 표시하지 않았는데도 진리나무가 미리 닫히는 경우도 있을 수 있고, 이는 이상한 것이 아니다.

아울러 이참에 진리나무 방법이란 특정 명제 집합의 일관성을 확인하는 방법이란 점을 알아 두는 것도 도움이 될 것이다. 진리나무 방법을 통해 우리는 다음과 같은 진리값의 조합이 가능한지 여부를 확인하고자 한 것이다.

$$A_1, \quad A_2, \quad ..., \quad A_n \vDash C$$
$$T \qquad T \qquad\qquad T \qquad F$$

그런데 이는 다음과 같은 진리값의 조합이 가능한지를 확인하는 것과 같다. 어떤 명제가 거짓이라는 것과 그 명제의 부정이 참이라는 것은 같은 것이기 때문이다.

$$\{A_1, \quad A_2, \quad ..., \quad A_n, \quad \sim C\}$$
$$T \qquad T \qquad\qquad T \qquad T$$

이는 위의 명제 집합이 동시에 참일 수 있는지, 다시 말해 일관적인지를 확인한다는 의미이다. 결국 진리나무의 방법이란 특정 명제 집합의 일관성을 파악하는 장치였던 셈이다. 우리는 타당한 논증과 전제와 결론의 부정으로 이루어진 특정 명제 집합의 비일관성 사이에 이런 관계가 있다는 점을 이미 1장에서 밝혔다.

1. 진리나무의 방법을 사용하여 다음 논증이 타당한지 여부를 판별해 보라. 만약 부당하다면 구체적으로 그 논증에 나오는 단순 명제가 어떤 진리값을 가질 때 전제는 모두 참이지만 결론은 거짓인지 그 경우의 수를 모두 말하라.

① $\sim(\sim P \,\&\, \sim Q),\ \sim P \vDash Q$

② $\sim(\sim P \,\&\, \sim Q),\ P \vDash \sim Q$

③ $(P \vee Q) \rightarrow \sim R \vDash P \rightarrow \sim R$

④ $(P \vee Q) \rightarrow R \vDash (P \rightarrow R) \,\&\, (Q \rightarrow R)$

⑤ $(P \,\&\, Q) \rightarrow R \vDash P \rightarrow R$

⑥ $P \vee (Q \vee R) \vDash (P \vee Q) \vee R$

⑦ $P \,\&\, (Q \vee R) \vDash (P \,\&\, Q) \vee (P \,\&\, R)$

⑧ $(P \,\&\, Q) \rightarrow R \vDash P \rightarrow (Q \rightarrow R)$

⑨ $(P \,\&\, Q) \rightarrow R,\ \sim R \vDash \sim P$

⑩ $(P \vee Q) \rightarrow R,\ \sim R \vDash \sim(P \vee Q)$

⑪ $(P \vee Q) \rightarrow R,\ \sim R \vDash \sim P$

⑫ $(P \vee Q) \rightarrow R,\ \sim(P \vee R) \vDash \sim Q$

⑬ $P \rightarrow (Q \rightarrow R),\ Q \,\&\, \sim R \vDash \sim P$

⑭ $P \rightarrow (Q \vee R),\ \sim Q \vDash P \rightarrow R$

⑮ $P \rightarrow (Q \rightarrow R),\ Q \vDash P \rightarrow R$

⑯ $P \rightarrow Q,\ R \rightarrow Q,\ \sim Q \vDash \sim(P \,\&\, R)$

⑰ $P \rightarrow (Q \rightarrow R),\ Q \,\&\, \sim R \vDash \sim P$

⑱ $P \rightarrow Q,\ R \rightarrow S,\ P \,\&\, R \vDash Q \vee S$

⑲ $P \rightarrow Q,\ Q \rightarrow R,\ R \rightarrow S \vDash \sim P \vee S$

⑳ $P \rightarrow Q,\ Q \rightarrow R,\ R \rightarrow S,\ P \vee (Q \vee R) \vDash S$

2. 진리나무의 방법을 사용하여 다음 논증이 타당한지 여부를 판별해 보라. 만약 부당하다면 구체적으로 그 논증에 나오는 단순 명제가 어떤 진리값을 가

질 때 전제는 모두 참이지만 결론은 거짓인지 그 경우의 수를 모두 말하라.

① $(P \lor Q) \,\&\, (P \lor R) \vDash P \,\&\, (Q \lor R)$

② $P \to (Q \to R),\, Q \vDash R \to (Q \to P)$

③ $\sim(P \,\&\, \sim Q),\, R \to S,\, \sim Q \lor \sim S \vDash \sim(P \,\&\, R)$

④ $(\sim P \lor \sim Q) \to ((Q \lor P) \to R) \vDash (P \to Q) \to (Q \,\&\, R)$

⑤ $P \to ((Q \to R) \lor S),\, \sim(Q \to R),\, P \to \sim S \vDash \sim P$

⑥ $P \lor R,\, (P \to Q) \,\&\, (Q \to T),\, T \to (U \lor S) \vDash \sim U \to (S \lor R)$

⑦ $P \to Q,\, R \to \sim Q \vDash \sim Q \to (\sim P \to R)$

⑧ $P \to (\sim Q \lor R),\, Q \to (P \,\&\, \sim R) \vDash R \to Q$

⑨ $P \to (Q \lor R),\, \sim P \to \sim R,\, S \to \sim Q \vDash S \to \sim P$

⑩ $(P \,\&\, Q) \to R,\, Q \to (R \to \sim S),\, \sim(R \,\&\, \sim S) \vDash (P \to Q) \to \sim R$

지금까지의 논의는 우리가 구성한 명제논리 체계 내에서의 논의였다. 그 안에서 어떤 것이 증명가능하고, 그 안에서 어떤 것이 타당한 추론인지 등을 보았다. 이 장에서는 체계 밖에서 우리가 구성한 논리 체계가 어떤 성격을 지니고 있는지를 따져 볼 것이다. 이런 논의를 '메타 논의'라 한다.

  메타 논의의 주제 가운데 가장 중요한 것은 다음 두 물음이다. 8개의 기본규칙으로 구성된 우리의 명제논리 체계에서 증명가능한 추리는 모두 실제로 타당한가, 그리고 이의 역인 타당한 추리는 모두 실제로 증명가능한가 하는 것이다. 전자의 덕목을 지닌 논리 체계를 '건전하다'(sound)고 말하고, 후자의 덕목을 지닌 논리 체계를 '완전하다'(complete)고 말한다. 우리는 이 장에서 명제논리 체계가 건전성과 완전성을 모두 지니고 있음을 볼 것이다. 이를 다루기 전에 간단한 메타 논의를 몇 가지 보기로 하자.

5.1 표현상의 적합성

처음으로 살펴볼 메타 논의의 주제는 우리가 가진 진리함수적 결합사를 이용해 모든 가능한 진리함수를 표현할 수 있을까 하는 것이다. 우리가 도입한 진리함수적 결합사는 모두 특정한 계산 규칙을 지니고 있다. 우리의 물음은 이런 결합사들을 이용하면 모든 가능한 진리함수적 대응을 다 표현해 낼 수 있는가 하는 것이다. 이를 '표현상의 적합성'(expressive adequacy) 문제라고 한다. 이에 대답하려면 우선 가능한 진리함수적 대응방식에는 어떤 것이 있을지를 알아야 한다. 1항 진리함수는 원리상 모두 몇 개나 있을까? 다시 말해, 하나의 명제에 작용하여 새로운 명제를 만들어 내는 표현이면서 진리함수적 대응 관계라고 할 수 있는 것들은 원리상 몇 가지나 될까? 2항 진리함수의 개수는? 3항 진리함수의 개수는? n항 진리함수의 개수는?

1항일 경우 가능한 진리함수는 다음 네 가지이다.

1항일 경우 가능한 진리함수들

A	1	2	3	4
T	T	T	F	F
F	T	F	T	F

이 가운데 3과 같은 대응을 하는 진리함수적 결합사가 우리가 쓰고 있는 부정 결합사이다. 나머지 1, 2, 4와 같은 대응을 갖는 함수도 우리가 지닌 결합사를 이용해 표현해 낼 수 있을까? 표현해 낼 수 있다. 이들 진리함수를 부정 결합사와 조건언 결합사만을 사용해 나타내면 다음과 같다.

1: $A \rightarrow A$ 2: A   3: $\sim$A   4: $\sim(A \rightarrow A)$

따라서 기존의 결합사만을 이용하더라도 가능한 모든 1항 진리함수를 표현할 수 있다는 점이 드러났다.

2항 진리함수의 경우를 생각해 보자. 2항 진리함수는 모두 몇 가지나 될까? 가능한 모든 2항 진리함수의 개수는 $2^{2^2} = 16$가지이다. 일반화해서 말한다면 n항 진리함수의 경우 가능한 모든 진리함수의 개수는 2^{2^n}개이다. 가능한 모든 2항 진리함수적 대응 관계를 표로 나열하면 다음과 같다.

2항일 경우 가능한 진리함수들

A B	1	2	3	4	5	6	7	8	9	10	11	12	13	14	15	16
TT	T	T	T	T	T	T	T	**T**	**F**	F	F	F	F	F	F	F
TF	T	T	T	T	F	F	F	**F**	**T**	T	T	T	F	F	F	F
FT	T	T	F	F	T	T	F	**F**	**T**	T	T	F	F	T	T	F
FF	T	F	T	F	T	F	T	**F**	**T**	F	T	F	T	F	T	F

이런 16가지의 대응방식을 우리 결합사로 다 표현할 수 있을까? 이것도 모두 표현해 낼 수 있다. 어떻게 하면 될까?

우선 주목할 사실은 대응방식 8과 9를 기준으로 이들 대응이 서로를 부정한 것에 해당한다는 점이다. 가령 대응방식 1은 대응방식 16을 부정한 것이고, 대응방식 5는 대응방식 12를 부정한 것이다. 이 때문에 1에서 8까지의 대응방식을 표현하는 방법을 찾는다면, 9에서 16까지의 대응방식은 부정 결합사를 이용해 쉽게 표현할 수 있다.

1에서 8까지의 대응방식을 표현하는 방법을 다음과 같이 제시할 수도 있다. 1은 앞서 1항 진리함수를 표현할 때처럼 임의의 항진명제를 잡으면 되고, 2는 선언명제로, 4는 원래의 A 명제로, 5는 조건언 명제로, 6은 원래의 B 명제로, 7은 양조건언으로, 8은 연언명제 등으로 표현하면 될 것이다. 남은 3은 어떻게 할까? 이것도 적절히 표현할 수 있을 것이다. A ∨ ~B(또는 B → A)가 이런 대응을 나타내는 한 가지 방식이다. 나머지 9에서 16의 대응방식은 8에서 1의 대응방식을 표현하는 명제에 부정 결합사를 붙여 나타내면 될 것이다.

물론 위의 방법도 모든 2항 진리함수를 표현하는 한 가지 방안임은 분명하다. 하지만 우리의 관심은 2항 진리함수에만 그치는 것이 아니라, 3항 진리함수, 4항 진리함수 등도 포함해 가능한 모든 n항 진리함수를 표현할 수 있는가 하는 데 있다. 이 때문에 진리함수적 대응을 표현하는 일반적 방법을 찾을 필요가 있다. 그 방법은 다음과 같다. 예를 들어 가능한 2항 진리함수의 표에서 11과 같은 대응을 갖는 진리함수를 표현한다고 해 보자. 이것은 다음과 같이 하면 된다.

(A & ~B) ∨ (~A & ~B)

진리표를 만들어 확인해 보면 다음과 같아서 이것이 원하는 대응을 표현하는
한 가지 방안임을 확인할 수 있다.

A B	11	(A & ~B) ∨ (~A & ~B)
T T	F	T F F **F** F F F
T F	T	T T T **T** F F T
F T	F	F F F **F** T F F
F F	T	F F T **T** T T T

이번에는 13과 같은 대응을 갖는 진리함수를 생각해 보자. 그것은 다음과 같이
표현하면 된다.

(~A & B) ∨ (~A & ~B)

진리표를 만들어 이를 확인할 수 있다.

A B	13	(~A & B) ∨ (~A & ~B)
T T	F	F F T **F** F F F
T F	F	F F F **F** F F T
F T	T	T T T **T** T F F
F F	T	T F F **T** T T T

여기에 들어 있는 일반적인 절차를 서술하면 다음과 같다.

㉠ 함수값이 모두 T에 대응한다면 임의의 항진명제를 잡고, 모두 F에 대응한다면 임
  의의 비일관적 명제를 잡는다. 이 두 경우가 아니라면 함수값이 T인 줄을 모두 골
  라낸다.

㉡ T인 줄에서 단순 명제가 T인 진리값 할당이면 그 변항 그대로 하고, F인 진리값

　　할당이면 부정기호를 붙인 변항을 잡아 이들을 연언으로 결합한다.

　ⓒ ⓛ에서 구한 연언들을 모두 선언으로 결합한다.

　ⓞ은 가능한 진리함수적 대응 관계 가운데 양 극단에 있는 두 가지를 나타내는 방식을 말해 준다. 가능한 모든 진리값 할당에서 참이 되거나 거짓이 되는 명제는 바로 항진명제와 비일관적 명제이므로 그 점을 활용한 것이다. ⓛ은 연언은 연언 성원이 모두 참일 때 참이 된다는 사실과 아울러 원래의 명제가 거짓이면 그것을 부정한 명제는 참이 된다는 사실을 활용한 것이다. ⓒ은 선언은 선언 성원이 참일 때 참이 되므로, 선언을 이용하면 선언 성원들을 통해 참이 되는 경우의 수를 나열할 수 있다는 사실을 활용한 것이다.

　우리는 3항 진리함수의 경우에도 위와 같은 방식을 써서 가능한 모든 진리함수를 표현할 수 있다. 일반화해서 말한다면, n항 진리함수의 경우에도 가능한 모든 진리함수를 표현할 수 있다. 모든 진리함수적 대응방식은 단순 명제들에 대한 진리값의 할당 방식으로부터 치역에 있는 진리값 T나 F로의 대응이기 때문이다.

　그런데 일반적인 방식을 서술할 때 사용한 결합사는 &, ∨, ～ 셋이다. 이는 이 3개의 결합사만으로도 가능한 모든 진리함수를 표현할 수 있다는 말이다. 이는 우리가 가진 기본 결합사 4개도 다 필요한 것은 아니라는 의미이다. 그러면 결합사를 몇 개까지로 줄일 수 있을까? 우리가 이미 도입한 결합사로는 2개까지로 줄일 수 있다. 임의의 두 개가 아니라 부정 결합사가 꼭 포함되고 나머지 2항 결합사(단 양조건언 제외)가 하나 있으면 된다. 왜 그럴까? 아래 나오는 동치를 이용할 경우 부정 결합사와 임의의 2항 결합사 하나가 있으면 나머지 2항 결합사를 적절히 나타낼 수 있기 때문이다.

　A ∨ B는 ～(～A & ～B)와 동치이고,

　A & B는 ～(～A ∨ ～B)와 동치이고,

　A → B는 ～(A & ～B)와 동치이다.

구체적으로 부정과 조건언 결합사만을 이용해 가능한 모든 2항 진리함수를 표현하면 다음과 같다. 흥미롭게도, 현대 논리학을 처음 제시한 프레게는 이 두 결합사만을 사용해 명제논리를 전개하였다.

1: $(A \rightarrow A) \rightarrow (B \rightarrow B)$	16: $\sim((A \rightarrow A) \rightarrow (B \rightarrow B))$
2: $\sim A \rightarrow B$	15: $\sim(\sim A \rightarrow B)$
3: $B \rightarrow A$	14: $\sim(B \rightarrow A)$
4: A	13: $\sim A$
5: $A \rightarrow B$	12: $\sim(A \rightarrow B)$
6: B	11: $\sim B$
7: $\sim((A \rightarrow B) \rightarrow \sim(B \rightarrow A))$	10: $(A \rightarrow B) \rightarrow \sim(B \rightarrow A)$
8: $\sim(A \rightarrow \sim B)$	9: $A \rightarrow \sim B$

셰퍼 스트로크

앞서 우리는 결합사를 두 개까지 줄일 수 있음을 보았다. 한 개로 줄일 수도 있을까? 새로운 진리함수를 도입한다면 하나로 줄일 수도 있다. 앞에서 본 2항 진리함수 가운데 9와 15를 각각 다음과 같은 새로운 2항 결합사로 A | B, A ↓ B로 나타낸다고 하자.

A B	9	A | B	15	A ↓ B
T T	F	F	F	F
T F	T	T	F	F
F T	T	T	F	F
F F	T	T	T	T

새로 도입한 2항 결합사는 대략 일상어의 다음에 해당한다.

'A | B'는 'A와 B 모두 참은 아니다'(not both A and B)를 나타낸다. 따라서 모두 참일 경우에는 이 주장은 거짓이고 그 밖의 경우에는 참이다.

'A ↓ B'는 'A도 참이 아니고 B도 참이 아니다'(neither A nor B)를 나타낸다. 따라서 실제로 둘 다 거짓일 경우에는 참이고 그 밖의 경우에는 거짓이다.

이들 결합사를 '셰퍼 스트로크'(Scheffer's stroke)라고 부른다. 이들 결합사의 진리함수적 성격은 이들을 각각 연언부정(non-conjunction)과 선언부정(non-disjunction)이라고 부르기도 한다는 점에서 가장 잘 드러난다. 즉 A | B는 연언이 참이 아님(다시 말해, 둘 다 참은 아님을 주장하며, 따라서 둘 다 참일 때에만 거짓이 된다)을, 그리고 A ↓ B는 선언이 참이 아님(따라서 적어도 하나는 참이라는 것은 사실이 아님을 주장하며, 그러므로 둘 다 거짓일 때에만 참이 된다)을 각각 주장한다.

연언은 연언 성원이 둘 다 참일 때에만 참이 되는데, 연언부정 A | B는 연언 성원이 둘 다 참일 때에만 거짓이 되는 특성을 갖고 있다. 즉 ~(A & B)이 A | B와 동치이다. 한편 선언은 선언 성원이 둘 다 거짓일 때에만 거짓인데, 선언부정 A ↓ B는 선언 성원이 둘 다 거짓일 때에만 참이 되는 특성을 지닌다. 즉 ~(A ∨ B)이 A ↓ B와 동치이다. 그렇다면 A | A나 A ↓ A의 진리표는 어떤 모습일까? 그것은 다음과 같다.

A	A	A	A ↓ A
T	T F T	T F T
F	F T F	F T F

이처럼 셰퍼 스트로크를 통해 같은 것을 결합하게 되면, 부정 함수를 표현할 수 있게 된다. 이 점과 애초의 셰퍼 스트로크가 연언이나 선언을 부정한 것이라는 점, 그리고 마지막으로 모든 진리함수를 부정과 2항 결합사 가운데 어느 하나만으로 표현할 수 있다는 점을 활용한다면, 셰퍼 스트로크만을 이용해 모든 가능한 진리함수를 표현할 수 있다는 사실도 알 수 있을 것이다.

5.2 타당한 논증과 상응하는 조건언

우리가 살펴볼 두 번째 메타 논의의 주제는 타당한 논증과 특정 형태의 명제 사이에 성립하는 일반적 관계이다. 다음과 같은 논증이 있다고 하자.

P, Q ⊨ P & Q

이 논증은 타당하다. 그런데 다음과 같은 명제를 생각해 보자.

P → (Q → (P & Q))

이 명제를 원래 논증 P, Q ⊨ P & Q에 '상응하는 조건언'(corresponding conditional)이라고 부른다. 진리표 검사를 해 보면, 이 조건언은 항진명제임을 확인할 수 있다. 다음 논증도 타당하고,

P → Q, Q → R ⊨ P → R

이에 상응하는 조건언인

(P → Q) → ((Q → R) → (P → R))

이 항진명제임을 확인할 수 있다. 일반화한다면 다음이 성립한다.

A_1, A_2, A_3, ..., A_n ⊨ C가 타당하다.
⇔ A_1 → (A_2 → (A_3 → (..., (A_n → C)...)))가 항진명제이다.

여기서 A_1, A_2, A_3, ..., A_n ⊨ C는 논증(추리)인 반면, A_1 → (A_2 → (A_3 → (...,

$(A_n \rightarrow C)...)))$는 상응하는 조건언[1]이라는 특정 명제임을 주목하라. 이는 어떤 논증이 타당하면 그에 상응하는 조건언은 항진명제이고, 그 역도 성립한다는 것을 말한다.[2] 이를 구체적으로 증명하기 전에 먼저 논의의 편의를 위해 다음과 같은 표현법을 도입하기로 하자.

추리 A_1, A_2, A_3, ..., $A_n \vDash C$가 타당하다.

⇔ A_1, A_2, A_3, ..., $A_n \vDash C$

상응하는 조건언 $A_1 \rightarrow (A_2 \rightarrow (A_3 \rightarrow (..., (A_n \rightarrow C)...)))$가 항진명제이다.

⇔ $\vDash A_1 \rightarrow (A_2 \rightarrow (A_3 \rightarrow (..., (A_n \rightarrow C)...)))$[3]

이렇게 적을 경우 우리가 증명할 것은 다음이다.

A_1, A_2, A_3, ..., $A_n \vDash C$이면

$\vDash A_1 \rightarrow (A_2 \rightarrow (A_3 \rightarrow (..., (A_n \rightarrow C)...)))$이고 그 역도 성립한다.

증명은 두 부분으로 이루어진다.

가) A_1, A_2, A_3, ..., $A_n \vDash C$이면, $\vDash A_1 \rightarrow (A_2 \rightarrow (A_3 \rightarrow (..., (A_n \rightarrow C)...)))$.

귀류법의 전략이다. "A_1, A_2, A_3, ..., $A_n \vDash C$이면, $\vDash A_1 \rightarrow (A_2 \rightarrow (A_3 \rightarrow (..., (A_n \rightarrow C)...)))$"가 거짓이라고 해 보자. 이는 A_1, A_2, A_3, ..., $A_n \vDash C$인데, $\nvDash$

---

1 만약 추리가 $\vDash C$라는 형태라면, C 자체가 '상응하는 조건언'이다. 따라서 이런 경우 C는 실제로는 조건언 형태의 명제가 아닐 수도 있다. 예) $\vDash P \lor \sim P$

2 이 증명 결과는 나중에 완전성 증명에 사용된다.

3 이들이 성립하지 않을 경우에는 다음과 같이 나타내기로 하자.

추리 A_1, A_2, A_3, ..., $A_n \vDash C$가 타당하지 않다.

⇔ A_1, A_2, A_3, ..., $A_n \nvDash C$

상응하는 조건언 $A_1 \rightarrow (A_2 \rightarrow (A_3 \rightarrow (..., (A_n \rightarrow C)...)))$가 항진명제가 아니다.

⇔ $\nvDash A_1 \rightarrow (A_2 \rightarrow (A_3 \rightarrow (..., (A_n \rightarrow C)...)))$

$A_1, \rightarrow (A_2 \rightarrow (A_3 \rightarrow (..., (A_n \rightarrow C)...)))$라는 의미이다. 우리는 이것이 모순임을 보일 것이다.

1) $\nvDash A_1, \rightarrow (A_2 \rightarrow (A_3 \rightarrow (..., (A_n \rightarrow C)...)))$ ∵ 가정

2) $A_1 \rightarrow (A_2 \rightarrow (A_3 \rightarrow (..., (A_n \rightarrow C)...)))$는 적어도 하나의 진리값 할당에서 거짓이다. ∵ 항진명제의 정의

3) 그 특정 진리값 할당에서 A_1은 참이고 $A_2 \rightarrow (... (A_n \rightarrow C)...)$는 거짓이다. ∵ 조건언의 진리함수적 성격

4) 그 특정 진리값 할당에서 A_2는 참이고 $A_3 \rightarrow (... (A_n \rightarrow C)...)$은 거짓이다. ∵ 조건언의 진리함수적 성격 + 3)

5) 이런 식으로 계속하게 되면, 결국 그 특정 진리값 할당에서 $A_1, A_2, A_3, ..., A_n$은 모두 참인데 C는 거짓이다.

6) 그런데 이는 $A_1, A_2, A_3, ..., A_n \vDash C$라는 애초 가정과 모순된다.

7) 따라서 $A_1, A_2, A_3, ..., A_n \vDash C$이면, $\vDash A_1 \rightarrow (A_2 \rightarrow (A_3 \rightarrow (..., (A_n \rightarrow C)...)))$.

나) $\vDash A_1 \rightarrow (A_2 \rightarrow (A_3 \rightarrow (..., (A_n \rightarrow C)...)))$이면, $A_1, A_2, A_3, ..., A_n \vDash C$.

마찬가지로 귀류법의 전략이다. "$\vDash A_1 \rightarrow (A_2 \rightarrow (A_3 \rightarrow (..., (A_n \rightarrow C)...)))$이면, $A_1, A_2, A_3, ..., A_n \vDash C$"가 거짓이라고 해 보자. 이는 $\vDash A_1 \rightarrow (A_2 \rightarrow (A_3 \rightarrow (..., (A_n \rightarrow C)...)))$이지만, $A_1, A_2, A_3, ..., A_n \nvDash C$라는 의미이다. 우리는 이것이 모순임을 보일 것이다.

1) $A_1, A_2, A_3, ..., A_n \nvDash C$ ∵ 가정

2) $A_1, A_2, A_3, ..., A_n$은 모두 참이지만 C는 거짓인 진리값 할당이 적어도 하나 있다. ∵ 타당성의 정의

3) 그 특정 진리값 할당에서 $A_n \rightarrow C$는 거짓이다. ∵ 조건언의 진리함수적 성격

4) 그 특정 진리값 할당에서 $A_{n-1} \rightarrow (A_n \rightarrow C)$는 거짓이다. ∵ 조건언의 진리함수적 성격 + 3)

5) 이런 식으로 계속하면 결국 $A_1 \rightarrow (A_2 \rightarrow (..., (A_n \rightarrow C)...))$는 그 특정 진리값 할당에서 거짓이다.

6) 그런데 이는 $\vDash A_1 \rightarrow (A_2 \rightarrow (..., (A_n \rightarrow C)...))$라는 애초 가정과 모순된다.

7) 따라서 $\vDash A_1 \rightarrow (A_2 \rightarrow (A_3 \rightarrow (..., (A_n \rightarrow C)...)))$이면, $A_1, A_2, A_3, ..., A_n \vDash C$. ∎

증명했듯이, 어떤 논증이 타당하면 그에 상응하는 조건언은 항진명제이고, 그 역도 성립한다는 것을 알 수 있다. 이는 논증의 타당성 여부를 상응하는 조건언이 항진명제인지 여부로 판단해도 된다는 의미이다.

5.3 명제논리 체계의 건전성

지금부터 증명할 것들을 위해 다음과 같은 표현법을 추가로 도입하기로 하자.

추리 $A_1, A_2, A_3, ..., A_n \vdash C$가 증명가능하다.
$\Leftrightarrow A_1, A_2, A_3, ..., A_n \vdash C$[4]

우선 다음 두 가지가 서로 다른 것임을 분명히 이해하는 것이 중요하다.

(가) $A_1, A_2, A_3, ..., A_n \vDash C$
(나) $A_1, A_2, A_3, ..., A_n \vdash C$

(가)는 명제논리에서 전제 $A_1, A_2, A_3, ..., A_n$이 모두 참이면서 결론 C가 거짓

---

4   앞서와 마찬가지로 이것이 성립하지 않을 경우에는 다음과 같이 나타내기로 하자.

추리 $A_1, A_2, A_3, ..., A_n \vdash C$가 증명가능하지 않다.
$\Leftrightarrow A_1, A_2, A_3, ..., A_n \nvdash C$

인 진리값의 조합(진리표 상의 줄)은 존재하지 않는다는 것을 의미한다. 한편 (나)는 전제 $A_1, A_2, A_3, ..., A_n$으로부터 8개의 기본규칙을 사용하여 결론 C를 도출할 수 있다는 의미이다. 이 절에서 우리는 먼저 다음을 보일 것이다.

메타 정리 I

$A_1, A_2, A_3, ..., A_n \vdash C$이면 $A_1, A_2, A_3, ..., A_n \vDash C$

이는 증명이 가능한 추리는 모두 실제로 타당한 추리임을 말한다.[5] 이를 보이는 증명을 '건전성 증명'이라 부른다. 이와 짝을 이루는 정리는 다음이다.

메타 정리 III

$A_1, A_2, A_3, ..., A_n \vDash C$이면 $A_1, A_2, A_3, ..., A_n \vdash C$

이는 앞선 결과의 역으로, 타당한 추리는 모두 증명가능하다는 것을 말한다. 달리 말해 우리가 가진 8개의 추리규칙으로 타당한 명제논리 추론을 모두 증명할 수 있다는 의미이다. 이를 보이는 증명을 '완전성 증명'이라고 부른다. 우리는 다음 절에서 완전성을 증명할 것이다.

메타 정리 I을 증명해 보자.

메타 정리 I

$A_1, A_2, A_3, ..., A_n \vdash C$이면 $A_1, A_2, A_3, ..., A_n \vDash C$

증명 전략:

대입 사례까지 염두에 둔다면 증명이 가능한 추리는 엄청나게 많을 것이다.

---

5   추리규칙의 개수와 관련해서 본다면, 메타 정리 I은 명제논리에서 우리가 사용한 추리규칙 8 개가 너무 많은 것은 아니라는 의미이다. 너무 많다면 실제로는 부당한 추리를 증명가능하게 만들 것이기 때문이다. 이렇게 볼 경우 메타 정리 III은 추리규칙의 개수가 너무 적지 않다는 것을 의미한다. 너무 적다면 실제로는 타당한데 추리규칙이 부족해서 증명을 불가능하게 만들 것이기 때문이다. 이 둘이 모두 성립한다면 이는 추리규칙의 수가 딱 맞게 있다는 의미가 된다.

따라서 도출가능한 추리를 낱낱이 검사해서 그것들이 타당한 추리임을 보일 수는 없다. 좀 더 일반적인 방법으로 증명을 해야 한다. 우리는 이른바 '수학적 귀납법'[6]을 써서 이를 증명할 것이다.

수학적 귀납법을 적용하기 전에, 도출가능한 추리가 어떤 것인지를 분명히 하자. 도출가능한 추리란 앞의 정의에 따를 때 증명이 가능한 추리이다. 그런데 증명은 모두 유한한 단계로 이루어진다. 다시 말해 모든 증명은 일정한 길이를 갖는다. 가령 한 단계, 즉 한 줄로 끝나는 증명이 있는가 하면, 10단계, 100단계, n 단계로 끝나는 증명도 있을 것이다. 더욱 중요한 점은 이런 단계적 확장은 모두 앞의 증명 결과에 어떤 추리규칙을 적용하는 것으로 이루어진다는 점이다. 그러므로 수학적 귀납법의 절차에 따를 때, 우리는 다음을 보이면 된다.

첫째, 한 단계로 이루어진 도출가능한 추리는 모두 타당한 추리이다.

둘째, n 단계로 이루어진 도출가능한 추리가 타당한 추리라고 가정한다면, n+1 단계로 이루어진 도출가능한 추리도 타당한 추리이다.

둘째를 보이려면 8개의 추리규칙 각각에 대해 도출가능한 추리에 그 추리규칙을 적용한 결과는 언제나 타당한 추리라는 점을 보이면 된다. 왜냐하면 추리규칙을 적용하는 것이 바로 증명의 단계를 늘이는 것이기 때문이다.

이제 이를 보이기로 하자.

첫째의 증명

모든 증명의 시작은 전제를 도입하거나 가정을 도입하는 것으로 이루어진다. 이전에 말했듯이, 그 단계는 모두 $A \vdash A$라는 형태의 증명이다. 따라서 우리는 다음이 타당한 추리임을 보이면 된다.

$$A \vDash A$$

그런데 이는 명백히 타당한 추리이다. 왜냐하면 전제와 결론이 같으므로 전제

---

6   수학적 귀납법: 모든 자연수가 일정한 성질을 가지고 있다는 것을 보이기 위해 귀납 기초로, 0이 그 성질을 가지고 있음을 보인다. 그런 다음 귀납 가정으로, 주어진 수 n이 일정한 성질을 가지고 있다고 가정하면, 그 다음 수 n + 1도 그 성질을 가지고 있음을 보인다. 이것이 완결되면 우리는 모든 자연수가 문제의 그 성질을 가진다고 결론 내린다.

가 참인데 결론이 거짓일 수는 없기 때문이다.

둘째의 증명

둘째의 증명은 8개 추리규칙 각각에 대해 이루어진다.

(1) 연언 제거규칙

연언 제거규칙의 적용은 다음과 같은 이행이다.

$K_1 \vdash A \& B$

$K_1 \vdash A$ &E

여기서 K_1은 A & B가 의존하는 명제 집합을 나타낸다. 수학적 귀납법의 절차에 따라, 우리는 아래에서 귀납 가정 ㉮가 성립한다고 가정하면 ㉯도 성립한다는 것을 보이면 된다.[7]

㉮ $K_1 \vDash A \& B$

㉯ $K_1 \vDash A$

㉮가 성립한다고 해 보자. 진리표를 이용한 타당성의 정의에 따를 때, 이는 K_1이 참인 줄에서는 언제나 A & B도 참이라는 의미이다. 그런데 A & B가 참이라면, A도 참이다. 연언이 참이면 그 연언 성원도 참이기 때문이다. 따라서 K_1이 참인 줄에서는 언제나 A도 참일 것이다. 이는 곧 ㉯가 성립한다는 의미이다.

---

7 엄밀하게 말하면, B가 도출되는 경우도 증명해야 하지만 이는 A의 경우를 증명하는 것과 같으므로 생략하였다.

	$K_1 \vDash A \ \& \ B$		A
T T T T T T			
	T	T	T
F F F F F F F			

그러므로 ㉮가 성립하면 ㉯도 성립한다. 결국 증명에서 앞 단계가 모두 타당한 추론이라면, 연언 제거규칙을 적용해 얻는 증명도 타당한 추론이다. 다시 말해 타당한 추리에 연언 제거규칙을 적용해 얻는 추리도 타당한 추리이다.

(2) 연언 도입규칙

연언 도입규칙의 적용은 다음과 같은 단계적 이행이다.

$K_1 \vdash A$

$K_2 \vdash B$

$K_1, K_2 \vdash A \ \& \ B$ &I

그러므로 우리가 보여야 할 것은 아래 ㉮와 ㉯가 성립하면 ㉰도 성립한다는 것이다.

㉮ $K_1 \vDash A$

㉯ $K_2 \vDash B$

㉰ $K_1, K_2 \vDash A \ \& \ B$

K_1과 K_2가 모두 참이 되는 줄이 있다면,[8] 그 줄은 K_1이 모두 참이고 또한 K_2도 모두 참인 줄이다. 귀납 가정 ㉮에 따를 때 그런 줄에서 A는 언제나 참이며, 또

8　만약 K_1과 K_2가 모두 참이 되는 줄이 없다면 어떻게 될까? 이때는 전제가 비일관적이라는 의미이므로 이 추리 역시 타당한 것이 된다. 앞으로 이런 경우는 별도로 언급하지 않을 것이다.

한 귀납 가정 ⑭에 따를 때 그런 줄에서 B는 언제나 참이다. A와 B가 각각 참이
므로, A & B도 그런 줄에서 참이다. 이는 K_1과 K_2가 모두 참인 줄에서는 언제
나 A & B도 참이라는 의미이다.

	$K_1, K_2 \vDash$ A & B	$K_1 \vDash$ A	$K_2 \vDash$ B
T T T T T T T			
	T T T	T T	T T
F F F F F F F			

그러므로 ㉮와 ㉯가 성립하면 ㉰도 성립한다. 결국 타당한 추리에 연언 도입규
칙을 적용해 얻는 추리도 타당한 추리이다.

(3) 조건언 제거규칙

조건언 제거규칙의 적용은 다음과 같은 이행이다.

$$K_1 \vdash A \rightarrow B$$
$$K_2 \vdash A$$
$$K_1, K_2 \vdash B \qquad \qquad \rightarrow E$$

우리가 보여야 할 것은 아래 ㉮와 ㉯가 성립하면 ㉰도 성립한다는 것이다.

㉮ $K_1 \vDash A \rightarrow B$
㉯ $K_2 \vDash A$
㉰ $K_1, K_2 \vDash B$[9]

---

9   이렇게 얻은 결론은 주어진 조건언과 전건 모두에 의존하기 때문에 왼쪽에는 K_1과 K_2가 모
두 나온다.

귀류법을 써서 증명한다. ㉠와 ㉡는 성립하는데, ㉢가 성립하지 않는다고 해 보자. 이는 다음과 같은 줄이 적어도 하나 있다는 의미이다.

	K_1, $K_2 \vDash$ B	
T T T T T T		
	T T F	㉢
F F F F F F F		

그런데 그 줄에서는 K_1도 참이고 K_2도 참이므로, ㉠와 ㉡에 따라 A → B와 A도 모두 참일 것이다. 따라서 다음과 같은 진리표 모습을 하고 있을 것이다.

	K_1, $K_2 \vDash$ B	$K_1 \vDash$ A→B	$K_2 \vDash$ A	
T T T T T T				
	T T F	T T	T T	㉢
F F F F F FF				

그런데 A가 참이고 A → B도 참이면, B도 참일 수밖에 없다. 이는 그 줄에서 B가 거짓이라는 것과 모순이다. 그러므로 ㉠와 ㉡가 성립하면 ㉢도 성립한다. 결국 타당한 추리에 조건언 제거규칙을 적용해 얻는 추리도 타당한 추리이다.

(4) 조건언 도입규칙

조건언 도입규칙의 적용은 다음과 같은 이행이다.

$K_1, A \vdash C$

$K_1 \vdash A \to C$ →|

우리가 보여야 할 것은 아래 ㉠가 성립하면 ㉡도 성립한다는 것이다.

㉮ $K_1, A \models C$

㉯ $K_1 \models A \rightarrow C$

귀류법을 써서 증명한다. ㉮는 성립하는데 ㉯는 성립하지 않는다고 해 보자. ㉯가 성립하지 않는다는 것은 다음 표에서 왼쪽과 같은 줄이 적어도 하나는 있다는 의미이다.

	$K_1 \models A \rightarrow C$			$K_1, A \models C$			
T T T T T T T							
	T	F	☜	T T	F		×
F F F F F F F							

그 줄에서 조건언 $A \rightarrow C$가 거짓이려면 A는 참인데 C는 거짓일 수밖에 없다. 그런데 이는 아래 표의 오른쪽과 같이 그 줄에서 K_1이 모두 참이고 A도 참인데 C는 거짓임을 말해 준다.

	$K_1 \models A \rightarrow C$			$K_1, A \models C$		
T T T T T T T						
	T	T F F	☜	T, T	F	☜
F F F F F F F						

이는 ㉮와 모순된다. 그러므로 ㉮가 성립하면 ㉯도 성립한다. 결국 타당한 추리에 조건언 도입규칙을 적용해 얻는 추리도 타당한 추리이다.

(5) 부정 제거규칙

부정 제거규칙의 적용은 다음과 같은 이행이다.

$K_1 \vdash \sim\sim A$

$$K_1 \vdash A \quad^{10} \qquad\qquad \sim E$$

우리가 보여야 할 것은 아래 ㉮가 성립하면 ㉯도 성립한다는 것이다.

㉮ $K_1 \vDash \sim\sim A$

㉯ $K_1 \vDash A$

㉮는 전제가 참이 되는 진리값 할당에서는 예외없이 결론 $\sim\sim A$도 참임을 말해 준다. 같은 전제에 정확히 의존하므로 전제가 참이 되는 진리값 할당이 같고, 그 경우마다 결론 A는 명백히 참이다. 왜냐하면 A의 이중부정과 A는 언제나 같은 진리값을 갖기 때문이다.

		$K_1 \vDash$	$\sim\sim A$	A
T T T T T T				
		T	T	T
F F F F F F F				

결국 타당한 추리에 부정 제거규칙을 적용해 얻는 추리도 타당한 추리이다.

(6) 부정 도입규칙

부정 도입규칙의 적용은 다음과 같은 이행이다.

$$K_1, A \vdash B \,\&\, \sim B$$
$$K_1 \vdash \sim A \qquad\qquad \sim I$$

우리가 보여야 할 것은 아래 ㉮가 성립하면 ㉯도 성립한다는 것이다.

---

10 부정 제거규칙을 통해 얻는 결론은 원래 전제에 그대로 의존하므로 의존하는 전제가 같다.

㉮ K_1, A ⊨ B & ~B

㉯ K_1 ⊨ ~A

귀류법을 써서 증명한다. ㉮는 성립하는데 ㉯는 성립하지 않는다고 해 보자. ㉯가 성립하지 않는다는 것은 다음과 같은 줄이 적어도 하나 있다는 의미이다.

	K_1 ⊨ ~A	
T T T T T T		
	T F	☜
F F F F F F F		

그 줄에서 ~A가 거짓이므로 A는 참일 것이다. 그런데 이는 K_1이 참이고 A도 참인 줄이 존재한다는 의미이다. 이런 줄이 존재한다면, ㉮는 성립할 수 없다. 왜냐하면 ㉮추리의 결론은 비일관적 명제이므로 언제나 거짓이어서, 전제가 모두 참인데 결론은 거짓인 줄이 존재하게 되기 때문이다.

	K_1 ⊨ ~A	K_1, A ⊨ B & ~B	
T T T T T T		F	
		F	
	T FT	T T F	☜
		F	
F F F F F F F		F	

그러므로 ㉮가 성립하면 ㉯도 성립한다. 결국 타당한 추리에 부정 도입규칙을 적용해 얻는 추리도 타당한 추리이다.

(7) 선언 도입규칙

선언 도입규칙의 적용은 다음과 같은 이행이다.

K_1 ⊢ A

$K_1 \vdash A \lor B$ $\lor I$

우리가 보여야 할 것은 아래 ㉮가 성립하면 ㉯도 성립한다는 것이다.

㉮ $K_1 \vDash A$

㉯ $K_1 \vDash A \lor B$

㉮에 따를 때 K_1이 참인 줄에서는 언제나 A도 참이다. 그런데 A가 참이면, A ∨ B도 당연히 참이다.

	$K_1 \vDash$ A	$A \lor B$
T T T T T T		
	T T	T
F F F F F F F		

그러므로 ㉮가 성립하면 ㉯도 성립한다. 결국 타당한 추리에 선언 도입규칙을 적용해 얻는 추리도 타당한 추리이다.

(8) 선언 제거규칙

선언 제거규칙의 적용은 다음과 같은 이행이다.

$K_1 \vdash A \lor B$

$A, K_2 \vdash C$

$B, K_3 \vdash C$

$A \lor B, K_2, K_3 \vdash C$ $\lor E$

우리가 보여야 할 것은 아래 ㉮, ㉯, ㉰가 성립하면 ㉱도 성립한다는 것이다.

㉮ $K_1 \vDash A \vee B$

㉯ $A, K_2 \vDash C$

㉰ $B, K_3 \vDash C$

㉱ $A \vee B, K_2, K_3 \vDash C$

귀류법을 써서 증명한다. ㉮, ㉯, ㉰는 성립하는데, ㉱가 성립하지 않는다고 해
보자. ㉱가 성립하지 않는다는 것은 다음과 같은 줄이 적어도 하나 있다는 의미
이다.

	$A \vee B, \quad K_2, \quad K_3 \quad \vDash C$	
T T T T T T T		
	T T T F	☜
F F F F F F F F		

그 줄에서 $A \vee B$가 참이 되는 경우는 두 가지이다.

첫째, A가 참이어서 $A \vee B$가 참인 경우이다. 그렇다면 이는 A가 참이고 K_2
도 참인데 C가 거짓인 줄이 있다는 의미이다. 이는 ㉯와 모순이다.

	$A \vee B, K_2, \quad K_3 \quad \vDash C$	$A, K_2 \vDash C$	
T T T T T T T			
	T T T F	T T F	☜
F F F F F F F F			

둘째, B가 참이어서 $A \vee B$가 참인 경우이다. 그렇다면 이는 B가 참이고 K_3도
참인데 C가 거짓인 줄이 있다는 의미이다. 이는 ㉰와 모순이다.

	$A \vee B$, K_2, K_3 ⊨ C		B, K_3 ⊨ C	
T T T T T T				
	T T T F		T T F	라
F F F F F F F				

그러므로 ㉮, ㉯, ㉰가 성립하면 ㉱도 성립한다. 결국 타당한 추리에 선언 제거 규칙을 적용해 얻는 추리도 타당한 추리이다. ■

따라서 우리는 다음 정리를 확립하였다.

메타 정리 I
$A_1, A_2, A_3, \ldots, A_n$ ⊢ C이면 $A_1, A_2, A_3, \ldots, A_n$ ⊨ C

이 정리로부터 다음의 따름정리를 이끌어 낼 수 있다.

따름정리 I
⊢ C이면, ⊨ C

도출가능한 추리 가운데 특수 경우인 아무런 가정도 없는 추리, 즉 ⊢ C의 경우에도 위의 정리는 성립하기 때문이다. 따름정리 I은 우리의 명제논리 체계의 정리는 모두 항진명제임을 말해 준다. 나아가 다음과 같은 정의를 도입한다고 하자.

어떤 논리 체계가 일관적이다
    ⇔ 그 체계에서 모순이 정리로 도출되지는 않는다.

그런데 모순은 비일관적 명제의 일부이고, 항진명제는 비일관적 명제가 아니므로 우리는 따름정리 I로부터 다음을 얻는다.

따름정리 II

$\nvdash C \And \sim C$[11]

이는 우리의 명제논리 체계가 일관적임을 말해 준다.

5.4 명제논리 체계의 완전성

앞에서 우리는 증명가능한 추리는 모두 타당한 추리임을 보았다. 이것의 역도
성립한다는 주장이 메타 정리 III이다.

메타 정리 III: $A_1, A_2, A_3, ..., A_n \vDash C$이면 $A_1, A_2, A_3, ..., A_n \vdash C$

이의 증명은 복잡하며, 여러 가지 증명 방식이 있다.[12] 여기서는 칼마(Kalmar)
의 방식을 채택하기로 한다.

메타 정리 III을 보이기 위한 증명의 흐름부터 소개하기로 하자. 우선 목표는
다음의 메타 정리 II를 증명하는 것이다.

메타 정리 II: $\vDash C$이면, $\vdash C$

이는 앞에 나온 따름정리 I의 역으로, 항진명제는 모두 정리로 도출가능하다는
것을 말한다. 이를 보이기 위해서는 임의의 항진명제 A를 골라 이것이 정리임
을 보일 수 있는 증명이 언제나 구성될 수 있음을 보이면 된다. 이는 기본적으

---

11 따름정리 I

　　C가 정리이면, C는 항진명제이다.

　　⇔ C가 항진명제가 아니면, C는 정리가 아니다.

그런데 P & ~P는 항진명제가 아니다. 따라서 따름정리 I에 따를 때, P & ~P는 정리가 아니
다. 이것이 따름정리 II가 말하는 바이다.

12 다양한 증명 방식을 보려면 Hunter (1971)을 참조.

로 진리표 검사 방식을 '모방하는' 식으로 이루어진다.

　　메타 정리 II를 보이기 위해서는 다시 아래 나오는 예비정리(lemma)를 먼저 증명할 필요가 있다. 이 예비정리는 임의의 명제 A에 대해 진리표 검사의 각 줄에 대응하는 일정한 도출가능한 추리가 언제나 구성될 수 있다는 것을 말해 준다. 이 과정에서 진리표 검사 방식을 모방한다는 것이 어떤 의미인지가 잘 드러날 것이다. 그런 다음 A가 항진명제일 경우, 우리는 A를 정리로 도출할 수 있음을 보일 것이다. 다시 말해, 임의의 명제의 경우 각각의 진리값 할당에서 그 명제를 도출할 수 있는 일반적 도식이 있음을 보이고(이것이 예비정리가 말하는 내용이 된다), 그런 다음 메타 정리 II는 그런 도식의 특수 사례임을 보이는 순서로 증명이 진행된다. 정리하면, 우리는 먼저 예비정리를 증명하고, 이를 바탕으로 메타 정리 II를 증명한 다음, 마지막에 메타 정리 III을 증명하는 순으로 진행할 것이다.

예비정리

　　A는 임의의 정식이고, 이 정식을 구성하는 명제 변항이 V_1, ..., V_n 등이라고 하자. 그리고 이들 변항이 주어진 임의의 진리값 할당에서 참일 경우 W_i는 V_i이고, 거짓일 경우 $\sim V_i$라고 하자[13] 그러면 다음이 언제나 성립한다.

　　W_1, ..., W_n ⊢ A, 그 진리값 할당에서 A가 참일 경우.
　　W_1, ..., W_n ⊢ $\sim$A, 그 진리값 할당에서 A가 거짓일 경우.

　　우선 이 예비정리가 무엇을 의미하는지 예를 들어 설명하기로 하자. 다음과 같은 정식 $\sim P \rightarrow (\sim Q \vee R)$이 있다고 하자. 이 정식의 명제 변항은 P, Q, R 이다. 이 정식의 진리표는 다음과 같다.

---

[13]　쉽게 말하면, 이는 진리값의 조합에서 해당 명제가 참이라면 그 변항을 그대로 적고, 거짓이라면 그 변항에 부정기호를 붙인다는 의미이다. 어떤 명제가 거짓이라면 그것을 부정할 경우 참이 된다.

$$\sim P \to (\sim Q \vee R)$$

	P	Q	R	$\sim P \to (\sim Q \vee R)$
①	T	T	T	T
②	T	T	F	
③	T	F	T	T
④	T	F	F	
⑤	F	T	T	
⑥	F	T	F	F
⑦	F	F	T	
⑧	F	F	F	

예비정리에 의하면, 다음이 성립한다는 것이다.

P, Q, R ⊢ ∼P → (∼Q ∨ R)   첫 번째 줄

∼P, Q, ∼R ⊢ ∼(∼P → (∼Q ∨ R))   여섯 번째 줄

예비정리가 무엇을 뜻하는지를 볼 수 있는, 더 간단한 예를 든다면 다음이다.

P → ∼Q의 진리표

P	Q	P → ∼Q	예
T	T	T F F T	P, Q ⊢ ∼(P → ∼Q)
T	F	T T T F	P, ∼Q ⊢ P → ∼Q
F	T	F T F T	∼P, Q ⊢ P → ∼Q
F	F	F T T F	∼P, ∼Q ⊢ P → ∼Q

예비정리의 증명

정식의 개수는 무한히 많을 것이므로, 여기서도 수학적 귀납법을 이용해 증명한다.

(α) 예비정리가 가장 짧은 정식 A, 즉 명제 변항에 대해 성립한다.

(β) 예비정리가 정식 B와 C에 대해 성립한다고 가정하면, 그것은 ~B, B → C, B
& C, B ∨ C에 대해서도 성립한다.

이 둘이 성립함을 보이면, 결국 예비정리가 모든 정식에 대해 성립한다는 것을
보인 셈이다. 왜냐하면 형성규칙에 비추어 볼 때, 정식들은 모두 명제 변항으로
이루어진 단순 명제이거나 이들 정식이 진리함수적 결합사에 의해 결합된 복합
명제일 것이기 때문이다.

(α) 예비정리가 가장 짧은 정식 A, 즉 명제 변항에 대해 성립한다.

A가 명제 변항 V라고 가정하자. 이 경우 A에 진리값을 할당하는 방식은 두
가지뿐이다. 우선 V에 참인 진리값을 할당하는 경우를 고려해 보자. 이 경우
A, 즉 V는 가정상 단순 명제이므로 진리값 T를 그대로 갖는다. 따라서 예비정
리가 말하는 것에 따를 때 우리는 다음이 도출가능함을 보이면 된다.

V ⊢ V

이는 명백히 도출가능하다. 전제와 결론이 같기 때문이다. 이번에는 V에 거짓
인 진리값을 할당하는 경우를 고려해 보자. 이 경우 A, 즉 V는 진리값 F를 가
지며, 예비정리가 말하는 것에 따를 때 우리는 다음이 도출가능함을 보이면 된
다.[14]

~V ⊢ ~V

이것도 명백히 도출가능하다. 전제와 결론이 같기 때문이다. 따라서 가장 짧은
정식에 대해 예비정리가 성립한다는 점을 증명했다. 이제 다음을 보이면 된다.

14　턴스타일 왼편의 V에 부정기호가 붙은 이유는 명제 변항이 거짓인 진리값 할당을 고려하기
때문이고, 오른쪽의 V에 부정기호가 붙은 이유는 해당 명제가 거짓인 값을 갖기 때문이다.

(β) 예비정리가 정식 B와 C에 대해 성립한다고 가정하면, 그것은 ∼B, B → C, B & C, B ∨ C에 대해서도 성립한다.

(i) ∼B

앞서 말했듯이, B에 나오는 명제 변항을 V_1, ..., V_n 등이라고 하고, 이들 변항이 주어진 임의의 진리값 할당에서 참일 경우 W_i는 V_i이고 거짓일 경우 ∼V_i라고 하자. 이제 먼저 주어진 진리값 할당에서 B가 참이라고 하자. 이때 이 진리값 할당에서 우리가 증명하고자 하는 ∼B는 거짓이다. 귀납 가정에 따라, 다음이 성립한다.

$$W_1, ..., W_n \vdash B$$

우리가 보일 것은 다음이 성립한다는 것이다.[15]

$$W_1, ..., W_n \vdash \sim\sim B$$

이는 부정 제거규칙을 적용해 위에서부터 바로 도출가능하다.

둘째, 주어진 진리값 할당에서 B가 거짓인 값을 갖는다고 하자. 이 경우 ∼B는 참이다. 따라서 우리가 보일 것은 다음이 성립한다는 것이다.[16]

$$W_1, ..., W_n \vdash \sim B$$

그런데 귀납 가정상 예비정리가 B에 대해 성립하고, 지금 주어진 진리값 할당에서 B는 거짓인 값을 갖는다고 했으므로, 다음이 성립한다.

---

15 가정상 주어진 진리값 할당에서 B가 참이므로, ∼B는 거짓일 테고, 따라서 앞서 말한 일반적 도식에 따를 때 부정기호를 붙여야 하므로 ∼∼B가 된다.

16 이번에는 가정상 주어진 진리값 할당에서 B가 거짓이므로 ∼B가 참일 테고, 따라서 앞서 말한 일반적 도식에 따를 때 부정기호를 붙이지 않아야 하므로 ∼B가 된다.

$W_1, ..., W_n \vdash \sim B$

이것은 우리가 증명하고자 하는 앞의 추리와 정확히 같다. 따라서 예비정리는 어느 경우이든 ~B에 대해서 성립한다.

이제 2항 결합사를 써서 구성된 복합 명제 형태들에 대해서도 예비정리가 성립한다는 점을 차례대로 보이기로 하자. 먼저 조건언이다.

(ii) B → C

정식 B와 C에 나오는 변항이 각각 다음과 같다고 하자.

$U_1, ..., U_j$: B에 나오는 변항들
$V_1, ..., V_k$: C에 나오는 변항들

B, C가 일정한 진리값을 가질 때, 조건언 B → C의 진리값이 결정되는 방식은 다음 네 가지이다.

	$U_1, ..., U_j$	B	$V_1, ..., V_k$	C	$U_1, ..., U_j, V_1, ..., V_k$	B → C
(a)		T		T		T
(b)		T		F		F
(c)		F		T		T
(d)		F		F		T

따라서 우리는 이들 네 가지 경우 각각에 대해 예비정리가 성립한다는 점을 보이면 된다. 앞서처럼, B와 C에 나오는 변항이 주어진 임의의 진리값 할당에서 참일 경우 그 변항 그대로 하고 거짓일 경우 부정기호를 붙이는 식으로 구성한 정식들을 각각 $W_1, ..., W_j$와 $X_1, ..., X_k$라고 하자. 그러면 귀납 가정에 따라 다음이 성립한다.

(a) 귀납 가정

$W_1, ..., W_j \vdash B$

$X_1, ..., X_k \vdash C$

우리는 B와 C가 모두 참인 (a)의 경우 다음이 성립함을 보이면 된다.[17]

$W_1, ..., W_j, X_1, ..., X_k \vdash B \to C$

이는 다음과 같이 보일 수 있다. 먼저 귀납 가정에 연언 도입규칙을 적용하면 다음을 얻을 수 있다.

$W_1, ..., W_j, X_1, ..., X_k \vdash B \,\&\, C$ ∵ &I

그런 다음 추리 도입규칙을 사용하면 원하는 최종 결과를 얻을 수 있다.

$W_1, ..., W_j, X_1, ..., X_k \vdash B \to C$ ∵ SI P & Q ⊢ P → Q

이제 B는 참이지만 C는 거짓인 (b)의 경우를 보이기로 하자. 우선 귀납 가정에 따라 다음이 성립한다.

(b) 귀납 가정

$W_1, ..., W_j \vdash B$

$X_1, ..., X_k \vdash {\sim}C$

이때 우리가 보일 것은 다음이다.

---

17 이때는 B → C가 참이기 때문에 부정기호를 붙이지 않은 것이다.

$$W_1, ..., W_j, X_1, ..., X_k \vdash \sim(B \to C)$$

먼저 귀납 가정에 연언 도입규칙을 적용하면 다음을 얻을 수 있다.

$$W_1, ..., W_j, X_1, ..., X_k \vdash B \& \sim C \qquad \therefore \&I$$

그런 다음 추리 도입규칙을 사용하면 원하는 최종 결과를 얻을 수 있다.

$$W_1, ..., W_j, X_1, ..., X_k \vdash \sim(B \to C) \qquad \therefore SI \ P \& \sim Q \vdash \sim(P \to Q)$$

(c), (d)의 경우도 마찬가지 방식으로 쉽게 보일 수 있다. 따라서 예비정리는 어느 경우이든 B → C에 대해서 성립한다.

(iii) B & C

이번에는 연언 형태의 정식에 대해서도 예비정리가 성립한다는 것을 보일 차례이다. 이들 정식에 나오는 명제 변항과 진리값 할당이 앞서와 같다고 하자. 연언의 경우 진리값이 결정되는 방식은 다음과 같다.

	$U_1, ..., U_j$	B	$V_1, ..., V_k$	C	$U_1, ..., U_j, V_1, ..., V_k$	B & C
(a)		T		T		T
(b)		T		F		F
(c)		F		T		F
(d)		F		F		F

이번에도 네 가지 경우에 대해 차례대로 예비정리가 성립한다는 것을 보이면 된다.

(a) 우선 귀납 가정에 따라 다음이 성립한다.

$$W_1, ..., W_j \vdash B$$

$X_1, ..., X_k \vdash C$

우리는 (a)의 경우 다음이 성립함을 보이면 된다.

$W_1, ..., W_j, X_1, ..., X_k \vdash B \& C$

이는 귀납 가정에 연언 도입규칙을 적용하면 바로 얻을 수 있다.

$W_1, ..., W_j, X_1, ..., X_k \vdash B \& C$ ∵ &I

(b) 귀납 가정에 따라 다음이 성립한다.

$W_1, ..., W_j \vdash B$
$X_1, ..., X_k \vdash \sim C$

우리는 (b)의 경우 다음이 성립함을 보이면 된다.

$W_1, ..., W_j, X_1, ..., X_k \vdash \sim(B \& C)$

먼저 귀납 가정에 연언 도입규칙을 적용하면 다음을 얻을 수 있다.

$W_1, ..., W_j, X_1, ..., X_k \vdash B \& \sim C$ ∵ &I

그런 다음 추리 도입규칙을 사용하면 원하는 최종 결과를 얻을 수 있다.

$W_1, ..., W_j, X_1, ..., X_k \vdash \sim(B \& C)$ ∵ SI B & $\sim$C $\vdash \sim$(B & C)

(c), (d)의 경우도 마찬가지 방식으로 쉽게 보일 수 있다. 따라서 예비정리는

어느 경우이든 B & C에 대해서 성립한다.

(iv) B $\lor$ C

앞서와 같은 방식으로 쉽게 보일 수 있으므로 생략한다.

따라서 모든 정식에 대해 예비정리가 성립한다. ∎

메타 정리 II의 증명

이제 메타 정리 II를 증명하기로 하자.

메타 정리 II: $\vDash$ C이면, $\vdash$ C

A를 임의의 항진명제라고 하고, 이 명제의 변항을 V_1, V_2, ..., V_n이라 하자. 나아가 앞서처럼, 이들 변항이 주어진 임의의 진리값 할당에서 참일 경우 W_i는 V_i이고, 거짓일 경우 $\sim V_i$라고 하자. A는 항진명제이므로 모든 진리값 할당에서 참이기 때문에, 앞서 증명한 예비정리에 따라 다음이 성립한다.

W_1, ..., W_n $\vdash$ A

그리고 이런 추리의 개수는 모두 2^n개일 것이다. A를 정리로 이끌어 내기 위해 우선 다음과 같은 형태의 정리들을 정리 도입규칙 TI에 의해 n개 도입한다. V_1 $\lor$ $\sim V_1$, V_2 $\lor$ $\sim V_2$, ..., V_n $\lor$ $\sim V_n$. 그리고 선언 제거규칙을 적용하기 위해 선언 성원들 V_1, $\sim V_1$, V_2, $\sim V_2$, ..., V_n, $\sim V_n$를 차례로 가정한다. 그런 다음 예비정리로부터 얻은 2^n개의 도출가능한 추리를 추리 도입규칙 SI로 활용해, A를 결론으로 얻는다. 끝으로 선언 제거규칙을 연속적으로 적용하면, 아무런 가정에도 의존하지 않는 A를 이끌어 낼 수 있다. ∎

예를 통한 설명

항진명제 (P & Q) $\rightarrow$ P를 예로 들어 보자. 이는 항진명제이므로, 명제 변항

P, Q가 무슨 값을 갖든지 언제나 참이다. 우리는 예비정리에 의해 다음을 얻는다.

(i) P, Q ⊢ (P & Q) → P

(ii) P, ~Q ⊢ (P & Q) → P

(iii) ~P, Q ⊢ (P & Q) → P

(iv) ~P, ~Q ⊢ (P & Q) → P[18]

우리가 증명해야 할 것은 다음이 성립한다는 것이다.

⊢ (P & Q) → P

이를 얻는 방법은 다음과 같다. 첫째, 이 명제에 나오는 명제 변항의 배중률, 즉 P ∨ ~P, Q ∨ ~Q를 정리 도입규칙에 의해 도입한다. 둘째, 선언 제거규칙을 적용하기 위해 선언 성원들, 즉 P, ~P, Q, ~Q를 차례로 가정한다. 예비정리로부터 얻은 (i) ~ (iv)를 추리 도입규칙으로 활용해 가정들로부터 (P & Q) → P를 얻는다. 끝으로, 선언 제거규칙을 연속적으로 적용하여 아무런 가정에도 의존하지 않는 (P & Q) → P를 얻는다. 다음이 이를 구체적으로 실행한 것이다.

	⊢ (P & Q) → P	
	(1) P ∨ ~P	TI 배중률
	(2) Q ∨ ~Q	TI 배중률
3	(3) P	가정
4	(4) ~P	가정
5	(5) Q	가정
6	(6) ~Q	가정

---

18 (P & Q) → P는 항진명제이므로 부정기호가 붙지 않는다.

3,5	(7) (P & Q) → P	3,5 SI (i) P, Q ⊢ (P & Q) → P
3,6	(8) (P & Q) → P	3,6 SI (ii) P, ~Q ⊢ (P & Q) → P
4,5	(9) (P & Q) → P	4,5 SI (iii) ~P, Q ⊢ (P & Q) → P
4,6	(10) (P & Q) → P	4,6 SI (iv) ~P, ~Q ⊢ (P & Q) → P
5	(11) (P & Q) → P	1,3,7,4,9 ∨E
6	(12) (P & Q) → P	1,3,8,4,10 ∨E
	(13) (P & Q) → P	2,5,11,6,12 ∨E

메타 정리 III의 증명

다음으로 메타 정리 III을 증명하기로 하자.

메타 정리 III: $A_1, A_2, A_3, ..., A_n \vDash C$이면, $A_1, A_2, A_3, ..., A_n \vdash C$

이제 메타 정리 III의 증명은 비교적 쉽다. 거기에 나오는 두 주장을 다음과 같이 표시하기로 하자.

㉠ $A_1, A_2, A_3, ..., A_n \vDash C$
㉡ $A_1, A_2, A_3, ..., A_n \vdash C$

우선 논의를 위해 메타 정리 III의 전건을 가정하자.

㉠ $A_1, A_2, A_3, ..., A_n \vDash C$

우리는 앞(5.2절)에서 타당한 추리와 상응하는 조건언이 서로 관련되어 있음을 보았다. 어떤 추리가 타당하다면 그 추리에 상응하는 조건언이 항진명제이므로, 다음이 성립한다.

㉢ $\vDash A_1 → (A_2 → (..., (A_n → C)...))$

그리고 앞서 증명한 메타 정리 II에 의해 ⓒ이면 ⓔ이 정리로 도출가능하므로 다음이 성립한다.

ⓔ ⊢ $A_1 \rightarrow (A_2 \rightarrow (..., (A_n \rightarrow C)...))$

우리가 최종적으로 보여야 할 것은 다음이다.

ⓛ $A_1, A_2, A_3, ..., A_n \vdash C$

이를 위해 먼저 ⓛ $A_1, A_2, A_3 ..., A_n \vdash C$의 전제, 즉 $A_1, A_2, A_3 ..., A_n$을 모두 도입하자. 그리고 정리 도입규칙 TI에 의해 방금 정리임이 증명된 상응하는 조건언 ⓔ을 정리로 도입하기로 하자. 여기에 조건언 제거규칙 →E을 반복해서 적용하면, 최종 결론 C를 얻게 된다. 따라서 ⓛ $A_1, A_2, A_3 ..., A_n \vdash C$이 성립한다. 결국 우리는 어떤 추리가 타당하다면 이에 대한 증명을 언제나 발견할 수 있음을 보인 것이다. 따라서 메타 정리 III "$A_1, A_2, A_3, ..., A_n \vDash C$이면, $A_1, A_2, A_3, ..., A_n \vdash C$"이 성립한다. ■

건전성과 완전성이 모두 성립한다는 지금까지의 결과에 따르면, 진리표 방식에 의해 타당함이 드러나는 추리나 추리규칙을 사용해 증명이 되는 추리나 결국 같다는 것이다. 그러면 왜 기계적인 진리표 방식을 놓아 두고 굳이 머리를 짜내야 하는 증명 방법을 사용할 필요가 있는가 하는 의문을 제기할 수 있다. 레몬을 따라 다음 몇 가지를 이유로 들 수 있다. 첫째, 진리표 방법도 명제 변항의 개수가 많아지면 무척 복잡하며, 증명 방식이 더 간단한 경우도 있다. 둘째, 증명 방식은 우리의 일상적 추리 방식과 가까운데 비해, 진리표 방법은 인위적이다. 셋째, 우리가 어떤 추리(가령 질료적 함축의 역설이나 'EFQ')나 어떤 논리적 참(가령 배중률)을 부정하고 싶다면, 증명 방식은 무엇을 부정하는 방안이 있을지를 드러내 준다. 증명 과정에서 어떤 단계를 봉쇄하면 될지를 알 수 있기 때문이다. 넷째, 진리표 방법은 우리가 곧 살펴볼 양화논리에는 적용되지 않는다. 따라서 어차피 증명 방법이 필요하다.

타당성과 관련된 몇 가지 메타 논리적 성질

1) 단조성
논증 "A_1, A_2, ..., $A_n \vDash C$"가 타당하면, B가 무엇이든 논증 "A_1, A_2, ..., A_n, B $\vDash$ C"도 타당하다.

2) 타당성과 비일관성
논증 "A_1, A_2, ..., $A_n \vDash C$"가 타당하면, 명제 집합 {A_1, A_2, ..., A_n, ~C}은 비일관적이다.

3) 타당성과 전제의 비일관성
전제의 집합 {A_1, A_2, ..., A_n}이 비일관적이면, C가 무엇이든 논증 "A_1, A_2, ..., $A_n \vDash C$"는 타당하다.

4) 타당성과 결론의 논리적 참
결론 C가 논리적으로 참인 명제이면, 전제에 무엇이 오든 논증 "A_1, A_2, ..., $A_n \vDash$ C"는 타당하다.

5) 타당성과 상응하는 조건언의 논리적 참
논증 "A_1, A_2, ..., $A_n \vDash C$"이 타당하면, 상응하는 조건언 $A_1 \rightarrow (A_2 \rightarrow (A_3 \rightarrow (..., (A_n \rightarrow C)...)))$가 항진명제이다.

6) 타당성 관계의 재귀성
결론 C가 전제 "A_1, A_2, ..., A_n" 가운데 하나라면, 논증 "A_1, A_2, ..., $A_n \vDash C$"는 타당하다. 특히 논증 "$C \vDash C$"는 타당하다.

7) 타당성 관계의 이행성
논증 "A_1, A_2, ..., $A_n \vDash C$"이 타당하고, 논증 "B_1, B_2, ..., B_k, C $\vDash$ D"도 타당하면, 논증 "A_1, A_2, ..., A_n, B_1, B_2, ..., $B_k \vDash$ D"도 타당하다. 특히 논증 "A_1, A_2, ..., $A_n \vDash C$"가 타당하고, 논증 "$C \vDash D$"도 타당하면, 논증 "A_1, A_2, ..., $A_n \vDash$ D"도 타당하다.

8) 전제의 강화

논증 "A_1, A_2, ..., $A_n \models C$"이 타당하고, 논증 "$B \models A_1$"도 타당하면, 논증 "B, A_2, ..., $A_n \models C$"도 타당하다.[19]

---

19 7)과 견주어 8)을 설명할 수 있다. 만약 A가 B를 함축할 때 A를 '강한' 주장, B를 '약한' 주장이라고 부른다고 하자. 이때 7)은 타당한 논증의 결론을 약한 주장으로 바꾸더라도(이를 간단히 '약화'라고 하자) 여전히 타당하다는 것을 말하는 반면, 8)은 타당한 논증의 전제를 강한 주장으로 바꾸더라도(이를 간단히 '강화'라고 하자) 여전히 타당하다는 것을 의미한다. 물론 타당한 논증의 결론을 강화하거나 타당한 논증의 전제를 약화하면 타당성 관계는 깨지게 된다.

2부

양화논리

6장부터 9장까지의 2부에서는 양화논리를 다룬다.

6장에서는 양화논리의 기초 개념을 소개하고, 7장에서는 자연연역의 방법으로 양화
논리를 접근한다. 8장에서는 동일성 기호를 도입해 양화논리를 확장하고, 9장에서는
진리나무의 방법을 양화논리에 적용하는 방법을 소개한다.

명제논리의 한계와 양화논리의 필요성

다음 두 논증을 보자.

(1) 내일이 토요일이면, 내일은 수업이 없다. 내일은 수업이 없지 않다. 따라서 내일은 토요일이 아니다.

(2) 진영이가 경제학을 복수전공하고 있다면, 그는 미시경제학 수업을 들었을 것이다. 진영이는 미시경제학 수업을 듣지 않았다. 따라서 그는 경제학을 복수전공하고 있는 것이 아니다.

이 두 논증은 타당하다. 이들은 다음과 같은 공통의 논리적 형식을 지니고 있고, 우리는 이것이 타당한 추론임을 증명할 수 있다.

(3) P → Q, ~Q ⊢ ~P

이번에는 다음 두 논증을 생각해 보자.

(4) 2학년은 모두 장학생이다. 연수는 2학년이다. 따라서 연수는 장학생이다.

(5) 사람은 모두 죽는다. 소크라테스는 사람이다. 따라서 소크라테스는 죽는다.

이 두 논증도 명백히 타당하다. 하지만 명제논리의 표기법을 빌어 (4)와 (5)를 나타낸다면 이는 다음과 같은 부당한 논증 형식이 되고 만다.

(6) P, Q ⊢ R

여기서 우리가 내려야 할 합당한 결론은 명제논리가 모든 타당한 논증을 포착할 수 있는 방법은 아니라는 것이다. (4)나 (5)와 같은 논증의 타당성을 드러낼 수 있는 새로운 방법이 필요하며, 그것이 우리가 살펴보고자 하는 양화논리(이를 '술어 논리'(predicate logic)라고 부르기도 한다)이다.[1]

---

1 이것이 양화논리의 필요성을 설명하는 통상적 방식이다. 하지만 이런 설명은 명제논리가 먼저 개발되고 나중에 양화논리가 추가되었다는 불필요한 인상을 주기도 한다. 이는 역사적 사실과 맞지 않는다. 프레게는 1879년에 나온 『개념 표기법』에서 명제논리와 양화논리를 통합적 체계로 한꺼번에 제시한다.

6장
양화논리의 기초 개념

이 장에서는 양화사 개념을 중심으로 양화논리의 기초 개념 몇 가지를 소개한다.
핵심 개념: 양화사, 논의 세계, 보편 일반화, 존재 일반화

6.1 명제의 분류: 단칭명제와 일반명제

명제논리는 분석의 최소 단위를 명제로 잡는다. 하지만 이렇게 잡을 경우 앞서 보았듯이 다음과 같은 논증의 타당성을 제대로 드러내지 못한다.

(4) 2학년은 모두 장학생이다. 연수는 2학년이다. 따라서 연수는 장학생이다.

(5) 사람은 모두 죽는다. 소크라테스는 사람이다. 따라서 소크라테스는 죽는다.

어떻게 해야 할까? 대답이 어떤 것이어야 할지는 위의 두 논증이 지닌 공통의 논증 형식이 다음과 같은 것이라고 보는 데서 대략 드러나 있다.

(가) F는 모두 G이다. m은 F이다. 따라서 m은 G이다.

명제논리를 다룰 때 우리가 사용한 P, Q 등의 문자는 그 자체로 독립적인 하나의 명제를 나타냈다. 여기에 나오는 F, G, m 등은 그런 것이 아님이 분명하다. 도리어 'm은 F이다'에서 드러나듯이, 명제의 내부 구조를 드러내는 분석을 시

도하고 있음을 알 수 있다.

명제의 내부 구조를 드러내기 위해 우선 해야 할 작업은 명제의 유형을 새롭게 분류하는 것이다. 명제논리에서는 명제를 단순 명제와 복합 명제로 분류하였다. 양화논리에서는 새로운 시각에서 명제를 단칭명제(singular proposition)와 일반명제(general proposition)로 나눈다. 앞의 논증에 나오는 것 가운데 다음은 단칭명제를 표현하는 문장이다.

연수는 2학년이다.
연수는 장학생이다.
소크라테스는 사람이다.
소크라테스는 죽는다.

이런 문장을 '단칭 문장'이라고 부르는데, 이것은 개별 대상에 관해 무언가를 주장하는 것이다. 한편 다음은 일반명제를 표현하는 문장이다.

2학년은 모두 장학생이다.
사람은 모두 죽는다.

이런 문장을 '일반 문장'이라고 부르는데, 이것은 그 자체로 개별 대상에 관한 주장을 하는 것이 아니다.

단칭 명사

이제 단칭명제와 일반명제의 내부 구조를 차례대로 좀 더 자세히 살펴보기로 하자.

연수는 2학년이다.

이 문장에서 우리는 두 가지 요소를 주목할 수 있다. 하나는 개별 대상을 지시하는 표현 '연수'이다. 개별 대상에 관해 일정한 주장을 하려면, 우선 우리가 말하고자 하는 그 대상을 여러 대상 가운데서 '골라내야' 할 것이다. 이런 기능을 '지시 기능'이라고 말하고, 이런 기능을 하는 표현을 '단칭 명사'(singular term)[1]라고 부른다. 우리 예에서 '연수'는 단칭 명사이다.

지시 기능을 하는 단칭 명사 가운데 가장 대표적인 것은 고유 이름(고유 명사, proper name)이다. 앞서 나온 '연수' 이외에 '소크라테스', '서울', '우이령' 등은 모두 고유 이름이다. 고유 이름 외에도 단칭 명사의 기능을 하는 표현에는 여러 가지가 있다. 우리는 '저 남자'나 '네 남자 친구', '이 책상' 등처럼 인칭 대명사나 소유 대명사, 지시 대명사 등을 적절히 사용해 개별 대상을 지시할 수도 있고, '어제 네가 만난 그 사람'이나 '저기 구석에 걸려 있는 저 그림', '지금 우리나라 대통령'과 같은 이른바 '한정 기술'(the definite description)을 써서 개별 대상을 지시할 수도 있다. 이처럼 개별 대상을 지시하는 데 쓰이는 표현을 모두 망라해서 단칭 명사라 여기기로 한다.

우리는 앞으로 단칭 명사를 나타내기 위해 m, n, o 등의 영어 소문자를 사용하겠다. 그래서 '연수'를 'm'으로 나타내기로 한다면, '연수는 2학년이다'는 'm은 2학년이다'라고 간단히 적을 수 있을 것이다. m, n, o 등의 단칭 명사를 사용할 때는 언제나 이들 문자가 구체적으로 어떤 대상을 가리키는 이름인지가 명시되어야 한다.

술어

앞에 나온 단칭 문장을 다시 보자.

연수는 2학년이다.

'연수'라는 단칭 명사 이외에, 이 문장에서 주목할 수 있는 다른 한 요소는 그 단칭 명사가 지시하는 대상이 일정한 성질을 갖는다는 것을 말하는 표현이다.

---

1 우리말에서 '명사'(term)는 문법적 범주로서의 '명사'(noun)와 혼동의 소지가 있어 좋지 않다. 아마 가장 정확한 표현은 '낱개의 대상을 가리키는 이름'이 아닐까 한다.

그런 기능을 '서술 기능'이라 하고, 그런 기능을 하는 표현을 '술어'(predicate)라고 부른다. 더 엄밀하게 말하면, 위의 문장에서 단칭 명사 '연수'를 제거하면 (지우면) 우리는 다음을 얻는데,

    ...는 2학년이다.

이처럼 문장에서 단칭 명사를 제거하고 남은 표현을 '술어'라고 한다. 다음은 모두 술어의 예이다.

    ...는 장학생이다.
    ...는 사람이다.
    ...는 죽는다.

술어를 나타내는 기호로는 F, G, H 등의 영어 대문자를 사용할 것이다. 나아가 술어는 '...'으로 나타낸 빈자리를 지니고 있음을 드러내기 위해 Fx, Gx, Hx 등과 같이 적을 것이다.[2]

일항 술어와 다항 술어

앞에서 우리는 술어가 온전한 문장에서 단칭 명사를 지워 얻은 표현이라고 했다. 이번에는 다음 문장을 보자.

    연수는 강희를 좋아한다.

이 문장에서 고유 이름인 '연수'를 지운다고 해 보자. 그러면 다음을 얻는데,

    ...는 강희를 좋아한다.

---

2   여기서 x는 m, n, o 등과 아주 다른 것임을 주의하라. 그것은 술어의 빈 자리를 표시해 주는 '자리 표시기'(place-holder)에 불과하다. 그것은 특정 대상을 가리키는 단칭 명사가 아니다.

이것은 술어이다. 이번에는 원래 문장에서 고유 이름인 '강희'를 지운다고 해
보자. 그러면 다음을 얻는데,

연수는 ...를 좋아한다.

이것도 술어이다.[3] 끝으로 원래 문장에서 고유 이름인 '연수'와 '강희'를 모두
지우면 다음을 얻게 된다.

...는 ...를 좋아한다.

이것도 역시 술어이다. 이 술어를 앞서와 같이 빈자리를 드러내주기 위해 영어
문자를 사용해서 다시 적으면 다음과 같다.

x는 y를 좋아한다. (Lxy)

여기서 문자 x, y는 빈 자리가 두 군데가 있고, 그 두 자리를 서로 다른 이름으
로 채울 수 있음을 나타내 준다. 이처럼 빈자리를 두 개 갖는 술어를 '2항 술어'
라고 불러 1항 술어와 구분한다. 한편 다음 문장에서

대전은 서울과 부산 사이에 있다.

고유 이름을 모두 제거하면 3항 술어를 얻는다.

x는 y와 z 사이에 있다. (Kxyz)

이처럼 어떤 술어가 n개의 빈자리를 지니고 있다면, 이를 'n항 술어'라고 부른

---

3 이쯤 오면 우리가 '술어'라고 부르는 것은 문법에서 말하는 술어와는 아주 다른 것임을 알
수 있다.

다. 2항 이상의 술어를 '다항 술어'라고 하고, 1항 술어를 '단항 술어'라고 부르기도 한다. 1항 술어는 성질을 나타내고, 2항 이상의 술어는 관계를 나타낸다. 다항 술어에 가 보면 왜 술어의 빈자리를 나타내는 데 x, y, z 등의 문자를 사용하는 것이 유익한지는 분명할 것이다.

개체 변항과 개체 상항

술어가 지닌 빈자리가 단칭 명사로 채워질 수 있음을 나타내기 위해 사용하는 문자 x, y, z 등을 '개체 변항'(individual variable 또는 object variable)이라 부른다. 반면 특정 대상을 나타내는 표현은 '개체 상항'(individual constant)이라 부른다. m, n, o 등은 개체 상항이다. 이 용법은 수학에서 하는 변수와 상수의 구분과 정확히 같다.

지금까지 우리가 구분한 문자들의 용법을 정리하면 다음과 같다.

이름	역할	사용하는 문자
개체 상항	개별 대상을 가리키는 이름	m, n, o, …
개체 변항	술어의 빈 자리를 표시하는 장치	x, y, z, …
술어 문자	특정 성질이나 관계를 나타내는 표현	Fx, Gx, Hx, Lxy, Kxyz, …

닫힌 문장과 열린 문장

우리의 표현법에서 가령 Fm과 Fx의 차이를 깨닫는 것이 중요하다. Fm은 그 자체로 참이나 거짓인 하나의 명제를 표현한다. 이런 문장을 '닫힌 문장'(closed sentence)이라 부른다. 한편 Fx는 술어를 나타낼 뿐 그 자체로 참이나 거짓을 따질 수 있는 명제를 표현하는 것이 아니다. 술어 Fx의 빈자리 x에 일정한 단칭 명사가 들어가야만 비로소 온전한 문장, 즉 명제를 표현하게 된다. 이런 문장을 '열린 문장'(open sentence)이라 부른다.

6.2 두 가지 종류의 양화사와 두 가지 종류의 일반화

보편 양화사와 존재 양화사

앞에서 보았듯이, 술어란 본질적으로 빈자리를 지니고 있다.[4] 그러므로 술어는 그 자체로는 참이나 거짓인 명제를 표현하는 것이 아니다. 다음 술어를 생각해 보자.

    ...는 2학년이다.   Fx

이것은 참도 거짓도 아니다. 이제 우리 반 학생으로 연수, 강희, 지영, 지수, 수빈, 진영, 영진 등이 있다고 하고, 앞의 술어의 빈자리를 '연수' (m)나 '강희' (n)로 채운다고 해 보자.

    연수는 2학년이다.   Fm
    강희는 2학년이다.   Fn

이처럼 술어의 빈자리를 단칭 명사로 채우게 되면, 단칭 명사가 가리키는 그 특정 대상이 술어가 말하는 그 성질을 지녔다는 것을 주장하는 단칭명제를 얻게 된다. 이때 연수와 강희가 실제로 2학년이면 참일 테고, 그렇지 않다면 거짓이 될 것이다.

그런데 술어로부터 참이나 거짓인 명제를 얻는 또 다른 방식이 있다. 앞에 나온 술어 '...는 2학년이다'의 빈자리에 우리 반 학생의 이름 가운데 어떠한 것이 들어가도 된다는 것을 주장하는 경우를 생각해 보자. 다시 말해, 술어의 빈자리에 '연수'가 들어가도 되고, '강희'가 들어가도 되고, '지영'이가 들어가도 되고, '지수' 등 어떤 것이 들어가도 된다는 것을 주장하는 경우를 생각해 보자. 이런 주장을 양화논리에서는 다음과 같이 나타낸다.

---

4 프레게는 이를 술어는 '불포화되어 있다' (unsaturated)고 표현하며 누누이 강조했다.

(∀x)Fx

여기서 '(∀x)'는 Fx에 나오는 x[5] 자리에 우리가 염두에 두는 대상들의 범위 안에 있는 것들 가운데 어떤 것이 들어가도 모두 성립한다는 것을 나타내는 장치로서, '보편 양화사'(universal quantifier)라고 부른다. 보편 양화사가 붙은 문장을 '보편 양화 문장'이라고 한다. 우리가 염두에 두는 대상들의 범위, 즉 x 자리에 들어갈 수 있는 대상들의 집합을 '양화의 도메인'(domain of quantification) 또는 '논의 세계'(the universe of discourse)라고 한다. 우리 예의 경우 논의 세계는 우리 반 학생들이다. 보편 양화 문장은 논의 세계에 있는 대상들 가운데 어떤 것을 잡더라도 문제의 술어를 만족한다는 것을 나타낸다. 이 때문에 보편 양화사가 붙은 문장은 모든 대상이 일정한 성질을 갖는다는 것을 나타내는 '보편 주장'을 표현한다고 말한다. 우리 예에서 (∀x)Fx은 우리 반 학생은 모두 2학년임을 나타낸다.

우리는 모든 대상이 일정한 성질을 갖는다는 것을 주장하는 때도 있지만, 일부 대상이 일정한 성질을 갖는다는 것을 주장할 때도 있다. 가령 우리 반 학생은 모두 2학년이라고 주장하는 경우도 있지만, 우리 반 학생 가운데 일부는 2학년이라고 주장하는 경우도 있을 수 있다. 이런 주장은 어떻게 나타낼까? 앞서 보편 양화 문장은 논의 세계에 있는 모든 대상이 문제의 술어를 만족한다는 것을 나타낸다고 했다. 이번에는 논의 세계에 있는 일부 대상이 문제의 술어를 만족한다는 것을 표현하면 될 것이다. 이를 양화논리에서는 다음과 같이 나타낸다.

(∃x)Fx

여기서 '(∃x)'를 '존재 양화사'(existential quantifier)라고 부르고, 존재 양화

---

5 **자유 변항과 구속 변항**

앞서 술어를 나타낼 때 보았던 Fx에서 x는 '자유 변항'(free variable)이라고 부른다. 반면 가령 (∀x)Fx에서 x는 '구속 변항'(bound variable)이라고 부른다. 이 자리에 들어올 수 있는 것은 맨 앞에 붙은 양화사의 논의 세계에 의해 규정되는 것이기 때문이다.

사가 붙은 문장을 '존재 양화 문장'이라고 부른다. 정확히 말하면, 존재 양화 문장은 논의 세계에 있는 대상들 가운데 적어도 하나는 문제의 술어를 만족한 다는 것을 주장한다. 이 때문에 존재 양화사가 붙은 문장은 특정 부류의 대상이 존재한다는 것을 나타내는 '존재 주장'을 표현한다고 말한다. 우리 예에서 (∃ x)Fx는 우리 반 학생 가운데 일부는 2학년임을 나타내고, 이는 우리 반 학생 가 운데는 2학년도 있다는 의미이다.

보편 일반화와 존재 일반화

논의를 더 나가기 전에 보편 양화 문장과 존재 양화 문장의 의미를 분명히 해 두는 것이 좋을 것 같다. 이를 위해서는 술어에 양화사를 붙인다는 것이 곧 일 반화(generalization)를 하는 것에 해당하며, 일반화의 방식에는 '보편 일반화' 와 '존재 일반화'의 두 가지가 있다고 이해하면 된다. 가령 논의 세계를 우리 반 학생들로 잡고, 술어 Gx를 'x는 장학생이다'라고 잡아 보자. 이때 (∀x)Gx 라는 보편 양화 문장은 보편 일반화(universal generalization)를 한 주장을 나 타내고, (∃x)Gx는 존재 일반화 (existential generalization)를 한 주장을 나 낸다. 전자는 우리 반 학생은 모두 장학생이라는 주장을 나타내게 되고, 후자는 우리 반 학생 가운데는 장학생도 있다는 것을 나타내게 된다.

지금까지의 논의를 정리하면 다음과 같다. 단칭 문장에서 고유 이름을 제거 하면 술어를 얻는다. 이 술어로부터 참/거짓을 따질 수 있는 명제를 얻는 데는 두 가지 방식이 있다. 첫째는 술어의 빈자리를 단칭 명사로 채우는 것이다. 이 렇게 얻는 단칭명제는 단칭 명사가 가리키는 대상이 술어를 만족한다는 것을 주장한다. 둘째는 술어 앞에 양화사를 붙이는 것이다. 이렇게 하면 일반화된 주장을 펴는 일반명제를 얻게 된다. 여기에는 다시 두 가지 방안이 있다. 하나 는 보편 양화사를 붙여 보편 일반화를 하는 것이고, 다른 하나는 존재 양화사 를 붙여 존재 일반화를 하는 것이다. 이 과정을 도식적으로 나타내면 다음과 같다.

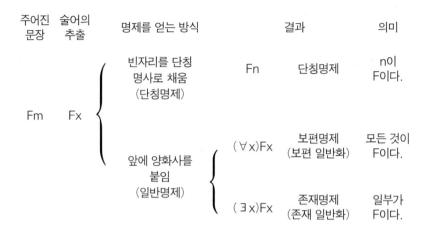

일반명제의 기본 형태 두 가지

우리가 하는 일반적인 주장에도 다양한 형태가 있다. 논의 세계에 있는 대상은 모두 일정한 성질을 갖는다고 하는 것이 있는 반면, 논의 세계에 있는 대상 가운데 특정 부류의 대상은 모두 일정한 성질을 갖는다는 주장도 있다. 논의 세계를 우리 반 학생들로 잡는다고 할 때, "모두가 2학년이다"와 같은 주장은 전자의 예이다. 반면에 "2학년 학생들은 모두 장학생이다"와 같은 주장은 후자의 예라고 할 수 있다. 이런 주장을 어떻게 기호화하는지를 살펴보자.

'…가 2학년이다'는 술어를 'Fx'로, '…는 장학생이다'는 술어를 'Gx'로 나타내기로 하자. 논의 세계와 개체 상항 및 술어의 의미를 분명히 하기 위해 다음과 같이 적기로 하자.

논의 세계		우리 반 학생들(연수, 강희 등등)	
단칭 명사		술어	
m	연수	Fx	x는 2학년이다
n	강희	Gx	x는 장학생이다

다음의 단칭 문장에서 시작하자.

연수는 2학년이다. Fm

연수는 장학생이다. Gm

이 두 문장을 '~면'이라는 진리함수적 결합사를 사용해 연결하면 다음과 같은 문장을 얻는다.

연수가 2학년이면, 연수는 장학생이다. Fm → Gm

이 문장에서 단칭 명사 '연수'를 지우면 다음과 같은 술어를 얻는다.

...가 2학년이면, ...는 장학생이다. Fx → Gx

이 술어의 빈자리 x를 연수를 가리키는 단칭 명사 m으로 채우면 Fm → Gm이라는 명제를 얻을 테고, 강희를 가리키는 단칭 명사 n으로 채우면 Fn → Gn이라는 명제를 얻게 된다. 그런데 앞서 이야기 했듯이, 술어로부터 명제를 얻는 또 한 가지 방법이 있다. 술어에 양화사를 붙이는 것이다. 다음과 같이 앞의 술어에 보편 양화사를 붙인다고 해 보자.

(∀x)(Fx → Gx)

이는 무슨 주장을 표현하는 것일까? 이는 다음이 모두 성립한다는 것을 주장한다.

연수가 2학년이면, 연수는 장학생이다. Fm → Gm
강희가 2학년이면, 강희는 장학생이다. Fn → Gn
⋮

이는 논의 세계인 우리 반 학생들 가운데 누구를 잡든지 간에 그 학생이 2학년이면 그 학생은 장학생임을 주장한다. 그러므로 (∀x)(Fx → Gx)는 "2학년 학생은 모두 장학생이다"는 것을 기호화한 것임을 알 수 있다.[6] 지금까지의 논의를 통해, 특정 부류의 대상은 모두 일정한 성질을 가지고 있다는 보편 주장은 다음과 같이 나타낸다는 사실을 알 수 있다.

A는 모두 B이다: $(\forall x)(Ax \rightarrow Bx)$[7]

일반명제의 또 한 가지 기본 형태를 도입하기 위해, 이번에는 다음과 같은 주장에서 출발해 보자.

Fm & Gm   연수는 2학년이고 연수는 장학생이다.

이로부터 단칭 명사 '연수'를 제거하면 다음 술어를 얻는다.

Fx & Gx

이 술어에 존재 양화사를 붙이는 존재 일반화를 해 보자.

$(\exists x)(Fx \ \& \ Gx)$

이는 무슨 주장을 표현하는 것일까? 이는 다음 가운데 적어도 하나는 성립한다는 것을 주장한다.

---

6 영민한 학생이라면 다음과 같은 궁금증을 가질 것이다. 논의 세계가 우리 반 학생들이 아니라 우리 반 2학년 학생들이라면 "2학년 학생은 모두 장학생이다"는 주장은 어떻게 기호화할까? 그것은 물론 $(\forall x)Gx$로 기호화된다. 이처럼 논의 세계를 어떻게 잡느냐에 따라 기호화가 달라지기도 한다. 논리학에서는 논의 세계를 그때마다 명기하는 경우도 있고, 모든 대상들이 다 속하는 가장 큰 논의 세계를 염두에 두고 별도로 언급하지 않는 경우도 있다. 우리는 되도록 논의 세계를 명시할 것이다.

7 이는 논의 세계에 있는 대상이 모두 A이고 그리고 그것들은 B이기도 하다는 주장이 아니다. 논의 세계에 A 이외의 대상이 있어도 이는 성립한다. 논의 세계에 있는 대상이 모두 A이고 그것들은 또한 B이기도 하다는 주장을 나타내는 것은 $(\forall x)(Ax \ \& \ Bx)$이다.

　Fm & Gm　　　연수는 2학년이고 연수는 장학생이다.

　Fn & Gn　　　강희는 2학년이고 강희는 장학생이다.

　　⋮

이는 논의 세계인 우리 반 학생들 가운데 2학년이면서 장학생인 대상이 적어도 하나는 있음을 주장한다. 그러므로 $(\exists x)(Fx \ \& \ Gx)$는 "2학년이면서 장학생인 사람이 있다"는 것을 기호화한 것임을 알 수 있다. 지금까지의 논의를 바탕으로 할 때 우리는 특정한 성질을 갖는 일정 부류의 대상의 존재를 주장하는 존재 주장은 다음과 같이 표현한다는 사실을 알 수 있다.

　A이면서 B인 것이 있다: $(\exists x)(Ax \ \& \ Bx)$[8]

8　기호 논리학을 처음 배우는 학생들은 대부분 "어떤 F는 G이다"를 양화논리에서 왜 (가)가 아니라 (나)로 표현하는지 궁금해 한다.

　(가) $(\exists x)(Fx \rightarrow Gx)$

　(나) $(\exists x)(Fx \ \& \ Gx)$

이런 의문은 아주 이질적인 두 가지 요소 때문에 발생하는 것 같다.

　하나는 "어떤 F는 G이다"가 과연 존재 주장인가 하는 점과 관련되어 있는 것으로 보인다. 의문은 이런 식일 것이다. 현대 논리학에서 말하듯이 "모든 F는 G이다"가 F의 존재를 꼭 염두에 두는 것이 아니라면, "어떤 F는 G이다"도 그렇게 이해하는 것이 더 적절하지 않을까? 그렇지 않다. "어떤 F는 G이다"는 엄밀하게 말해서 "F이면서 G인 것이 적어도 하나 존재한다"는 것을 의미한다. 이것을 임의적인 규정이라고 보더라도 상관없다. 우리가 나타내고자 하는 것이 바로 그것이기 때문이다. 그렇다면 우리가 의미하는 것을 양화논리에서 (나)로 나타내는 것이 더 자연스러울 것이다.

　이 점이 분명하다면, 이제 우리는 또 다른 의문에 대해서도 답할 수 있다. (가)는 "F이면서 G인 것이 적어도 하나 존재한다"는 것을 나타내기에 적합하지 않다. 그 이유는 (가)가 (나)에 비해 아주 약한 주장이라는 데 있다. 이 점을 분명히 하기 위해 우선 (가)가 다음과 동치임을 주목하자.

　(다) $(\exists x)(\sim Fx \lor Gx)$

이것은 (가)에 나오는 진리함수적 결합사 →을 부정과 선언 결합사를 써서 나타낸 것이다. 그리고 (다)는, 뒤에서 증명되듯이, 다음과 동치이다.

　(라) $(\exists x)\sim Fx \lor (\exists x)Gx$

그런데 (라)는 선언이므로 선언 성원 가운데 어느 하나가 참이기만 하면 참이 된다. 이는 결국 $(\exists x)\sim Fx$이 성립하거나 $(\exists x)Gx$이 성립하면 (가) $(\exists x)(Fx \rightarrow Gx)$가 성립한다는 의미가 된 우리는 존재 주장을 아주 다양한 방식으로 나타낸다. 다음은 앞의 존재명제를 일상어로 표현하는 서로 다른 방식들이다.

A이면서 B인 것이 있다.

⇔ 일부 A는 B이다.

⇔ A 가운데 일부는 B이다.

⇔ 어떤 A는 B이다.

⇔ B인 A가 있다.

⇔ (논의 세계에) 어떤 것이 있는데 그것은 A이면서 B이다.

⇔ (논의 세계에) A이면서 B인 것이 적어도 하나는 있다.

일반명제의 기본 유형 두 가지에 관한 지금까지의 논의를 정리하면 다음과 같다.

주어진 문장	술어의 추출	일반화	결과	의미
Fm → Gm	Fx → Gx	보편 일반화	$(\forall x)(Fx \rightarrow Gx)$	F는 모두 G이다.
Fm & Gm	Fx & Gx	존재 일반화	$(\exists x)(Fx \,\&\, Gx)$	F이면서 G인 것이 있다.

다. 그런데 (라)의 왼쪽 선언 성원 $(\exists x)\sim Fx$은 다음과 같은 경우에 각각 참이 된다.

- F가 아닌 것이 적어도 하나 존재하는 경우(가령 $\sim Fm$이면 $(\exists x)\sim Fx$가 성립한다)
- F가 하나도 존재하지 않는 경우(즉 $(\forall x)\sim Fx$이면 $(\exists x)\sim Fx$가 성립한다).

그리고 (라)의 오른쪽 선언 성원 $(\exists x)Gx$은 다음과 같은 경우에 참이 된다.

- G인 것이 적어도 하나 존재하는 경우(가령 Gn이면 $(\exists x)Gx$가 성립한다)

이제 (가)와 (나)의 차이를 분명히 알 수 있다. (나)는 F이면서 G인 것이 적어도 하나 있어야 참이 되는 반면, (가)는 F가 아닌 것이 하나 있기만 해도 참이고, 심지어 F인 것이 하나도 없어도 참이 되며, G인 것이 적어도 하나 있어도 참이 된다. 어느 누구도 F이면서 G인 것이 적어도 하나는 있다는 의미의 "어떤 F는 G이다"라는 주장이 이런 식으로 정당화된다고 보지는 않을 것이다.

물론 (나)가 참이면, (가)도 참이다. 하지만 방금 보았듯이 그 역은 성립하지 않는다. (가)와 (나)는 다른 주장이며, (나)가 우리가 말하는 존재 주장을 적절히 나타낸 것이다.

6.3 좀 더 복잡한 양화 문장 1

지금까지 우리가 다룬 양화 문장은 비교적 단순한 것이었다. 이 절에서는 앞서 소개한 기본 형태를 확장하기로 한다. 이를 통해 양화논리의 표현력이 확장되었음을 알 수 있다.

6.3.1 술어의 다양화: 진리함수적 결합사가 나오는 복합 술어

앞서 우리는 Fx와 같은 단순한 술어뿐만 아니라 Fx → Gx처럼 진리함수적 결합사가 나오는 술어에도 앞에 양화사를 붙여 일반화를 할 수 있다는 점을 보았다. 논의를 위해 술어 안에 진리함수적 결합사가 나오는 술어를 '복합 술어'라고 부르기로 하자. 진리함수적 결합사가 아주 여러 가지 방식으로 결합될 수 있다는 점을 생각해 본다면, 우리가 표현할 수 있는 일반성이 아주 다양할 것임을 짐작할 수 있을 것이다.

먼저 논의 세계와 술어를 다음과 같이 잡아보자.

논의 세계		우리 반 학생들(연수, 강희 등등)	
단칭 명사		술어	
m	연수	Fx	x는 2학년이다
n	강희	Gx	x는 장학생이다
		Hx	x는 남학생이다
		Jx	x는 3학년이다

1항 결합사인 부정이 나오는 복합 술어 ~Fx에 양화사가 붙은 형태부터 생각해 보자. 다음은 어떤 주장을 나타내는 것일까?

$(\forall x)\sim Fx$

이는 다음 주장

연수는 2학년이 아니다. ~Fm

에서 '연수' 자리 m을 보편 일반화한 것으로, 다음이 모두 성립한다는 주장이다.

연수는 2학년이 아니다.
강희는 2학년이 아니다.
⋮

그러므로 (∀x)~Fx는 논의 세계에 있는 대상 가운데 어느 누구도 2학년이 아님을 나타낸다. 한편 (∃x)~Fx는 논의 세계에 2학년이 아닌 사람도 있다는 것을 나타내게 될 것이다.

이제 2항 결합사가 나오는 복합 술어로 넘어가 보자. 우리는 "2학년 학생은 모두 장학생이다"를 다음과 같이 나타낸다고 했다.

(∀x)(Fx → Gx)

그러면 2학년 가운데 장학생은 아무도 없다는 의미의 "2학년 학생은 모두 장학생이 아니다"는 보편 주장은 어떻게 나타낼까? 이것은 다음 주장에서 '연수' 자리를 보편 일반화한 것이라고 볼 수 있다.

연수가 2학년이면 연수는 장학생이 아니다.

이 주장에서 단칭 명사 '연수'를 지우고 얻은 다음 술어

Fx → ~Gx

에 보편 양화사를 붙인 아래 문장이 우리가 나타내고자 한 기호화이다.

$(\forall x)(Fx \rightarrow \sim Gx)$

이것은 논의 세계인 우리 반 학생들 가운데 어느 누구를 잡든지 간에 그 학생이 2학년이면 그는 장학생이 아님을 주장한다. 달리 말해, 2학년 학생은 모두 장학생이 아님을 말한다.

앞의 방식의 기호화를 참조할 때, 다음은 어떤 주장을 의미하는 것일까?

$(\forall x)(\sim Fx \rightarrow \sim Gx)$

이는 다음을 뜻한다.

2학년이 아닌 사람은 모두 장학생이 아니다.

이 주장을 때로 다음과 같이 표현하기도 한다.

2학년들만 장학생이다.

이 주장은 "장학생은 모두 2학년이다"와 동치이며, 다음이 이를 나타내는 양화 문장이다.

$(\forall x)(Gx \rightarrow Fx)$

이번에는 "2학년 남학생은 모두 장학생이다"라는 보편 주장은 어떻게 나타낼지를 생각해 보자. 'Hx'가 '...는 남학생이다'라는 술어를 나타낸다고 하자. 이 주장은 다음과 같은 단칭명제를 일반화한 것이라고 할 수 있다.

$(Fm \ \& \ Hm) \rightarrow Gm$

연수가 2학년이고 연수가 남학생이면, 연수는 장학생이다.

이 문장에서 단칭 명사 '연수'를 제거하면 다음과 같은 복합 술어를 얻게 된다.

$(Fx \ \& \ Hx) \rightarrow Gx$

이 술어의 앞에 보편 양화사를 붙인다고 해 보자.

$(\forall x)((Fx \ \& \ Hx) \rightarrow Gx)$

이는 2학년이면서 남학생인 대상은 모두 장학생임을 뜻하는 것으로, 이는 곧 2학년 남학생은 모두 장학생이라는 주장을 나타낸다.

지금쯤이면 보편 주장을 기호화하기 위해 그 주장이 어떤 단칭 주장의 보편 일반화인지를 꼭 거슬러 올라가 살펴보아야 하는 것은 아닐 것이다. 우리가 $(\forall x)(Fx \rightarrow Gx)$라는 형태의 일반 문장이 어떤 과정을 거쳐 형성된 것인지를 잘 알고 있다면, 이 기본 형태에서 출발해 다른 것들은 'Fx'나 'Gx' 자리를 좀 더 구체화한 것이라고 이해해도 된다. 가령 "2학년 남학생은 모두 장학생이다"는 주장은 "2학년은 모두 장학생이다"는 주장에서 '2학년'이라는 성질을 '2학년이고 남학생'이라는 성질로 좀 더 구체화한 것이라고 할 수 있다. 도식적으로 말하면, 가령 $(\forall x)((Fx \ \& \ Hx) \rightarrow Gx)$는 $(\forall x)(Fx \rightarrow Gx)$의 'Fx' 자리를 'Fx & Hx'라는 술어로 더 구체화한 것으로 볼 수 있다.

이렇게 본다면, 아래 나오는 양화 문장의 의미를 파악하기는 어렵지 않을 것이다. '...는 3학년이다'는 술어를 'Jx'로 나타낸다고 할 때, "2학년이거나 3학년인 학생은 모두 장학생이다"라는 주장은 다음과 같이 기호화될 것이다.

$(\forall x)((Fx \lor Jx) \rightarrow Gx)$

이는 애초의 'Fx' 자리를 'Fx ∨ Jx'라는 술어로 구체화한 것이다. 물론 'Gx' 자리를 좀 더 구체화할 수도 있다. 다음과 같은 주장이 그런 사례이다.

$$(\forall x)(Fx \rightarrow (Gx \lor Hx))$$

이것은 "2학년은 모두 장학생이거나 남학생이다"를 뜻하게 된다.

　　보편 주장을 나타내는 기본형태 $(\forall x)(Ax \rightarrow Bx)$에서 'Ax'나 'Bx' 자리에 복합 술어를 집어넣어 특정 부류나 일정 성질을 좀 더 구체화한 보편 주장을 표현할 수 있듯이, 존재 주장을 두고서도 이런 작업을 할 수 있다. 존재 주장의 기본 형태인 $(\exists x)(Ax \,\&\, Bx)$에서 'Ax'나 'Bx' 자리에 복합 술어를 집어넣게 되면 좀 더 복잡한 존재 주장을 표현할 수 있다. 앞에서 우리는 2학년 학생 가운데는 장학생도 있다는 주장을 $(\exists x)(Fx \,\&\, Gx)$로 나타냈다. 그러면 "2학년 학생 가운데는 장학생이 아닌 학생도 있다"는 주장은 어떻게 표현할까? 이것은 $(\exists x)(Fx \,\&\, \sim Gx)$로 기호화한다. 2학년이면서 장학생인 대상이 있다는 주장을 $(\exists x)(Fx \,\&\, Gx)$로 기호화했으므로, 2학년이면서 장학생이 아닌 대상이 있다는 것은 'Fx'는 그대로 유지하고 'Gx'를 '$\sim Gx$'로 구체화한 것이라고 볼 수 있기 때문이다.[9] 한 가지 예만 더 생각해 보기로 하자. "2학년 중에는 남학생도 아니고 장학생도 아닌 사람도 있다"는 주장은 어떻게 기호화하면 될까? 이는 $(\exists x)(Fx \,\&\, Gx)$에서 'Gx'라는 술어를 '$\sim Gx \,\&\, \sim Hx$'로 구체화한 것이라고 볼 수 있고, 따라서 다음과 같이 기호화하면 된다.

$$(\exists x)(Fx \,\&\, (\sim Gx \,\&\, \sim Hx))$$

9　이는 다음 주장

　연수는 2학년이고 연수는 장학생이 아니다.

에서 단칭 명사 '연수'를 제거하고 남은 술어

　Fx & ∼Gx

에 존재 양화사를 붙이는 존재 일반화를 한 결과이다.

　$(\exists x)(Fx \,\&\, \sim Gx)$

이는 논의 세계인 우리 반 학생들 가운데 2학년이면서 장학생이 아닌 학생도 있다는 것을 주장한다.

지금까지 논의한 여러 가지 일반명제를 기본 문장에서 확장하는 방식으로 설명한다면 다음과 같다.

보편 일반화의 확장 사례

기본 형태	$(\forall x)(Fx \rightarrow Gx)$	F는 모두 G이다.
G를 구체화	$(\forall x)(Fx \rightarrow \sim Gx)$	F는 모두 G가 아니다.
F와 G를 구체화	$(\forall x)(\sim Fx \rightarrow \sim Gx)$	F가 아닌 것은 모두 G가 아니다.
F를 구체화	$(\forall x)((Fx \, \& \, Hx) \rightarrow Gx)$	F이면서 H인 것은 모두 G이다.
F를 구체화	$(\forall x)((Fx \lor Jx) \rightarrow Gx)$	F이거나 J인 것은 모두 G이다.
G를 구체화	$(\forall x)(Fx \rightarrow (Gx \lor Hx))$	F는 모두 G이거나 H이다.

존재 일반화의 확장 사례

기본 형태	$(\exists x)(Fx \, \& \, Gx)$	어떤 F는 G이다.
G를 구체화	$(\exists x)(Fx \, \& \, \sim Gx)$	어떤 F는 G가 아니다.
G를 구체화	$(\exists x)(Fx \, \& \, (\sim Gx \, \& \, \sim Hx))$	어떤 F는 G도 아니고 H도 아니다.

6.3.2 양화 문장의 진리함수적 결합

우리는 술어 안에 진리함수적 결합사가 나오는 복합 술어가 있을 수 있고, 그런 술어에 양화사를 붙임으로써 아주 다양한 일반명제를 표현할 수 있음을 보았다. 그렇게 표현된 양화 문장은 그 자체로 하나의 명제이므로, 그것들은 참/거짓이라는 진리값을 갖는다. 그렇기 때문에 그런 양화 문장을 다시 진리함수적 결합사를 이용해 결합할 수 있다. 다시 말해 어떤 양화 문장을 부정하거나, 두 개의 양화 문장을 연언이나 선언, 조건언으로 결합해 좀 더 복잡한 양화 문장을 구성할 수 있다.

양화 문장을 부정하기

먼저 양화 문장을 부정하는 경우부터 살펴보자. 논의 세계를 우리 반 학생들로 잡고, "모두가 2학년이다"를 의미하는 다음 문장에서 시작해 보자.

(1) $(\forall x)Fx$

이를 부정하면 다음을 얻는다.

(2) $\sim(\forall x)Fx$

이는 모두가 2학년인 것은 아님을 말한다. 그런데 이 주장은 다음과 구분되어
야 한다.

(3) $(\forall x)\sim Fx$

이것은 우리 반 학생들 가운데 어느 누구도 2학년이 아님을 말한다. 우리는 이
주장을 부정할 수도 있다.

(4) $\sim(\forall x)\sim Fx$

이것은 우리 반 학생들 가운데 어느 누구도 2학년이 아니라는 것은 사실이 아
님을 주장한다.
　그러므로 다음 네 가지는 모두 다른 주장이다.

(1) $(\forall x)Fx$　　　　　모두가 2학년이다.
(2) $\sim(\forall x)Fx$　　　　모두가 2학년인 것은 아니다.
(3) $(\forall x)\sim Fx$　　　　어느 누구도 2학년이 아니다.
(4) $\sim(\forall x)\sim Fx$　　　어느 누구도 2학년이 아닌 것은 아니다.

(1)과 (3)은 보편 주장인 반면, (2)와 (4)는 보편 주장을 부정한 것이다. (2)와
(4)를 '(보편) 일반화의 부정'이라고 한다면, (3)은 '부정의 (보편) 일반화'라
고 할 수 있을 것이다. 이들을 혼동하지 말아야 한다.

보편 양화 문장뿐만 아니라 존재 양화 문장도 부정할 수 있다.

(5) (∃x)Fx   2학년 학생도 있다.

이를 부정하면 다음을 얻는다.

(6) ~(∃x)Fx   2학년 학생도 있다는 것은 거짓이다.

이는 다음과는 구분되어야 한다.

(7) (∃x)~Fx   2학년이 아닌 학생도 있다.

(6)은 존재명제의 부정인 반면 (7)은 특정 대상의 존재를 주장하는 존재명제이다. 우리는 (7)도 다시 부정할 수 있다. 그러면 다음을 얻는다.

(8) ~(∃x)~Fx   2학년이 아닌 학생도 있다는 것은 거짓이다.

(5)와 (7)은 존재 주장인 반면, (6)과 (8)은 존재 주장을 부정한 것이다. 특히 (6)과 (8)을 '(존재) 일반화의 부정'이라고 한다면, (7)은 '부정의 (존재) 일반화'라고 할 수 있을 것이다. 역시 이들을 혼동하지 말아야 한다.

영민한 사람이라면, 지금까지 본 여러 명제 가운데 서로 동치인 것이 있음을 알았을 것이다. 가령 다음 쌍은 서로 동치이다.

~(∀x)Fx과 (∃x)~Fx

(∀x)~Fx과 ~(∃x)Fx

또한 (∃x)~Fx를 부정한 것은 (∀x)Fx과 동치이고, (∀x)~Fx을 부정한 것은 (∃x)Fx과 동치임도 쉽게 알 수 있을 것이다. 나중에 우리는 이들이 상호 도출가능하다는 점을 증명할 것이다.

지금까지 본 것을 표로 간단히 나타내면 다음과 같다. 여기서 대각선에 있는 것은 서로를 부정한 것으로 모순 관계에 있는 것들이고, A와 B가 동치일 때 이를 'A ≡ B'로 나타냈다.

(1) $(\forall x)Fx$
≡ (8) $\sim(\exists x)\sim Fx$

(3) $(\forall x)\sim Fx$
≡ (6) $\sim(\exists x)Fx$

(4) $\sim(\forall x)\sim Fx$
≡ (5) $(\exists x)Fx$

(2) $\sim(\forall x)Fx$
≡ (7) $(\exists x)\sim Fx$

다음 8개 문장 사이에도 앞서와 똑 같은 관계가 성립한다. 여기서도 동치인 두 문장은 '≡' 기호를 써서 나타냈고, 대각선에 있는 것은 서로를 부정한 것으로 모순 관계에 있는 것들임을 쉽게 알 수 있다.

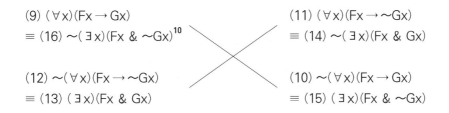

(9) $(\forall x)(Fx \rightarrow Gx)$
≡ (16) $\sim(\exists x)(Fx\ \&\ \sim Gx)$[10]

(11) $(\forall x)(Fx \rightarrow \sim Gx)$
≡ (14) $\sim(\exists x)(Fx\ \&\ Gx)$

(12) $\sim(\forall x)(Fx \rightarrow \sim Gx)$
≡ (13) $(\exists x)(Fx\ \&\ Gx)$

(10) $\sim(\forall x)(Fx \rightarrow Gx)$
≡ (15) $(\exists x)(Fx\ \&\ \sim Gx)$

---

10 이 둘이 동치라는 점을 정확히 이해하는 것이 중요하다. 여기 나온 대로 "F는 모두 G이다"는 보편명제는 이른바 '존재 함축'(existential import)을 갖지 않는다. 동치가 말해 주듯이, "F는 모두 G이다"는 주장은 F인데 G가 아닌 대상은 전혀 없다는 말일 뿐이다. 그러므로 F인 대상이 하나도 없다면 "F는 모두 G이다"라는 보편명제는 거짓이 아니라 참이 된다. 이때 그 보편명제는 이른바 '공허하게'(vacuously) 참이 된다고 말한다. F인 대상이 하나도 없다면, F인데 G가 아닌 대상도 당연히 없을 것이기 때문이다. 그 경우 거짓이라고 생각하는 이유는 "F는 모두 G이다"는 주장을 F인 것이 적어도 하나 있으며 그런 F 가운데 G가 아닌 것은 하나도 없다는 것으로 이해하기 때문이다. 아리스토텔레스는 이처럼 보편명제가 존재 함축을 갖는다고 이해했다.

〈생각해 볼 것〉
중간고사 채점 결과 만점자는 한 명도 없는 것으로 밝혀졌다고 하자. 이런 상황에서 누군가가 "이번 중간고사의 만점자는 모두 3학년이다"라는 주장을 했다고 해 보자. 이 주장은 참이라고 해야 할까, 거짓이라고 해야 할까, 아니면 참도 아니고 거짓도 아니라고 해야 할까?

양화 문장을 연언/선언으로 결합하기

양화 문장에 부정 결합사를 붙여 만든 복합 명제에 관한 논의는 이 정도로 하고, 이제 연언, 선언 등과 같은 진리함수적 결합사를 써서 양화 문장을 결합한 복합 명제를 살펴보기로 하자. 논의 세계와 술어를 각각 다음과 같이 잡아보자.

논의 세계		우리 반 학생들(연수, 강희 등등)	
단칭 명사		술어	
m	연수	Fx	x는 2학년이다
n	강희	Gx	x는 장학생이다

$(\forall x)Fx$

이는 우리 반 학생이 모두 2학년임을 뜻한다. 다음은 우리 반 학생이 모두 장학생임을 뜻할 것이다.

$(\forall x)Gx$

이 둘은 진리값을 갖는 온전한 명제이므로 이들을 진리함수적 결합사를 써서 묶을 수 있다.

$(\forall x)Fx \lor (\forall x)Gx$

이는 보편명제를 선언으로 결합한 것으로, 우리 반 학생은 모두 2학년이거나 우리 반 학생은 모두 장학생임을 주장한다. 이 명제는 다음 명제와 다르다.

$(\forall x)(Fx \lor Gx)$

이것은 Fm $\lor$ Gm이라는 단칭 주장에서 m 자리를 보편 일반화한 것이다. 이것은 우리 반 학생들 가운데 누구를 잡더라도 그는 2학년이거나 장학생임을 주장

한다. 위의 두 명제가 동치가 아니라는 점은 논의 세계를 자연수들로 잡고, Fx
와 Gx라는 술어를 각각 '...는 짝수이다'와 '...는 홀수이다'라는 술어로 잡아보
면 쉽게 알 수 있다. 그렇게 해석할 때 앞의 식 (∀x)Fx ∨ (∀x)Gx은 거짓이
다. 왜냐하면 모든 자연수가 짝수라고 주장하는 왼쪽 선언 성원 (∀x)Fx도 거
짓이고 모든 자연수가 홀수라고 주장하는 오른쪽 선언 성원 (∀x)Gx도 거짓이
기 때문이다. 하지만 보편문장인 후자 (∀x)(Fx ∨ Gx)는 참이다. 자연수 가운
데 어떤 수를 잡더라도 그것은 짝수 아니면 홀수이기 때문이다.

비슷한 얘기를 다음 두 명제를 두고서도 할 수 있다.

(∃x)Fx & (∃x)Gx

(∃x)(Fx & Gx)

이 둘도 서로 동치가 아니다. 앞의 명제는 존재명제의 연언이다. 이는 연언이므
로 존재명제인 각각의 연언 성원이 참이어야 참이다. 한편 뒤의 명제는 F이면
서 G인 대상의 존재를 요구하며, 그런 것이 있을 때에만 참이 된다. 이 둘이 동
치가 아니라는 점은 앞에 나온, 자연수들을 논의 세계로 잡는 예를 그대로 생각
해 보면 쉽게 알 수 있을 것이다.

6.4 좀 더 복잡한 양화 문장 2: 다항 일반성

앞에서 우리는 술어를 진리함수적 결합사가 나오는 복합 술어로 확장한다거나
양화 문장을 진리함수적 결합사를 써서 결합함으로써 아주 다양한 주장을 표현
할 수 있음을 보았다. 하지만 양화논리의 표현력이 크게 확대되었음을 보여 주
는 전형적 사례는 아직 나오지 않았다. 이제 그것을 보기로 하겠다.

6.4.1 한 차례 일반화
앞서 보았듯이, 술어에는 1항 술어 이외에 다항 술어가 있다. 논의 세계와 단

칭 명사, 술어를 각각 다음과 같이 잡는다고 해 보자.

논의 세계		우리 반 학생들(연수, 강희, 지영, 수빈 등등)	
단칭 명사		술어	
m	연수	Txy	x는 y보다 키가 크다
n	강희		
o	지영		
p	수빈		

이때 "연수는 강희보다 키가 크다"를 의미하는 문장 Tmn에서 출발해 보자.

첫째, Tmn의 보편 일반화: (∀x)Txn, (∀x)Tmx
문장 Tmn에서 단칭 명사 '연수' m을 제거하면 다음 술어를 얻는다.

Txn

이 술어에도 양화사를 붙여 양화 문장을 만들 수 있다.

(∀x)Txn

이것은 '연수'가 들어갔던 자리를 보편 일반화한 것이므로, 다음이 모두 성립한다는 주장이다.

연수는 강희보다 키가 크다.
지영이는 강희보다 키가 크다.
수빈이는 강희보다 키가 크다.
⋮

따라서 (∀x)Txn은 우리 반에 있는 학생은 모두 강희보다 키가 크다는 것을 말

하며, 이는 강희가 키가 가장 작다는 주장에 해당한다.[11]

이번에는 원래 문장 Tmn에서 '강희' n이라는 단칭 명사를 지운 술어 Tmx에 보편 양화사를 붙였다고 해 보자.

$(\forall x)Tmx$

이것은 무슨 뜻일까? 이것은 '강희'가 들어갔던 자리를 보편 일반화한 것이므로, 다음이 모두 성립한다는 주장이다.

연수는 강희보다 키가 크다.
연수는 지영이보다 키가 크다.
연수는 수빈이보다 키가 크다.
⋮

그러므로 $(\forall x)Tmx$는 연수는 우리 반에 있는 누구보다 키가 크다는 것, 즉 연수가 키가 가장 크다는 것을 의미한다.

둘째, Tmn의 존재 일반화: $(\exists x)Txn$, $(\exists x)Tmx$

이번에는 앞의 술어 Txn과 Tmx에 존재 양화사를 붙여 존재 일반화를 하는 경우를 차례로 생각해 보자. 다음은 무엇을 뜻할까?

$(\exists x)Txn$

존재 양화 문장은 논의 세계에 있는 대상 가운데 적어도 하나는 문제의 술어를 만족한다는 것을 주장한다. 따라서 이것은 다음 가운데 적어도 하나가 성립한다는 것을 나타낸다.

---

11 물론 x 자리에는 강희 자신도 들어가고, 강희 자신이 강희보다 키가 작은 것은 아니므로 이 주장은 거짓일 것이다.

연수는 강희보다 키가 크다.

지영이는 강희보다 키가 크다.

수빈이는 강희보다 키가 크다.

⋮

보편 양화 문장은 위의 개별 사례가 모두 성립함을 주장하는데 비해, 존재 양화 문장은 위의 개별 사례 가운데 적어도 하나가 성립함을 주장한다는 점에서 차이가 있다. 따라서 (∃x)Txn은 논의 세계에 강희보다 키가 큰 사람도 있다는 주장을 표현한다.

이번에는 다음 양화 문장의 의미를 파악해 보자.

(∃x)Tmx

이것은 아래 주장 가운데 적어도 하나가 성립한다는 것을 말한다.

연수는 강희보다 키가 크다.

연수는 지영이보다 키가 크다.

연수는 수빈이보다 키가 크다.

⋮

이는 연수가 논의 세계에 있는 대상들 가운데 적어도 어느 한 사람보다는 키가 크다는 것, 다시 말해 연수보다 키가 작은 사람도 있다는 것을 나타낸다. 이처럼 술어의 빈자리를 '연수' 자리로 잡느냐 '강희' 자리로 잡느냐에 따라, 그리고 그 자리를 보편 일반화를 하느냐 존재 일반화를 하느냐에 따라 의미가 서로 다른, 다양한 양화 문장이 생겨난다는 것을 알 수 있다.[12]

---

12 이런 설명은 더미트의 견해를 따른 것이다. Dummett (1981), 2장 참조.

6.4.2 두 차례 일반화

Tmn의 보편 일반화와 존재 일반화 1: $(\exists y)(\forall x)Txy$, $(\forall y)(\exists x)Txy$

이제 한 걸음 더 나아가 보자. 앞에서는 단칭 명사가 나오는 자리 가운데 어느 하나만을 일반화했다. 그런데 단칭 명사, 즉 개체 상항이 나오는 자리는 어느 것이든 일반화할 수 있다. 이번에는 다음 문장에서 출발해 보자.

$(\forall x)Txn$

이것은 우리 반에서 강희가 키가 가장 작다는 것을 의미했다. 여기서 '강희' 자리, 즉 개체 상항 n을 지우면 다음과 같은 술어를 얻게 된다.

$(\forall x)Txy$

이제 y 자리를 존재 일반화[13]한다고 해 보자.[14]

$(\exists y)(\forall x)Txy$

이는 존재 일반화를 한 것이기 때문에 y 자리에 들어갈 경우 그 술어를 만족하는 대상이 논의 세계에 적어도 하나는 있다는 것을 뜻한다. 다시 말해, 이는 다음 가운데 적어도 하나가 성립한다는 것을 말한다.

 연수가 키가 가장 작다.
 강희가 키가 가장 작다.
 지영이가 키가 가장 작다.

---

13 물론 y 자리를 보편 일반화한 $(\forall y)(\forall x)Txy$라는 문장도 가능하다. 이는 별로 흥미로운 주장이 아니어서 다루지 않을 뿐이다.

14 이해를 쉽게 하려면, $(\exists y)(\forall x)Txy$를 $(\exists y)[(\forall x)Txy]$로 적는 것이 더 좋다. 이렇게 하면 원래 문장 $(\forall x)Txy$에서 y 자리를 존재 일반화한 것이라는 점이 더 잘 드러난다.

수빈이가 키가 가장 작다.
   ⋮

그러므로 (∃y)(∀x)Txy는 우리 반 학생 가운데 키가 가장 작은 사람이 있다는
것을 나타낸다.

　이번에는 강희보다 키가 큰 사람이 있다는 것을 뜻하는 다음 문장의 n 자리
를 보편 일반화한다고 해 보자.

　(∃x)Txn

그 결과는 다음이다.

　(∀y)(∃x)Txy

이는 무슨 뜻일까? 이는 다음이 모두 성립한다는 주장이다.

　연수보다 키가 큰 사람이 있다.
　강희보다 키가 큰 사람이 있다.
　지영이보다 키가 큰 사람이 있다.
　수빈이보다 키가 큰 사람이 있다
　　⋮

이는 누구든 그 사람보다 키가 큰 사람이 있다는 의미이다. 다시 말해 논의 세
계에 있는 대상들 가운데 누구를 잡든지 간에 그 사람보다 키가 큰 사람이 있다
는 주장이다.[15]

———————————

15　논의 세계가 유한 개의 대상으로 이루어져 있다면 이 주장은 성립하지 않으므로 거짓이 된
다. 하지만 가령 자연수의 집합과 같은 무한 집합을 논의 세계로 잡고, Txy를 'x는 y보다 크다'
는 술어로 잡는다면 이 주장은 참이 된다. 어떠한 자연수를 잡더라도 그보다 더 큰 자연수가 항

Tmn의 보편 일반화와 존재 일반화 2: $(\exists y)(\forall x)Tyx$, $(\forall y)(\exists x)Tyx$

이번에는 우리 반에서 연수가 키가 가장 크다는 의미인 $(\forall x)Tmx$에서 m 자리를 존재 일반화한다고 해 보자.

$(\exists y)(\forall x)Tyx$[16]

이는 다음 가운데 적어도 하나가 성립한다는 것을 말한다.

연수가 키가 가장 크다.
강희가 키가 가장 크다.
지영이가 키가 가장 크다.
수빈이가 키가 가장 크다.
  ⋮

이는 우리 반에서 키가 가장 큰 사람이 있다는 것을 의미한다.

마지막으로 연수보다 키가 작은 사람도 있다는 의미인 $(\exists x)Tmx$에서 m 자리를 보편 일반화 한다고 해 보자.

$(\forall y)(\exists x)Tyx$

이는 다음이 모두 성립한다는 주장이다.

연수보다 키가 작은 사람도 있다.
강희보다 키가 작은 사람도 있다.
지영이보다 키가 작은 사람도 있다.

상 있기 때문이다.

16 뒤에서 보겠지만, $(\exists y)(\forall x)Tyx$는 $(\exists x)(\forall y)Txy$와 상호 도출가능하다.

수빈이보다 키가 작은 사람도 있다.

⋮

이는 우리 반의 누구든 그 사람보다 키가 작은 사람이 있다는 것을 의미한다.[17]
지금까지 살펴본 네 개의 다항 양화 문장은 서로 의미가 다르다.

(∃y)(∀x)Txy   키가 가장 작은 사람이 있다
(∀y)(∃x)Txy   누구든 그 사람보다 키가 큰 사람이 있다
(∃y)(∀x)Tyx   키가 가장 큰 사람이 있다
(∀y)(∃x)Tyx   누구든 그 사람보다 키가 작은 사람이 있다

이들의 미묘한 의미 차이를 선명히 드러내는 데는 아마 다음과 같은 그림이 도
움이 될 것이다.[18]

(1) 키가 가장 작은 사람이 있다.

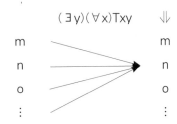

---

17   이것 또한 정수의 집합과 같은 무한 집합을 논의 세계로 잡고, Txy를 'x는 y보다 크다'는
술어로 잡는다면 참이 된다. 어떠한 정수를 잡더라도 그보다 더 작은 정수가 항상 있기 때문
이다.

18   의미의 차이를 분명히 인식하는 다른 한 방식은 첫 번째와 세 번째는 존재 주장인 반면, 두
번째와 네 번째는 보편 주장임을 명심하는 것이다. 우리는 명제논리에서 주결합사가 그 명제의
근본 형태를 결정한다는 것을 보았다. 가령 ~(P & Q)는 부정명제이다. 부정결합사가 가장 나
중에 붙은 결합사이기 때문이다. 같은 식의 이야기를 양화논리에서도 할 수 있다. 앞의 설명에
서 드러났듯이, 가령 (∃y)(∀x)Tyx는 (∀x)Tmx를 존재 일반화한 것으로 존재 주장을 표현한
다. 앞서도 말했듯이, 명제논리와 양화논리의 언어는 철저하게 단계적으로 구성되는 것임을 기
억하는 것이 좋다.

(2) 누구든 그 사람보다 키가 큰 사람이 있다.

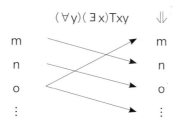

$$(\forall y)(\exists x)Txy \quad \Downarrow$$

(3) 키가 가장 큰 사람이 있다.

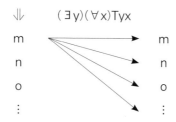

$$\Downarrow \quad (\exists y)(\forall x)Tyx$$

(4) 누구든 그 사람보다 키가 작은 사람이 있다.

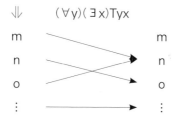

$$\Downarrow \quad (\forall y)(\exists x)Tyx$$

지금까지 본 것처럼, 다항 술어의 변항 자리는 어느 것이든 일반화할 수 있다. 이렇게 함으로써 우리는 아주 다양한 형태의 일반적인 주장을 표현할 수 있다. 아리스토텔레스가 제시한 전통 논리학에서는 특정 대상 모두나 일부가 일정한 성질을 가지고 있다(또는 있지 않다)는 것 정도만을 표현할 수 있다. 하지만 현대 논리학에 오면 성질뿐만 아니라 관계까지도 표현할 수 있다. 가령 특정 부류의 대상이 어떤 대상들 모두나 일부와 일정한 관계를 갖는다는 것도 나타낼 수 있고, 모든 대상과 일정한 관계를 갖는 특정 부류의 대상이 있다는 것 등도 나타낼 수 있다.[19] 이제 이런 주장을 몇 가지 보기로 하자.

6.4.3 다항 양화 문장과 일상언어의 애매성

우리는 앞서 특정 부류의 모든 대상이나 일부 대상이 일정한 성질을 갖는다는 주장을 표현하는 기본 방식이 다음과 같은 것이라고 했다.

$(\forall x)(Ax \rightarrow Bx)$

$(\exists x)(Ax \ \& \ Bx)$

이때 Ax나 Bx와 같은 술어 자리에 다시 진리함수적 결합사가 나오는 복합 술어를 집어넣음으로써 다양한 일반성 주장을 표현할 수 있었다. 이번에는 이들 자리에 다항 술어가 들어가는 경우를 생각해 보자.

논의 세계와 단칭 명사 및 술어문자의 의미를 다음과 같이 잡아 보자.

논의 세계		우리 반 학생들(연수, 강희, 지영, 수빈 등)	
단칭 명사		술어	
m	연수	Fx	x는 2학년이다.
n	강희	Gx	x는 장학생이다.
o	지영	Lxy	x는 y를 좋아한다.
p	수빈		

"2학년은 모두 장학생이다"를 $(\forall x)(Fx \rightarrow Gx)$로 나타낸다고 할 때, "연수가 좋아하는 사람은 모두 장학생이다"는 주장은 어떻게 기호화할 수 있을까? 앞에서 한 설명에 따를 때, 이는 Ax 자리를 좀 더 구체화한 것이라고 볼 수 있다. "연수가 …를 좋아한다"는 술어를 Lmx로 나타낸다고 할 때 다음이 우리가 원하는 기호화이다.

19 닐은 논리학사에서 프레게의 업적을 평가하면서 "변항을 구속하기 위해 양화사를 사용한 것이 19세기 지적 고안물 가운데 가장 위대한 것이었다고 해도 결코 과언이 아니다"라고 말한다. Kneale and Kneale (2015), 제2권, 204쪽.

$$(\forall x)(Lmx \rightarrow Gx)$$

한편 "연수는 장학생만 좋아한다"는 주장은 어떤 대상이든 그 대상이 장학생이 아니라면 연수는 그 대상을 좋아하지 않는다는 의미이므로, 다음과 같이 나타낸다.

$$(\forall x)(\sim Gx \rightarrow \sim Lmx)$$

이는 앞에 나온 $(\forall x)(Lmx \rightarrow Gx)$과 동치인 주장이다.[20]

　"연수가 좋아하는 2학년은 모두 장학생이다"는 어떻게 나타낼 수 있을까? 이는 연수가 누군가를 좋아하고 그는 2학년이라는 주장에서 유래한 것일 터이므로, 다음 주장에서 얻은 술어가 필요하다.

　Lmn & Fn　　연수는 강희를 좋아하고 강희는 2학년이다.

이 주장에서 n을 제거하면 다음 술어를 얻는데, 이것이 우리가 원하던 술어이다.

　Lmx & Fx

이 술어를 Ax 자리에 넣으면 우리는 다음과 같은 주장을 얻는다.

$$(\forall x)((Lmx \& Fx) \rightarrow Gx)$$

20　한편 $(\forall x)(Gx \rightarrow Lmx)$는 어떤 주장을 나타내는 것일까? 이는 장학생이기만 하면 무조건 연수는 그 사람을 좋아한다는 뜻이다. 이는 연수가 좋아하는 사람은 모두 장학생이다(또는 연수는 장학생만 좋아한다)는 것과는 구분된다. 지영이가 장학생이 아닌데 연수가 그를 좋아한다고 해 보자. 이때 $(\forall x)(Gx \rightarrow Lmx)$는 참이지만 $(\forall x)(Lmx \rightarrow Gx)$는 거짓이다.

이것은 논의 세계에 있는 우리 반 학생들 가운데 누구를 잡더라도, 연수가 그 학생을 좋아하고 그가 2학년이면 그는 장학생임을 말한다. 다시 말해 연수가 좋아하는 2학년은 모두 장학생임을 뜻한다.

(가) 2학년은 모두 좋아하는 장학생이 있다.

이번에는 $(\forall x)(Ax \rightarrow Bx)$에서 Bx 자리를 좀 더 구체화하는 방식을 생각해 보자. "2학년은 모두 장학생이다" 대신 "2학년은 모두 좋아하는 장학생이 있다"는 것은 어떻게 기호화할 수 있을까? '좋아하는 장학생이 있다'는 것을 어떻게 나타내야 하는지를 알려면 먼저 다음에서 출발해야 한다.

Lmn & Gn   연수는 강희를 좋아하고 강희는 장학생이다.

이 문장에서 n 자리를 존재 일반화하면 우리는 "연수가 좋아하는 장학생이 있다"를 의미하는 다음을 얻는다.

$(\exists y)(Lmy \mathbin{\&} Gy)$

그리고 "연수가 2학년이면 연수가 좋아하는 장학생이 있다"는 주장은 다음과 같이 나타낼 것이다.

$Fm \rightarrow (\exists y)(Lmy \mathbin{\&} Gy)$

끝으로 여기 나오는 개체 상항 m 자리를 보편 일반화하면 다음을 얻는다.

$(\forall x)(Fx \rightarrow (\exists y)(Lxy \mathbin{\&} Gy))$

이것은 논의 세계에 있는 대상 가운데 어떤 것을 잡더라도, 다시 말해 연수뿐만 아니라 강희, 지영이, 수빈이 등에 대해서도 술어 'Fx → (∃y)(Lxy & Gy)'가 만족된다는 것을 주장한다. 즉 누구든 그가 2학년이면 그가 좋아하는 장학생이 있다는 것이다. 이것이 우리가 원하던 "2학년은 모두 좋아하는 장학생이 있다"의 기호화임을 알 수 있다.

(나) 2학년이 모두 좋아하는 장학생도 있다.

앞서 우리가 기호화한 주장은 2학년은 모두 나름대로 자신이 좋아하는 장학생이 있다는 것으로, 각자가 좋아하는 장학생이 꼭 하나의 동일 인물일 필요는 없다. 그렇다면 그런 동일 인물이 있다는 것을 주장하는 "2학년이 모두 좋아하는 장학생도 있다"는 것은 어떻게 나타낼까? 우선 이는 $(\exists x)(Ax \,\&\, Bx)$라는 형태의 존재 주장으로 나타내야 한다는 점을 주목해야 한다. 만약 이를 'B인 A가 있다'로 읽는다면,[21] A 자리에는 '...는 장학생이다'라는 술어가 들어가고 B 자리에는 '2학년은 모두 ...를 좋아한다'는 술어가 들어가야 할 것이다. 이를 위해 먼저 "2학년은 모두 ...를 좋아한다"는 것을 어떻게 나타낼지 생각해 보자. 이는 명백히 보편 주장이다. 따라서 이것의 기본 형태는 $(\forall x)(Ax \rightarrow Bx)$일 것이다. A 자리에는 '...는 2학년이다'를 나타내는 술어가 들어가야 할 테고, B 자리에는 '그는 ...를 좋아한다'는 술어가 들어가야 할 것이다. 가령 "연수가 2학년이면 연수는 강희를 좋아한다"는 문장 'Fm → Lmn'에서 연수 자리를 보편 일반화하면 다음 주장을 얻는데,

$$(\forall x)(Fx \rightarrow Lxn)$$

이는 2학년은 모두 강희를 좋아한다는 의미이다. 그리고 강희가 장학생이라면 이제 우리가 원하는 존재 일반화를 하기 직전의 다음 주장을 얻는다.

$$Gn \,\&\, (\forall x)(Fx \rightarrow Lxn)$$

---

21   물론 "A인 B가 있다"로 읽어도 된다.

우리가 찾던 것은 이 주장을 존재 일반화한 다음임을 알 수 있다.

(∃y)(Gy & (∀x)(Fx → Lxy))

이것은 논의 세계에 장학생이면서 2학년이 모두 좋아하는 대상이 있음을 말한다.
지금까지 살펴본 두 주장이 확연히 다르다는 점은 다음 그림을 보면 분명히
알 수 있다.

(가) 2학년은 모두 좋아하는 장학생이 있다.

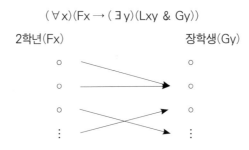

(나) 2학년이 모두 좋아하는 장학생도 있다.

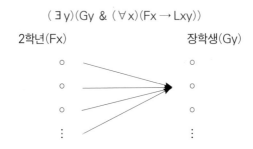

이처럼 양화논리에 오면, 일상어로는 정확하게 표현하기 어려운 미묘한 차이도
잘 포착해 낼 정도로 표현력이 크게 확장된다.
양화논리를 이용해 일상 문장의 애매성을 해소할 수 있는 사례를 한두 가지
더 보기로 하자. 다음 문장을 보자.

여학생은 모두 프로야구 선수를 좋아한다.

이는 중의적이어서 다음 두 가지로 읽을 수 있다.

(다) 여학생은 모두 좋아하는 프로야구 선수가 있다.
(라) 여학생은 모두 프로야구 선수라면 다 좋아한다.

논의 세계와 술어를 다음과 같이 잡아보자.

논의 세계		사람들	
		술어	
		Gx	x는 여학생이다
		Hx	x는 프로야구 선수이다
		Lxy	x는 y를 좋아한다.

앞의 두 문장을 기호화하면 각각 다음과 같다.

(다) ′(∀x)(Gx → (∃y)(Hy & Lxy))
(라) ′(∀x)(Gx → (∀y)(Hy → Lxy))

이 둘이 서로 다른 의미의 보편 주장이라는 점은 다음 그림을 통해 쉽게 파악할 수 있다.

(다) 여학생은 모두 좋아하는 프로야구 선수가 있다.

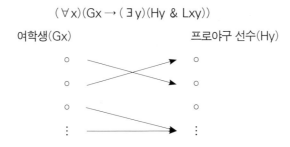

(∀x)(Gx → (∃y)(Hy & Lxy))

여학생(Gx)　　　　　　　프로야구 선수(Hy)

(라) 여학생은 모두 프로야구 선수라면 다 좋아한다.

$$(\forall x)(Gx \rightarrow (\forall y)(Hy \rightarrow Lxy))$$

여학생(Gx)   프로야구 선수(Hy)

또 한 가지 예로 다음 문장을 보자.

연수는 예쁜 여자를 좋아한다.

이 문장도 중의적이어서 두 가지 방식으로 읽을 수 있다.

(마) 연수가 좋아하는 예쁜 여자가 있다.
(바) 연수는 예쁜 여자이면 다 좋아한다.

논의 세계와 술어를 다음과 같이 잡아보자.

논의 세계		사람들	
단칭 명사		술어	
m	연수	Gx	x는 여자이다
		Nx	x는 예쁘다.
		Lxy	x는 y를 좋아한다.

앞의 두 문장을 양화 문장으로 표현하면 각각 다음과 같다.

(마) ' $(\exists x)((Nx \ \& \ Gx) \ \& \ Lmx)$
(바) ' $(\forall x)((Nx \ \& \ Gx) \rightarrow Lmx)$

한편 "연수는 예쁜 여자만 좋아한다"는 것은 다음과 같이 나타낼 것이다.

(사) $(\forall x)(Lmx \rightarrow (Nx \ \& \ Gx))$

이들은 모두 서로 다른 주장이고, 이런 예를 통해 우리는 양화논리의 표현력이 아주 풍부해졌음을 알 수 있다.

지금까지 논의한 것을 정리하면 다음과 같다.

보편 일반화의 확장: 다항 술어로 구체화

기본 형태	$(\forall x)(Fx \rightarrow Gx)$	2학년은 모두 장학생이다.
F를 구체화	$(\forall x)(Lmx \rightarrow Gx)$	연수가 좋아하는 사람은 모두 장학생이다.
F를 구체화	$(\forall x)((Lmx \ \& \ Fx) \rightarrow Gx)$	연수가 좋아하는 2학년은 모두 장학생이다.
G를 구체화	$(\forall x)(Fx \rightarrow (\exists y)(Lxy \ \& \ Gy))$	2학년은 모두 좋아하는 장학생이 있다.
G를 구체화	$(\forall x)(Fx \rightarrow (\forall y)(Gy \rightarrow Lxy))$	2학년은 모두 장학생이면 무조건 다 좋아한다.

존재 일반화의 확장: 다항 술어로 구체화

기본 형태	$(\exists x)(Fx \ \& \ Gx)$	2학년 중에는 장학생도 있다.
F를 구체화	$(\exists y)(Gy \ \& \ (\forall x)(Fx \rightarrow Lxy))$	2학년이 모두 좋아하는 장학생도 있다.

연 습 문 제

1. 주어진 문자를 사용하여 아래 각 문장을 양화논리의 기호법으로 나타내 보라.

논의 세계		우리 반 학생들(연수, 강희, 지영 등등)	
단칭 명사		술어	
m	연수	Sx	x는 2학년이다
n	강희	Tx	x는 3학년이다
o	지영	Mx	x는 남학생이다
		Gx	x는 여학생이다
		Lxy	x는 y를 좋아한다.

① 연수는 2학년이다.

② 강희는 3학년이 아니다.

③ 남학생은 모두 2학년이다.

④ 어느 남학생도 2학년이 아니다.

⑤ 남학생만 2학년이다.

⑥ 남학생을 제외하고는 모두 2학년이다.

⑦ 어떤 여학생은 3학년이다.

⑧ 어떤 남학생은 3학년이 아니다.

⑨ 여학생은 모두 2학년이거나 3학년이다.

⑩ 2학년이거나 3학년은 모두 여학생이다.

⑪ 연수는 2학년 지영이를 좋아한다.

⑫ 연수가 좋아하는 2학년 학생이 있다.

⑬ 연수는 2학년은 다 좋아한다.

⑭ 강희는 3학년은 어느 누구도 좋아하지 않는다.

⑮ 강희는 3학년 남학생을 제외하고는 다 좋아한다.

⑯ 2학년 학생인 강희는 3학년 학생인 지영이를 좋아한다.

⑰ 2학년 학생은 누구나 나름대로 좋아하는 3학년 학생이 있다.

⑱ 2학년 학생은 누구나 다 좋아하는 3학년 학생도 있다.

⑲ 2학년 학생이면 무조건 다 좋아하는 3학년 학생도 있다.

⑳ 2학년 학생만 좋아하는 3학년 학생도 있다.

2. 다음 양화 문장의 의미를 우리말로 정확히 표현해 보라.

논의 세계		우리 반 학생들(연수, 강희, 지영 등등)	
단칭 명사		술어	
m	연수	Sx	x는 2학년이다
n	강희	Tx	x는 3학년이다
o	지영	Mx	x는 남학생이다
		Gx	x는 여학생이다
		Lxy	x는 y를 좋아한다.

① Sm ∨ Tm

② Lmn & ~Lon

③ (∀x)(Mx → ~Tx)

④ (∀x)(~Mx → ~Tx)

⑤ ~(∀x)(Mx → ~Tx)

⑥ (∀x)(Mx → (Sx ∨ Tx))

⑦ (∀x)(Mx → (~Sx & ~Tx))

⑧ (∃x)(Gx & ~Sx)

⑨ ~(∃x)(Gx & Sx)

⑩ (Sm & Mm) & Lmn

⑪ (∃x)((Sm & Mm) & Lmx)

⑫ (∃x)((Sx & Mx) & Lxn)

⑬ (∀x)((Sx & Mx) → Lxn)

⑭ (∀x)((Sx & Mx) → ~Lxn)

⑮ (∀x)(~(Sx & Mx) → Lxn)

⑯ So → (Mm & Lom)

⑰ So → (∃x)(Mx & Lox)

⑱ (∀y)(Sy → (∃x)(Mx & Lyx))

⑲ Mn & (∀x)(Sx → Lxn)

⑳ (∃x)(Mx & (∀y)(Sy → Lyx))

3. 문장의 의미 차이가 분명하게 드러나도록, 다음 네 양화 문장의 의미를 우리
  말로 표현해 보라.

  ① (가) (∀x)(∃y)Mxy, (나) (∃y)(∀x)Mxy,
     (다) (∃x)(∀y)Mxy, (라) (∀y)(∃x)Mxy
  ※ [Mxy: x는 y의 어머니이다. 논의 세계: 사람들]
  ② (가) (∀x)(∃y)Gxy, (나) (∃y)(∀x)Gxy,
     (다) (∃x)(∀y)Gxy, (라) (∀y)(∃x)Gxy
  ※ [Gxy: x는 y보다 크다. 논의 세계: 정수들]

7장

자연연역의 방법

이 장에서는 자연연역의 방법을 중심으로 양화논리를 접근한다. 이에 따라 양화 논증을
다룰 수 있는 추리규칙 네 가지를 추가로 도입한다.

핵심 개념: 보편/존재 양화사 제거규칙, 보편/존재 양화사 도입규칙,

임의의 이름, 전형적 선언 성원

양화논리의 추리규칙: 명제논리의 추리규칙 8가지 + 양화논리의 추리규칙 4가지

양화논리는 명제논리를 부분으로 포함한다. 앞서 보았듯이, 술어에 진리함수적 결합사가 나오기도 하고 일반명제를 진리함수적 결합사로 결합한 명제도 있다. 양화논리에서도 명제논리의 추리규칙 8개가 그대로 사용된다. 이 규칙에 일반명제를 다루기 위한 규칙이 추가된다. 결합사의 경우에 그랬듯이, 양화사의 경우에도 제거규칙과 도입규칙이라는 한 쌍의 규칙이 있다. 따라서 보편 양화사 제거규칙과 보편 양화사 도입규칙, 존재 양화사 제거규칙과 존재 양화사 도입규칙이라는 네 가지 규칙이 양화논리에 새로이 추가된다.

7.1 보편 양화사 규칙

보편명제와 복합 연언

보편 양화사 규칙을 이해하기 위해서는 먼저 보편명제와 연언명제의 유사성에 주목하는 것이 좋다. 논의를 간단히 하기 위해, 논의 세계에 있는 대상이 모

두 세 개라고 하고 이 대상들의 고유 이름을 각각 m, n, o라고 하자. 이때 '모든 것이 F이다' 라는 보편명제는 'm이 F이고 n이 F이고 o가 F이다' 라는 주장과 같은 셈이다. 다시 말해 다음 주장은

$$(\forall x)Fx$$

아래와 같은 이른바 '복합 연언' (complex conjunction)과 동치라고 할 수 있다.

$$(Fm\ \&\ Fn)\ \&\ Fo$$

이처럼 논의 세계에 있는 대상의 개수가 유한하고 나아가 그것이 모두 고유 이름을 지니고 있다면, 보편명제를 언제나 복합 연언으로 대체할 수 있다.

　보편명제가 복합 연언에 불과한 것이라면, 보편 양화사 제거규칙은 단순히 연언 제거규칙을 확장한 것이 되어 보편명제로부터 아무 연언 성원이나 이끌어 낼 수 있게 하는 규칙이라고 말할 수 있을 것이다. 같은 이치로, 이때 보편 양화사 도입규칙은 단순히 연언 도입규칙을 확장한 것이 되어 연언 성원들을 각각 확보했을 때 보편명제를 결론으로 이끌어 낼 수 있게 하는 규칙이라고 말할 수 있을 것이다.

　하지만 우리가 다루는 논의 세계가 언제나 유한한 개수의 대상으로 이루어진 것은 아니다. 가령 자연수를 논의 세계로 한다면, 그 개수는 무한할 것이다. 나아가 논의 세계에 있는 대상이 모두 고유 이름을 지닌 것도 아니다. 가령 경포대 앞 백사장의 모래 알갱이를 하나하나 일컬을 수 있는 이름은 없다. 이런 이유 때문에 보편명제를 언제나 복합 연언으로 완전히 대체할 수 있는 것은 아니다. 바로 이 점에서 우리는 보편 양화사라는 장치를 여전히 필요로 한다. 그럼에도 불구하고 보편 양화사와 관련된 추리규칙을 이해하는 데 보편명제와 복합 연언의 유사성을 파악하는 것은 큰 도움이 된다. 이제 보편 양화사와 관련한 두 가지 추리규칙을 차례로 살펴보기로 하자.

⑨ 보편 양화사 제거규칙 ∀E

이것은 제거규칙이므로 보편명제가 전제로 주어졌을 때 이를 어떻게 활용할 수 있는지를 일러 주는 규칙일 것이다. 보편명제를 어떻게 활용할 수 있을까? 논의 세계를 우리 반 학생이라고 하고, 여기에는 연수, 강희 등이 있다고 하자. 나아가 Fx라는 술어가 'x는 2학년이다'를 나타낸다고 해 보자. 이때 (∀x)Fx라는 정보로부터 우리는 어떤 것을 알아낼 수 있을까? 우리 반 학생 연수가 2학년이며, 우리 반 학생 강희가 2학년이라는 사실 등등을 추리할 수 있다. 보편명제는 논의 세계에 있는 모든 대상이 문제의 성질을 갖는다는 것을 주장하는 것이므로, 우리는 논의 세계에 있는 어떠한 특정 대상이든 그 대상 또한 문제의 성질을 갖는다고 말할 수 있을 것이다. 따라서 우리는 이 규칙을 다음과 같이 정식화할 수 있다.

∀E

- 의미: 모든 대상이 A라면, 특정 대상 m도 A라는 것을 결론으로 이끌어 낼 수 있다.[1]

$$(\forall x)Ax$$
$$\overline{Am}$$

- 의존관계: Am은 (∀x)Ax가 의존하는 명제에 의존한다.
- 정당성: 논의 세계에 있는 모든 대상이 A이면 그 안에 있는 특정 대상 m도 A이다.
- 표기방법:

$a_1, ..., a_n$	(j) $(\forall x)Ax$	
	$\vdots$	
$a_1, ..., a_n$	(m) Am	j ∀E

보편 양화사 제거규칙은 아주 직관적인 규칙이다. 보편명제로부터 특정 사례에 관한 주장을 이끌어 낸다고 해서 이 규칙을 '보편 예화' (universal instantia-

---

[1] 여기서 m은 논의 세계에 있는 특정 대상을 가리키는 이름이며, Am은 Ax에 나오는 x 자리를 모두 m으로 바꾼 것이다.

tion) 규칙이라고 부르기도 한다. 이 규칙이 적용된 예를 보기로 하자.

201. (∀x)(Fx → Gx), Fm ⊢ Gm

1	(1) (∀x)(Fx → Gx)	전제
2	(2) Fm	전제
1	(3) Fm → Gm	1 ∀E
1,2	(4) Gm	2,3 →E

6장에서 양화논리의 필요성을 보이기 위해 들었던 다음 두 예가 지금 본 추리 형식을 지닌 것이다.

⑷ 2학년은 모두 장학생이다. 연수는 2학년이다. 따라서 연수는 장학생이다.

⑸ 사람은 모두 죽는다. 소크라테스는 사람이다. 따라서 소크라테스는 죽는다.

다음도 보편 양화사 제거규칙을 적용해 증명할 수 있는 추리이다.

202. (∀x)(Fx → Gx), ~Gm ⊢ ~Fm

1	(1) (∀x)(Fx → Gx)	전제
2	(2) ~Gm	전제
1	(3) Fm → Gm	1 ∀E
1,2	(4) ~Fm	2,3 SI 후건 부정식

가령 "2학년은 모두 장학생인데 연수는 장학생이 아니라면, 그는 2학년이 아님이 분명하다"는 추리는 위와 같은 과정을 거쳐 증명된다.

　두 사례를 통해 알 수 있듯이, 보편명제와 단칭명제가 같이 나오는 추리의 경우 먼저 보편 양화사 제거규칙을 사용하여 보편명제로부터 개별 대상에 관한 주장을 이끌어 낸다. 그런 다음 이 주장과 다른 주어진 전제로부터 명제논리의 추리규칙을 적용해 원하는 결론을 이끌어 내면 된다. 특히 위의 두 번째 예에서

우리는 명제논리와의 연속성을 강조하기 위해 파생규칙을 사용했다.[2]

⑩ 보편 양화사 도입규칙 ∀I

열 번째 규칙으로, 보편 양화사 도입규칙을 소개하기로 하자. 이것은 도입규칙이므로, 보편명제를 결론으로 얻고자 할 때 어떻게 해야 하는지를 일러 주는 규칙일 것이다. 어떻게 하면 보편명제를 정당화할 수 있을까? 논의 세계에 있는 모든 대상이 일정한 성질을 갖는다는 주장을 정당화하려면 어떤 근거가 확보되어야 할까?

우리가 보편명제와 연언명제의 유사성에 주목해 본다면 이에 대답하기는 그다지 어렵지 않아 보인다. 아까처럼 논의 세계에 3개의 대상만 있는 경우를 생각해 보자. 이때 '모든 것이 F이다' 라는 결론을 이끌어 내려면, 'm이 F이고 n이 F이고 o가 F이다' 는 것을 보이면 될 것이다. 그러나 이 방법은 논의 세계가 무한히 크거나 모든 대상이 고유 이름을 갖는 것이 아니라면 쓸 수 없다. 우리는 논의 세계에 있는 대상의 개수가 무한개인 경우도 흔히 접한다. 가령 자연수에 관해 논의하는 경우를 생각해 보라. 새로운 방책이 필요하다는 점을 알 수 있다.

보편 주장을 정당화하기 위해 수학에서, 특히 기하학에서 어떻게 하는지를 잠시 생각해 보자. 기하학에서 모든 삼각형이 일정한 성질을 갖는다는 것을 증명한다고 해 보자. 이때 우리는 ABC가 하나의 삼각형이라고 가정하고, ABC가 문제의 성질을 갖는다는 것을 증명한다. 그리고 나서 우리는 "따라서 모든 삼각형은 그 성질을 갖는다"고 결론 내린다. 이 경우 'ABC' 는 무엇인가? 여기서 ABC는 '임의로 고른' 삼각형이다. 이처럼 기하학에서 우리는 임의로 고른 삼

---

2 기본규칙만을 사용해 증명하면 다음과 같다.

202. $(\forall x)(Fx \rightarrow Gx)$, $\sim Gm$, $\vdash \sim Fm$

1	(1) $(\forall x)(Fx \rightarrow Gx)$	전제
2	(2) $\sim Gm$	전제
3	(3) Fm	가정
1	(4) $Fm \rightarrow Gm$	1 ∀E
1,3	(5) Gm	3,4 →E
1,2,3	(6) Gm & $\sim Gm$	2,5 &I
1,2	(7) $\sim Fm$	3,6 $\sim$I

각형이 일정한 성질을 갖는다는 것을 보이고, 이로부터 모든 삼각형이 그 성질을 갖는다고 결론 내린다. 우리도 이런 방법을 사용할 것이다.

다시 정리하면, 우리는 논의 세계에 있는 모든 대상이 F라는 것을 정당화하고자 한다. 쉬운 방법은 논의 세계에 있는 대상 각각이 F임을 보이면 된다는 것이다. 하지만 이 방법은 논의 세계에 있는 대상의 개수가 무한하거나 유한하더라고 그 대상을 가리키는 이름이 모두 구비되어 있지 않다면 쓸 수 없다. 이런 경우에도 대처할 수 있는 일반적 방법으로, 기하학에서 쓰는 방법을 원용하기로 하였다. 논의 세계에 있는 대상 가운데 임의로 고른 대상이 F임을 확보한다면, 논의 세계에 있는 모든 대상이 F라는 것을 정당화할 수 있다는 것이다. 금방 떠오르겠지만 진정한 의미에서 '임의로 고른' 대상이 F임을 보증해 줄 수 있는 어떤 안전장치가 필요할 것이다. 이에 대해서는 잠시 뒤에 다루겠다.

임의의 이름

앞으로 우리는 논의 세계에 있는 대상 가운데 임의로 고른 한 대상을 가리키기 위해 'a', 'b', 'c', ... 등의 문자를 쓰기로 하겠다. 이들을 간단히 '임의의 이름'(arbitrary name)이라고 부르기로 하겠다. 이는 앞에서 도입한 고유 이름과 다르다는 점을 주목하라. 이를 이용해 우리는 보편 양화사 도입규칙을 다음과 같이 정식화할 수 있다.

∀I

- 의미: 임의로 고른 대상 a가 A라면, 모든 대상이 A라는 것을 결론으로 이끌어 낼 수 있다.[3]

$$\frac{Aa}{(\forall x)Ax}$$

- 의존관계: $(\forall x)Ax$는 Aa가 의존하는 명제에 의존한다.
- 정당성: 논의 세계에 있는 대상 가운데 임의로 고른 대상이 A이면 모든 대상이 A이다.

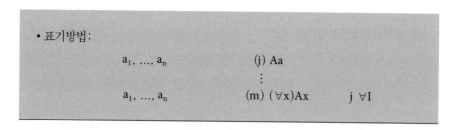

- 표기방법:

$$a_1, \ldots, a_n \qquad\qquad (j)\ Aa$$
$$\vdots$$
$$a_1, \ldots, a_n \qquad\qquad (m)\ (\forall x)Ax \qquad j\ \forall I$$

보편 양화사 도입규칙도 꽤 직관적인 규칙으로 보인다. 논의 세계에서 임의로 고른 대상이 일정한 성질을 갖는다는 것을 보일 수 있다면, 이로부터 논의 세계에 있는 모든 대상이 그 성질을 갖는다고 결론 내릴 수 있을 것 같기 때문이다. 이 규칙을 때로 '보편 일반화'(universal generalization) 규칙이라고 부르기도 한다.

보편 양화사 도입규칙의 제한 조건

우리가 보편명제와 연언명제의 유사성에 주목해 볼 때 보편명제 $(\forall x)Fx$를 정당화하려면 논의 세계에 있는 대상이 모두 문제의 성질 F를 가졌음을 보여야 한다. 그런데 논의 세계에 있는 대상의 개수가 무한개인 경우도 있으므로 우리는 그런 경우까지 대비해 각각의 개별 대상에 대해 그것들이 모두 F임을 보이는 대신 임의로 고른 대상이 F임을 보여 그 작업을 대체하고자 하였다. 이때 이 과정이 잘못되지 않으려면, 임의로 고른 대상이 우연적이거나 특수한 것이 아닌 대표성을 지닌 것임을 확신할 수 있어야 한다. 다시 말해 임의성을 담보하는 장치가 필요하다. 이런 제한 사항이 필요하다는 점을 일상적 예를 들어 설명해 보자. 내가 출석부를 보고, 우리 반 학생 가운데 임의로 한 사람을 고른다고 해 보자. 내가 고른 사람이 '영진'이다. 내가 임의로 한 사람을 고른 것임은 분명하다. 이때 영진이가 남학생이라고 해서 "우리 반 학생은 모두 남학생이다"라고 결론 내릴 수 없음은 명백하다. 임의성을 담보하는 장치의 필요성에 대해서는 이것으로 충분할 것이다. 다음과 같은 제한을 하면 우리의 목표를 달성할 수 있다.

---

3 여기서 a는 논의 세계에 있는 대상 가운데 임의로 고른 대상을 가리키는 이름이며, Ax는 Aa에 나오는 a 자리를 모두 x로 바꾼 것이다.

보편 양화사 도입규칙의 제한 조건:

- Aa가 의존하는 명제에 a가 나오지 않아야 한다.

$$\frac{Aa}{(\forall x)Ax}$$ ☜ Aa가 의존하는 명제에 a가 나오지 않아야

이는 두 가지 함축을 갖는다. 첫째, Aa가 그 자체로 전제나 가정이어서는 안 된다. 그 자체로 전제나 가정이라면 이것은 자기 자신에 의존할 테고, 따라서 당연히 a가 나올 것이기 때문이다. 둘째, Aa는 'a'가 나오는 다른 어떤 전제나 가정에서 이끌어진 것이어서도 안 된다. 그렇다면 거기에는 다시 a가 나올 것이기 때문이다. 이는 Aa가 애초에 보편성이 보장된 명제[4]에서 나온 것이어야 한다는 의미이다. 결국 그런 데서 기원하는 a에 대해서만 보편 일반화를 할 수 있다는 말이 된다.[5]

보편 양화사 도입규칙이 구체적으로 어떻게 적용되는지를 보기 전에, 보편 양화사 제거규칙을 임의의 이름에도 적용할 수 있도록 확장하기로 하자.

임의의 이름의 도입에 따른 보편 양화사 제거규칙의 확장

- 의미: 모든 대상이 A라면, 임의로 고른 대상 a도 A라는 것을 결론으로 이끌어 낼 수 있다.[6]

$$\frac{(\forall x)Ax}{Aa}$$

- 의존관계: Aa는 $(\forall x)Ax$가 의존하는 명제에 의존한다.

---

4   단순하게 말하면 '보편명제'라고 하면 되겠지만, 뒤에서 보듯이 존재명제의 부정으로부터도 보편명제를 얻을 수 있기 때문에 그런 표현은 피했다.

5   이 대목에서도 겐첸이 도입규칙과 제거규칙의 성격에 관해 했던 유명한 말("도입규칙은 … 관련 기호의 정의를 제시하는 것이며, 제거규칙은 … 그 정의의 결과 이외의 것이 아니다")이 무슨 뜻인지를 짐작해 볼 수 있다.

6   여기서 a는 논의 세계에 있는 대상 가운데 임의로 고른 대상을 가리키는 이름이며, Aa는 Ax에 나오는 x 자리를 모두 a로 바꾼 것이다.

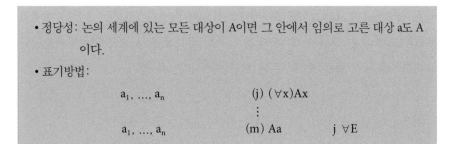

- 정당성: 논의 세계에 있는 모든 대상이 A이면 그 안에서 임의로 고른 대상 a도 A이다.
- 표기방법:

$a_1, ..., a_n$　　　　　　　　(j) $(\forall x)Ax$
　　　　　　　　　　　　　　　　⋮
$a_1, ..., a_n$　　　　　　　　(m) Aa　　　　$j \; \forall E$

이제 보편 양화사 도입규칙이 사용되는 증명을 보기로 하자.

203. $(\forall x)(Fx \to Gx)$, $(\forall x)(Gx \to Hx) \vdash (\forall x)(Fx \to Hx)$

이것은 F는 모두 G이고 G는 모두 H라면, F는 모두 H라는 것을 말해 주는 추리이다. 가령 우리 반 학생들을 논의 세계로 한다고 할 때, 2학년 학생은 모두 장학생이고 장학생은 모두 논리적 사고 수업을 들었다면, 2학년 학생은 모두 논리적 사고 수업을 들었다는 사실을 추론할 수 있다. 이런 추론을 어떻게 증명할 수 있을까? 전략을 짜 보자. 두 개의 전제는 모두 보편명제이다. 이를 활용하려면 보편 양화사 제거규칙을 써야 할 것이다. 얻어야 할 결론은 보편명제이다. 보편명제를 얻으려면 보편 양화사 도입규칙을 써야 할 것이다. 보편 양화사 도입규칙을 적용하려면 먼저 Fa → Ha를 확보해야 한다. 이는 조건언 형태의 명제이므로 조건언 도입규칙 전략을 구사해야 한다. 지금까지의 생각을 정리해 볼 때, 증명은 다음과 같은 식으로 진행되어야 한다.

1	(1) $(\forall x)(Fx \to Gx)$	전제
2	(2) $(\forall x)(Gx \to Hx)$	전제
3	(3) Fa	가정
	⋮	
	(n-1) Ha	
	(n) $Fa \to Ha$	3,n-1 →I
	(n+1) $(\forall x)(Fx \to Hx)$	n ∀I

남은 작업은 (1), (2), (3)으로부터 Ha를 얻는 일이다. 그것은 주어진 전제인 (1)과 (2)에 보편 양화사 제거규칙을 적용한 결과물과 (3)으로부터 명제논리의 추리규칙을 써서 얻을 수 있다. 완성한 증명은 다음과 같다.

203. $(\forall x)(Fx \rightarrow Gx), (\forall x)(Gx \rightarrow Hx) \vdash (\forall x)(Fx \rightarrow Hx)$

1	(1) $(\forall x)(Fx \rightarrow Gx)$	전제
2	(2) $(\forall x)(Gx \rightarrow Hx)$	전제
3	(3) Fa	가정
1	(4) Fa $\rightarrow$ Ga	1 $\forall$E
1,3	(5) Ga	3,4 $\rightarrow$E
2	(6) Ga $\rightarrow$ Ha	2 $\forall$E
1,2,3	(7) Ha	5,6 $\rightarrow$E
1,2	(8) Fa $\rightarrow$ Ha	3,7 $\rightarrow$I
1,2	(9) $(\forall x)(Fx \rightarrow Hx)$	8 $\forall$I

이것이 전제와 결론이 모두 보편명제로 이루어진 추리를 증명할 때 전형적으로 쓰는 방식이다. 보편 양화사 제거규칙을 사용하여 임의의 대상에 관한 주장을 전제로부터 얻은 다음, 명제논리의 추리규칙을 이용해 보편 양화사 도입규칙을 적용하기 직전의 결과물을 얻고, 끝에 가서 보편 양화사 도입규칙을 적용해 원하는 보편명제를 얻는 식으로 진행된다.

명제논리에서 도입한 파생규칙을 활용한다면 위의 증명을 다음과 같이 짧게 줄일 수도 있다.

203. $(\forall x)(Fx \rightarrow Gx), (\forall x)(Gx \rightarrow Hx) \vdash (\forall x)(Fx \rightarrow Hx)$

1	(1) $(\forall x)(Fx \rightarrow Gx)$	전제
2	(2) $(\forall x)(Gx \rightarrow Hx)$	전제
1	(3) Fa $\rightarrow$ Ga	1 $\forall$E
2	(4) Ga $\rightarrow$ Ha	2 $\forall$E

1,2	(5) Fa → Ha	3,4 SI 가언 삼단논법
1,2	(6) (∀x)(Fx → Hx)	5 ∀I

얻어야 할 최종 결론이 보편명제 (∀x)(Fx → Hx)이므로, 이를 위해 Fa → Ha 를 목표로 한다는 점은 위와 같다. 이 목표물을 조건언 도입규칙을 구사해 얻지 않고, (1)과 (2)에 보편 양화사 제거규칙을 적용한 다음 가언 삼단논법을 이용해 얻는 방안을 쓰고 있다.

다음도 쉽게 증명할 수 있다.

204. (∀x)(Fx → Gx), (∀x)Fx ⊢ (∀x)Gx

1	(1) (∀x)(Fx → Gx)	전제
2	(2) (∀x)Fx	전제
1	(3) Fa → Ga	1 ∀E
2	(4) Fa	2 ∀E
1,2	(5) Ga	3,4 →E
1,2	(6) (∀x)Gx	5 ∀I

이것은 F인 것은 모두 G인데, 실제로 모든 것이 F라면 모든 것은 G라는 추리이다. 가령 2학년은 모두 장학생인데, 우리 반 학생은 모두 2학년이라면 그들은 모두 장학생일 것이다.

∀I 제한 조건의 위반 사례

이제 우리가 임의로 고른 대상의 임의성을 담보하기 위해 부과한 제한 조건이 어떻게 적용되고 그것이 왜 필요한지를 살펴보기로 하자. 제한 조건은 다음이다.

∀I의 제한 조건: Aa가 의존하는 명제에 a가 나오지 않아야 한다.

아래 추론은 명백히 부당한 추론이다.

Fa ⊬ (∀x)Fx

1	(1) Fa	전제
1	(2) (∀x)Fx	1 ∀I

이는 임의로 고른 대상이 F라는 정보로부터 모든 대상이 F라고 결론 내리고 있다. 가령 내가 출석부를 보고 우리 반 학생 가운데 '임의로', '무작위로' 어느한 학생을 골라 그가 2학년이라는 사실을 확인했다고 해서 이를 바탕으로 우리반 학생은 모두 2학년이라고 결론 내린다면 이는 명백히 옳지 않다. 이때의 임의성은 보편성을 보장해 주지 못하기 때문이다. 보편 양화사 도입규칙의 제한이 일차적으로 의도하는 것은 바로 이것이다. 우리 예에서 Fa의 근거는 (1)인데, (1)에는 'a'가 나오고 있기 때문에 이 제한 조건을 위반하고 있다. 이는 보편 양화사 도입규칙을 잘못 적용한 것임을 의미한다.

다음은 보편 양화사 도입규칙의 제한 조건 가운데 두 번째 함축이 의미하는바가 무엇인지를 보여 주는 예이다.

Fa & Ga ⊬ (∀x)Fx

1	(1) Fa & Ga	전제
1	(2) Fa	1 &E
1	(3) (∀x)Fx	2 ∀I

이 경우 보편 양화사 도입규칙을 적용하는 명제 (2)는 그 자체로 가정은 아니다. (2)는 (1)로부터 도출된 것인데, (2)가 의존하는 명제인 (1)에 보편 일반화를 하고자 하는 임의의 이름 a가 나오고 있으므로 제한 조건을 위반하고 있음을 알 수 있다.[7]

---

7 끝으로, 하나의 동일한 임의의 이름이 두 군데 이상 나온다면 이들을 동시에 보편 일반화해야 한다는 점도 주의해야 한다. 이 점은 보편 양화사 도입규칙을 정식화할 때 명시되어 있다. 다

연 습 문 제

※ 다음을 증명하라.

① $(\forall x)Fx \vdash (\forall x)(Fx \vee Gx)$

② $(\forall x)((Fx \vee Gx) \to Hx) \vdash (\forall x)(Fx \to Hx)$

③ $(\forall x)(Fx \to Gx) \vdash (\forall x)((Fx \mathbin{\&} Hx) \to Gx)$

④ $(\forall x)(Fx \to {\sim}Gx) \vdash (\forall x)(Gx \to {\sim}Fx)$

⑤ $(\forall x)(Fx \to Gx),\ (\forall x)(Gx \to {\sim}Hx) \vdash (\forall x)(Fx \to {\sim}Hx)$

⑥ $(\forall x)(Fx \to {\sim}Gx),\ (\forall x)(Hx \to Gx) \vdash (\forall x)(Fx \to {\sim}Hx)$

⑦ $(\forall x)(Fx \to Gx),\ (\forall x)(Hx \to {\sim}Gx) \vdash (\forall x)(Fx \to {\sim}Hx)$

⑧ $(\forall x)(Fx \vee Gx),\ (\forall x)(Fx \to Gx) \vdash (\forall x)Gx$

⑨ $(\forall x)((Fx \vee Gx) \to Hx),\ (\forall x){\sim}Hx \vdash (\forall x){\sim}Fx$

⑩ $(\forall x)(Fx \to Gx),\ (\forall x)({\sim}Fx \to Gx) \vdash (\forall x)Gx$

7.2 존재 양화사 규칙

존재명제와 복합 선언

이 절에서는 존재 양화사와 관련된 한 쌍의 규칙을 보기로 하자. 앞서 우리는 보편명제와 연언명제의 유사성에 주목했다. 마찬가지로 존재명제와 선언명제의 유사성에 주목하는 것이 존재 양화사 규칙을 이해하는 데 도움이 된다. 논의를 간단히 하기 위해, 논의 세계에 있는 대상이 m, n, o 세 개라고 하자. 이때

음에서 왼쪽은 올바르지만, 오른쪽은 그렇지 않다.

$$Faa$$
$$\therefore (\forall x)Fxx$$

$$Faa$$
$$\therefore (\forall x)Fxa$$

임의의 대상이 자기 자신과 F라는 관계를 지닌다는 사실로부터 모든 대상이 자기 자신과 그 관계를 지닌다고 말할 수 있지만, 모든 대상이 그 임의의 대상과 F라는 관계를 지닌다고 말할 수는 없다.

'어떤 것이 F이다' 또는 'F인 것이 적어도 하나 있다' 는 의미의 (∃x)Fx는 'm이 F이거나 n이 F이거나 o가 F이다' 라는 주장과 같은 셈이다. 다시 말해 다음 주장은

(∃x)Fx

아래와 같은 이른바 '복합 선언' (complex disjunction)과 동치라고 할 수 있다.

(Fm ∨ Fn) ∨ Fo

이처럼 논의 세계에 있는 대상의 개수가 유한하고 나아가 그것들이 모두 고유 이름을 지니고 있다면, 존재명제를 언제나 복합 선언으로 대체할 수 있다. 이때 존재 양화사와 관련된 추리규칙은 단순히 선언 규칙을 확장한 것이라고 할 수 있다. 하지만 앞서 보편 양화사 규칙과 관련해서도 말했듯이, 우리가 다루는 논의 세계가 언제나 유한한 개수의 대상으로 이루어진 것은 아니다. 가령 자연수를 논의 세계로 한다면, 그 개수는 무한할 것이다. 나아가 논의 세계에 있는 대상이 모두 고유 이름을 지닌 것도 아니다. 이런 이유 때문에 존재 양화사가 나타내는 명제를 언제나 복합 선언으로 완전하게 대체할 수 있는 것은 아니며, 이 점에서 우리는 여전히 존재 양화사라는 장치를 필요로 한다고 말할 수 있다. 그럼에도 불구하고 존재 양화사와 관련된 추리규칙을 이해하는 데 존재명제와 복합 선언의 유사성을 파악하는 것은 큰 도움이 된다.

⑪ 존재 양화사 도입규칙 ∃I

존재 양화사 도입규칙은 도입규칙이므로, 존재 양화 문장을 결론으로 얻고자 할 때 우리가 어떻게 해야 하는지를 일러 주는 규칙이다. 우리 반 학생 가운데 적어도 한 학생이 2학년임을 보이려면 어떻게 하면 될까? 내 옆자리에 앉아 있는 연수가 2학년이라면 우리는 그런 결론을 충분히 정당화할 수 있다. 앞서 본 존재명제와 복합 선언의 유사성을 통해 이 점을 설명할 수도 있다. 선언 도입규칙

은 선언 성원 가운데 어느 하나를 확보하면 선언을 결론으로 내릴 수 있다는 규칙이었다. 존재 양화사 도입규칙은 복합 선언의 선원 성원 가운데 어느 하나를 확보하면 복합 선언에 해당하는 존재명제를 결론으로 이끌어 낼 수 있다는 규칙이 될 것이다. 따라서 존재 양화사 도입규칙은 우선 다음과 같은 형태를 띤다고 할 수 있다.

ㅋI

- 의미: 특정 대상 m이 A라면, A인 대상이 적어도 하나는 존재한다는 것을 결론으로 이끌어 낼 수 있다.[8]

$$\frac{Am}{(\exists x)Ax}$$

- 의존관계: $(\exists x)Ax$는 Am이 의존하는 명제에 의존한다.
- 정당성: 논의 세계에 있는 특정 대상이 A이면 A인 대상이 존재하기 마련이다.
- 표기방법:

$a_1, ..., a_n$	(j) Am	
	$\vdots$	
$a_1, ..., a_n$	(m) $(\exists x)Ax$	j $\exists$I

이는 특정 대상이 일정한 성질을 지니고 있다면, 우리는 그 성질을 갖는 것이 적어도 하나 있다고 말할 수 있다는 것이다. 이 규칙을 때로 '존재 일반화'(existential generalization) 규칙이라고 부르기도 한다.

나아가 우리는 존재 양화사 도입규칙을 임의의 이름에 확장하여 적용할 수 있다는 점도 바로 알 수 있다. 임의로 고른 대상이 일정한 성질을 갖는다면, 그 성질을 갖는 것이 적어도 하나 있다고 말할 수 있기 때문이다.[9]

---

8 여기서 m은 논의 세계에 있는 특정 대상을 가리키는 이름이며, Ax는 Am에 나오는 m 자리를 모두 x로 바꾸거나 일부 x로 바꾼 것이다.

9 존재 양화사 도입규칙의 경우 개체 상항 m이나 임의의 이름 a가 여러 군데 나온다면 어떻게 될까? 앞서 보았듯이 보편 양화사 도입규칙의 경우, 임의의 이름 a가 여러 군데 나오면 우리는

- 의미: 임의로 고른 대상 a가 A라면, A인 대상이 적어도 하나는 존재한다는 것을 결론으로 이끌어 낼 수 있다.

$$\frac{Aa}{(\exists x)Ax}$$

- 의존관계: $(\exists x)Ax$는 Aa가 의존하는 명제에 의존한다.[10]
- 정당성: 논의 세계에서 임의로 고른 대상이 A라면 A인 대상이 존재하기 마련이다.
- 표기방법:

$a_1, ..., a_n$		(j) Aa	
		$\vdots$	
$a_1, ..., a_n$		(m) $(\exists x)Ax$	j $\exists$I

이제 존재 양화사 도입규칙이 적용된 사례를 보기로 하자.

205. $(\forall x)(Fx \rightarrow Gx)$, Fm ⊢ $(\exists x)Gx$

얻어야 할 결론은 존재명제이다. 존재명제를 얻는 방식은 존재 양화사 도입규칙이다. 따라서 원하는 결론 $(\exists x)Gx$을 얻으려면 특정 대상이 G라거나 아니면 임의의 대상이 G라는 점을 확보해야 한다. 주어진 두 전제로부터 특정 대상 m이 G라는 것을 얻을 수 있다. 완성한 증명은 다음과 같다.

205. $(\forall x)(Fx \rightarrow Gx)$, Fm ⊢ $(\exists x)Gx$

반드시 이들을 모두 일반화해야 한다. 하지만 존재 양화사 도입규칙의 경우 그것들 가운데 **일부**만 일반화해도 된다. 가령 다음은 모두 존재 양화사 도입규칙이 올바르게 적용된 것이다.

| Fmm | Faa | Faa |
| $\therefore(\exists x)Fxm$ | $\therefore(\exists x)Fxa$ | $\therefore(\exists x)Fax$ |

연수가 자신과 F라는 관계에 있다면, 연수와 F라는 관계에 있는 사람이 적어도 한 명 있다는 것은 명백하다. 아울러 임의의 대상이 자기 자신과 F라는 관계에 있다면, 그 임의의 대상과 F라는 관계에 있는 것이 있다는 것도 분명하다.

10 이때 a는 논의 세계에서 임의로 고른 대상을 가리키는 이름이며, Ax는 Aa에 나오는 a 자리를 모두 x로 바꾸거나 일부 x로 바꾼 것이다.

1	(1) $(\forall x)(Fx \to Gx)$	전제
2	(2) Fm	전제
1	(3) Fm $\to$ Gm	1 $\forall$E
1,2	(4) Gm	2,3 $\to$E
1,2	(5) $(\exists x)Gx$	4 ∃I

우리 반 학생들을 논의 세계로 하는 상황에서, 2학년은 모두 장학생인데 우리 반 학생 연수가 2학년이라고 한다면 우리는 이로부터 우리 반 학생 중에는 장학생도 있다고 결론 내릴 수 있다. 위의 추리는 그것을 말해 준다.

이번에는 다음을 증명해 보자.

206. $(\forall x)(Fx \lor Gx),\ \sim Fm \vdash (\exists x)Gx$

1	(1) $(\forall x)(Fx \lor Gx)$	전제
2	(2) $\sim Fm$	전제
1	(3) Fm $\lor$ Gm	1 $\forall$E
1,2	(4) Gm	2,3 SI 선언 삼단논법
1,2	(5) $(\exists x)Gx$	4 ∃I

우리 반 학생은 모두 2학년이거나 3학년인데, 우리 반 학생 강희는 2학년이 아니라면 그는 3학년일 터이므로 결국 우리 반에는 3학년 학생도 있다는 추론이 위의 형식을 띤 추리의 사례이다.

다음을 증명해 보자.

207. $(\forall x)Fx \vdash (\exists x)Fx$[11]

---

11 이 추리는 논의 세계의 모든 대상이 F라는 성질을 가지고 있다면, F인 대상이 적어도 하나 있다는 것을 말해 준다. 영민한 학생은 과연 이것이 타당한 추론인지 의심할 것이다. 더구나 현대 논리학에서 보편 문장은 '존재 함축'을 갖지 않는다는 사실을 알고 있는 학생들은 더 그럴 것이다. 가령 우리는 "F는 모두 G이다"는 주장은 F인 대상이 적어도 하나 존재한다는 주장을 포함하는 것이 아니라고 배웠다. 그렇기 때문에 F가 모두 G라는 사실로부터 G인 F가 있다는 것을

1	(1) (∀x)Fx		전제
1	(2) Fa		1 ∀E
1	(3) (∃x)Fx		2 ∃I

이 추리에는 특정 대상을 가리키는 개체 상항은 나오지 않는다. 따라서 존재명제 (∃x)Fx인 결론을 얻기 위해 우리가 확보할 수 있는 것은 임의의 이름이 나오는 Fa이다. 그래서 (2) 단계에서 임의의 이름에 보편 양화사 제거규칙을 적용했다. 이처럼 일반명제만 나올 경우 일반명제를 연결해 주는 역할을 하는 데 임의의 이름이 사용된다.

⑫ 존재 양화사 제거규칙 ∃E

이번에 도입할 규칙은 우리의 자연연역 체계에서 마지막 규칙인 존재 양화사 제거규칙이다. 이것은 제거규칙이므로 존재 양화 문장이 전제로 주어졌을 때 이를 어떻게 활용할 수 있는지를 일러 주는 규칙일 것이다. 앞서 여러 차례 강조했듯이, 선언은 약한 주장을 담고 있다. 우리는 그 정보를 다음과 같은 방식으로 '우회해서' 이용하는 방안을 강구했다.

$$
\begin{array}{ccc}
& A & B \\
& \vdots & \vdots \\
A \lor B & C & C \\
\hline
& C &
\end{array}
$$

존재명제 또한 선언명제와 비슷해서 약한 정보를 담고 있다. 그것은 논의 세계에 있는 여러 대상 가운데 적어도 한 대상이 일정한 성질을 가지고 있다고 말할 뿐 얼마나 많은 대상이 그러한지 그리고 구체적으로 어떤 대상이 그러한지에

추론할 수 없다. 즉 (∀x)(Fx → Gx) ⊬ (∃x)(Fx & Gx). 그런데 왜 (∀x)Fx ⊢ (∃x)Fx는 타당하고 증명이 된다고 말하는 것일까? 사실 여기에는 현대 논리학의 중요한 전제가 개입되어 있다. 현대 논리학에서는 논의 세계에 적어도 하나의 대상은 있다고 전제한다. 바꾸어 말해 빈 논의 세계(empty domain)는 허용하지 않는다. 이것이 표준적인 논리학의 기본 전제이다. 이런 전제가 없는 논리 체계를 이른바 '존재 가정 없는 논리'(Free Logic)라 부른다.

대해서는 아무런 정보도 제공해 주지 않는다. 이런 정보를 어떻게 활용할 수 있을까?

존재명제와 선언명제의 유사성에 주목해 볼 때, 우리는 존재 양화사 제거규칙을 선언 제거규칙에 견주어 이해할 수 있다. 세 개의 대상, m, n, o로 이루어진 논의 세계를 생각해 보자. 이 논의 세계에서 '어떤 것이 F이다' (즉 '적어도 하나가 F이다')는 말은 다음이 성립한다는 말이다.

$$(Fm \lor Fn) \lor Fo$$

이때 우리가 선언 제거규칙을 선언 성원이 3개인 경우로 확장한다고 해 보자. 이 세 선언 성원 각각으로부터 C를 도출할 수 있다는 것을 보인다면, 우리는 어쨌건 C가 성립한다고 결론 내릴 수 있을 것이다.

하지만 무한한 개수의 대상으로 이루어진 논의 세계라면, $(\exists x)Fx$는 무한히 긴 복합 선언의 형태일 테고, 선언 성원 각각으로부터 C를 이끌어 내는 다음과 같은 작업을 무한히 해야 할 것이다.

$$
\begin{array}{c}
\begin{array}{cccc}
Fm & Fn & Fo & Fp \; \ldots \\
\vdots & \vdots & \vdots & \vdots \\
\end{array} \\
(\exists x)Fx \quad \begin{array}{cccc} C & C & C & C \; \ldots \end{array} \\
\hline
C
\end{array}
$$

유한한 우리 인간이 이런 무한한 작업을 할 수는 없다. 이런 경우까지 포괄할 수 있는, 다른 방안이 필요하다.

어떻게 해야 할까? 보편 양화사 도입규칙의 경우와 같은 방안, 즉 임의의 이름이라는 장치를 이용해서 이를 해결한다. C가 모든 개별 가정 Fm, Fn, Fo, Fp로부터 이끌어진다는 것을 보이는 대신, F인 대상 가운데 임의로 고른 대상 a가 F라는 것으로부터, 즉 Fa로부터 C를 도출할 수 있다는 것을 보이면 된다. 다시 말해 논의 세계에 있는 대상 가운데 F인 대상 각각에 대해 C가 도출된다는 것을 모두 보일 수는 없을 터이므로, F인 것 가운데 임의로 고른 대상 a를 잡아 Fa

로부터 C가 도출된다는 것을 보여 그 작업을 완수한다. 여기서 a는 독특한 역할을 한다. 우선 a는 F인 것 가운데 임의로 고른 것이라는 점에서 '임의의 이름'이라고 부르기에 손색이 없다.[12] 이때 a를 F인 것이 어떠한 것이든 그 대상이 F라는 사실로부터 C를 도출할 수 있다는 것을 보이기 위한 것이라는 점에서 '전형적 선언 성원'(the typical disjunct)이라 부른다.[13] a를 F인 것들의 '대표선수' 격으로 여기는 셈이기 때문이다.

존재 양화사 제거규칙의 작동 방식을 도식적으로 설명해 보기로 하자.

$$
\begin{array}{cc}
 & Aa \\
 & \vdots \\
(\exists x)Ax & \quad C \\
\hline
 & C
\end{array}
$$

왼쪽의 존재명제 $(\exists x)Ax$는 적어도 하나의 대상은 A임을 말해 주며, 오른쪽은 A인 대상이 어떠한 것이라 하더라도 C를 도출할 수 있음을 말해 준다. 이 경우 우리는 C라고 결론 내릴 수 있을 것이다. 뒤에서 설명하겠지만, 오른쪽 하위 증명을 통해 최종적으로 C라는 결론을 내리는 일이 잘못되지 않으려면, A를 만족시키는 대상은 어떠한 것이든 실제로 C라는 결론을 내릴 수 있다는 일반성이

---

12 앞의 보편 양화사 도입규칙은 논의 세계에 있는 대상들 가운데 임의로 고른 대상이 F라는 성질을 갖는다는 것을 보이면, 이로부터 논의 세계에 있는 모든 대상이 그 성질 F를 갖는다고 결론 내릴 수 있다는 것을 말한다. 한편 존재 양화사 제거규칙에 나오는 '임의성'은 다르다. 이때 임의로 고른 대상은 논의 세계에 있기만 하면 되는 임의의 대상이 아니라, F를 만족시키는 대상(즉 F인 대상) 가운데서 임의로 고른 대상이다.

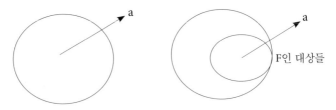

13 그러므로 Fa로부터 C를 이끌어 내는 것은 $(\exists x)Fx$를 복합 선언으로 나타낸다고 했을 때의 선언 성원 각각으로부터 C를 이끌어 내는 무수한 하위증명을 하나로 축약한 것, 또는 그런 하위 증명을 대표로 행한 것이라고 말해도 될 것이다.

담보되어야 한다. 따라서 이를 보장하는 조건이 필요할 테고, 이는 곧 제시할
것이다.

방금 도입한 추론 방식의 일상적 예를 하나 들어보기로 하자. 논의 세계를 우
리 반 학생들이라고 하고, 주어진 존재명제를 "우리 반에는 충청도 출신 학생도
있다"로 잡아 보자. 그리고 "충청도 출신 학생은 모두 학교 앞에서 하숙을 한
다"는 정보가 추가로 주어져 있다고 하자. 이때 우리는 "우리 반에는 학교 앞에
서 하숙을 하는 학생도 있다"는 사실을 추리할 수 있다. 이 추리는 대략 다음과
같이 진행된다고 할 수 있다.

> 우리 반에 충청도 출신 학생이 있다고 했으므로, 그 학생을 '아무개'라고 하자. 그런
> 데 충청도 출신 학생은 모두 학교 앞에서 하숙을 한다고 했으므로, 아무개도 학교 앞
> 에서 하숙을 하고 있을 것이다. 아무개가 학교 앞에서 하숙을 하고 있으므로, 우리는
> 당연히 학교 앞에서 하숙을 하는 학생도 있다고 자신 있게 말할 수 있다.

이때 '아무개'는 우리 반에 있는 충청도 출신 학생 어느 하나를 가리키는 임의
의 이름일 뿐 실제 이름이 아니다.[14] 우리는 우리 반 학생 가운데 충청도 출신이
정확히 몇 명 있는지 모르며, 정확히 누가 충청도 출신인지도 모른다. 그렇다
하더라도 어쨌건 우리 반에 충청도 출신 학생이 있다는 것은 확실하며, 그런 학
생을 그냥 '아무개'라고 부르기로 한 것뿐이고 우리에게는 그럴 권리가 충분히
있다.

존재 양화사 제거규칙의 기본 착상에 대해서는 이 정도로 하고 이제 규칙을
정확히 서술하기로 하자.

---

14 '갑돌이'나 '갑순이'가 이때 쓰는 흔한 표현이겠지만 이를 피한 이유는 그것은 충청도 출신
학생이 남자이거나 여자라는 불필요한 함축을 갖기 때문이다. 우리가 여기서 확신할 수 있는 것
은 그 대상이 충청도 출신의 우리 반 학생이라는 것뿐이다. 우리는 그가 남자인지, 왼손잡이인
지 등에 대해 아무것도 알지 못한다!

∃E

- 의미: A인 대상이 적어도 하나는 존재하는데, 그 대상이 어떤 것이든 C라는 결론을 내릴 수 있다면, 최종적으로 C를 이끌어 낼 수 있다.[15][16]

$$\frac{(\exists x)Ax \quad \begin{matrix} Aa \\ \vdots \\ C \end{matrix}}{C}$$

- 의존관계: 최종 결론 C는 다음 두 가지 명제에 의존한다.
  - (∃x)Ax가 의존하고 있는 명제
  - Aa에서 C를 이끌어 낼 때 사용된 명제(단 Aa 자체는 아님)
- 정당성: A인 대상이 적어도 하나는 있는데 그 대상이 어떤 것이든 그 정보로부터 C를 이끌어 낼 수 있다면 언제나 C가 성립할 것이다.
- 표기방법:

$a_1, ..., a_n$		(j) $(\exists x)Ax$	
		$\vdots$	
m		(m) Aa	가정
		$\vdots$	
$b_1, ..., b_q$		(o) C	
$a_1, ..., a_n, b_1, ..., b_q/-m$		(s) C	j,m,o ∃E

　　선언 제거규칙이 그랬듯이, 존재 양화사 제거규칙도 표기법이 복잡하다. 가정하는 전형적 선언 성원은 소거되는 가정이며, 그 가정으로부터 결론 C가 도출된다는 하위증명을 하나 수행함으로써 전체 증명을 완수하게 된다. 다만 존재 양화사 제거규칙에서는 대표성을 띤 전형적 선언 성원을 대상으로 하위 증명을 한 번만 하므로, C는 모두 두 차례 등장하게 된다. 이 점에서 C가 모두 세 차례 등장하는 선언 제거규칙에 비해 단순해졌다고도 할 수 있다.

15　이를 다음과 같이 서술할 수도 있다.
존재명제 (∃x)A(x)가 주어졌을 때, 전형적 선언 성원 Aa를 가정해서 결론 C를 이끌어 낼 수 있다면, 최종적으로 C를 원래의 존재명제로부터 이끌어 낼 수 있다.
16　여기서 a는 논의 세계에 있는 A인 대상들 가운데서 임의로 고른 대상을 가리키는 이름이며, Aa는 Ax에 나오는 x 자리를 모두 a로 바꾼 것이다.

이제 존재 양화사 제거규칙이 사용된 증명을 보기로 하자.

208. $(\forall x)(Fx \to Gx)$, $(\exists x)Fx \vdash (\exists x)Gx$

앞서 우리가 본 충청도 출신 학생의 예가 이런 형태의 추리로, 이 추리는 F는 모두 G인데 F인 대상이 적어도 하나는 존재한다면 우리는 G인 대상의 존재도 확신할 수 있다는 것을 말해 준다. 이를 어떻게 증명할 수 있을까? 전제에는 보편명제와 존재명제가 들어 있다. 존재명제를 활용하는 방법은 존재 양화사 제거규칙이다. 존재명제 $(\exists x)Fx$를 활용하기 위해서는 전형적 선언 성원을 가정해 이로부터 원하는 결론 $(\exists x)Gx$를 이끌어 낼 수 있음을 보여야 한다. 증명의 큰 전략은 다음과 같다.

1	(1) $(\forall x)(Fx \to Gx)$	전제
2	(2) $(\exists x)Fx$	전제
3	(3) Fa	가정
	⋮	
	(n) $(\exists x)Gx$	
	(n+1) $(\exists x)Gx$	2,3,n $\exists$E

다음 당면 과제는 $(\exists x)Gx$를 얻는 일이다. 이는 존재명제이므로 존재 양화사 도입규칙을 통해 얻을 수 있다. 이를 위해서는 특정 대상이나 임의의 대상이 G라는 성질을 가지고 있음을 보여야 한다. 그런데 이 논증에는 특정 대상에 관한 주장은 나오지 않으므로 임의의 대상이 그런 성질을 가지고 있음을 보여야 할 것이다. 따라서 (n) 단계 앞은 다음과 같은 모양을 띨 것이다.

1	(1) $(\forall x)(Fx \to Gx)$	전제
2	(2) $(\exists x)Fx$	전제
3	(3) Fa	가정

$$\vdots$$

(n-1)	Ga	
(n)	(∃x)Gx	n-1 킈
(n+1)	(∃x)Gx	2,3,n ∃E

이제 남은 작업은 Ga를 얻는 일이다. (3) 단계에서 Fa를 확보하고 있으므로(이는 가정이자 곧 결론임을 명심하라!), 이 정보와 (1) 단계에 나오는 보편명제를 이용하면 Ga를 확보할 수 있다. 완성한 증명은 다음과 같다.

208. (∀x)(Fx → Gx), (∃x)Fx ⊢ (∃x)Gx

1	(1)	(∀x)(Fx → Gx)	전제
2	(2)	(∃x)Fx	전제
3	(3)	Fa	가정
1	(4)	Fa → Ga	1 ∀E
1,3	(5)	Ga	3,4 →E
1,3	(6)	(∃x)Gx	5 킈
1,2	(7)	(∃x)Gx	2,3,6 ∃E

(7) 단계에서 최종 결론이 의존하는 명제 목록을 잘 작성해야 한다. 최종 결론은 (2), (3), (6)을 이용해 얻은 것이므로 {2,3,1,3}이 후보들인데, 이때 가정한 전형적 선언 성원인 (3)은 제외되기 때문에 최종적으로 {1,2}만 남게 된다.

보편명제와 존재명제가 모두 나오는 추리를 증명할 때는 이처럼 임의의 이름을 사용해 증명을 한다. 그런데 존재명제를 활용하기 위해 우리가 상정하는 전형적 선언 성원과 관련해 주의할 점이 있다. 다음 증명이 올바른지 생각해 보자.

(가) (∀x)(Fx → Gx), (∃x)Fx ⊢ (∃x)Gx

1	(1)	(∀x)(Fx → Gx)	전제
2	(2)	(∃x)Fx	전제

1	(3) Fa → Ga	1 ∀E
4	(4) Fa 🖙	가정
1,4	(5) Ga	3,4 →E
1,4	(6) (∃x)Gx	5 ∃I
1,2	(7) (∃x)Gx	2,4,6 ∃E

이는 잘못된 증명이다. (4) 단계가 잘못이다. 존재명제를 활용하려면 전형적 선언 성원을 가정해야 한다. 원래 증명에서는 (3) 단계에서 그 작업을 했다. 그때 우리는 임의의 대상 a를 전형적 선언 성원으로 잡았다. 그것은 아무런 특정 성질도 지니지 않은 것으로, (∃x)Fx를 참으로 만들었을 대상으로 우리가 임의로 잡은 것이다. 다시 말해 F라는 것 이외에는 그 대상과 관련해 우리는 어떠한 정보도 가지고 있지 않은, 그야말로 '순수한' 대상이라고 할 수 있다. 주어진 존재명제가 참이라고 할 경우, 우리는 그 정도의 것을 가정할 권리가 있을 뿐 a와 관련해 추가 가정을 임의로 해서는 안 될 것이다. 그렇게 고른 그 대상 a는 논의 세계 안에 있는 하나의 대상일 터이므로 보편명제를 만족시키는 대상일 것이다. 이것이 원래 증명의 (4) 단계가 말하는 바이고, 이 과정 또한 아주 정당하다. 하지만 증명 (가)에서는 a의 성격이 다르다. 이때 (4)에 나오는 a는 이미 (1)의 보편 양화사 제거규칙을 만족시키는 사례라는 점에서 전형적 선언 성원으로 볼 수 없다. 비유적으로 말한다면, 증명 (가)에서는 (4) 단계에서 존재명제를 참으로 만들었을 대상을 '공교롭게도' 앞에 나온 그 대상 a로 잡고 있다는 점에서 '월권'을 행하고 있는 셈이며, 그것은 순수한 전형적 선언 성원이 아니라 '때 묻은' 대상인 셈이다. 우리는 a와 다른 대상 b가 실제로 F이어서 존재명제 (∃x)Fx가 참이 되었을 상황도 충분히 그려 볼 수 있기 때문이다. 이런 이치로 전형적 선언 성원이 갖추어야 할 임의성을 제대로 구현하려면 다음과 같이 진행하는 것은 괜찮다.

(나) (∀x)(Fx → Gx), (∃x)Fx ⊢ (∃x)Gx

| 1 | (1) (∀x)(Fx → Gx) | 전제 |

2	(2) (∃x)Fx	전제
1	(3) Fa → Ga	1 ∀E
4	(4) Fb	가정
1	(5) Fb → Gb	1 ∀E
1,4	(6) Gb	4,5 →E
1,4	(7) (∃x)Gx	6 ∃I
1,2	(8) (∃x)Gx	2,4,7 ∃E

여기서는 앞의 보편 예화를 만족시키는 특정 대상 a 대신, 그와는 구분되는 임의의 대상 b를 전형적 선언 성원으로 잡고 있다. 하지만 여기서 결론을 위한 중간 단계로 Gb를 얻으려고 한다면, 그 임의의 대상 b에 대해 다시 보편 양화사 제거규칙을 적용할 수밖에 없다. 결국 이 증명의 (3) 단계는 불필요한 작업임이 드러나고, 원래 증명으로 되돌아가는 셈이다.

G는 모두 H인데 F인 G도 있다면, F인 H도 반드시 있다고 하는 다음 추리를 증명해 보자.

209. (∀x)(Gx → Hx), (∃x)(Fx & Gx) ⊢ (∃x)(Fx & Hx)

1	(1) (∀x)(Gx → Hx)	전제
2	(2) (∃x)(Fx & Gx)	전제
3	(3) Fa & Ga	가정
1	(4) Ga → Ha	1 ∀E
3	(5) Ga	3 &E
1,3	(6) Ha	4,5 →E
3	(7) Fa	3 &E
1,3	(8) Fa & Ha	6,7 &I
1,3	(9) (∃x)(Fx & Hx)	8 ∃I
1,2	(10) (∃x)(Fx & Hx)	2,3,9 ∃E

존재명제가 전제이므로, 이를 활용하기 위해 (3)단계에서 전형적 선언 성원을 가정하고 이로부터 $(\exists x)(Fx \ \& \ Hx)$이 도출됨을 보이고자 하였다. 얻고자 하는 결론이 존재명제이므로 존재 양화사 도입규칙을 적용해야 할 테고, 원하는 명제형태는 $Fa \ \& \ Ha$이다. 이는 연언이므로, 연언 도입규칙에 따를 때 연언 성원을 각각 확보해야 한다. 두 연언 성원을 확보하는 과정이 (4)부터 (7)까지의 단계이다.

보편 양화사 도입규칙의 경우 보편성을 보장하기 위해 제한 조건이 필요했듯이, 존재 양화사 제거규칙도 마찬가지로 제한 조건이 필요하다. 전형적 선언 성원에 걸맞은 일반성을 확보해야 하기 때문이다. 보편 양화사 도입규칙의 경우 제한 조건이 한 가지였으나, 존재 양화사 제거규칙의 경우 두 가지이다.

존재 양화사 제거규칙의 제한 조건:

- Aa로부터 이끌어 낸 C가 의존하는 명제에 a가 나오지 않아야 한다.[17]
- 최종결론 C에 a가 나오지 않아야 한다.

$$
\begin{array}{l}
\qquad\quad Aa \\
\qquad\quad \vdots \\
\underline{(\exists x)Ax \quad C} \qquad \text{☞ C가 의존하는 명제에 a가 나오지 않아야} \\
\qquad\quad C \qquad\qquad \text{☞ C에 a가 나오지 않아야}^{18}
\end{array}
$$

비교를 위해 앞에 나왔던 보편 양화사 도입규칙의 제한 조건을 다시 되새겨 보자.

---

17 단 전형적 선언 성원에 나오는 것은 괜찮다.

18 이 두 제한 조건은 각각 다음과 같은 의미를 지닌다. 첫 번째 제한 조건은 전형적 선언 성원 a 이외에 a가 나오는 다른 정보를 이용해 C를 도출하는 것을 막는 역할을 한다. 이 조건을 통해 앞에 나온 임의의 이름과 꼭 같은 임의의 이름을 '공교롭게도' 전형적 선언 성원으로 잡아 일정한 결론을 내리는 일을 방지하는 효과를 거두게 된다. 하지만 이렇게 하더라도 앞서 본 208 (가)와 같은 잘못된 증명을 막지는 못한다. 그때 임의의 이름은 그 자체로 전제나 가정에 나오는 것이 아니라 보편명제로부터 온 것이기 때문이다. 내가 보기에, 의존관계만을 거론해서는 그런 움직임을 막을 수 없다. 208 (가)와 같은 증명을 막으려면, "존재명제를 활용하기 위해 임의의 이름을 사용할 때 그 이름은 앞에 나오지 않은 이름이어야 한다"는 조건을 명시적으로 부과하면 된다. 존재 양화사 제거규칙 대신 존재 예화(EI)를 추리규칙으로 삼는 체계에서는 이 제한 조건을 채택한다(이때의 존재 예화 규칙은 존재명제로부터 임의의 이름이 나오는 단칭명제를 바로

보편 양화사 도입규칙의 제한 조건:

- Aa가 의존하는 명제에 a가 나오지 않아야 한다.

$$\frac{Aa}{(\forall x)Ax}$$ ☜ Aa가 의존하는 명제에 a가 나오지 않아야

제한 조건을 통해 어떤 추리가 봉쇄되는지를 보면 이런 제한 조건이 왜 필요한지를 좀 더 쉽게 이해할 수 있다. 먼저 존재 양화사 제거규칙의 첫 번째 조건을 위반한 예를 보기로 하자. 가령 우리 반의 학생 가운데 임의로 고른 학생이 제주도 출신이라는 사실과, 우리 반에 남학생도 있다는 사실로부터 우리는 우리 반에 제주도 출신의 남학생이 있다고 결론 내릴 수는 없다. 그런데 이 추리를 다음과 같이 증명하려고 한다고 해 보자.

Fa, $(\exists x)Gx \nvdash (\exists x)(Fx \,\&\, Gx)$

1	(1) Fa	전제
2	(2) $(\exists x)Gx$	전제
3	(3) Ga	가정
1,3	(4) Fa & Ga	1,3 &I
1☜,3	(5) $(\exists x)(Fx \,\&\, Gx)$	4 ∃I
1,2	(6) $(\exists x)(Fx \,\&\, Gx)$	2,3,5 ∃E

존재 양화사 제거규칙이 올바르게 적용되었는지를 보려면 두 가지 제한 조건이

결론으로 이끌어 낼 수 있게 하는 규칙이다). 하지만 우리의 자연연역 체계라면 이는 너무 강한 조건이라는 비판이 있다(이와 관련한 논의로는 Forbes (1993) 참조). 우리는 여기서 이것을 제3의 제한 조건으로 채택하지는 않을 것이다. 하지만 이런 제한 조건을 염두에 두고 존재 양화사 제거규칙을 구사하면 잘못된 증명을 할 가능성은 크게 줄어든다는 이점이 있다.

두 번째 제한 조건의 정당성은 존재명제를 참으로 만들었을 대상을 우리가 임의의 이름으로 부르기로 해 놓고, 마치 그 대상이 실제로 그 이름을 지닌 것처럼 주장할 수는 없다는 사실에 근거한다. 그런 결론을 내리려면 그 대상을 그 임의의 이름으로 부르기로 한다는 또 하나의 새로운 사실을 전제에 추가해야 하는데, 이는 논증 과정에서 암암리에 새로운 전제를 추가하는 것이어서 온당하지 않기 때문이다.

지켜졌는지를 보면 된다. 첫째, (5)단계에 나오는 명제가 의존하는 명제에 임의의 이름이 나오는지 여부이다. 둘째, (6)에 임의의 이름이 나오는지 여부이다. 이 경우 둘째 조건을 위반하는 것은 아니다. (6) 자체는 $(\exists x)(Fx \ \& \ Gx)$인데, 여기에 임의의 이름은 나오지 않기 때문이다. 첫째 조건은 어떤가? (5)가 의존하는 명제는 (1)과 (3)이다. 첫째 조건이 지켜졌는지를 확인하기 위해서는 (1) Fa와 (3) Ga에 임의의 이름이 나오는지를 살펴보아야 한다. 분명히 (1)에 그 임의의 이름 a가 나오고 있고, 이는 제한 조건 위반이다.[19] 첫 번째 조건을 위반하고 있으므로 이때의 존재 양화사 제거규칙의 적용은 올바르지 않다.

　이번에는 존재 양화사 제거규칙의 두 번째 제한 조건을 위반하는 사례를 하나 보기로 하자. 가령 우리 반에 2학년 학생이 있다는 것으로부터 우리 반 학생은 모두 2학년이라고 추리할 수는 없다. 이는 명백히 부당한 추론이므로 증명되지 않아야 할 것이다. 이를 다음과 같이 증명하려고 한다고 해 보자.

$(\exists x)Fx \nvdash (\forall x)Fx$

1	(1) $(\exists x)Fx$	전제
2	(2) Fa	가정
1	(3) Fa	1,2,2 $\exists$E
1	(4) $(\forall x)Fx$	3 $\forall$I

여기서 (4) 단계에 나오는 보편 양화사 도입규칙의 적용은 올바르다. (3)은 궁극적으로 (1)에 의존하는데 (1)은 임의의 이름 a를 포함하고 있지 않기 때문이다. 또한 이 경우 (3) 단계에서 존재 양화사 제거규칙을 쓰고 있는데, 이 규칙의 제한 조건 가운데 첫 번째 조건은 지키고 있다. 왜냐하면 (2)가 의존하는 명제에 a가 나오고 있지만 그것은 전형적 선언 성원에 나오는 것이기 때문이다. 하지만 두 번째 제한 조건을 위반하고 있다. 결론, 즉 (3) Fa에 우리가 전형적 선언 성원으로 잡고 있는 임의의 이름 a가 나오고 있기 때문이다.

19　(3)에도 임의의 이름이 나오지만, 이는 전형적 선언 성원에 나오는 것이므로 조건 위반이 아니다.

위의 예를 통해 알 수 있듯이, 두 번째 제한 조건이 목표로 하는 것은 우리가 임의로 가정한 전형적 선언 성원 자체에 관해 최종 결론을 내리는 일을 막는 것이다. 이는 올바른 요구이다. 가령 우리 반에 장학생이 있다는 존재명제를 활용하기 위해 장학생인 대상을 우리가 임의로 잡고, 그를 논증 과정에서 일시적으로 '아무개'라고 부르기로 할 권리는 있지만 최종 결론을 가령 '아무개는 4학년이다'로 내린다면 이는 잘못일 것이다. 전형적 선언 성원이 되는 임의의 이름은 논증 과정에서 일반명제들을 연결해 주는 '매개' 역할을 하기 위해 고안한 장치로, 최종 결론에는 나타나지 않아야 한다. 그것이 나타난다면 이는 우리가 논증 과정에서 "그 대상을 그런 이름으로 부르기로 한다"라는 전제를 암암리에 추가했다는 의미이다. 논증 과정에서 새로운 전제를 슬그머니 추가해서는 안 된다는 것은 분명하다.

이 절을 마치기 전에 임의의 이름이 가리키는 임의로 고른 대상의 독특한 역할을 다시 한번 살펴보기로 하자. F가 어떤 성질이라고 하자. 그리고 a가 논의 세계에서 임의로 고른 대상이라고 하자. 그러면 다음은 아무 제한 조건 없이 성립하고, 모두 타당한 추론이다.

$$\frac{(\forall x)Fx}{Fa} \qquad \frac{Fa}{(\exists x)Fx}$$

하지만 다음이 자동으로 성립하지는 않는다. 이를 위해서는 일정한 조건이 만족되어야 한다.

$$\frac{Fa}{(\forall x)Fx} \qquad \frac{(\exists x)Fx}{Fa}$$

내가 출석부를 보고, 학생을 임의의 골라 그 학생이 2학년이라는 것을 근거로 우리 반 학생은 모두 2학년이라고 할 수는 없다. 학생을 임의의 고르긴 했지만, 그 '임의성'은 보편성을 보장해 주지 못하기 때문이다. 이것이 왼쪽 도식이 무조건 성립하지는 않는 이유이다. 따라서 보편 양화사 도입규칙의 경우 임의의 대상의 임의성을 담보하는 장치가 필요한 것이다. 한편, 우리 반에 제주도 출신이 적어도 한 명은 있다는 사실로부터 내가 출석부에 나와 있는 학생을 임의로 하나 골라, 연수가 제주도 출신이라고 말할 수는 없다. 이것이 앞의 오른쪽 도식이 무조건 성립하지는 않는 이유이다.

이것으로 우리 자연연역 체계의 추리규칙 12개를 모두 살펴보았다. 이들을 한꺼번에 나열하면 다음과 같다.

자연연역의 추리규칙 목록(명제논리 + 양화논리 = 1단계 논리학)

	규칙 이름과 약호	다른 이름	특징
1	연언 제거규칙 &E		
2	연언 도입규칙 &I		
3	조건언 제거규칙 →E	전건 긍정식, 분리 규칙	
4	조건언 도입규칙 →I	조건 증명	하위증명, 소거되는 가정
5	부정 제거규칙 ~E	이중부정 소거	
6	부정 도입규칙 ~I	귀류법	하위증명, 소거되는 가정
7	선언 도입규칙 ∨I		
8	선언 제거규칙 ∨E		하위증명 두 개, 소거되는 가정
9	보편 양화사 제거규칙 ∀E	보편 예화	
10	보편 양화사 도입규칙 ∀I	보편 일반화	제한 조건 한 가지
11	존재 양화사 도입규칙 ∃I	존재 일반화	
12	존재 양화사 제거규칙 ∃E	존재 예화	제한 조건 두 가지

연 습 문 제

※ 다음을 증명하라.

① $(\forall x)Fx \vdash (\exists x)(Fx \lor Gx)$

② $(\exists x)Fx \vdash (\exists x)(Fx \lor Gx)$

③ (∃x)(Fx & Gx) ⊢ (∃x)Fx

④ (∀x)(Fx → Gx) ⊢ (∃x)Fx → (∃x)Gx

⑤ (∀x)(Fx → Gx), (∃x)~Gx ⊢ (∃x)~Fx

⑥ (∀x)(Fx → (Gx & Hx)), (∃x)Fx ⊢ (∃x)Hx

⑦ (∀x)((Fx ∨ Gx) → Hx), (∃x)~Hx ⊢ (∃x)~Fx

⑧ (∀x)(Gx → ~Hx), (∃x)(Fx & Gx) ⊢ (∃x)(Fx & ~Hx)

⑨ (∃x)(Gx & ~Hx), (∀x)(Gx → Fx) ⊢ (∃x)(Fx & ~Hx)

⑩ (∀x)(Fx & Gx) ⊢ (∃x)Fx & (∃x)Gx

7.3 좀 더 복잡한 양화논리 추론의 증명

이 절에서는 양화논리에서 볼 수 있는 좀 더 복잡한 추론을 살펴본다. 먼저 볼 것은 보편 양화 문장이 연언 문장과 유사성을 지니고 있고, 존재 양화 문장이 선언 문장과 유사성을 지니고 있다는 점을 보여 주는 추리이다.

  210. (∀x)(Fx & Gx) ⊣⊢ (∀x)Fx & (∀x)Gx

이는 논의 세계에 있는 모든 대상이 F이면서 G라는 주장은 모든 대상이 F이고 또한 모든 대상이 G라는 주장과 상호 도출가능한 동치라는 의미이다.

(가) (∀x)(Fx & Gx) ⊢ (∀x)Fx & (∀x)Gx

1	(1) (∀x)(Fx & Gx)	전제
1	(2) Fa & Ga	1 ∀E
1	(3) Fa	2 &E
1	(4) (∀x)Fx	3 ∀I
1	(5) Ga	2 &E

| 1 | (6) $(\forall x)Gx$ | 5 $\forall I$ |
| 1 | (7) $(\forall x)Fx \ \& \ (\forall x)Gx$ | 4,6 &I |

(가)에서 전제는 보편명제이고 결론은 연언명제이다. 연언명제를 얻기 위해서는 연언 도입규칙을 써야 할 테고, 그래서 (4)와 (6)에서 두 개의 연언 성원을 확보하였다. 연언 성원 각각은 보편명제이므로, 이를 얻기 위해서는 임의의 대상이 문제의 성질을 갖는다는 것을 보여야 한다. (3)과 (5) 단계에서 이를 보였다. 주어진 전제는 보편명제이므로, 보편 양화사 제거규칙을 사용해 (2) 단계에서 임의의 대상 a도 문제의 보편명제를 만족시킨다는 것을 얻었다. (4)와 (6) 단계에서 사용된 보편 양화사 도입규칙의 제한 조건을 지키고 있는지도 확인해 보아야 한다. (3)과 (5)가 각각 의존하고 있는 명제인 (1)에는 우리가 보편 일반화를 하는 임의의 이름인 a가 나오지 않으므로 제한 조건을 지키고 있음을 알 수 있다.

(나) $(\forall x)Fx \ \& \ (\forall x)Gx \vdash (\forall x)(Fx \ \& \ Gx)$

1	(1) $(\forall x)Fx \ \& \ (\forall x)Gx$	전제
1	(2) $(\forall x)Fx$	1 &E
1	(3) Fa	2 $\forall E$
1	(4) $(\forall x)Gx$	1 &E
1	(5) Ga	4 $\forall E$
1	(6) Fa & Ga	3,5 &I
1	(7) $(\forall x)(Fx \ \& \ Gx)$	6 $\forall I$

(나)에서는 전제가 연언명제이고 얻어야 할 결론이 보편명제이다. 보편명제를 얻기 위해서는 마지막에 보편 양화사 도입규칙을 적용해야 할 테고, 그래서 임의의 대상이 F이고 G임을 (6) 단계에서 확보하였다. 여기서도 (7)에서 사용한 보편 양화사 도입규칙이 제한 조건을 지키고 있는지를 확인해야 하는데, (6)이 의존하는 명제인 (1)에는 보편 일반화를 하는 임의의 이름 a가 나오지 않으므

로 제한 조건을 지키고 있음을 알 수 있다.

이번에는 논의 세계에 F이거나 G인 대상이 적어도 하나 있다면 F인 대상이 적어도 하나 존재하거나 G인 대상이 적어도 하나 존재한다고 말할 수 있으며 그 역도 성립한다는 것을 말하는 다음 추론을 보자.

211. $(\exists x)(Fx \lor Gx) \dashv\vdash (\exists x)Fx \lor (\exists x)Gx$

(가) $(\exists x)(Fx \lor Gx) \vdash (\exists x)Fx \lor (\exists x)Gx$

1	(1) $(\exists x)(Fx \lor Gx)$	전제
2	(2) $Fa \lor Ga$	가정
3	(3) Fa	가정
3	(4) $(\exists x)Fx$	3 크I
3	(5) $(\exists x)Fx \lor (\exists x)Gx$	4 ∨I
6	(6) Ga	가정
6	(7) $(\exists x)Gx$	6 크I
6	(8) $(\exists x)Fx \lor (\exists x)Gx$	7 ∨I
2	(9) $(\exists x)Fx \lor (\exists x)Gx$	2,3,5,6,8 ∨E
1	(10) $(\exists x)Fx \lor (\exists x)Gx$	1,2,9 크E

주어진 전제가 존재명제이므로 존재 양화사 제거규칙을 써야 할 것이다. 이 규칙에 따를 때, 우리는 전형적 선언 성원을 가정하여 원하는 결론을 이끌어 낼 수 있음을 보여야 한다. 그래서 (2) 단계에서 전형적 선언 성원 $Fa \lor Ga$을 가정하였다. 그런데 전형적 선언 성원 자체가 선언명제이므로 이를 활용하려면 선언 제거규칙을 써야 한다. 이는 Fa를 가정해서 결론 $(\exists x)Fx \lor (\exists x)Gx$를 얻을 수 있음을 보이고, Ga를 가정해도 같은 결론을 얻을 수 있음을 보여야 한다는 의미이다. (3)에서 (5) 단계와, (6)에서 (8) 단계가 각각 그것을 얻는 과정이다. 나머지는 선언 제거규칙의 사용을 마무리 짓고, 최종적으로 주된 전략인 존재 양화사 제거규칙을 마무리 짓는 것이다. 여기서도 존재 양화사 제거규칙의 제한 조건이 지켜지고 있는지를 확인해 보아야 한다. 이를 위해서는 (9)가

의존하는 명제, 즉 (2)를 살펴보아야 하는데 여기에 a가 나오지만 이는 전형적 선언 성원이므로 괜찮다. 나머지는 (10) 자체에 임의의 이름이 나오는지 여부이다. 나오지 않으므로 제한 조건을 지키고 있다.

(나) (∃x)Fx ∨ (∃x)Gx ⊢ (∃x)(Fx ∨ Gx)

1	(1) (∃x)Fx ∨ (∃x)Gx	전제
2	(2) (∃x)Fx	가정
3	(3) Fa	가정
3	(4) Fa ∨ Ga	3 ∨I
3	(5) (∃x)(Fx ∨ Gx)	4 ∃I
2	(6) (∃x)(Fx ∨ Gx)	2,3,5 ∃E
7	(7) (∃x)Gx	가정
8	(8) Ga	가정
8	(9) Fa ∨ Ga	8 ∨I
8	(10) (∃x)(Fx ∨ Gx)	9 ∃I
7	(11) (∃x)(Fx ∨ Gx)	7,8,10 ∃E
1	(12) (∃x)(Fx ∨ Gx)	1,2,6,7,11 ∨E

주어진 전제가 선언명제이므로 선언 제거규칙의 사용이 기본 전략이다. (2)부터 (6)까지가 왼쪽 선언 성원을 가정해 원하는 결론이 나오는 것을 보이는 과정이고, (7)에서 (11)까지가 오른쪽 선언 성원을 가정해도 똑같은 결론이 나오는 것을 보이는 과정이다. 이때 가정하는 전제가 존재명제이므로 존재 양화사 제거규칙을 사용했다. 이는 전형적 선언 성원을 가정하여 원하는 결론이 나온다는 점을 보이는 것으로 이루어진다. 증명의 전체적인 구조를 파악하는 것뿐만 아니라 존재 양화사 제거규칙의 제한 조건을 지키고 있는지를 잘 확인하는 것도 중요하다.

다음은 위의 추론에 대한 잘못된 증명 시도이다.

(나) (∃x)Fx ∨ (∃x)Gx ⊢ (∃x)(Fx ∨ Gx)

1	(1) (∃x)Fx ∨ (∃x)Gx	전제
2	(2) (∃x)Fx	가정
3	(3) Fa	가정
3	(4) Fa ∨ Ga	3 ∨I
3	(5) (∃x)(Fx ∨ Gx)	4 ∃I
6	(6) (∃x)Gx	가정
7	(7) Ga	가정
7	(8) Fa ∨ Ga	7 ∨I
7	(9) (∃x)(Fx ∨ Gx)	8 ∃I
1,3,7 ☜	(10) (∃x)(Fx ∨ Gx)	1,2,5,6,9 ∨E

이 증명의 경우 맨 왼쪽 번호를 통해 이 증명이 올바르지 않음이 드러난다. 최종 결론이 의존하는 명제 목록에 주어진 전제가 아닌 것들이 나오고 있다.

우리가 방금 증명한 아래 결과는

210. (∀x)(Fx & Gx) ⊣⊢ (∀x)Fx & (∀x)Gx

211. (∃x)(Fx ∨ Gx) ⊣⊢ (∃x)Fx ∨ (∃x)Gx

보편 양화 문장이 연언으로 결합되어 있을 경우 분배법칙이 성립하고, 마찬가지로 존재 양화 문장이 선언으로 결합되어 있을 경우 역시 분배법칙이 성립한다는 것을 말해 준다.[20]

이제 보편 양화 문장이 선언으로 결합된 쌍과 존재 양화 문장이 연언으로 결합된 쌍을 살펴보자. 다음 추리를 증명해 보자.

---

20 이를 통해 (∃x)(~Fx ∨ Gx)가 (∃x)~Fx ∨ (∃x)Gx와 동치임을 알 수 있다. 전자는 다시 (∃x)(Fx → Gx)과 동치이므로, 우리는 F이면서 G인 것이 있다는 의미의 "어떤 F는 G이다"를 (∃x)(Fx & Gx)로 나타내어야 하지 (∃x)(Fx → Gx)로 나타내서는 안 된다는 점을 알 수 있다. 앞의 6장 각주 8 참조.

212. $(\forall x)Fx \lor (\forall x)Gx \vdash (\forall x)(Fx \lor Gx)$

1	(1) $(\forall x)Fx \lor (\forall x)Gx$	전제
2	(2) $(\forall x)Fx$	가정
2	(3) Fa	2 $\forall$E
2	(4) Fa $\lor$ Ga	3 $\lor$I
2	(5) $(\forall x)(Fx \lor Gx)$	4 $\forall$I
6	(6) $(\forall x)Gx$	가정
6	(7) Ga	6 $\forall$E
6	(8) Fa $\lor$ Ga	7 $\lor$I
6	(9) $(\forall x)(Fx \lor Gx)$	8 $\forall$I
1	(10) $(\forall x)(Fx \lor Gx)$	1,2,5,6,9 $\lor$E

전제가 선언이므로 기본 전략은 선언 제거규칙을 사용하는 것이다. 여기서도 (5)와 (9) 단계에서 보편 양화사 도입규칙을 적용할 때 제한 조건을 지키고 있는지 확인해 보아야 한다.

하지만 위 추리의 역은 성립하지 않는다. 이를 다음과 같이 증명하려고 시도한다고 해 보자.

$(\forall x)(Fx \lor Gx) \nvdash (\forall x)Fx \lor (\forall x)Gx$

1	(1) $(\forall x)(Fx \lor Gx)$	전제
1	(2) Fa $\lor$ Ga	1 $\forall$E
3	(3) Fa	가정
3	(4) $(\forall x)Fx$	3 $\forall$I
	$\vdots$	

이런 식으로 진행한다면 이는 보편 양화사 도입규칙의 제한 조건을 위반하게 된다. (3)이 의존하고 있는 가정은 a를 포함하지 않아야 한다는 조건을 위반한다. 나아가 우리는 이 추리가 실제로 부당한 것임을 반례를 들어 증명할 수도

있다. 가령 자연수들을 논의 세계로 잡는다고 할 때, "어떤 자연수이건 그것은 짝수이거나 홀수이다"라는 주장은 참이지만, "모든 자연수는 짝수이거나 모든 자연수는 홀수이다"는 거짓이다. 왜냐하면 이 선언의 선언 성원, "모든 자연수는 짝수이다"와 "모든 자연수는 홀수이다"은 둘 다 거짓이기 때문이다.

한편 다음 존재명제는 존재명제의 연언을 함축하므로 증명이 가능하다.

213. (∃x)(Fx & Gx) ⊢ (∃x)Fx & (∃x)Gx

1	(1) (∃x)(Fx & Gx)	전제
2	(2) Fa & Ga	가정
2	(3) Fa	2 &E
2	(4) (∃x)Fx	3 ∃I
2	(5) Ga	2 &E
2	(6) (∃x)Gx	5 ∃I
2	(7) (∃x)Fx & (∃x)Gx	4,6 &I
1	(8) (∃x)Fx & (∃x)Gx	1,2,7 ∃E

전제가 존재명제이므로 존재 양화사 제거규칙의 사용이 기본 전략이다. (2)에서 전형적 선언 성원을 가정했고, 결론 (∃x)Fx & (∃x)Gx이 도출됨을 보이고자 하였다. 결론은 연언이므로 연언 성원 각각을 확보해야 할 테고, 연언 성원이 존재명제이므로 Fa와 Ga를 확보하여 존재 양화사 도입규칙을 적용하면 원하는 것을 얻을 수 있다. 끝에 존재 양화사 제거규칙으로 마무리 하면서, 두 가지 제한 조건을 지키고 있는지를 확인해 보는 것도 중요하다.

앞의 추리의 역도 타당할까? 그렇지 않다. 가령 우리 반에 남학생이 있고 여학생도 있다는 주장은 참이지만, 그렇다고 해서 이로부터 우리 반에 남학생이면서 여학생인 사람이 있다는 것은 따라 나오지 않는다. 이 추리는 부당하다. 이를 다음과 같이 증명하려고 한다고 해 보자.

(∃x)Fx & (∃x)Gx ⊬ (∃x)(Fx & Gx)

1	(1) (∃x)Fx & (∃x)Gx	전제
1	(2) (∃x)Fx	1 &E
1	(3) (∃x)Gx	1 &E
4	(4) Fa	가정
5	(5) Ga	가정
4,5	(6) Fa & Ga	4,5 &I
4,5	(7) (∃x)(Fx & Gx)	6 ∃I
1,5	(8) (∃x)(Fx & Gx)	2,4,7 ∃E
1,4	(8′) (∃x)(Fx & Gx)	3,5,7 ∃E

두 가지 시도 모두 존재 양화사 제거규칙의 제한 조건을 위반하게 된다. 만약 (8)에서 (4)를 전형적 선언 성원으로 잡아 존재 양화사 제거규칙을 구사한 것이라고 한다면, (7)이 의존하는 명제 가운데 (4)에 나오는 a는 괜찮지만 (5)에도 a가 나오기 때문에 이는 조건 위반이 된다. 마찬가지로 (8′)처럼 (5)를 전형적 선언 성원으로 잡아 존재 양화사 제거규칙을 구사한 것이라고 하더라도 (4)에 나오는 a 때문에 조건 위반이 된다. 따라서 어느 경우든 존재 양화사 제거규칙을 잘못 적용한 것이 된다.

양화사의 이원성

아래 나오는 것은 양화사의 '이원성'(또는 '쌍대원리' the principle of duality)이라고 불리는 사례이다. 우리는 앞에서 양화사 기호법을 처음 도입할 때 이들이 동치라는 점을 설명한 적이 있는데, 이제 이들이 상호 도출가능하다는 점을 증명할 것이다. 먼저 볼 것은 존재명제는 언제나 보편명제의 부정으로 표현할 수 있다는 것이다.

214. (∃x)Fx ⊣⊢ ~(∀x)~Fx

(가) (∃x)Fx ⊢ ~(∀x)~Fx

1	(1) (∃x)Fx	전제

2	(2) Fa	가정
3	(3) (∀x)~Fx	가정
3	(4) ~Fa	3 ∀E
2,3	(5) Fa & ~Fa	2,4 &I
2	(6) ~(∀x)~Fx	3,5 ~I
1	(7) ~(∀x)~Fx	1,2,6 ∃E

전제가 존재명제이므로, 존재 양화사 제거규칙을 사용하기 위해 (2) 단계에서 전형적 선언 성원을 가정했다. 원하는 목표물은 결론 ~(∀x)~Fx이다. 그런데 이는 부정명제 형태이므로 귀류법 전략을 구사하였다. 부정하기 전의 명제 (∀x)~Fx를 (3) 단계에서 가정하였고, 당면 과제는 모순을 구성하는 일이다. 이 때 (3)이 보편명제라는 점을 이용하여 보편 양화사 제거규칙을 적용하였고, 그 결과 (5)의 모순을 구성할 수 있게 되었다. 그 다음 단계들은 귀류법과 존재 양화사 제거규칙을 각각 순서대로 마무리 한 것이다.

(나) ~(∀x)~Fx ⊢ (∃x)Fx

1	(1) ~(∀x)~Fx	전제
2	(2) ~(∃x)Fx	가정
3	(3) Fa	가정
3	(4) (∃x)Fx	3 ∃I
2,3	(5) (∃x)Fx & ~(∃x)Fx	2,4 &I
2	(6) ~Fa	3,5 ~I
2	(7) (∀x)~Fx	6 ∀I
1,2	(8) (∀x)~Fx & ~(∀x)~Fx	1,7 &I
1	(9) ~~(∃x)Fx	2,8 ~I
1	(10) (∃x)Fx	9 ~E

꽤 까다로운 증명이다. 전제는 부정명제이고 결론은 존재명제이다. 부정명제로

부터 원하는 결론을 이끌어 내기가 어려워 보여 귀류법 전략을 구사할 생각으로 (2) 단계에서 ∼(∃x)Fx를 가정하였다. 이 증명에서 중요한 착상은 과연 어떤 모순을 얻을 수 있는가 하는 점이다. 아마도 최종적으로 (2)를 부정하는 데 이용될 명제에는 (1)이 포함될 테고, 이런 발상에 따라 (∀x)∼Fx를 얻는 것을 목표로 삼기로 하였다. 그런데 (∀x)∼Fx은 보편명제이므로, 이를 얻으려면 ∼Fa를 얻어야 할 것이다. 이는 다시 부정명제이므로 귀류법 전략이 필요할 테고, 이 때문에 (3)에서 Fa를 가정하였다. 남은 작업은 이런 전략을 구체적으로 실행하는 것이다.

(나)에 대한 잘못된 증명 사례를 한두 가지 보기로 하자.

(나) ∼(∀x)∼Fx ⊢ (∃x)Fx

1	(1) ∼(∀x)∼Fx	전제
2	(2) ∼Fa	가정
2	(3) (∀x)∼Fx	2 ∀I
1,2	(4) (∀x)∼Fx & ∼(∀x)∼Fx	1,3 &I
1	(5) ∼∼Fa	2,4 ∼I
1	(6) Fa	5 ∼E
1	(7) (∃x)Fx	6 ∃I

여기서는 (3) 단계의 보편 양화사 도입규칙이 잘못 적용되었다. 보편 양화사 도입규칙을 적용하기 직전 명제가 의존하는 명제에는 임의의 이름이 나오지 말아야 한다. 그런데 이 경우 (2)는 자신에 의존하고 있고, 거기에는 임의의 이름 a가 나오고 있다. 따라서 제한 조건 위반이다.

다음도 (나)에 대한 잘못된 증명 시도이다.

(나) ∼(∀x)∼Fx ⊢ (∃x)Fx

1	(1) ∼(∀x)∼Fx	전제
1	(2) ∼∼Fa	1 ∀E

| 1 | (3) Fa | 2 ~E |
| 1 | (4) (∃x)Fx | 3 ∃I |

이번에는 (2) 단계의 보편 양화사 제거규칙이 잘못 적용되었다. 보편 양화사 제거규칙은 보편명제에 적용되는 것이지 보편명제의 부정에 적용되는 것이 아니다. 보편명제의 부정은 보편명제가 참이 아님을 주장하는 것이다.

　다음 볼 것은 보편명제를 언제나 존재명제의 부정으로 표현할 수 있다는 것을 말해 주는 원리이다.

215. (∀x)Fx ⊣⊢ ~(∃x)~Fx

(가) (∀x)Fx ⊢ ~(∃x)~Fx

1	(1) (∀x)Fx	전제
2	(2) (∃x)~Fx	가정
3	(3) ~Fa	가정
1	(4) Fa	1 ∀E
1,3	(5) Fa & ~Fa	3,4 &I
3	(6) ~(∀x)Fx	1,5 ~I
2	(7) ~(∀x)Fx	2,3,6 ∃E
1,2	(8) (∀x)Fx & ~(∀x)Fx	1,7 &I
1	(9) ~(∃x)~Fx	2,8 ~I

결론을 얻기 위해 귀류법 전략을 구사했다. 그래서 (∃x)~Fx를 가정했다. 이 가정은 존재명제이므로 이를 이용하려면 존재 양화사 제거규칙을 적용해야 한다. 이에 따라 전형적 선언 성원을 (3)에서 가정했다. (5)에서 도출한 모순에 근거해 (1)을 부정하였고, 이로써 (2)의 존재명제 이용법인 존재 양화사 제거규칙의 적용을 마무리하였다. (8)에서 최종적으로 모순을 구성하여 원래 전략대로 (2)를 부정하였다. 이때 존재 양화사 제거규칙의 제한 조건을 지키고 있는지를 잘 확인해야 한다. 아울러 우리는 (6) 단계의 추론이 올바르다는 점을 확

신할 수 있다. (6)은 ~Fa ⊢ ~(∀x)Fx가 타당한 추론임을 말한다. 이는 실제로 타당하다. 임의로 고른 대상이 F가 아니라면 우리는 "어느 대상도 F가 아니다"(즉, (∀x)~Fx)라고 단정할 수는 없지만, 적어도 "모든 대상이 F인 것은 아니다"(즉, ~(∀x)Fx)라는 점은 확신할 수 있기 때문이다.

(나) ~(∃x)~Fx ⊢ (∀x)Fx

1	(1) ~(∃x)~Fx	전제
2	(2) ~Fa	가정
2	(3) (∃x)~Fx	2 ∃I
1,2	(4) (∃x)~Fx &~(∃x)~Fx	1,3 &I
1	(5) ~~Fa	2,4 ~I
1	(6) Fa	5 ~E
1	(7) (∀x)Fx	6 ∀I

전제는 존재명제의 부정이고 얻어야 할 결론은 보편명제 (∀x)Fx이다. 이를 얻으려면 Fa를 얻어야 할 것이다. 이를 얻기 위해 귀류법 전략을 구사하였다. 그래서 (2)에서 ~Fa를 가정하였다. 이 가정으로부터 아무 제한 조건 없이 적용할 수 있는 존재 일반화 규칙인 존재 양화사 도입규칙을 통해 (1)과 모순되는 (3)을 얻었다. 그런 다음 원래 전략대로 부정 도입규칙과 이중부정 규칙을 사용해 원하던 Fa를 얻고, 이에 보편 양화사 도입규칙을 적용해 최종적으로 원하는 결론을 얻었다. 이때도 보편 양화사 도입규칙의 제한 조건을 지키고 있는지를 잘 확인해야 한다.

이제 다음 추리를 증명해 보자.

216. (∀x)Fx ⊣⊢ (∀y)Fy

(가) (∀x)Fx ⊢ (∀y)Fy

1	(1) (∀x)Fx	전제
1	(2) Fa	1 ∀E

1	(3) (∀y)Fy		2 ∀I

(나) (∀y)Fy ⊢ (∀x)Fx

1	(1) (∀y)Fy	전제
1	(2) Fa	1 ∀E
1	(3) (∀x)Fx	2 ∀I

존재명제의 경우에도 마찬가지가 성립한다.

217. (∃x)Fx ⊣⊢ (∃y)Fy

(가) (∃x)Fx ⊢ (∃y)Fy

1	(1) (∃x)Fx	전제
2	(2) Fa	가정
2	(3) (∃y)Fy	2 ∃I
1	(4) (∃y)Fy	1,2,3 ∃E

(나)의 증명도 같으므로 생략한다. 이것들이 성립한다는 사실은 x, y 등의 개체
변항이 어떤 역할을 하는지를 잘 보여 준다. 이들 문자는 특정 대상의 이름이
아니며, 자연언어에서 일종의 대명사와 같은 역할을 할 뿐이다. 실제로 위에서
증명한 대로 위의 명제가 상호 도출가능하기 때문에 이들을 어떻게 표현하든
상관이 없다.

아래에서 볼 것은 다시 보편명제와 존재명제를 둘 다 기본적인 유형으로 잡
을 필요가 없음을 보여 주는 상호 도출가능한 쌍들이다. 먼저 보편명제를 존재
명제의 부정으로 나타낼 수 있다는 것을 보자.

218. (∀x)(Fx → Gx) ⊣⊢ ~(∃x)(Fx & ~Gx)

(가) (∀x)(Fx → Gx) ⊢ ~(∃x)(Fx & ~Gx)

1	(1) (∀x)(Fx → Gx)	전제
2	(2) (∃x)(Fx & ~Gx)	가정

3	(3) Fa & ~Ga	가정
1	(4) Fa → Ga	1 ∀E
3	(5) Fa	3 &E
1,3	(6) Ga	4,5 →E
3	(7) ~Ga	3 &E
1,3	(8) Ga & ~Ga	6,7 &I
3	(9) ~(∀x)(Fx → Gx)	1,8 ~I
2	(10) ~(∀x)(Fx → Gx)	2,3,9 ∃E
1,2	(11) (∀x)(Fx → Gx) & ~(∀x)(Fx → Gx)	1,10 &I
1	(12) ~(∃x)(Fx & ~Gx)	2,11 ~I

(나) ~(∃x)(Fx & ~Gx) ⊢ (∀x)(Fx → Gx)

1	(1) ~(∃x)(Fx & ~Gx)	전제
2	(2) Fa	가정
3	(3) ~Ga	가정
2,3	(4) Fa & ~Ga	2,3 &I
2,3	(5) (∃x)(Fx & ~Gx)	4 ∃I
1,2,3	(6) (∃x)(Fx & ~Gx) & ~(∃x)(Fx & ~Gx)	1,5 &I
1,2	(7) ~~Ga	3,6 ~I
1,2	(8) Ga	7 ~E
1	(9) Fa → Ga	2,8 →I
1	(10) (∀x)(Fx → Gx)	9 ∀I

위의 두 식이 상호 도출가능하다는 점은 충분히 예상할 수 있다. 직관적으로, F 가 모두 G라는 주장은 F인데 G가 아닌 것은 없다는 것을 의미한다. (가)의 증 명에서는 귀류법이 주된 전략이다. 따라서 (2) 단계에서 부정되기 전의 결론을 가정했다. 이것이 존재명제 (∃x)(Fx & ~Gx)이므로, 존재명제 활용법인 존재 양화사 제거규칙을 구사하기 위해 (3)에서 전형적 선언 성원을 가정하였다. 문

제는 이로부터 어떤 결론을 이끌어 내야 하는가이다. 주된 전략이 귀류법이므로 모순을 얻어야 할 테고, 이 과정에 (1)이 쓰일 것이다. 이런 생각에 따라 (1)의 부정을 얻는 것으로 존재 양화사 제거규칙을 마무리하였다. 물론 (1)의 부정을 얻는 과정 자체에도 모순이 이용되었다. 마지막 (12) 단계는 주된 전략인 귀류법 적용의 마무리이다.

　(나)의 증명을 보자. 주어진 전제는 존재명제의 부정이고, 얻어야 할 결론은 보편명제이다. 존재명제의 부정이 전제이므로, 이에는 존재 양화사 제거규칙을 적용할 수 없다. 따라서 보편명제를 직접 얻는 방안을 강구하였다. 결론의 보편명제를 얻으려면, Fa → Ga를 얻어야 할 것이다. 이는 조건언이므로, Fa를 가정하여 Ga를 얻는 과정을 거치면 될 것이다. 이때 Ga를 직접 얻을 수 없을 것 같아 ~Ga를 가정하는 우회 전략을 채택하였다. 이 과정에 주어진 전제인 존재명제의 부정이 이용되었다. 위의 두 증명에서도 존재 양화사 제거규칙과 보편 양화사 도입규칙의 제한 조건을 지키고 있는지를 잘 확인해야 한다.

　이번에는 존재명제를 보편명제의 부정으로 나타낼 수 있다는 것을 보자.

219. (∃x)(Fx & Gx) ⊣⊢ ~(∀x)(Fx → ~Gx)

(가) (∃x)(Fx & Gx) ⊢ ~(∀x)(Fx → ~Gx)

1	(1) (∃x)(Fx & Gx)	전제
2	(2) Fa & Ga	가정
3	(3) (∀x)(Fx → ~Gx)	가정
3	(4) Fa → ~Ga	3 ∀E
2	(5) Fa	2 &E
2,3	(6) ~Ga	4,5 →E
2	(7) Ga	2 &E
2,3	(8) Ga & ~Ga	6,7 &I
2	(9) ~(∀x)(Fx → ~Gx)	3,8 ~I
1	(10) ~(∀x)(Fx → ~Gx)	1,2,9 ∃E

(나) $\sim(\forall x)(Fx \rightarrow \sim Gx) \vdash (\exists x)(Fx \ \& \ Gx)$

1	(1) $\sim(\forall x)(Fx \rightarrow \sim Gx)$	전제
2	(2) $\sim(\exists x)(Fx \ \& \ Gx)$	가정
3	(3) Fa	가정
4	(4) Ga	가정
3,4	(5) $Fa \ \& \ Ga$	3,4 &I
3,4	(6) $(\exists x)(Fx \ \& \ Gx)$	5 ∃I
2,3,4	(7) $(\exists x)(Fx \ \& \ Gx) \ \& \sim(\exists x)(Fx \ \& \ Gx)$	2,6 &I
2,3	(8) $\sim Ga$	4,7 $\sim$I
2	(9) $Fa \rightarrow \sim Ga$	3,8 $\rightarrow$I
2	(10) $(\forall x)(Fx \rightarrow \sim Gx)$	9 $\forall$I
1,2	(11) $(\forall x)(Fx \rightarrow \sim Gx) \ \& \sim(\forall x)(Fx \rightarrow \sim Gx)$	1,10 &I
1	(12) $\sim\sim(\exists x)(Fx \ \& \ Gx)$	2,11 $\sim$I
1	(13) $(\exists x)(Fx \ \& \ Gx)$	12 $\sim$E

이 두 식이 상호 도출가능하다는 것은 "F이면서 G인 것이 있다"는 주장이 "F가 다 G가 아닌 것은 아니다"라는 주장과 같은 의미임을 말한다. (가)에서는 존재 명제가 전제이므로 존재 양화사 제거규칙이 주된 전략이다. 이에 따라 전형적 선언 성원을 가정해서 원하는 결론 C가 나옴을 보여야 하므로, (2) 단계에서 전형적 선언 성원을 가정했다. 얻어야 할 결론 C는 부정명제이므로 귀류법 전략을 강구하였고, 그래서 (3) 단계에서 부정하기 전의 명제 $(\forall x)(Fx \rightarrow \sim Gx)$를 가정하였다. 당면 과제는 모순을 얻는 일이고, 이를 (8) 단계에서 얻었다. 그 다음에는 귀류법 전략을 마무리 하고, 최종적으로 주된 전략인 존재 양화사 제거규칙을 (10) 단계에서 완결하였다. 이때 존재 양화사 제거규칙의 제한 조건 두 가지를 지키는지도 잘 확인해야 한다.

(나)의 증명에서는 귀류법이 주된 전략이다. 그래서 (2) 단계에서 결론의 부정을 가정했다. 귀류법 전략이므로 B & ~B 형태로 된 모순을 얻어야 한다. 이때 (1)이 일정한 역할을 해야 할 것이라는 점에 착안해 $(\forall x)(Fx \rightarrow \sim Gx)$를

얻는 방안을 시도했다. 이는 보편명제이므로, 보편 양화사 도입규칙에 따를 때 이를 얻으려면 Fa → ~Ga를 얻어야 한다. 이는 조건언이므로 조건언 도입규칙에 따라 Fa를 가정해서 ~Ga가 도출됨을 보여야 한다. 이런 발상에 기초해 (3) 단계에서 Fa를 가정했다. 다음 우리의 목표는 ~Ga를 얻는 것이고, 이는 부정명제이므로 부정 도입규칙에 따라 Ga를 가정해서 모순이 도출됨을 보이기로 하였다. 그래서 (4) 단계에서 Ga를 가정하였다. (4) 단계까지의 발상을 해 낸다면 이후 단계는 비교적 쉽다. 필요한 두 차례의 모순을 얻고 전략대로 세부 내용을 채우면 된다. 이때 (10) 단계에서 사용한 보편 양화사 도입규칙이 제한조건을 지키고 있는지도 점검할 필요가 있다.

다항 양화 논증

지금까지 우리는 1항 술어가 나오는 논증만을 보았다. 이제 관계를 표현하는 다항 술어가 나오는 논증을 살펴보기로 한다.

220. $(\forall x)(\forall y)Fxy \dashv\vdash (\forall y)(\forall x)Fxy$
221. $(\exists x)(\exists y)Fxy \dashv\vdash (\exists y)(\exists x)Fxy$

이들 쌍이 상호 도출가능하다는 것은 양화사가 같은 종류라면 다항 술어의 어느 자리를 먼저 일반화하든 최종 결과물의 의미는 같다는 것이다.

이를 어떻게 증명하는지 보자.

220. $(\forall x)(\forall y)Fxy \dashv\vdash (\forall y)(\forall x)Fxy$
(가) $(\forall x)(\forall y)Fxy \vdash (\forall y)(\forall x)Fxy$

1	(1)	$(\forall x)(\forall y)Fxy$	전제
1	(2)	$(\forall y)Fay$	1 ∀E
1	(3)	Fab	2 ∀E
1	(4)	$(\forall x)Fxb$	3 ∀I
1	(5)	$(\forall y)(\forall x)Fxy$	4 ∀I

주어진 전제는 보편명제이고 얻어야 할 결론도 보편명제이다. 전제를 활용하려면 보편 양화사 제거규칙을 써야 할 테고, 결론을 얻으려면 보편 양화사 도입규칙을 써야 할 것이다. 결론 $(\forall y)(\forall x)Fxy$은 마지막 단계에서 y 자리를 보편 일반화한 것이므로, 이것을 얻으려면 먼저 어느 대상이든 다 임의의 대상 b와 F라는 관계에 있다는 것 $(\forall x)Fxb$을 얻어야 한다. 그리고 후자를 얻으려면 이는 x 자리를 보편 일반화한 것이므로, Fab를 얻어야 할 것이다. 이는 주어진 전제에 보편 양화사 제거규칙을 반복해 적용하면 얻을 수 있다. 비슷한 방식으로 다음도 증명할 수 있다.

(나) $(\forall y)(\forall x)Fxy \vdash (\forall x)(\forall y)Fxy$

이번에는 (가)를 증명하려는 시도 가운데 잘못된 것을 보기로 하자.

(가) $(\forall x)(\forall y)Fxy \vdash (\forall y)(\forall x)Fxy$

1	(1) $(\forall x)(\forall y)Fxy$	전제
1	(2) $(\forall y)Fay$	1 $\forall$E
1	(3) Faa	2 $\forall$E
1	(4) $(\forall x)Fxa$	3 $\forall$I

여기서는 보편 양화사 도입규칙이 잘못 적용되었다. 보편 양화사 도입규칙을 정식화할 때 명시했듯이(앞의 294쪽 참조), 보편 일반화의 경우 같은 이름이 여러 군데 나온다면 그것을 모두 한꺼번에 일반화해야 하며, 이는 존재 양화사 도입규칙과 다른 점이다.[21] 하지만 위에서 (4) 단계를 다음과 같이 진행한다면

---

21 존재 양화사 도입규칙에서는 같은 이름이 여러 군데 나올 경우 일부만 일반화해도 된다. 예를 들어 이 차이를 설명해 보자. "갑이 갑을 사랑한다"는 사실을 우리가 알고 있다고 해 보자. 이때 우리는 갑이 누군가를 사랑하며(즉 갑이 사랑하는 사람이 있다), 누군가는 갑을 사랑한다(즉 갑을 사랑하는 사람이 있다)고 충분히 말할 수 있다. 이처럼 갑이 나오는 자리의 일부를 존재 일반화할 수 있다. 하지만 원래 정보로부터 "갑은 모든 사람을 사랑한다"거나 "모든 사람은 갑을 사랑한다"고 말할 수는 없다. 그것은 너무 나간 것이다. 우리가 할 수 있는 것은 '갑'이 임

이는 올바른 증명이다.

1	(1) (∀x)(∀y)Fxy	전제
1	(2) (∀y)Fay	1 ∀E
1	(3) Faa	2 ∀E
1	(4) (∀x)Fxx	3 ∀I

다만 이때 우리가 증명한 것은 앞의 추리가 아니라 다음과 같은 추리이다.

222. (∀x)(∀y)Fxy ⊢ (∀x)Fxx

이처럼 동일한 전제로부터 서로 다른 결론을 이끌어 낼 수 있다. 이는 전혀 이상한 일이 아니다. 나아가 (∀x)(∀y)Fxy와 (∀y)(∀x)Fxy는 서로 같은 관계를 표현하고, 이들로부터는 (∀x)Fxx이 따라 나온다는 점을 이해하려면 다음 그림이 도움이 될 것이다.

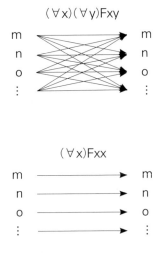

의의 이름이라는 단서 아래, "누구든 자신을 사랑한다"는 것 정도이다. 이처럼 보편 일반화는 부분적으로 할 수 없고, 한다면 모두 해야 한다.

위의 그림에서 왼쪽에 있는 각각의 대상은 오른쪽에 있는 모든 대상과 선으로 연결되어 있다. 반면 아래 그림에서는 왼쪽에 있는 각각의 대상은 오른쪽에 있는 자신과 서로 연결되어 있다. 이 사실은 앞의 그림에도 이미 들어 있던 내용임을 알 수 있다.

이번에는 존재 양화사가 나오는 다음 쌍을 증명해 보자.

221. $(\exists x)(\exists y)Fxy \dashv\vdash (\exists y)(\exists x)Fxy$

(가) $(\exists x)(\exists y)Fxy \vdash (\exists y)(\exists x)Fxy$

1	(1) $(\exists x)(\exists y)Fxy$	전제
2	(2) $(\exists y)Fay$	가정
3	(3) Fab	가정
3	(4) $(\exists x)Fxb$	3 ∃I
3	(5) $(\exists y)(\exists x)Fxy$	4 ∃I
2	(6) $(\exists y)(\exists x)Fxy$	2,3,5 ∃E
1	(7) $(\exists y)(\exists x)Fxy$	1,2,6 ∃E

이 증명에서는 존재 양화사 제거규칙을 두 차례 사용하고 있는데, 모두 제한 조건을 지키고 있는지를 확인하는 것이 중요하다. (6)에서 존재 양화사 제거규칙을 사용할 때 우리는 (5)가 의존하고 있는 명제인 (3) Fab를 점검해 보아야 한다. 여기에 임의의 이름인 b가 나오고 있지만 그것은 전형적 선언 성원에 나오는 것이어서 조건 위반이 아님을 알 수 있다. 물론 a도 임의의 이름이기는 하지만 이는 상관없다. 다시 말해, 우리는 존재 양화사 제거규칙을 사용할 때 전형적 선언 성원 이외에 그 이름(따라서 이 경우 b가 된다)이 또 나오는 곳이 있는지를 확인하는 것이다. 마지막 (7) 단계의 존재 양화사 제거규칙의 경우 우리는 (2) $(\exists y)Fay$를 확인해야 하고, 여기에 나오는 a도 존재 양화사 제거규칙의 전형적 선언 성원으로 나오는 것이어서 조건 위반이 아님을 알 수 있다.

(나) $(\exists y)(\exists x)Fxy \vdash (\exists x)(\exists y)Fxy$

(나)도 같은 방식으로 증명할 수 있다.

이번에는 (가)를 증명하는 잘못된 시도를 보기로 하자.

(가) (∃x)(∃y)Fxy ⊢ (∃y)(∃x)Fxy

1	(1) (∃x)(∃y)Fxy	전제
2	(2) (∃y)Fay	가정
3	(3) Faa	가정
3	(4) (∃x)Fxa	3 ∃I
3	(5) (∃y)(∃x)Fxy	4 ∃I
2	(6) (∃y)(∃x)Fxy	2,3,5 ∃E
1	(7) (∃y)(∃x)Fxy	1,2,6 ∃E

이 경우 (3)에서 (4)로의 추리는 문제가 없다. 하지만 (6) 단계에서 사용한 존재 양화사 제거규칙이 제한 조건을 위반하고 있음을 볼 수 있다. (5)가 의존하는 명제인 (3)에는 전형적 선언 성원 이외에는 나오지 않아야 하는데, Faa의 두 번째 a는 전형적 선언 성원으로 나오는 것이어서 괜찮지만 첫 번째 a는 그렇지 않기 때문이다.

이번에는 (가)의 전제 (∃x)(∃y)Fxy로부터 다른 결론(∃x)Fxx를 이끌어 내려는 시도를 보자.

(∃x)(∃y)Fxy ⊬ (∃x)Fxx

1	(1) (∃x)(∃y)Fxy	전제
2	(2) (∃y)Fay	가정
3	(3) Faa	가정
3	(4) (∃x)Fxx	3 ∃I
2	(5) (∃x)Fxx	2,3,4 ∃E
1	(6) (∃x)Fxx	1,2,5 ∃E

이 증명은 올바르지 않다. (5) 단계에서 사용한 존재 양화사 제거규칙이 제한 조건을 위반하고 있기 때문이다. (4)가 의존하는 명제는 (3)인데 (3)에 나오는 두 번째 a는 전형적 선언 성원이지만 첫 번째 a는 아니기 때문이다. 두 사례 모두 (3) 단계에 나오는 Faa를 (2) 단계에 나오는 존재명제인 (∃y)Fay의 전형적 선언 성원으로 볼 수 없다는 데서 문제가 발생한 것임을 알 수 있다. 우리는 (∃y)Fay를 참으로 만들었을 명제가 '공교롭게도' Faa라고 가정할 권리는 없다.

지금까지 본 것처럼, 양화사가 같은 종류라면 순서는 무관하다. 하지만 양화사의 종류가 다르면 순서는 중요하다. 다음은 올바른 추론으로, 증명이 가능하다.

223. (∃x)(∀y)Fxy ⊢ (∀y)(∃x)Fxy

1	(1) (∃x)(∀y)Fxy	전제
2	(2) (∀y)Fay	가정
2	(3) Fab	2 ∀E
2	(4) (∃x)Fxb	3 ∃I
2	(5) (∀y)(∃x)Fxy	4 ∀I
1	(6) (∀y)(∃x)Fxy	1,2,5 ∃E

전제가 존재명제이므로 이를 이용하는 방안으로 존재 양화사 제거규칙을 구사하기로 하였고, 이를 통해 얻어야 하는 결론은 (∀y)(∃x)Fxy라는 보편명제이므로 이를 얻기 위해서는 보편 양화사 도입규칙에 의해 임의의 이름이 나오는 (∃x)Fxb를 확보해야 한다. 이런 발상에 따라 (2)에서 전형적 선언 성원을 가정하였고, (2)는 보편명제이므로 보편 양화사 제거규칙을 적용해 이를 활용하였다. (3) Fab로부터 우리가 원하는 (∃x)Fxb를 얻고 애초 전략에 따라 마무리 수순을 밟았다. 이때도 보편 양화사 도입규칙과 존재 양화사 제거규칙의 제한 조건을 모두 지키고 있는지를 확인해 보아야 한다.

위의 추리를 다음과 같이 증명하려고 한다고 해 보자.

| 1 | (1) (∃x)(∀y)Fxy | 전제 |

2	(2) (∀y)Fay	가정
2	(3) Faa	2 ∀E
2	(4) (∃x)Fxa	3 ∃I
2	(5) (∀y)(∃x)Fxy	4 ∀I
1	(6) (∀y)(∃x)Fxy	1,2,5 ∃E

이는 잘못된 증명이다. 여기서 (4) 단계까지는 올바르다. 하지만 (5)에서 보편
양화사 도입규칙의 적용은 올바르지 않다. 보편 양화사 도입규칙의 제한 조건,
즉 의존하는 명제에 임의의 이름 a가 나오지 않아야 한다는 조건을 위반하고
있기 때문이다.[22]

다음은 앞의 추리의 역인데, 이것은 부당하다.

$$(\forall y)(\exists x)Fxy \nvdash (\exists x)(\forall y)Fxy$$

논의 세계를 우리 반 학생들로 잡고, 'Fxy'를 'x는 y의 어머니이다'라는 술어로
해석하는 아래 예는 이 추리가 부당함을 보여 주는 반례이다.

우리 반 학생들은 누구나 자신의 어머니가 있다. ⊬ 우리 반 학생들 모두의 어머니인
사람이 있다(또는 우리 반 학생이 모두 자기 자식인 사람이 있다, 우리 반 학생들은
모두 한 어머니의 자식이다).

---

22   (3)으로부터 다음과 같이 나아가는 추리는 타당하다.

(∃x)(∀y)Fxy ⊢ (∃x)Fxx

1	(1) (∃x)(∀y)Fxy	전제
2	(2) (∀y)Fay	가정
2	(3) Faa	2 ∀E
2	(4) (∃x)Fxx	3 ∃I
1	(5) (∃x)Fxx	1,2,4 ∃E

모든 대상과 F 관계에 있는 어떤 대상이 있다면, 자기 자신과 F 관계에 있는 대상도 분명히 있게
마련일 것이기 때문이다.

부당한 이 추리를 다음과 같이 증명하려고 시도한다고 해 보자.

1	(1) $(\forall y)(\exists x)Fxy$	전제
1	(2) $(\exists x)Fxa$	1 $\forall$E
3	(3) Fba	가정
3	(4) $(\forall y)Fby$	3 $\forall$I
3	(5) $(\exists x)(\forall y)Fxy$	4 $\exists$I
1	(6) $(\exists x)(\forall y)Fxy$	2,3,5 $\exists$E

(1)은 주어진 전제이고, (2)는 (1)의 보편 예화이다. (3)은 (2)가 존재명제이므로 이를 활용하기 위해 전형적 선언 성원을 가정한 것으로, 여기까지는 모두 올바르다. 문제는 (4)이다. (3)에 보편 양화사 도입규칙을 적용할 때 제한 조건을 지키고 있는지 확인해야 한다. 보편 양화사 도입규칙의 제한 조건은 한 가지로, 보편 양화사 도입규칙을 적용하기 직전 명제가 의존하는 명제에 임의의 이름이 나오지 말아야 한다는 것이다. a 자리를 보편 일반화하고 있는데, (3)이 의존하는 명제는 자기 자신이므로 여기에 a가 나오고 있다. 따라서 제한 조건 위반이다.

두 명제 $(\exists x)(\forall y)Fxy$, $(\forall y)(\exists x)Fxy$가 동치가 아니라는 점은 이들이 표현하는 관계를 그림으로 나타내보면 가장 분명하게 드러난다.

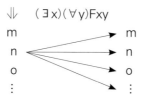

$(\exists x)(\forall y)Fxy$는 왼쪽에 있는 특정 대상은 오른쪽에 있는 모든 대상과 F라는 관계에 있다는 것을 말한다. 다시 말해 왼쪽에 있는 대상 가운데 적어도 하나는 오른쪽에 있는 모든 대상과 연결되어 있다는 것을 말한다.

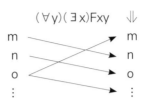

한편 (∀y)(∃x)Fxy는 오른쪽에 있는 모든 대상은 왼쪽에 있는 어떤 대상과 F 라는 관계에 있다는 것을 말한다. 다시 말해 오른쪽에 있는 모든 대상은 왼쪽에 있는 적어도 한 대상과 연결되어 있다는 것을 말한다. 오른쪽에 있는 모든 대상이 왼쪽에 있는 대상과 연결되어 있다고 해서 연결된 대상이 하나의 동일한 대상이라는 보장은 없으므로, (∀y)(∃x)Fxy가 (∃x)(∀y)Fxy를 함축하지는 않는다. 하지만 왼쪽에 있는 특정한 하나의 대상이 오른쪽에 있는 모든 대상과 연결되어 있다면 오른쪽에 있는 모든 대상이 왼쪽에 있는 대상과 연결되어 있다는 조건은 저절로 만족되므로 (∃x)(∀y)Fxy는 (∀y)(∃x)Fxy를 함축한다.[23] 이처럼 이 둘의 경우 양방향의 함축이 모두 성립하는 것은 아니므로, 우리는 이둘이 동치가 아님을 알 수 있다.

결국 서로 다른 양화사가 나올 경우 위치가 바뀌면 의미가 달라진다는 점을 알 수 있다. 여기서 위치가 바뀐다는 말은 일반화의 순서가 다르다는 의미이다. 이 점은 다음 쌍의 경우에도 마찬가지이다.

224. (∃y)(∀x)Fxy ⊢ (∀x)(∃y)Fxy

    (∀x)(∃y)Fxy ⊬ (∃y)(∀x)Fxy

---

23 그림에 나오는 상황을 비유적으로 설명하면 다음과 같다.

  (가) (∃x)(∀y)Fxy: 모든 사람에게 화살을 쏘는 어떤 사람이 있다.

  (나) (∀y)(∃x)Fxy: 모든 사람은 누군가로부터 화살을 맞는다.

모두에게 화살을 쏘는 사람이 있다면 모두가 화살을 맞는다는 점은 분명하다. 하지만 모두가 화살을 맞는다고 해서 화살을 쏜 사람이 하나의 동일인이라는 보장은 없다. 따라서 (가)는 (나)를 함축하지만 (나)는 (가)를 함축하지 않는다.

이들이 다른 주장임은 다음 그림을 통해 분명하게 알 수 있을 것이다.

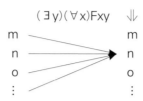

여기서 ⇓로 표시한 부분을 주목해 보라. (∃y)(∀x)Fxy는 왼쪽에 있는 모든 대상과 선으로 연결된 오른쪽 대상이 적어도 하나는 있다는 것을 말한다.

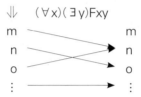

한편 (∀x)(∃y)Fxy는 왼쪽에 있는 대상은 모두 오른쪽에 있는 어떤 대상과 연결되어 있다는 것을 말한다. 다시 말해 왼쪽에 있는 대상 가운데 오른쪽에 있는 대상과 연결되지 않은 대상은 하나도 없다는 것을 말한다. 두 그림을 비교해 보면 알 수 있듯이, 앞의 그림처럼 왼쪽 대상은 모두 오른쪽에 있는 특정 대상과 연결되어 있다면, 당연히 왼쪽에 있는 대상은 오른쪽에 있는 대상 가운데 적어도 하나와 연결되어 있을 것이다. 왜냐하면 왼쪽 대상은 오른쪽 대상과 모두 연결되어 있을 뿐만 아니라 나아가 특정한 한 대상과 연결되어 있기 때문이다. 따라서 (∃y)(∀x)Fxy는 (∀x)(∃y)Fxy를 함축한다. (이의 증명은 223의 증명과 같은 식으로 진행되므로 여기서는 생략한다.) 하지만 그 역은 성립하지 않는다. 왼쪽에 있는 대상은 모두 오른쪽에 있는 대상과 연결되어 있다고 해서, 연결된 대상이 앞의 그림처럼 하나의 동일한 대상이라는 보장은 없기 때문이다. 따라서 (∀x)(∃y)Fxy는 (∃y)(∀x)Fxy를 함축하지 않는다.[24] 이 둘은 동치가 아님

24　앞의 비유를 그대로 쓰면 다음과 같다.

　(다) (∃y)(∀x)Fxy: 모든 사람에게 화살을 맞는 어떤 사람이 있다.

　(라) (∀x)(∃y)Fxy: 모든 사람은 누군가에게 화살을 쏜다.

을 알 수 있다.

다음을 증명해 보자.[25]

225. $(\forall x)(Fx \rightarrow Gx) \vdash (\forall x)[(\exists y)(Fy \ \& \ Hxy) \rightarrow (\exists y)(Gy \ \& \ Hxy)]$

전제는 보편명제이고, 결론 또한 보편명제이다. 전제의 보편명제를 활용하려면 보편 양화사 제거규칙을 사용해야 할 테고, 결론의 보편명제를 확보하려면 보편 양화사 도입규칙을 사용해야 할 것이다. 결론의 보편명제를 얻으려면 $(\exists y)$ $(Fy \ \& \ Hay) \rightarrow (\exists y)(Gy \ \& \ Hay)$를 얻어 a 자리를 보편 일반화를 해야 하고, 이것이 조건언이므로 전건을 가정해서 후건을 얻는 조건언 도입규칙의 절차를 따라야 할 것이다. 이런 착상에 따라 증명은 다음과 같이 진행되어야 한다.

1	(1) $(\forall x)(Fx \rightarrow Gx)$	전제
2	(2) $(\exists y)(Fy \ \& \ Hay)$	가정
3	(3) $Fb \ \& \ Hab$	가정
3	(4) Fb	3 &E
3	(5) Hab	3 &E
1	(6) $Fb \rightarrow Gb$	1 $\forall$E
1,3	(7) Gb	4,6 $\rightarrow$E
1,3	(8) $Gb \ \& \ Hab$	5,7 &I
1,3	(9) $(\exists y)(Gy \ \& \ Hay)$	8 $\exists$I
1,2	(10) $(\exists y)(Gy \ \& \ Hay)$	2,3,9 $\exists$E

모든 사람에게 화살을 맞는 사람이 있다면 모두가 화살을 쏘고 있다는 점은 분명하다. 하지만 모든 사람이 누군가에게 화살을 쏜다고 해서 화살을 맞는 사람이 하나의 동일인이라는 보장은 없다. 달리 말해, 모두가 화살을 쏜다고 해서 그들이 하나의 동일 대상을 향해 화살을 쏜다는 보장은 없다. 따라서 (다)는 (라)를 함축하지만 (라)는 (다)를 함축하지 않는다.

25　이는 드모르간이 제시했다고 알려진 추론으로, 직관적으로 명백히 타당한 추론이지만 전통 논리학으로는 제대로 다루기 어려운 사례로 여겨진다. "말은 모두 동물이다. 따라서 말의 머리는 모두 동물의 머리이다."

| 1 | (11) (∃y)(Fy & Hay) → (∃y)(Gy & Hay) | 2,10 →I |
| 1 | (12) (∀x)[(∃y)(Fy & Hxy) → (∃y)(Gy & Hxy)] | 11 ∀I |

이때 (10) 단계에서 사용된 존재 양화사 제거규칙은 제한 조건을 지키고 있다. (2)를 활용하기 위한 전형적 선언 성원인 임의의 이름 b는 (9)가 의존하는 명제 (1)과 (3)에 나오지 않으며(단 (3)에 나오는 것은 전형적 선언 성원으로 나오는 것이다), (10)에도 b가 나오지는 않기 때문이다. (12) 단계에서 사용된 보편 양화사 도입규칙도 제한 조건을 지키고 있다. (11)이 의존하는 명제인 (1)에는 보편 일반화를 하는 임의의 이름 a가 나오지 않기 때문이다.

마지막으로, 다음 추리를 증명해 보자.

226. (∃x)(Fx & (∀y)(Gy → Hxy)), (∀x)(Fx → (∀y)(Jy → ~Hxy)) ⊢ (∀x)(Gx → ~Jx)

1	(1) (∃x)(Fx & (∀y)(Gy → Hxy))	전제
2	(2) (∀x)(Fx → (∀y)(Jy → ~Hxy))	전제
3	(3) Fa & (∀y)(Gy → Hay)	가정
3	(4) Fa	3 &E
3	(5) (∀y)(Gy → Hay)	3 &E
2	(6) Fa → (∀y)(Jy → ~Hay)	2 ∀E
2,3	(7) (∀y)(Jy → ~Hay)	4,6 →E
8	(8) Gb	가정
3	(9) Gb → Hab	5 ∀E
3,8	(10) Hab	8,9 →E
2,3	(11) Jb → ~Hab	7 ∀E
2,3,8	(12) ~Jb	10,11 SI A→~B, B ⊢ ~A
2,3	(13) Gb → ~Jb	8,12 →I
2,3	(14) (∀x)(Gx → ~Jx)	13 ∀I
1,2	(15) (∀x)(Gx → ~Jx)	1,3,14 ∃E

다음과 같은 일상적 추리가 이런 추리 형식을 띤 것이다.

논리학자라면 다 존경하는 학생도 있다. 그런데 학생들은 정치인이면 다 존경하지 않는다. 따라서 논리학자는 어느 누구도 정치인이 아니다.

논리학자라면 누구든 다 존경해마지 않는 학생이 있다는 점이 사실이고, 나아가 학생들은 모두 정치인은 어느 누구도 존경하지 않는다고 한다면, 논리학자는 어느 누구도 정치인일 리 없을 것이다. 이 추리를 증명하는 절차는 앞서 본 것들과 크게 다르지 않다. 첫 번째 전제가 존재명제이므로 기본 전략은 존재 양화사 제거규칙의 사용이다. 그래서 (3) 단계에서 전형적 선언 성원을 가정하는 것으로 출발했다. 얻어야 할 결론은 보편명제이고, 더 구체적으로는 조건언 형태를 얻어야 하므로, 이를 감안하여 (8)단계에서 조건언의 전건을 가정하였다. 마무리 단계에서 보편 양화사 도입규칙과 존재 양화사 제거규칙의 제한 조건을 지키고 있음을 확인할 수 있다.

연 습 문 제

※ 다음을 증명하라.

① $(\forall x)(Fx \to Gx) \vdash (\exists x)\sim Gx \to (\exists x)\sim Fx$

② $(\exists x)\sim Fx \dashv\vdash \sim(\forall x)Fx$

③ $(\forall x)\sim Fx \dashv\vdash \sim(\exists x)Fx$

④ $(\forall x)(Fx \to \sim Gx) \dashv\vdash \sim(\exists x)(Fx \mathbin{\&} Gx)$

⑤ $\sim(\forall x)(Fx \to Gx) \dashv\vdash (\exists x)(Fx \mathbin{\&} \sim Gx)$

⑥ $(\forall x)(Fx \to (\forall y)Gy) \vdash (\forall x)(\forall y)(Fx \to Gy)$

⑦ $(\exists x)(\exists y)(Fx \mathbin{\&} Gy) \vdash (\exists y)(\exists x)(Gy \mathbin{\&} Fx)$

⑧ $(\exists x)(Fx \mathbin{\&} (\forall y)(Gy \to Rxy)) \vdash (\forall x)(Gx \to (\exists y)(Fy \mathbin{\&} Ryx))$

⑨ $(\forall x)(Fx \to (\exists y)(Gy \mathbin{\&} Hxy)),\ (\forall x)(Gx \to Mx) \vdash (\forall x)(Fx \to (\exists$

y)(My & Hxy))

⑩ (∃x)(Fx & Gx), (∃x)(Fx & (∀y)(Gy → ~Hxy)) ⊢ (∃x)(Fx &
~(∀y)(Fy → Hyx))

8장

동일성, 일정 수를 나타내는 양화사, 그리고 한정 기술

이 장에서는 동일성 기호를 도입함으로써 양화논리의 표현력이 확장됨을 보인다.

핵심 개념: 동일성 술어, 일정 수를 나타내는 양화사, 한정 기술

8.1 동일성

우선 다음이 성립한다는 점을 생각해 보라.

$(\exists x)Fx \vdash (\exists x)(\exists y)(Fx \ \& \ Fy)$

1	(1) $(\exists x)Fx$	전제
2	(2) Fa	가정
2	(3) $Fa \ \& \ Fa$	2,2 &I
2	(4) $(\exists y)(Fa \ \& \ Fy)$	3 ∃I
2	(5) $(\exists x)(\exists y)(Fx \ \& \ Fy)$	4 ∃I
1	(6) $(\exists x)(\exists y)(Fx \ \& \ Fy)$	1,2,5 ∃E

아울러 이의 역도 성립한다.

$(\exists x)(\exists y)(Fx \ \& \ Fy) \vdash (\exists x)Fx$

1	(1) $(\exists x)(\exists y)(Fx \ \& \ Fy)$	전제

2	(2) (∃y)(Fa & Fy)	가정
3	(3) Fa & Fb	가정
3	(4) Fa	3 &E
3	(5) (∃x)Fx	4 ∃I
2	(6) (∃x)Fx	2,3,5 ∃E
1	(7) (∃x)Fx	1,2,6 ∃E

이것은 두 명제 (∃x)(∃y)(Fx & Fy)와 (∃x)Fx가 상호 도출가능하므로 이들이 동치라는 것을 뜻한다. 이 결과는 (∃x)(∃y)(Fx & Fy)가 적어도 두 개의 대상이 F임을 주장하는 것이 아님을 잘 보여 준다. 왜냐하면 (∃x)Fx는 명백히 그런 의미가 아니라 적어도 하나의 대상이 F임을 말하는 것이기 때문이다. 적어도 두 개의 대상이 F임을 나타내려면 어떻게 해야 할까? 이를 위해서는 (∃x)(∃y)(Fx & Fy)에 나오는 x와 y가 같지 않다, 즉 이 둘이 서로 다른 대상이라는 점이 확보되어야 할 것이다. 이를 어떻게 나타낼 수 있을지를 논의해 보자.

먼저 두 대상이 같다는 것을 주장하는 다음 문장에서 시작하자.

신사임당은 이율곡의 어머니이다.

이는 '신사임당'이 가리키는 대상과 '이율곡의 어머니'가 가리키는 대상이 서로 동일한 대상임을 주장한다. 이런 문장을 '동일성 문장'(identity statement)이라고 부른다.[1] 이는 우리가 수학에서 자주 보는 다음과 같은 문장과 정확히

---

1 우리말의 '이다'나 영어의 'be' 동사는 아주 다양하게 쓰인다. 다음 예를 보자.

(가) 연수는 학생이다.
(나) 연수가 어제 내가 말한 그 학생이다.
(다) 대학생은 학생이다.
(라) 이등변삼각형은 이등각삼각형이다.

여기에는 모두 '이다'라는 표현이 나오고 있지만 의미는 다르다. (가)는 특정 대상이 어떤 개념 아래 속한다는 것을 말하는 문장이다. (나)는 두 표현이 가리키는 대상이 동일한 대상임을 주장하는 문장이다. (다)는 한 개념이 다른 개념 아래 포함된다는 것을 말하는 문장이다. (라)는 두

같은 유형의 문장으로 이해된다.

  2 + 4 = 6

논리학에서도 수학에서처럼 등호를 사용해 동일성 문장을 나타낸다. 신사임당을 'm'으로, 이율곡의 어머니를 'n'이라는 개체 상항으로 나타낸다면 애초의 문장을 우리는 다음과 같이 적을 수 있다.

  m = n

한편 이를 부정하는 주장은 다음과 같이 나타내기로 한다.[2]

  m ≠ n

지금까지 우리는 두 대상이 같다는 것과 이를 부정한 주장을 어떻게 표현하는 지를 살펴보았다.

8.2 일정 수를 나타내는 양화사

동일성 술어 'x = y'를 새로이 도입하게 되면, 양화논리의 표현력이 크게 확장된다. 동일성 술어가 없는 논리 체계를 그냥 '1단계 논리'(the first-order log-ic)라 부르고, 동일성 술어가 있는 논리 체계를 '동일성을 포함하는 1단계 논

개념의 외연이 서로 일치한다는 것을 말하는 문장이다. 우리가 여기서 다루고 있는 동일성 문장은 (나) 형태의 주장을 말한다. 혼동하지 말아야 한다.

2   물론 원한다면 보통의 2항 술어처럼 동일성 술어를 'Ixy'라고 적고, 이의 부정은 '~Ixy'라고 적어도 된다. 하지만 다른 술어와 달리, 동일성 술어는 '모든', '어떤' 등과 함께 '논리 상항'(logical constant)으로 여기는 경우가 많다.

리' (the first-order logic with identity)라고 부른다. 우리가 구체적으로 증명하지는 않겠지만, 이들 논리 체계는 모두 건전하고 완전하다.

논의 세계를 우리 반 학생들로 잡고, 술어 Fx를 'x는 2학년이다'로 잡는다고 하자. 이때 (∀x)Fx는 "우리 반 학생은 모두가 2학년이다"를 나타낸다. 이번 학기 우리 반 수강생이 40명이라면 이는 40명 전체가 2학년임을, 수강생이 70명이라면 70명 전체가 2학년임을 나타낸다. 한편 (∃x)Fx는 "우리 반 학생 가운데 2학년인 학생이 적어도 한 명은 있다"는 것을 나타낸다. 이는 우리 반 학생 가운데 2학년이 정확히 한 명 있어도 참이 되고, 세 명 있어도 참이 되며, 수강생 전체가 2학년이어도 참이 된다. 그 주장은 2학년 학생이 정확히 몇 명인지는 말해 주지 않고, 어쨌건 그런 학생이 적어도 하나는 있다는 것을 말해 준다. 이처럼 우리가 사용하는 보편 양화사와 존재 양화사로는 논의 세계 안의 대상 전부나 일부가 일정한 성질을 가지고 있다는 사실을 표현할 수 있을 뿐 정확히 얼마나 많은 대상이 일정한 성질을 가지고 있는지는 표현할 수 없다.

우리가 "우리 반에 2학년 학생이 정확히 세 명 있다"는 것을 나타내고 싶어 한다고 해 보자. 어떻게 하면 될까? 이를 위해 먼저 "우리 반에 2학년 학생이 정확히 한 명 있다"는 것을 어떻게 나타낼 수 있을지 생각해 보자. 우리는 수학에서 이런 경우를 어떻게 다루는지 이미 알고 있다. 가령 어떤 성질을 갖는 대상이 하나 이상 있고 또한 그런 대상이 하나 이하 있다고 해 보자. 그러면 정확히 몇 개의 대상이 그런 성질을 가지고 있는 것일까? 가령 이번 중간시험에서 만점자가 적어도 한 명 있고 많아야 한 명 있다고 내가 '넌지시' 말한다면, 만점자는 정확히 몇 명 있는 것일까? 정확히 한 명이 있는 것이다. 이 방식을 사용하면 우리는 특정 성질을 갖는 대상이 정확히 하나 있다는 것을 나타낼 수 있고, 이 방식을 원용해 정확히 둘, 셋이 있다는 것 등도 나타낼 수 있다.

적어도

먼저 특정 성질을 갖는 대상이 적어도 하나 있다, 적어도 둘이 있다 등을 어떻게 나타낼지 생각해 보자. F인 대상이 '적어도 하나' 있다는 것은 아주 쉽다. 우리가 써 왔던 존재 양화사가 바로 그런 의미였기 때문이다. F인 것이 적어도 하나 있다는 것은 다음과 같이 나타내면 된다.

적어도 하나   ($\exists$x)Fx

이는 F인 대상이 1개 이상 있다는 것을 주장한다. 이것은 F인 대상이 정확히 하나 있어도 참이며, 둘 있어도 참이고, 극단적으로는 논의 세계에 있는 대상이 모두 F여도 참이다. 이것이 우리가 F인 대상이 1개 이상 있다고 말할 때 의미하는 것이다.

　F인 대상이 '적어도 둘' 있다는 것은 어떻게 나타낼까? 우리는 이미 앞에서 ($\exists$x)($\exists$y)(Fx & Fy)는 그런 의미를 나타내는 것이 아니라고 말했다. 그런 의미를 나타내려면 두 대상이 다르다는 점이 확보되어야 하기 때문이다. 따라서 이 점을 보완하면 우리가 원하는 것을 표현할 수 있을 것이다. F인 것이 적어도 둘 있다는 것은 다음과 같이 나타내면 된다.

적어도 둘   ($\exists$x)($\exists$y)((Fx & Fy) & (x $\neq$ y))

　다음으로 '적어도 셋'은 어떻게 나타낼까? 이미 일반적인 형태가 드러났다. 적어도 둘의 경우 두 대상이 다르다는 것이 확보되면 되었다. 적어도 셋의 경우에는 세 대상이 서로 다르다는 것이 확보되면 될 것이다. 그러므로 F인 대상이 3개 이상 존재한다는 주장은 다음과 같이 나타내면 된다.

적어도 셋   ($\exists$x)($\exists$y)($\exists$z)((Fx & Fy & Fz) & (x $\neq$ y) & (y $\neq$ z) &
　　　　　　　　(x $\neq$ z))

이런 방식으로 진행해 우리는 네 개 이상, 다섯 개 이상 등을 점차적으로 나타낼 수 있다.

많아야

이번에는 F인 대상이 '많아야 하나' 있다는 것을 어떻게 나타낼지 생각해 보자. 이는 F인 대상이 1개 이하 있다는 주장이다. 따라서 F인 대상이 실제로 하나도 없거나(즉 0개 있거나) 하나가 있을 경우 참이다. 우리는 이 두 경우를 포괄하는 주장을 나타내야 한다. F인 대상이 많아야 하나 있다는 것은 다음과 같이 나타낸다.

많아야 하나 $(\forall x)(\forall y)((Fx \;\&\; Fy) \rightarrow (x = y))$

이는 논의 세계에 있는 대상들 가운데 어떠한 것을 잡더라도 그것들이 F라면 그 둘[3]은 같은 대상임을 주장한다. 여기서 사용되는 양화사는 존재 양화사가 아니라 보편 양화사라는 점을 주목하라. 실제로 F인 대상이 논의 세계에 하나 있다면 전건과 후건이 모두 만족되므로 이 주장은 참이 된다. 나아가 F인 대상이 논의 세계에 하나도 없는 경우를 생각해 보자. 이때 전건 'Fx & Fy'에 나오는 개체 변항 x, y를 어떤 개체 상항으로 채우더라도 그것은 모두 거짓일 테고, 전체 주장은 참이 된다. 왜냐하면 조건언은 전건이 거짓이면 참이 되기 때문이다. 따라서 F인 대상이 0개 있거나 1개 있을 경우 이 주장은 참이 된다. 이것이 우리가 원하던, 많아야 하나가 F라는 주장을 올바르게 표현한 것임을 알 수 있다.

두 개 이하가 있다는 의미의 '많아야 둘'은 어떻게 나타낼까? 많아야 하나를 나타낼 때 우리는 이를 '만약 두 번째 것도 F라면 그것은 앞의 것과 같은 것이다'라는 식으로 나타냈다. 이 도식을 그대로 쓴다면, 많아야 둘은 '만약 세 번째 것도 F라면 그것은 앞에 나온 둘 중에 어느 하나와 같은 것이다'는 식으로 나타내야 할 것이다. 다음이 바로 그것이다.

많아야 둘 $(\forall x)(\forall y)(\forall z)((Fx \;\&\; Fy \;\&\; Fz) \rightarrow (z = x) \lor (z = y))$

---

3 여기서 '둘'이라는 표현은 오해의 소지가 있다. 하지만 다른 도리가 없다. 이때 실제로 벌어진 일은 하나의 대상을 두 번 센 경우라 할 수 있다. 동일한 대상을 두 차례 지시한 셈이다.

일반적인 형태가 이미 드러났으므로, '많아야 셋' 은 다음과 같이 나타내면
될 것이다.

많아야 셋　　　　　$(\forall x)(\forall y)(\forall z)(\forall w)((Fx \ \& \ Fy \ \& \ Fz \ \& \ Fw) \rightarrow (w = x)$
　　　　　　　　　　$\vee \ (w = y) \vee (w = z))$

이는 만약 네 번째 것도 F라면 그것은 앞에 나온 셋 가운데 어느 하나와 같은
것이라는 것을 말해 준다. '적어도' 의 경우 몇 개 이상을 의미하므로 실제로 일
정 수 이상의 대상이 존재해야 하므로 존재 양화사가 있어야 하는 반면, '많아
도' 의 경우 몇 개 이하를 의미하므로 하나도 없는 경우까지 포괄하기 위해 보편
양화사를 써서 나타낸다는 점을 주목할 필요가 있다.

앞서 기본 착상에서 설명했듯이, '적어도' 와 '많아도' 가 동시에 성립하면 우
리는 '정확히' 몇 개의 대상이 F인지를 표현할 수 있다. 다음이 그 결과이다.

정확히 하나
　　$(\exists x)Fx \ \& \ (\forall x)(\forall y)((Fx \ \& \ Fy) \rightarrow (x = y))$

정확히 둘
　　$(\exists x)(\exists y)((Fx \ \& \ Fy) \ \& \ (x \neq y)) \ \& \ (\forall x)(\forall y)(\forall z)((Fx \ \& \ Fy \ \& \ Fz)$
　　$\rightarrow (z = x) \vee (z = y)))$

정확히 셋
　　$(\exists x)(\exists y)(\exists z)(((Fx \ \& \ Fy \ \& \ Fz) \ \& \ ((x \neq y) \ \& \ (y \neq z) \ \& \ (x \neq z))) \ \&$
　　$(\forall x)(\forall y)(\forall z)(\forall w)((Fx \ \& \ Fy \ \& \ Fz \ \& \ Fw) \rightarrow ((w = x) \vee (w = y)$
　　$\vee \ (w = z)))$

이들은 '적어도' 와 '많아야' , 즉 '몇 개 이상' 과 '몇 개 이하' 를 연언으로 결합
해서 '정확히' 를 표현한 것이다.

이를 좀 더 간단하게는 다음과 같이 표현할 수도 있다.

정확히 하나

$$(\exists x)(Fx \ \& \ (\forall y)(Fy \rightarrow (y = x)))^4$$

정확히 둘

$$(\exists x)(\exists y)((Fx \ \& \ Fy) \ \& \ (x \neq y) \ \& \ (\forall z)(Fz \rightarrow (z = x) \vee (z = y)))$$

정확히 셋

$$(\exists x)(\exists y)(\exists z)((Fx \ \& \ Fy \ \& \ Fz) \ \& \ (x \neq y) \ \& \ (y \neq z) \ \& \ (x \neq z) \ \&$$
$$(\forall w)(Fw \rightarrow (w = x) \vee (w = y) \vee (w = z)))$$

이른바 '일정 수를 나타내는 양화사'(numerically definite quantifier)라는 약호를 도입하면 정확히 몇 개의 대상이 F인지를 좀 더 간단히 나타낼 수도 있다.

$(\exists_0 x)Fx$	$\sim(\exists x)Fx$
	$(\forall x)\sim Fx$
$(\exists_1 x)Fx$	$(\exists x)(Fx \ \& \ (\forall y)(Fy \rightarrow (y = x)))$
	$(\exists x)(Fx \ \& \ \sim(\exists y)\sim(Fy \rightarrow (y = x)))$
	$(\exists x)(Fx \ \& \ \sim(\exists y)(Fy \ \& \ (y \neq x)))$
$(\exists_2 x)Fx$	$(\exists x)(Fx \ \& \ (\exists_1 y)(Fy \ \& \ (y \neq x)))$
$(\exists_3 x)Fx$	$(\exists x)(Fx \ \& \ (\exists_2 y)(Fy \ \& \ (y \neq x)))$
$\vdots$	$\vdots$
$(\exists_{n+1} x)Fx$	$(\exists x)(Fx \ \& \ (\exists_n y)(Fy \ \& \ (y \neq x)))$

---

4 이는 다음 주장을 존재 일반화하여 얻은 것이다.

$$Fm \ \& \ (\forall y)(Fy \rightarrow (y = m))$$

여기서 'm'을 '연수', 'Fx'를 'x가 F를 받았다'로 해 보자. 그러면 위의 문장은 연수가 F를 받았고, F를 받은 사람은 누구든 연수와 같다는 의미이다. 후자는 물론 아래와 동치이다.

$$\sim(\exists y)(Fy \ \& \ (y \neq m))$$

이는 F를 받았는데 연수와 다른 사람은 없다는 의미이고, 이는 연수만 F를 받았다는 의미가 된다. 결국 원래 문장은 연수가 F를 받았고 연수만 F를 받았다는 의미이며, 이는 곧 정확히 연수한 사람만 F를 받았다는 의미가 된다. 이처럼 특정 대상 m 하나가 F라는 성질을 가졌다는 것을 나타내는 것이 $Fm \ \& \ (\forall y)(Fy \rightarrow (y = m))$라는 주장이며, 이를 존재 일반화한 것이 원래의 $(\exists x)(Fx \ \& \ (\forall y)(Fy \rightarrow (y = x)))$라는 주장임을 알 수 있다.

앞서 우리는 기호 '∀'와 '∃'를 양화사라 불렀는데, 여기 나오는 $\exists_0$, $\exists_1$, $\exists_2$, $\exists_3$ 등을 '일정 수를 나타내는 양화사'라고 부른다.

8.3 한정 기술

이름과 한정 기술

양화논리를 처음 소개하면서 우리는 개별 대상을 지시하는 표현을 일컬어 '단칭 명사'라 불렀다. 단칭 명사의 대표적 형태 가운데 하나는 고유 이름이다. 고유 이름 외에도 개별 대상을 가리키는 데 사용할 수 있는 표현에는 여러 형태가 있고, 그 가운데 하나는 한정 기술(the definite description)이라는 것이다. 다음은 한정 기술의 예이다.

  저기 구석에 있는 그 사람(the man in the corner)

  영국 수상(the prime minister of U.K.)

이들은 대상을 적절히 기술하는 어구와 함께 영어 정관사 'the'를 사용하여 하나의 특정 대상을 골라내는 기능을 한다. 이 때문에 이런 표현을 '한정 기술'이라고 부른다.[5] 영어 정관사를 쓰는 데는 잘 드러나 있듯이, 이런 표현을 통해 우리는 문제의 기술을 만족하는 대상이 유일한 대상임을 나타내고자 한다.

만약 우리가 '영국 수상'이라는 한정 기술을 단칭 명사로 여긴다면 다음 문장은 아래와 같이 기호화할 수 있을 것이다. 영국 수상을 'm'으로, Fx를 'x는 시인이다'는 술어로 잡아 보자.

  영국 수상은 시인이다(The prime minister of U.K. is a poet.)   Fm

---

5   이는 정관사가 아니라 부정관사가 나오는 비한정 기술(indefinite description)과 대비된다. 가령 'a man in the corner'는 비한정 기술의 예이다.

한정 기술에 대한 러셀의 분석

그런데 '영국 수상'이라는 한정 기술을 단칭 명사로 여기지 않고 다른 방식으로 분석할 수도 있다. 한정 기술에 정관사가 나온다는 점에서 암시되어 있듯이, 이것은 정확히 한 명의 영국 수상이 있는데 그 사람이 시인이라는 것을 나타낸다고 분석하는 방안이 바로 그것이다. 정확히 한 명의 대상이 영국 수상이라는 것은 우리가 앞에서 다룬 방식대로, 적어도 한 명의 영국 수상이 있으며, 많아야 한 명의 영국 수상이 있다는 것을 이용해 나타낼 수 있다. 이런 분석 방안을 채택한다면, "영국 수상은 시인이다"는 문장은 다음과 같이 기호화된다.

$$(\exists x)Px \ \& \ (\forall x)(\forall y)((Px \ \& \ Py) \to (x = y)) \ \& \ (\forall x)(Px \to Fx)$$

이를 간단히 다음과 같이 나타낼 수도 있다.

$$(\exists x)[Px \ \& \ (\forall y)(Py \to (x = y)) \ \& \ Fx]$$

영국 철학자 러셀(B. Russell)이 처음 제시한 이런 방안은 철학적 분석의 전형적 사례로 여겨진다. 이런 분석의 장점은 다음과 같은 문장을 다룰 때 가장 잘 드러난다.

현재 프랑스의 왕은 대머리이다(The present king of France is bald).

여기 나오는 '현재 프랑스의 왕'을 단칭 명사로 여긴다면, 이는 'Fm' 형태의 문장으로 여겨질 것이고, m이 실제로 F라는 속성을 가지고 있다면 참이고 그렇지 않다면 거짓일 것이다. 그런데 우리가 잘 알 듯이, 프랑스는 현재 공화국 체제로 왕정 국가가 아니며 현재 프랑스의 왕이란 존재하지 않는다. 그렇다면 이 문장은 참인가 거짓인가? 러셀이 제시한 한정 기술에 대한 분석은 이 대목에서 진가를 발휘한다. 러셀에 따르면, 이 주장은 거짓이다. 왜냐하면 이 주장은 다음과 같이 분석되는데, 아래 첫 번째 연언지는 거짓이고 따라서 연언 주장인 전체 주장도 거짓이 되기 때문이다.

$$(\exists x)Kx \,\&\, (\forall x)(\forall y)((Kx \,\&\, Ky) \rightarrow (x = y)) \,\&\, (\forall x)(Kx \rightarrow Bx)$$

8.4 관계의 성질

가영이는 나영이보다 키가 크고, 나영이는 다영이보다 키가 크다고 해 보자. 이때 우리는 가영이가 다영이보다 키가 크다는 것을 바로 추리해 낼 수 있다. 아울러 "가영이는 나영이보다 키가 크다"는 사실로부터 "나영이는 가영이보다 키가 크지 않다"는 것도 바로 추리해 낼 수 있다. 즉 다음이 성립한다는 것이 아주 직관적이다. m, n, o를 각각 '가영', '나영', '다영'으로 잡고, 'Txy'를 'x는 y보다 키가 크다'로 잡아보자.

  (가) Tmn, Tno ⊢ Tmo
  (나) Tmn ⊢ ~Tnm

하지만 이를 우리 논리 체계에서 엄밀하게 증명하려면, 우리가 암암리에 가정하고 있는 암묵적 전제를 추가해 넣어야 한다. 여기서 말하는 암묵적 전제란 관계의 성질에 관한 몇 가지 사실들이다.

관계에는 여러 가지가 있고, 이들도 나름의 성질을 가지고 있다. 관계의 성질을 다음과 같이 분류한다. 먼저 관계가 재귀적인지와 관련해 세 가지로 나눌 수 있다.

관계 R이 재귀적(reflexive)이다: $(\forall x)Rxx$

관계 R이 반재귀적(irreflexive)이다: $(\forall x)\sim Rxx$

관계 R이 비재귀적(non-reflexive)이다: $(\exists x)Rxx \,\&\, (\exists x)\sim Rxx$

가령 'x는 y와 같다' 는 동일성 관계는 재귀적인 반면, 'x는 y의 형이다' 라는 관계는 반재귀적이며, 'x는 y를 미워한다' 는 관계는 비재귀적이다.

또한 관계가 대칭적인지 여부를 두고 세 가지로 나눌 수 있다.

관계 R이 대칭적(symmetrical)이다: $(\forall x)(\forall y)(Rxy \to Ryx)$

관계 R이 반대칭적(aymmetrical)이다: $(\forall x)(\forall y)(Rxy \to {\sim}Ryx)$

관계 R이 비대칭적(non-symmetrical)이다: $(\exists x)(\exists y)(Rxy \mathbin{\&} Ryx) \mathbin{\&} (\exists x)$
$(\exists y)(Rxy \mathbin{\&} {\sim}Ryx)$

가령 'x는 y와 동기이다' 는 관계는 대칭적인 반면, 'x는 y의 아버지이다' 는 관계는 반대칭적이다. 또한 앞에 나온 'x는 y보다 키가 크다' 는 관계도 반대칭적이다. 한편 'x는 y를 사랑한다' 는 관계는 '슬프게도' 비대칭적인 것으로 보인다.

끝으로 관계가 이행적인지에 따라서도 세 가지를 나눌 수 있다.

관계 R이 이행적(transitive)이다: $(\forall x)(\forall y)(\forall z)((Rxy \mathbin{\&} Ryz) \to Rxz)$

관계 R이 반이행적(intransitive)이다: $(\forall x)(\forall y)(\forall z)((Rxy \mathbin{\&} Ryz) \to {\sim}Rxz)$

관계 R이 비이행적(non-transitive)이다: $(\exists x)(\exists y)(\exists z)((Rxy \mathbin{\&} Ryz) \mathbin{\&} Rxz) \mathbin{\&}$
$(\exists x)(\exists y)(\exists z)((Rxy \mathbin{\&} Ryz) \mathbin{\&} {\sim}Rxz)$

앞서 얘기했듯이, 'x는 y보다 키가 크다' 는 관계는 이행적이다. 이 밖에도 이행적인 관계는 주변에서 흔히 찾아볼 수 있다. 한편 'x는 y의 아버지이다' 는 관계는 반이행적이며, 'x는 y와 친구이다' 는 관계는 비이행적이라고 할 수 있다.

관계가 갖는 이런 성질들을 감안해 앞서 본 일상적인 추리에 적절한 전제를 추가하면, 이제 우리는 직관적으로 타당한 추리를 우리 체계 안에서 엄밀하게 증명할 수 있다. 방금 보았듯이, '...는 ...보다 키가 크다' 는 관계는 이행적이므로, 이를 말하는 다음과 같은 암묵적 전제를 새로이 (가)에 추가해 보자.

(가') Tmn, Tno, $(\forall x)(\forall y)(\forall z)((Txy \mathbin{\&} Tyz) \to Txz) \vdash Tmo$

이제 이들 전제로부터 결론을 도출하기는 어렵지 않다. (나)의 경우에 우리가 필요로 하는 암묵적 전제는 '...는 ...보다 키가 크다' 는 관계가 반대칭적 관계임을 말해 주는 것일 테고, 이를 보완해 넣으면 다음과 같이 될 것이다.

(나') Tmn, $(\forall x)(\forall y)(Txy \rightarrow \sim Tyx) \vdash \sim Tnm$

이때 전제로부터 결론을 얻기는 쉽다.

연 습 문 제

※ 다음을 증명하라.

① $(\forall x)(\forall y)(Rxy \rightarrow \sim Ryx) \vdash (\forall x)\sim Rxx$

② $(\forall x)(\forall y)(\forall z)((Rxy \,\&\, Ryz) \rightarrow \sim Rxz) \vdash (\forall x)\sim Rxx$

③ $(\forall x)\sim Rxx, (\forall x)(\forall y)(\forall z)((Rxy \,\&\, Ryz) \rightarrow Rxz) \vdash (\forall x)(\forall y)(Rxy \rightarrow \sim Ryx)$

④ $(\forall x)(\forall y)(Rxy \rightarrow Ryx), (\forall x)(\forall y)(Rxy \rightarrow Rxx) \vdash (\forall x)[(\exists y)Ryx \rightarrow Rxx]$

⑤ $(\forall x)(\exists y)Rxy, (\forall x)(\forall y)(Rxy \rightarrow Ryx) \vdash (\forall x)(\exists y)(Rxy \,\&\, Ryx)$

⑥ $(\exists x)Fx \,\&\, (\forall x)(\forall y)((Fx \,\&\, Fy) \rightarrow (x = y)) \vdash (\exists x)(Fx \,\&\, (\forall y)(Fy \rightarrow (x = y)))$

⑦ $(\forall x)(Fx \rightarrow Gx) \vdash (\forall x)(\forall y)((Fx \,\&\, Rxy) \rightarrow (Gx \,\&\, Rxy))$

⑧ $(\forall x)(Fx \rightarrow Gx) \vdash (\forall x)(\forall y)((Fx \,\&\, \sim Gy) \rightarrow (Gx \,\&\, \sim Fy))$

⑨ $(\forall x)(Fx \rightarrow Gx), (\forall x)(\forall y)(Rxy \rightarrow Syx), (\forall x)(\forall y)(Sxy \rightarrow Syx) \vdash (\forall x)[(\exists y)(Fx \,\&\, Rxy) \rightarrow (\exists y)(Gx \,\&\, Sxy)]$

⑩ $(\forall x)(\exists y)(Fx \,\&\, Gy) \vdash (\exists y)(\forall x)(Fx \,\&\, Gy)$

9장

진리나무

이 장에서는 진리나무의 방법을 사용해 양화논리 추론의 타당성을 판별하는 방법을 소개한다.
핵심 개념: 진리나무

9.1 진리나무의 방법을 확장하기

4장에서 우리는 명제논리 추론의 타당성을 판별하는 방법으로 진리나무의 방법을 살펴보았다. 여기서는 진리나무의 방법을 양화논증에 확장해 적용하는 방안을 살펴보기로 한다. 가령 다음 논증이 타당한지를 진리나무 방법으로 확인해 본다고 하자.

$$(\forall x)Fx \vDash (\exists x)Fx$$

타당성의 관건은 전제가 모두 참이면서 결론이 거짓일 수 있는지 여부이다. 따라서 우리는 다음과 같은 진리값의 조합이 가능한지를 확인하면 된다.

$$(\forall x)Fx \vDash (\exists x)Fx$$
$$\quad T \qquad F$$

이를 어떻게 확인할 수 있을까? 먼저 명제논리에서 진리나무 방법의 작동 원리를 되새겨 보자. 명제논리의 경우 논증에 나오는 명제는 단순 명제이거나 복합 명제이고, 복합 명제가 참/거짓이라는 일정한 진리값을 갖기 위해서는 그것을 구성하는 구성명제가 어떤 진리값을 가져야 하는지를 따져 보아 타당성을 판별하였다. 이때 우리는 다음 도식을 이용했다.

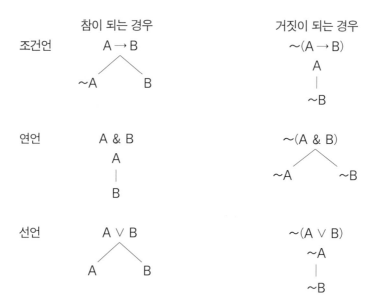

	참이 되는 경우	거짓이 되는 경우
조건언	$A \rightarrow B$ / ~A B	~$(A \rightarrow B)$ / A / ~B
연언	$A \& B$ / A / B	~$(A \& B)$ / ~A ~B
선언	$A \vee B$ / A B	~$(A \vee B)$ / ~A / ~B

가령 위의 도식에서 선언과 관련한 진리나무는 다음을 의미한다. 선언이 참이기 위해서는 두 가지 경우가 있는데(그래서 가지가 둘로 나누어진다), 왼쪽 선언 성원이 참이거나 오른쪽 선언 성원이 참이어야 한다. 한편 선언이 거짓이기 위해서는 한 가지 경우밖에 없고(그래서 가지가 하나이다), 선언 성원이 모두(그래서 위 아래로 연결되어 있다) 거짓이어야(그래서 각각의 선언 성원 앞에 부정기호가 붙어 있다) 한다. 이처럼 복합 명제가 참/거짓이기 위해서는 이를 구성하는 단순 명제가 어떤 진리값을 가져야 하는지를 추적해 타당성 여부를 결정하므로, 명제논리에서 진리나무 방법을 적용한다는 것은 결국 복합 명제의 참/거짓을 단순 명제의 참/거짓으로 해체하는 작업이라고 말할 수 있다.

　진리나무 방법을 양화논리에 적용하도록 확장한다고 할 때 우리가 해야 할 작업도 명제논리에서 했던 작업과 다르지 않다. 양화논리에는 보편명제와 존재명제라는 일반명제가 새로이 추가되었으므로, 일반명제가 참/거짓이 되기 위해서는 어떤 명제가 참/거짓이 되어야 하는지를 적절히 나타내면 된다. 이를 위해서는 명제논리에서 **복합** 명제에 해당하는 것이 양화논리에서는 일반명제이고, 명제논리에서 **단순** 명제에 해당하는 것이 양화논리에서는 **단칭명제**라는 점을 깨달아야 한다. 복합 명제가 일정한 진리값을 갖기 위해서는 그것을 구성하는 단순 명제가 일정한 진리값을 가져야 하듯이, 일반명제가 일정한 진리값을 갖기 위해서는 그것의 기반이 되는 단칭명제가 일정한 진리값을 가져야 하기 때문이다. 가령 "연수는 2학년이고 강희도 2학년이다"는 복합 명제가 참이 되려면 "연수는 2학년이다"와 "강희는 2학년이다"는 단순 명제가 모두 참이어야 한다. 비슷한 방식으로 우리는 다음과 같이 말할 수 있다. "우리 반 학생은 모두 2학년이다"는 일반명제가 참이 되려면 "우리 반 학생 연수는 2학년이다", "우리 반 학생 강희는 2학년이다", "우리 반 학생 지영이는 2학년이다" 등의 단칭명제가 모두 참이어야 한다. 따라서 양화논리에 진리나무 방법을 적용한다는 것은 일반명제의 참/거짓을 단칭명제의 참/거짓으로 해체하는 작업이라고 할 수 있다.

명제논리의 복합 명제에 연언, 선언, 조건언 등이 있듯이, 양화논리의 일반명제에는 보편명제와 존재명제라는 두 가지 형태가 있다. 이들이 참/거짓이 되기 위해서는 그것의 기반이 되는 어떤 단칭명제가 참/거짓이 되어야 하는지를 살펴보기로 하자.

9.1.1 일반명제가 참이 되는 경우

먼저 보편명제가 참인 경우를 진리나무로 어떻게 나타낼지를 생각해 보자. $(\forall x)Fx$라는 보편명제를 예로 들어 살펴보자. $(\forall x)Fx$가 참이려면 어떤 단칭명제가 참이어야 할까? 논의 세계에 있는 어떠한 대상이든 그 대상이 F임을 주장하는 단칭명제는 모두 참이어야 할 것이다. 이때 한 가지 명심할 것이 있다. 그것은 논의 세계의 크기, 즉 논의 세계에 있는 대상의 개수가 천차만별일 수 있다는 점이다.[1] 우리는 단 하나의 대상으로 이루어진 논의 세계도 생각할 수 있

---

1 앞서 이야기 했듯이, 우리가 다루는 표준적인 양화논리 체계에서는 논의 세계에 아무런 대상도 없을 수는 없다. 표준 논리학에서는 공집합인 논의 세계는 허용하지 않는다. 하지만 공집

고, 두 개의 대상으로 이루어진 논의 세계도 생각할 수 있고, 세 개, 네 개, ...,
무한 개의 대상으로 이루어진 논의 세계도 생각할 수 있다. 우리는 논증의 타당
성을 따질 때 이런 가능성을 모두 고려해야 한다. 그러므로 보편명제가 참이기
위해서는 논의 세계에 있는 여러 개의 대상이 모두 문제의 술어를 만족해야 하
는 경우도 고려해야 하고, 바로 이런 이유에서 논의 세계에 있는 대상의 개수만
큼 여러 차례 '보편 예화'를 할 수 있어야 한다. 이런 점을 감안해 우리는 보편
명제가 참이 되는 경우의 수를 진리나무로 다음과 같이 나타낸다.

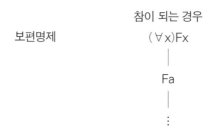

참이 되는 경우

보편명제 $(\forall x)Fx$
                                  |
                                  Fa
                                  |
                                  ⋮

여기서 ' ⋮ '으로 표시되어 있는 것은 Fa 뿐만 아니라 원할 경우 Fb, Fc 등과 같
은 단칭명제를 여러 차례 덧붙일 수 있다는 것을 의미한다. 왜냐하면 그런 단칭
명제가 모두 참이어야만 원래의 보편명제 $(\forall x)Fx$가 참이 되기 때문이다. 나아
가 가지가 하나인 것은 이들이 동시에 성립해야 한다는 것을 의미한다.

이번에는 존재명제가 참이 되는 경우를 진리나무로 어떻게 나타낼지 생각해
보자. 이를 위해서는 먼저 존재명제의 의미를 분명히 해야 한다. 존재명제가 말
하는 것은 문제의 성질을 갖는 대상이 논의 세계에 적어도 하나는 있다는 것이
다. 따라서 정확히 하나의 대상이 그런 성질을 갖는 경우도 있고, 두 개의 대상
이 그런 성질을 갖는 경우도 있고, 극단적으로 논의 세계에 있는 무한히 많은
대상 모두가 그런 성질을 갖는 경우도 있을 것이다. 달리 말해 존재명제가 참이
라는 사실은 그런 성질을 갖는 대상이 단 하나 있어도 성립하고, 두 개가 있어
도 성립하고, 무수히 많이 있어도 성립한다. 우리는 논증의 타당성을 따질 때
이런 모든 가능성을 고려해야 한다. 그러므로 우리는 이른바 '최악의 경우' 까

합이 아니라면 논의 세계에 몇 개의 대상이 있든 모두 허용한다.

지 고려해, 단 하나의 대상만 그런 성질을 가져 존재명제가 참이 되었을 가능성
도 염두에 두어야 한다. 이 점에서 우리는 존재명제로부터 존재 예화를 할 수
있는 것은 단 한 차례로 제한되게 된다. 이 때문에 존재명제를 진리나무로 나타
낼 때는 존재 예화를 단 한번만 할 수 있다. 이 점이 보편명제를 진리나무로 나
타내는 방식과 존재명제를 진리나무로 나타내는 방식 사이의 핵심 차이이다. F
인 대상이 하나만 있어도 F인 대상이 적어도 하나 있음을 말하는 존재 주장은
참이 되기 때문이다.

가지를 하나로만 잡는 이유는 논의 세계에 있는 대상 하나만 F라는 성질을 가
져 존재명제가 참이 된 경우까지 고려해야 한다는 점을 반영한 결과라 할 수 있
다.[2] 이를 우리는 존재명제가 참이 되는 경우의 수가 여러 가지가 있지만, '최악
의 경우' 단 하나의 대상만 문제의 성질을 가지는 경우까지 감안해야 하기 때문
이라고 말해도 된다.

　존재명제가 참이 되는 경우의 수를 진리나무로 나타내는 것과 관련해 한 가

2　언뜻 보면 존재명제 (∃x)Fx는 Fa, Fb, … 가운데 어느 하나만 참이면 참이 되므로 다음과
같이 나타내야 한다고 생각할지 모르겠다.

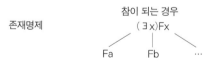

하지만 이는 논의 세계에 여러 개의 대상이 존재할 경우에만 가능한 상황이다. 우리는 논의 세
계에 있는 대상이 단 하나인 상황도 고려해야 한다. 이런 점에서 존재명제가 참이 되는 경우를
위와 같이 진리나무로 나타낸다면 그것은 모든 가능성을 포괄한 것일 수 없다. 논의 세계에 있
는 대상이 오직 하나이고 그 대상이 F인 경우가 있을 수 있다. 이때도 존재명제는 참이 되기에
손색이 없다. 우리가 존재명제가 참이라는 사실로부터 확실하게 알 수 있는 것은 그 존재명제를
참으로 만들어 줄 대상이 적어도 하나는 존재해야 한다는 것뿐이다. 이런 이유에서 존재 예화는
단 하나의 대상에 대해서만 하고 횟수도 단 한 차례로 제한하는 것이다.

지 주의사항이 있다. 이를 여기서 논의하기로 하겠다. 다음과 같은 두 개의 존재명제가 참이 되는 경우의 수를 한번 생각해 보자.

(∃x)Fx, (∃x)Gx

논의 세계에 a, b, c 세 개의 대상이 있다고 해 보자. 두 존재명제가 모두 참이 되는 경우의 수는 아주 다양할 것이다. 가령 a 하나가 F이고 또한 G이어서 두 존재명제가 참이 된 경우도 있고, b 하나가 F이고 G이어서 그렇게 된 경우도 있고, a, b, c 가운데 서로 다른 대상이 각각 F이고 G이어서 그렇게 된 경우도 있을 것이다. 앞서 말했듯이, 타당성을 정하기 위해서는 우리는 모든 논리적 가능성, 달리 말해 여기서도 '최악의 경우'까지 고려해야 한다. 따라서 우리는 서로 다른 대상이 각각 F와 G이어서 위의 두 주장이 참이 된 경우도 고려해야 한다. 이 때문에 존재명제를 진리나무로 나타낼 때 예화는 단 한 차례 할 수 있을 뿐만 아니라 앞에 나오지 않은 새로운 이름으로 예화를 해야 한다는 제한 조건이 추가로 붙게 된다.[3]

9.1.2 일반명제가 거짓이 되는 경우

이제 일반명제가 거짓이 되는 경우의 수를 진리나무로 어떻게 나타낼지를 생각해 보자. 먼저 보편명제 (∀x)Fx가 거짓이 되는 경우의 수를 어떻게 나타내는지를 살펴보자. 이를 위해서는 (∀x)Fx이 거짓이라는 주장이 정확히 무엇을 의미하는지를 분명히 해야 한다.

~(∀x)Fx

이는 "'모든 것이 F이다'는 것은 사실이 아니다"는 주장이다. 이 주장이 참이기 위해서는 어떤 단칭명제가 참이어야 할까? 일반명제의 부정을 정확히 이해하

---

3 7장에서 말했듯이, 존재 양화사 제거규칙(∃E) 대신 존재 예화(EI)를 기본규칙으로 삼는 체계에서는 이 조건을 명시적으로 채택한다.

는 데는 앞서 다룬 양화사의 이원성 원리를 그대로 적용하면 도움이 된다. 앞의 주장은 양화사의 이원성에 따를 때 다음과 동치이다.

　(∃x)~Fx

따라서 이 주장이 참이 되기 위해서는 어떤 단칭명제가 참이어야 하는지를 적절히 나타내면 될 것이다. (∃x)~Fx는 존재명제이므로, 우리가 이미 살펴본 존재명제가 참이 되는 경우의 수를 진리나무로 나타내면 된다. 결국 보편명제가 거짓이 되는 경우를 진리나무로 나타내는 방법은 그와 동치인 존재명제가 참이 되는 경우를 나타내는 것이라고 할 수 있다.

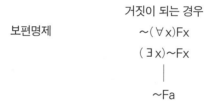

보편명제의 부정은 존재명제이므로 단 하나의 대상만 문제의 성질을 가져도 성립하므로 가지는 하나가 있게 되고, 또한 이런 특성을 반영해 예화도 단 한 차례만 할 수 있다.[4]

　마지막으로 존재명제 (∃x)Fx가 거짓이 되는 경우의 수를 진리나무로 어떻게 나타내는지를 살펴보자. 다음을 진리나무로 나타낸다고 하자.

　~(∃x)Fx

4　위의 도식에서 만약 추가로 ':'를 표시했다면 이는 무엇을 나타내는 것일까?

이것은 보편명제 (∀x)Fx이 거짓이 되는 경우를 진리나무로 나타낸 것이 아니라 또 다른 보편명제인 (∀x)~Fx이 참이 되는 경우를 나타낸 것이다. 혼동하지 않도록 주의할 필요가 있다.

앞서 보편명제가 거짓인 경우를 다룰 때 했듯이, 마찬가지로 위의 명제는 양화사의 이원성에 따를 때 다음과 동치이다.

$(\forall x)\sim Fx$

따라서 이 보편명제가 참이 되려면 어떤 단칭명제가 참이어야 하는지를 나타내면 된다. 결국 존재명제가 거짓이 되는 경우를 진리나무로 나타내는 방법은 그와 동치인 보편명제가 참이 되는 경우를 나타내는 것이라고 할 수 있다.

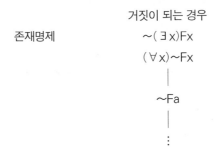

존재명제의 부정은 곧 보편명제이므로 이 경우 원한다면 여러 차례 예화를 할 수 있다는 점을 '∶'으로 나타냈다.

　지금까지 보았듯이, 보편명제와 존재명제가 거짓이 된다는 것은 양화사의 이원성에 따를 때 특정한 존재명제와 보편명제가 참이 된다는 것에 해당하므로, 앞에서 다룬 일반명제가 참이 되는 경우를 진리나무로 나타내는 방법으로 수렴되고 만다. 지금까지 다룬 도식을 한꺼번에 나열하면 다음과 같다.

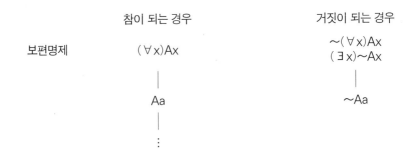

위의 도식에서 잘 드러나듯이, 보편명제의 경우 원한다면 예화를 여러 차례 할수 있는 반면 존재명제의 경우 예화를 단 한 차례만 할 수 있다는 점이 둘 사이의 핵심 차이이다. 나아가 존재명제가 여러 개 나올 경우, 존재명제를 예화할 때는 새로운 이름으로 예화해야 한다는 것이 또 하나의 제한 조건이다.

지금까지의 논의를 바탕으로 일반명제를 진리나무로 나타내는 방법을 정리하면 다음과 같다.

(1) 보편명제가 참이라면, 논의 세계에 있는 대상은 어느 것이든 문제의 성질을 가질 수밖에 없다. 이 때문에 보편명제로부터는 보편 예화를 여러 차례 할수 있다.

(2) 존재명제가 참이라면, 논의 세계에 있는 대상 가운데 적어도 하나는 문제의 성질을 가질 수밖에 없다. 나아가 논의 세계에 있는 대상 가운데 단 하나만 문제의 성질을 가져 존재명제가 참이 된 경우까지 포괄해야 하므로, 존재 예화는 한 차례만 할 수 있다. 이 점이 보편명제를 활용하는 방식과 존재명제를 활용하는 방식 사이의 커다란 차이이다.

(3) 일반명제가 거짓이 되는 경우는 양화사의 이원성을 참조하여, 참이 되는 경우로 바꾸어 표현한 다음 진리나무를 그리게 된다. 보편명제가 거짓이라는 주장은 특정 대상의 존재를 주장하는 존재명제에 해당하고, 존재명제가 거짓이라는 주장은 모든 대상이 일정한 성질을 갖는다는 것을 주장하는 보편명제에 해당하기 때문이다.

(4) 존재 예화를 할 경우, 그것은 앞에 나오지 않은 새로운 이름이어야 한다. 앞에 나온 대상과 다른 대상일 가능성도 원리적으로 배제할 수 없기 때문이다.

이 점을 감안할 때, 존재명제와 보편명제가 같이 나온다면 존재명제의 진리나
무를 먼저 그리는 것이 효과적이다.

9.2 진리나무의 방법을 적용하기

이제 원래의 논증으로 돌아가 다음이 타당한지를 진리나무의 방법으로 확인해
본다고 하자.

$$(\forall x)Fx \vDash (\exists x)Fx$$

위의 논증이 타당한지 여부를 진리나무로 판별하는 방법을 구체적으로 나타내
면 다음과 같다.

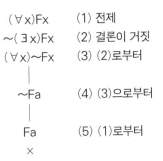

$(\forall x)Fx$	(1) 전제
$\sim(\exists x)Fx$	(2) 결론이 거짓
$(\forall x)\sim Fx$	(3) (2)로부터
$\sim Fa$	(4) (3)으로부터
Fa	(5) (1)로부터
$\times$	

(1)은 전제가 참이어야 한다는 것을, (2)는 결론이 거짓이어야 한다는 것을 진
리나무의 방식대로 나타낸 것이다. (3)은 (2)의 존재명제가 거짓이어야 한다는
것을 진리나무로 나타내기 위한 예비단계로, 양화사의 이원성 원리를 적용해
부정기호가 나오지 않는 긍정 형태의 명제로 변형한 것이다. (4)부터가 본격적
으로 일반명제를 진리나무로 해체하는 단계이다. 우리는 (1)과 (3)이라는 일반
명제를 진리나무로 나타내면 되는데, 이 둘은 모두 보편명제이므로 어떤 것을
먼저 나타내든 상관없다. 뒤에 나오겠지만 서로 다른 종류의 일반명제가 나온
다면, 존재명제를 먼저 나타내는 것이 경제적이다. 우리의 경우 (3)부터 나타냈

다. (3)이 보편명제이기 때문에 그것이 참이면, 논의 세계에 있는 임의의 대상을 a로 잡는다고 할 때 그것은 ~F일 것이다. 이를 나타낸 것이 (4)이다. (5)는 전제인 보편명제 (1)이 참이라면 논의 세계에 있는 앞서의 대상 a는 또한 F일 수밖에 없다는 것을 나타낸 것이다. (4)와 (5)는 어떤 명제와 그 앞에 부정기호가 붙은 명제이므로 이 가지는 닫힌 가지가 된다. 하나의 가지가 있는 이 진리나무의 모든 가지가 닫혀 있으므로, 이 논증은 타당하다고 판정한다.

이번에는 다음 추론의 타당성을 진리나무의 방법으로 검토해 보기로 하자.

(∃x)Fx ⊨ (∀x)Fx

이를 진리나무로 나타내면 다음과 같다.

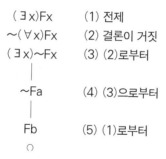

(∃x)Fx	(1) 전제
~(∀x)Fx	(2) 결론이 거짓
(∃x)~Fx	(3) (2)로부터
~Fa	(4) (3)으로부터
Fb	(5) (1)로부터

(1), (2)는 전제와 결론이 각각 참과 거짓이 되어야 한다는 것을 나타낸 것이다. (3)은 보편명제의 부정을 긍정 형태의 명제인 존재명제로 바꾼 것이다. 이 경우 두 개의 존재명제가 나오고 있으므로 순서는 상관없다. 여기서는 (3)을 진리나무로 먼저 나타냈다. (3)은 존재명제이므로 이것이 참이라면, 이를 참으로 만들어 주는 대상이 적어도 하나는 있을 수밖에 없고 이를 우리는 ~Fa로 나타냈다. 마지막 단계 (5)는 아직 진리나무로 해체하지 않은 (1)을 나타낸 것이다. (1)은 존재명제이므로 존재 예화를 단 한 차례 할 수 있다. 그런데 앞서 이야기한 대로, 존재명제를 예화할 때는 제한 조건에 따라 앞에 나오지 않은 새로운 이름 b로 존재 예화를 해야 한다. 왜냐하면 (3)을 참으로 만들어 주는 대상과 (1)을 참으로 만들어 주는 대상이 서로 다른 대상일 논리적 가능성, 즉 앞서 말한

'최악의 경우'도 우리는 고려해야 하기 때문이다. 만약 (5) 단계에서 앞서 나온 이름과 같은 이름으로 예화를 한다면 이는 진리나무를 잘못 그린 것임을 명심하라. 최종적으로 이 가지는 열린 가지이므로, 이 논증은 부당하다고 판정한다.[5]

이번에는 다음 추론을 생각해 보자.

$$(\forall x)(Fx \to Gx), (\forall x)(Gx \to Hx) \vDash (\forall x)(Fx \to Hx)$$

이를 진리나무로 나타내면 다음과 같다.

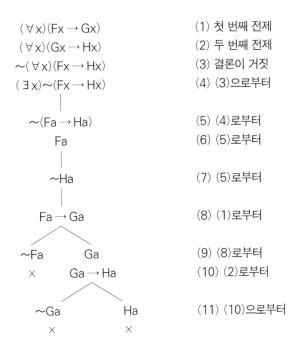

$(\forall x)(Fx \to Gx)$	(1) 첫 번째 전제
$(\forall x)(Gx \to Hx)$	(2) 두 번째 전제
$\sim(\forall x)(Fx \to Hx)$	(3) 결론이 거짓
$(\exists x)\sim(Fx \to Hx)$	(4) (3)으로부터
$\sim(Fa \to Ha)$	(5) (4)로부터
Fa	(6) (5)로부터
$\sim Ha$	(7) (5)로부터
$Fa \to Ga$	(8) (1)로부터
$\sim Fa \quad Ga$	(9) (8)로부터
$\quad Ga \to Ha$	(10) (2)로부터
$\sim Ga \quad Ha$	(11) (10)으로부터

(1), (2), (3)은 앞서와 마찬가지로 전제가 모두 참이고 결론은 거짓이 되는 경우를 진리나무로 표시한 것이다. (3)은 보편명제의 부정이므로, 이를 긍정 형태로 바꾼 것이 (4)이다. 우리가 진리나무로 나타내야 할 일반명제는 (1), (2)의 보편명제 둘과 (4)의 존재명제 하나이므로, 앞서 이야기 한 대로 존재명제를 먼

---

5 이 논증이 부당함을 보여 줄 반례를 들기는 쉬울 것이다.

저 나타내는 것이 경제적이다. 이에 따라 존재명제 (4)를 참으로 만들어 주는 대상이 적어도 하나는 있어야 한다는 점에 근거해 이를 (5)로 나타냈다. 그런 다음 이것은 조건언이 거짓이어야 한다는 것을 말하고 있으므로 이를 다시 (6), (7) 단계에서 진리나무로 나타냈다. (8)은 보편명제 (1)을 진리나무로 해체한 것이고, 이것이 조건언이므로 다시 (9)단계에서 이를 진리나무로 나타냈다. 비슷한 작업을 (10)과 (11)에서 했고, 최종적으로 모든 가지가 닫히게 되어 이 논증은 타당하다는 것을 알 수 있다.

다음의 양화 추론이 타당한지를 진리나무로 가려 본다고 하자.

$$(\exists x)(Fx \ \& \ Gx), \ (\exists x)(Gx \ \& \ Hx) \vDash (\exists x)(Fx \ \& \ Hx)$$

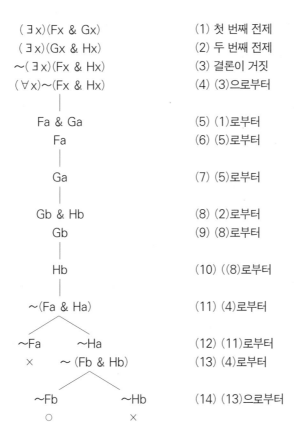

$(\exists x)(Fx \ \& \ Gx)$	(1) 첫 번째 전제
$(\exists x)(Gx \ \& \ Hx)$	(2) 두 번째 전제
$\sim(\exists x)(Fx \ \& \ Hx)$	(3) 결론이 거짓
$(\forall x)\sim(Fx \ \& \ Hx)$	(4) (3)으로부터
Fa & Ga	(5) (1)로부터
Fa	(6) (5)로부터
Ga	(7) (5)로부터
Gb & Hb	(8) (2)로부터
Gb	(9) (8)로부터
Hb	(10) ((8)로부터
$\sim$(Fa & Ha)	(11) (4)로부터
$\sim$Fa $\sim$Ha	(12) (11)로부터
× $\sim$(Fb & Hb)	(13) (4)로부터
$\sim$Fb $\sim$Hb	(14) (13)으로부터
○ ×	

처음 세 단계는 전제는 참이고 결론은 거짓이 되는 경우를 나타낸 것이다. (4)는 존재명제의 부정인 (3)을 긍정 형태의 명제로 변형한 것이다. 이 경우 존재명제가 두 개이고 보편명제가 하나이므로 첫 번째 존재명제부터 진리나무로 나타낸 것이 (5) 단계이다. 여기서 두 번째 존재명제를 진리나무로 나타낼 때는 (8)에서 보듯이 앞에 나오지 않은 새로운 이름 b를 사용해야 한다는 점을 명심해야 한다. (11) 단계 이후의 끝 부분에도 주목할 점이 있다. (11)은 보편명제 (4)에다 앞서 나온 대상 a에 보편 예화를 한 것이다. 앞서 나온 a는 논의 세계에 있는 대상일 터이므로, (4)가 참이라면 당연히 그 대상도 그런 성질을 가져야 한다. 이렇게 해서 (12) 단계의 왼쪽 가지는 닫히게 된다. 이때 (12) 단계의 오른쪽 가지는 열린다고 성급히 결론 내려서는 안 된다. (4)는 보편명제이므로 필요하다면 우리는 여러 차례 예화를 할 수 있다. 앞서 우리가 다른 이름으로 예화한 b 또한 논의 세계 안의 대상이므로 당연히 보편명제 (4)를 만족하는 대상일 것이다. 그러므로 우리는 그 대상에 대해서도 보편 예화를 할 수 있고, 이를 나타낸 것이 (13)단계이다. 이렇게 해서 최종적으로 (14) 단계의 왼쪽 가지는 열린다는 점을 확인할 수 있고, 이에 따라 이 추론은 부당한 것임이 드러났다.[6]

일반명제의 진리함수적 결합

일반명제가 진리함수적 결합사로 결합된 논증을 진리나무로 어떻게 그리는지를 보기로 하자. 다음 논증이 타당한지를 따져 보자.

$(\forall x)Fx \,\&\, (\forall x)Gx \vDash (\exists x)Fx \,\&\, (\exists x)Gx$

$(\forall x)Fx \,\&\, (\forall x)Gx$	(1) 전제
$\sim[(\exists x)Fx \,\&\, (\exists x)Gx]$	(2) 결론이 거짓

---

6   다음은 이 논증이 부당함으로 보여 주는 반례 가운데 하나이다.

우리 반에는 3학년 남학생도 있고, 3학년 여학생도 있다. 따라서 우리 반에는 남학생이면서 여학생인 사람도 있다.

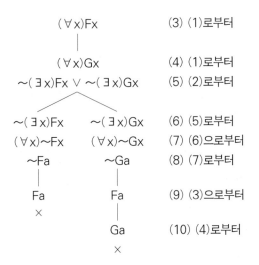

여기서 (3), (4)는 (1)의 연언명제를 진리나무로 나타낸 것이고, (5)는 (2)의 연언명제가 거짓이어야 한다는 진리나무로 나타낸 것이다. (8)부터가 일반명제를 진리나무로 해체하는 단계이다. (8)은 바로 위의 명제를 각각 보편 예화한 것이고, (9)는 보편명제 (3)을 보편 예화한 것이다. 아직 닫히지 않은 오른쪽 가지는 (10) 단계에서 보편명제 (4)를 예화함으로써 최종적으로 닫힌 가지가 된다. 모든 가지가 닫혀 있으므로, 이 논증은 타당하다.

다음 논증의 타당성을 진리나무로 판별한다고 하자.

$(\exists x)\sim Fx$ & $(\exists x)\sim Gx \vDash (\exists x)(\sim Fx \lor \sim Gx)$

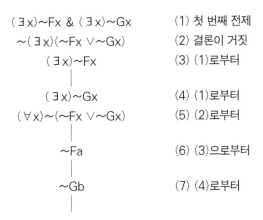

$\sim(\sim Fa \lor \sim Ga)$ (8) (5)로부터

Fa   (9) (8)로부터

Ga   (10) (8)로부터

×

진리나무로 나타내야 할 일반명제는 (3), (4)의 존재명제 둘과 (5)의 보편명제 하나이다. 존재명제를 먼저 해체한 것이 각각 (6)과 (7) 단계이다. 이때 우리는 제한 조건에 따라 서로 다른 이름으로 존재 예화를 각각 한 차례씩 했다. 보편 명제 (5)를 써서 보편 예화를 할 수 있는데, (8) 단계에서 a에 관해 한번만 보편 예화를 해도 닫히게 되어 b에 관해서도 보편 예화를 할 필요는 없게 된다. 가지 가 닫히게 되므로, 이 논증은 타당하다는 것을 알 수 있다.

끝으로 다음 논증이 타당한지를 확인해 보자.

$(\exists x)\sim Fx \ \& \ (\exists x)\sim Gx \vDash (\exists x)(\sim Fx \ \& \ \sim Gx)$

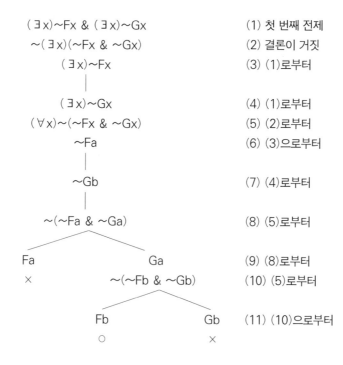

$(\exists x)\sim Fx \ \& \ (\exists x)\sim Gx$ (1) 첫 번째 전제

$\sim(\exists x)(\sim Fx \ \& \ \sim Gx)$ (2) 결론이 거짓

$(\exists x)\sim Fx$ (3) (1)로부터

$(\exists x)\sim Gx$ (4) (1)로부터

$(\forall x)\sim(\sim Fx \ \& \ \sim Gx)$ (5) (2)로부터

$\sim Fa$ (6) (3)으로부터

$\sim Gb$ (7) (4)로부터

$\sim(\sim Fa \ \& \ \sim Ga)$ (8) (5)로부터

Fa   Ga   (9) (8)로부터

× $\sim(\sim Fb \ \& \ \sim Gb)$ (10) (5)로부터

Fb   Gb   (11) (10)으로부터

○   ×

진리나무로 나타내야 할 일반명제는 최종적으로 (3), (4)에 나오는 두 개의 존재명제와 (5)에 나오는 한 개의 보편명제이다. 존재명제 (3)과 (4)를 각각 다른 이름을 사용해 한 차례씩 존재 예화를 한 것이 (6)과 (7) 단계이다. (8) 단계에서 (5)의 보편명제를 대상으로 먼저 a에 대해 보편 예화를 했고, (10) 단계에서는 b에 대해 또 한 차례 보편 예화를 하였다. 이렇게 두 차례 하더라도 여전히 (11) 단계의 왼쪽 가지는 열린 가지가 되므로 이 논증은 부당한 것임을 알 수 있다. 이 논증의 반례 가운데 하나는 다음일 것이다.

우리 반에는 남학생이 아닌 사람도 있고, 여학생이 아닌 사람도 있다. 따라서 우리 반에는 남학생도 아니고 여학생도 아닌 사람도 있다.

연 습 문 제

※ 진리나무의 방법을 사용하여 다음 논증이 타당한지 여부를 판별해 보라. 부당하다면, 논의 세계와 술어 문자를 어떻게 해석할 경우 전제는 참인데 결론은 거짓이 되는지를 말해 보라.

① $(\forall x)Fx \vDash \sim(\exists x)\sim Fx$

② $\sim(\exists x)Fx \vDash (\forall x)\sim Fx$

③ $(\exists x)\sim Fx \vDash (\forall x)\sim Fx$

④ $(\forall x)((Fx \lor Gx) \to Hx) \vDash (\forall x)(Fx \to Hx)$

⑤ $(\forall x)(Fx \to Gx), (\forall x)Fx \vDash (\forall x)Gx$

⑥ $(\forall x)(Fx \to Gx), (\exists x)Fx \vDash (\exists x)Gx$

⑦ $(\forall x)(Fx \to Gx), \sim(\exists x)Gx \vDash \sim(\exists x)Fx$

⑧ $(\forall x)(Fx \to Gx), (\forall x)(Gx \to \sim Hx) \vDash (\forall x)(Fx \to \sim Hx)$

⑨ $(\forall x)(Fx \to \sim Gx), (\forall x)(Gx \to Hx) \vDash (\forall x)(Fx \to \sim Hx)$

⑩ $(\forall x)(Fx \to \sim Gx), (\forall x)(Gx \to \sim Hx) \vDash (\forall x)(Fx \to \sim Hx)$

⑪ $(\forall x)(Fx \to \sim Gx), (\exists x)(Gx \& Hx) \vDash (\exists x)(Hx \& \sim Fx)$

⑫ $(\exists x)(Fx \And \sim Gx)$, $(\exists x)(Gx \And \sim Hx)$ ⊨ $(\exists x)(Fx \And \sim Hx)$

⑬ $(\forall x)(Fx \lor Gx)$ ⊨ $(\forall x)Fx \lor (\forall x)Gx$

⑭ $(\forall x)Fx \lor (\forall x)Gx$ ⊨ $(\forall x)(Fx \lor Gx)$

⑮ $(\exists x)Fx \And (\exists x)Gx$ ⊨ $(\exists x)(Fx \And Gx)$

⑯ $(\exists x)(Fx \lor Gx)$ ⊨ $(\exists x)Fx \lor (\exists x)Gx$

⑰ $(\exists x)(Fx \And Gx)$ ⊨ $(\exists x)(Fx \to Gx)$

⑱ $(\forall x)(Fx \to Gx)$ ⊨ $(\exists x)(Fx \And Gx)$

⑲ $(\forall x)(Fx \to Gx)$ ⊨ $\sim(\exists x)(Fx \And \sim Gx)$

⑳ $(\exists x)(\exists y)(Fx \And Fy)$ ⊨ $(\exists x)Fx$

㉑ $(\exists x)(\forall y)Fxy$ ⊨ $(\forall y)(\exists x)Fxy$

㉒ $(\forall x)(\forall y)(Rxy \to \sim Ryx)$ ⊨ $(\forall x)\sim Rxx$

㉓ $(\forall x)\sim Rxx$, $(\forall x)(\forall y)(\forall z)((Rxy \And Ryz) \to Rxz)$ ⊨ $(\forall x)(\forall y)(Rxy \to \sim Ryx)$

㉔ $(\exists x)(Fx \And (\forall y)(Gy \to Hxy))$, $(\forall x)(Fx \to (\forall y)(By \to \sim Hxy))$ ⊨ $(\forall x)(Gx \to \sim Bx)$

㉕ $(\exists x)(Fx \And Gx)$, $(\exists x)(Fx \And (\forall y)(Gy \to \sim Hxy))$ ⊨ $(\exists x)(Fx \And \sim(\forall y)(Fy \to Hyx))$

1장 논리학의 기초 개념

1~3. 생략.

4. ⑦, ⑧, ⑨, ⑩.

5.

    ① 짝수는 모두 4의 배수이다. 3은 짝수이다. 따라서 3은 4의 배수이다.

    ② 홀수는 모두 2로 나누어진다. 4는 홀수이다. 따라서 4는 2로 나누어진다.

    ③ 짝수는 모두 2의 배수이다. 4는 짝수이다. 따라서 4는 2의 배수이다.

6. 생략.

7. 생략.

8. 다음이 반례이다.

    ① 인천이나 부산 가운데 적어도 하나는 항구도시이다. 인천은 항구도시이다. 따라서 부산은 항구도시가 아니다.

    ② 고래가 어류라면 고래는 물에서 산다. 고래는 물에서 산다. 따라서 고래는 어류이다.

    ③ 고래가 어류라면 고래는 물에서 살지 않는다. 고래는 어류가 아니다. 따

라서 고래는 뭍에서 산다.

④ 충주와 청주가 모두 광역시라는 것은 사실이 아니다. 청주는 광역시가 아니다. 따라서 충주는 광역시이다.

⑤ 가정에서 키우는 애완견은 모두 반려동물이고, 가정에서 키우는 애완견은 모두 고양이가 아니다. 따라서 반려동물은 모두 고양이가 아니다.

9. ②, ④, ⑤.

②는 거짓이 아니라 참이 맞다. '전제의 집합이 비일관적'이라는 말은 그 전제들이 모두 참일 수는 없다는 의미이다. 전제가 모두 참일 수는 없으므로, 이때에는 당연히 전제가 모두 참이면서 결론이 거짓일 수도 없게 되고, 이런 이유에서 이 논증은 타당하게 된다. 타당성을 정의할 때 분명하게 했듯이, "전제가 모두 참이라면 결론도 반드시 참이다"라는 말은 "전제가 모두 참이면서 결론이 거짓일 수는 없다"라는 의미일 뿐, "전제가 모두 참일 수 있고 그리고 전제가 모두 참이면서 결론이 거짓일 수는 없다"라는 의미가 아니다.

10. 생략.

2장 명제논리의 기초 개념

① ~ ⑤. 모두 생략.

3장 자연연역의 방법

3.2절

① Q & P ⊢ P & Q

1	(1) Q & P	전제
1	(2) P	1 &E
1	(3) Q	1 &E

| 1 | (4) P & Q | 2,3 &I |

② (P & Q) & R ⊢ P & (Q & R)

1	(1) (P & Q) & R	전제
1	(2) P & Q	1 &E
1	(3) P	2 &E
1	(4) Q	2 &E
1	(5) R	1 &E
1	(6) Q & R	4,5 &I
1	(7) P & (Q & R)	3,6 &I

③ P → (P → Q), P ⊢ Q

1	(1) P → (P → Q)	전제
2	(2) P	전제
1,2	(3) P → Q	1,2 →E
1,2	(4) Q	2,3 →E

④ P → (Q → R), P → Q, P ⊢ R

1	(1) P → (Q → R)	전제
2	(2) P → Q	전제
3	(3) P	전제
1,3	(4) Q → R	1,3 →E
2,3	(5) Q	2,3 →E
1,2,3	(6) R	4,5 →E

⑤ P → (Q & R), P ⊢ R

| 1 | (1) P → (Q & R) | 전제 |
| 2 | (2) P | 전제 |

| 1,2 | (3) Q & R | 1,2 →E |
| 1,2 | (4) R | 3 &E |

⑥ P ⊢ (P → Q) → Q

1	(1) P	전제
2	(2) P → Q	가정
1,2	(3) Q	1,2 →E
1	(4) (P → Q) → Q	2,3 →I

⑦ P ⊢ Q → (P & Q)

1	(1) P	전제
2	(2) Q	가정
1,2	(3) P & Q	1,2 &I
1	(4) Q → (P & Q)	2,3 →I

⑧ P → (Q & R) ⊢ P → R

1	(1) P → (Q & R)	전제
2	(2) P	가정
1,2	(3) Q & R	1,2 →E
1,2	(4) R	3 &E
1	(5) P → R	2,4 →I

⑨ P → Q, P → R, P ⊢ Q & R

1	(1) P → Q	전제
2	(2) P → R	전제
3	(3) P	전제
1,3	(4) Q	1,3 →E
2,3	(5) R	2,3 →E

1,2,3	(6) Q & R	4,5 &I

⑩ (P & Q) → R, P ⊢ Q → R

1	(1) (P & Q) → R	전제
2	(2) P	전제
3	(3) Q	가정
2,3	(4) P & Q	2,3 &I
1,2,3	(5) R	1,4 →E
1,2	(6) Q → R	3,5 →I

⑪ (P & Q) → R ⊢ P → (Q → R) 　　　이출원리

1	(1) (P & Q) → R	전제
2	(2) P	가정
3	(3) Q	가정
2,3	(4) P & Q	2,3 &I
1,2,3	(5) R	1,4 →E
1,2	(6) Q → R	3,5 →I
1	(7) P → (Q → R)	2,6 →I

⑫ P → Q, P → R ⊢ P → (Q & R)

1	(1) P → Q	전제
2	(2) P → R	전제
3	(3) P	가정
1,3	(4) Q	1,3 →E
2,3	(5) R	2,3 →E
1,2,3	(6) Q & R	4,5 &I
1,2	(7) P → (Q & R)	3,6 →I

⑬ Q → R ⊢ (P & Q) → (P & R)

1	(1) Q → R	전제
2	(2) P & Q	가정
2	(3) Q	2 &E
1,2	(4) R	1,3 →E
2	(5) P	2 &E
1,2	(6) P & R	4,5 &I
1	(7) (P & Q) → (P & R)	2,6 →I

⑭ P → (Q & R) ⊢ (P → Q) & (P → R)

1	(1) P → (Q & R)	전제
2	(2) P	가정
1,2	(3) Q & R	1,2 →E
1,2	(4) Q	3 &E
1	(5) P → Q	2,4 →I
6	(6) P	가정
1,6	(7) Q & R	1,6 →E
1,6	(8) R	7 &E
1	(9) P → R	6,8 →I
1	(10) (P → Q) & (P → R)	5,9 &I

⑮ P → Q, R → S ⊢ (P & R) → (Q & S)

1	(1) P → Q	전제
2	(2) R → S	전제
3	(3) P & R	가정
3	(4) P	3 &E
3	(5) R	3 &E
1,3	(6) Q	1,4 →E

2,3	(7) S	2,5 →E
1,2,3	(8) Q & S	6,7 &I
1,2	(9) (P & R) → (Q & S)	3,8 →I

3.3절 [부정 규칙]

① P ⊢ ~(~P & ~Q)

1	(1) P	전제
2	(2) ~P & ~Q	가정
2	(3) ~P	2 &E
1,2	(4) P & ~P	1,3 &I
1	(5) ~(~P & ~Q)	2,4 ~I

② ~P ⊢ ~(P & Q)

1	(1) ~P	전제
2	(2) P & Q	가정
2	(3) P	2 &E
1,2	(4) P & ~P	1,3 &I
1	(5) ~(P & Q)	2,4 ~I

③ P & ~Q ⊢ ~(P → Q)

1	(1) P & ~Q	전제
2	(2) P → Q	가정
1	(3) P	1 &E
1,2	(4) Q	2,3 →E
1	(5) ~Q	1 &E
1,2	(6) Q & ~Q	4,5 &I
1	(7) ~(P → Q)	2,6 ~I

④ P → Q ⊢ ~(P & ~Q)

1	(1) P → Q	전제
2	(2) P & ~Q	가정
2	(3) P	2 &E
1,2	(4) Q	1,3 →E
2	(5) ~Q	2 &E
1,2	(6) Q & ~Q	4,5 &I
1	(7) ~(P & ~Q)	2,6 ~I

⑤ ~(~P & ~Q) ⊢ ~P → Q

1	(1) ~(~P & ~Q)	전제
2	(2) ~P	가정
3	(3) ~Q	가정
2,3	(4) ~P & ~Q	2,3 &I
1,2,3	(5) (~P & ~Q) & ~(~P & ~Q)	1,4 &I
1,2	(6) ~~Q	3,5 ~I
1,2	(7) Q	6 ~E
1	(8) ~P → Q	2,7 →I

⑥ P → ~Q ⊢ Q → ~P

1	(1) P → ~Q	전제
2	(2) Q	가정
3	(3) P	가정
1,3	(4) ~Q	1,3 →E
1,2,3	(5) Q & ~Q	2,4 &I
1,2	(6) ~P	3,5 ~I
1	(7) Q → ~P	2,6 →I

⑦ $\sim P \rightarrow Q \vdash \sim Q \rightarrow P$

1	(1) $\sim P \rightarrow Q$	전제
2	(2) $\sim Q$	가정
3	(3) $\sim P$	가정
1,3	(4) Q	1,3 →E
1,2,3	(5) Q & $\sim Q$	2,4 &I
1,2	(6) $\sim\sim P$	3,5 $\sim$I
1,2	(7) P	6 $\sim$E
1	(8) $\sim Q \rightarrow P$	2,7 →I

⑧ $\sim(P \& \sim Q), \sim Q \vdash \sim P$

1	(1) $\sim(P \& \sim Q)$	전제
2	(2) $\sim Q$	전제
3	(3) P	가정
2,3	(4) P & $\sim Q$	2,3 &I
1,2,3	(5) (P & $\sim Q$) & $\sim$(P & $\sim Q$)	1,4 &I
1,2	(6) $\sim P$	3,5 $\sim$I

⑨ $\sim P \rightarrow P \vdash P$

1	(1) $\sim P \rightarrow P$	전제
2	(2) $\sim P$	가정
1,2	(3) P	1,2 →E
1,2	(4) P & $\sim P$	2,3 &I
1	(5) $\sim\sim P$	2,4 $\sim$I
1	(6) P	5 $\sim$E

⑩ $\sim P \rightarrow Q, \sim P \rightarrow \sim Q \vdash P$

1	(1) $\sim P \rightarrow Q$	전제

2	(2) ~P → ~Q	전제
3	(3) ~P	가정
1,3	(4) Q	1,3 →E
2,3	(5) ~Q	2,3 →E
1,2,3	(6) Q & ~Q	4,5 &I
1,2	(7) ~~P	3,6 ~I
1,2	(8) P	7 ~E

⑪ ~(~P & Q), Q ⊢ P

1	(1) ~(~P & Q)	전제
2	(2) Q	전제
3	(3) ~P	가정
2,3	(4) ~P & Q	2,3 &I
1,2,3	(5) (~P & Q) & ~(~P & Q)	1,4 &I
1,2	(6) ~~P	3,5 ~I
1,2	(7) P	6 ~E

⑫ ~P → Q, ~Q ⊢ P

1	(1) ~P → Q	전제
2	(2) ~Q	전제
3	(3) ~P	가정
1,3	(4) Q	1,3 →E
1,2,3	(5) Q & ~Q	2,4 &I
1,2	(6) ~~P	3,5 ~I
1,2	(7) P	6 ~E

⑬ P → ~Q, Q ⊢ ~P

| 1 | (1) P → ~Q | 전제 |

2	(2) Q	전제
3	(3) P	가정
1,3	(4) ~Q	1,3 →E
1,2,3	(5) Q & ~Q	2,4 &I
1,2	(6) ~P	3,5 ~I

⑭ P → (Q & R), ~R ⊢ ~P

1	(1) P → (Q & R)	전제
2	(2) ~R	전제
3	(3) P	가정
1,3	(4) Q & R	1,3 →E
1,3	(5) R	4 &E
1,2,3	(6) R & ~R	2,5 &I
1,2	(7) ~P	3,6 ~I

⑮ P → Q, R → ~Q ⊢ ~(P & R)

1	(1) P → Q	전제
2	(2) R → ~Q	전제
3	(3) P & R	가정
3	(4) P	3 &E
1,3	(5) Q	1,4 →E
3	(6) R	3 &E
2,3	(7) ~Q	2,6 →E
1,2,3	(8) Q & ~Q	5,7 &I
1,2	(9) ~(P & R)	3,8 ~I

3.3절 [선언 규칙]

① P & Q ⊢ P ∨ Q

1	(1) P & Q	전제
1	(2) P	1 &E
1	(3) P ∨ Q	2 ∨I

② P ∨ Q ⊢ Q ∨ P

1	(1) P ∨ Q	전제
2	(2) P	가정
2	(3) Q ∨ P	2 ∨I
4	(4) Q	가정
4	(5) Q ∨ P	4 ∨I
1	(6) Q ∨ P	1,2,3,4,5 ∨E

③ P ∨ Q, Q → R ⊢ P ∨ R

1	(1) P ∨ Q	전제
2	(2) Q → R	전제
3	(3) P	가정
3	(4) P ∨ R	3 ∨I
5	(5) Q	가정
2,5	(6) R	2,5 →E
2,5	(7) P ∨ R	6 ∨I
1,2	(8) P ∨ R	1,3,4,5,7 ∨E

④ (P & Q) ∨ (P & R) ⊢ P & (Q ∨ R)

1	(1) (P & Q) ∨ (P & R)	전제
2	(2) P & Q	가정
2	(3) P	2 &E
2	(4) Q	2 &E
2	(5) Q ∨ R	4 ∨I

2	(6) P & (Q ∨ R)	3,5 &I
7	(7) P & R	가정
7	(8) P	7 &E
7	(9) R	7 &E
7	(10) Q ∨ R	9 ∨I
7	(11) P & (Q ∨ R)	8,10 &I
1	(12) P & (Q ∨ R)	1,2,6,7,11 ∨E

⑤ Q → R ⊢ (P ∨ Q) → (P ∨ R)

1	(1) Q → R	전제
2	(2) P ∨ Q	가정
3	(3) P	가정
3	(4) P ∨ R	3 ∨I
5	(5) Q	가정
1,5	(6) R	1,5 →E
1,5	(7) P ∨ R	6 ∨I
1,2	(8) P ∨ R	2,3,4,5,7 ∨E
1	(9) (P ∨ Q) → (P ∨ R)	2,8 →I

⑥ (P ∨ Q) → R ⊢ Q → R

1	(1) (P ∨ Q) → R	전제
2	(2) Q	가정
2	(3) P ∨ Q	2 ∨I
1,2	(4) R	1,3 →E
1	(5) Q → R	2,4 →I

⑦ P → Q, R → S ⊢ (P ∨ R) → (Q ∨ S)

| 1 | (1) P → Q | 전제 |

2	(2) R → S	전제
3	(3) P ∨ R	가정
4	(4) P	가정
1,4	(5) Q	1,4 →E
1,4	(6) Q ∨ S	5 ∨I
7	(7) R	가정
2,7	(8) S	2,7 →E
2,7	(9) Q ∨ S	8 ∨I
1,2,3	(10) Q ∨ S	3,4,6,7,9 ∨E
1,2	(11) (P ∨ R) → (Q ∨ S)	3,10 →I

⑧ P → Q, P → R, ∼Q ∨ ∼R ⊢ ∼P   단순 파괴적 양도논법

1	(1) P → Q	전제
2	(2) P → R	전제
3	(3) ∼Q ∨ ∼R	전제
4	(4) ∼Q	가정
5	(5) P	가정
1,5	(6) Q	1,5 →E
1,4,5	(7) Q & ∼Q	4,6 &I
1,4	(8) ∼P	5,7 ∼I
9	(9) ∼R	가정
10	(10) P	가정
2,10	(11) R	2,10 →E
2,9,10	(12) R & ∼R	9,11 &I
2,9	(13) ∼P	10,12 ∼I
1,2,3	(14) ∼P	3,4,8,9,13 ∨E

⑨ P → Q, R → S, ∼Q ∨ ∼S ⊢ ∼P ∨ ∼R   복합 파괴적 양도논법

1	(1) P → Q	전제
2	(2) R → S	전제
3	(3) ~Q ∨ ~S	전제
4	(4) ~Q	가정
5	(5) P	가정
1,5	(6) Q	1,5 →E
1,4,5	(7) Q & ~Q	4,6 &I
1,4	(8) ~P	5,7 ~I
1,4	(9) ~P ∨ ~R	8 ∨I
10	(10) ~S	가정
11	(11) R	가정
2,11	(12) S	2,11 →E
2,10,11	(13) S & ~S	10,12 &I
2,10	(14) ~R	11,13 ~I
2,10	(15) ~P ∨ ~R	14 ∨I
1,2,3	(16) ~P ∨ ~R	3,4,9,10,15 ∨E

⑩ P ∨ R, ~S → ~P ⊢ R ∨ S

1	(1) P ∨ R	전제
2	(2) ~S → ~P	전제
3	(3) P	가정
4	(4) ~S	가정
2,4	(5) ~P	2,4 →E
2,3,4	(6) P & ~P	3,5 &I
2,3	(7) ~~S	4,6 ~I
2,3	(8) S	7 ~E
2,3	(9) R ∨ S	8 ∨I
10	(10) R	가정

| 10 | (11) R ∨ S | 10 ∨I |
| 1,2 | (12) R ∨ S | 1,3,9,10,11 ∨E |

3.4절

1.

① P → (Q → R) ⊢ (P → Q) → (P → R)

1	(1) P → (Q → R)	전제
2	(2) P → Q	가정
3	(3) P	가정
1,3	(4) Q → R	1,3 →E
2,3	(5) Q	2,3 →E
1,2,3	(6) R	4,5 →E
1,2	(7) P → R	3,6 →I
1	(8) (P → Q) → (P → R)	2,7 →I

② P → (Q → (R → S)) ⊢ R → (P → (Q → S))

1	(1) P → (Q → (R → S))	전제
2	(2) R	가정
3	(3) P	가정
4	(4) Q	가정
1,3	(5) Q → (R → S)	1,3 →E
1,3,4	(6) R → S	4,5 →E
1,2,3,4	(7) S	2,6 →E
1,2,3	(8) Q → S	4,7 →I
1,2	(9) P → (Q → S)	3,8 →I
1	(10) R → (P → (Q → S))	2,9 →I

③ (P → R) ∨ (Q → R) ⊢ (P & Q) → R

증명 가)

1	(1) (P → R) ∨ (Q → R)	전제
2	(2) P → R	가정
3	(3) P & Q	가정
3	(4) P	3 &E
2,3	(5) R	2,4 →E
2	(6) (P & Q) → R	3,5 →I
7	(7) Q → R	가정
8	(8) P & Q	가정
8	(9) Q	8 &E
7,8	(10) R	7,9 →E
7	(11) (P & Q) → R	8,10 →I
1	(12) (P & Q) → R	1,2,6,7,11 ∨E

증명 나)

1	(1) (P → R) ∨ (Q → R)	전제
2	(2) P & Q	가정
3	(3) P → R	가정
2	(4) P	2 &E
2,3	(5) R	3,4 →E
6	(6) Q → R	가정
2	(7) Q	2 &E
2,6	(8) R	6,7 →E
1,2	(9) R	1,3,5,6,8 ∨E
1	(10) (P & Q) → R	2,9 →I

증명 가)는 선언 제거규칙이 주된 전략이고 그 안에서 조건언 도입규칙이 구사된 것인 반면, 증명 나)는 조건언 도입규칙이 주된 전략이고 그 안에서 선언 제

거규칙이 구사된 증명이다. 나)와 같은 증명을 제시하는 책도 더러 있지만, 가)가 증명의 구조를 파악하기 쉬운 더 나은 증명이다.

④ P → (Q ∨ R), R → S ⊢ P → (Q ∨ S)

1	(1) P → (Q ∨ R)	전제
2	(2) R → S	전제
3	(3) P	가정
1,3	(4) Q ∨ R	1,3 →E
5	(5) Q	가정
5	(6) Q ∨ S	5 ∨I
7	(7) R	가정
2,7	(8) S	2,7 →E
2,7	(9) Q ∨ S	8 ∨I
1,2,3	(10) Q ∨ S	4,5,6,7,9 ∨E
1,2	(11) P → (Q ∨ S)	3,10 →I

⑤ (P ∨ Q) ∨ R ⊢ P ∨ (Q ∨ R)

1	(1) (P ∨ Q) ∨ R	전제
2	(2) P ∨ Q	가정
3	(3) P	가정
3	(4) P ∨ (Q ∨ R)	3 ∨I
5	(5) Q	가정
5	(6) Q ∨ R	5 ∨I
5	(7) P ∨ (Q ∨ R)	6 ∨I
2	(8) P ∨ (Q ∨ R)	2,3,4,5,7 ∨E
9	(9) R	가정
9	(10) Q ∨ R	9 ∨I
9	(11) P ∨ (Q ∨ R)	10 ∨I

| 1 | (12) P ∨ (Q ∨ R) | 1,2,8,9,11 ∨E |

⑥ (P ∨ Q) & (P ∨ R) ⊢ P ∨ (Q & R)

1	(1) (P ∨ Q) & (P ∨ R)	전제
1	(2) P ∨ Q	1 &E
3	(3) P	가정
3	(4) P ∨ (Q & R)	3 ∨I
5	(5) Q	가정
1	(6) P ∨ R	1 &E
7	(7) P	가정
7	(8) P ∨ (Q & R)	7 ∨I
9	(9) R	가정
5,9	(10) Q & R	5,9 &I
5,9	(11) P ∨ (Q & R)	10 ∨I
1,5	(12) P ∨ (Q & R)	6,7,8,9,11 ∨E
1	(13) P ∨ (Q & R)	2,3,4,5,12 ∨E

⑦ P ∨ Q ⊢ ~(~P & ~Q)　　드모르간 법칙

1	(1) P ∨ Q	전제
2	(2) P	가정
3	(3) ~P & ~Q	가정
3	(4) ~P	3 &E
2,3	(5) P & ~P	2,4 &I
2	(6) ~(~P & ~Q)	3,5 ~I
7	(7) Q	가정
8	(8) ~P & ~Q	가정
8	(9) ~Q	8 &E
7,8	(10) Q & ~Q	7,9 &I

| 7 | (11) ~(~P & ~Q) | 8,10 ~I |
| 1 | (12) ~(~P & ~Q) | 1,2,6,7,11 ∨E |

레몬은 다음과 같은 좀 더 짧은 증명을 제시하고 있는데, 앞의 증명이 증명 구조를 파악하기가 더 쉽다.

1	(1) P ∨ Q	전제
2	(2) ~P & ~Q	가정
3	(3) P	가정
2	(4) ~P	2 &E
2,3	(5) P & ~P	3,4 &I
3	(6) ~(~P & ~Q)	2,5 ~I
7	(7) Q	가정
2	(8) ~Q	2 &E
2,7	(9) Q & ~Q	7,8 &I
7	(10) ~(~P & ~Q)	2,9 ~I
1	(11) ~(~P & ~Q)	1,3,6,7,10 ∨E

⑧ ~P → Q ⊢ P ∨ Q

1	(1) ~P → Q	전제
2	(2) ~(P ∨ Q)	가정
3	(3) P	가정
3	(4) P ∨ Q	3 ∨I
2,3	(5) (P ∨ Q) & ~(P ∨ Q)	2,4 &I
2	(6) ~P	3,5 ~I
1,2	(7) Q	1,6 →E
1,2	(8) P ∨ Q	7 ∨I
1,2	(9) (P ∨ Q) & ~(P ∨ Q)	2,8 &I
1	(10) ~~(P ∨ Q)	2,9 ~I

| 1 | (11) P ∨ Q | 10 ~E |

⑨ P ∨ (Q & R) ⊢ (P ∨ Q) & (P ∨ R)

1	(1) P ∨ (Q & R)	전제
2	(2) P	가정
2	(3) P ∨ Q	2 ∨I
2	(4) P ∨ R	2 ∨I
2	(5) (P ∨ Q) & (P ∨ R)	3,4 &I
6	(6) Q & R	가정
6	(7) Q	6 &E
6	(8) P ∨ Q	7 ∨I
6	(9) R	6 &E
6	(10) P ∨ R	9 ∨I
6	(11) (P ∨ Q) & (P ∨ R)	8,10 &I
1	(12) (P ∨ Q) & (P ∨ R)	1,2,5,6,11 ∨E

⑩ ~(P ∨ Q) ⊢ ~P & ~Q　　드모르간 법칙

1	(1) ~(P ∨ Q)	전제
2	(2) P	가정
2	(3) P ∨ Q	2 ∨I
1,2	(4) (P ∨ Q) & ~(P ∨ Q)	1,3 &I
1	(5) ~P	2,4 ~I
6	(6) Q	가정
6	(7) P ∨ Q	6 ∨I
1,6	(8) (P ∨ Q) & ~(P ∨ Q)	1,7 &I
1	(9) ~Q	6,8 ~I
1	(10) ~P & ~Q	5,9 &I

2.

① P & (Q ∨ R) ⊣⊢ (P & Q) ∨ (P & R)

(가) P & (Q ∨ R) ⊢ (P & Q) ∨ (P & R)

1	(1) P & (Q ∨ R)	전제
1	(2) P	1 &E
1	(3) Q ∨ R	1 &E
4	(4) Q	가정
1,4	(5) P & Q	2,4 &I
1,4	(6) (P & Q) ∨ (P & R)	5 ∨I
7	(7) R	가정
1,7	(8) P & R	2,7 &I
1,7	(9) (P & Q) ∨ (P & R)	8 ∨I
1	(10) (P & Q) ∨ (P & R)	3,4,6,7,9 ∨E

(나) (P & Q) ∨ (P & R) ⊢ P & (Q ∨ R)

1	(1) (P & Q) ∨ (P & R)	전제
2	(2) P & Q	가정
2	(3) P	2 &E
2	(4) Q	2 &E
2	(5) Q ∨ R	4 ∨I
2	(6) P & (Q ∨ R)	3,5 &I
7	(7) P & R	가정
7	(8) P	7 &E
7	(9) R	7 &E
7	(10) Q ∨ R	9 ∨I
7	(11) P & (Q ∨ R)	8,10 &I
1	(12) P & (Q ∨ R)	1,2,6,7,11 ∨E

② P & Q ⊣⊢ ∼(P → ∼Q)

(가) P & Q ⊢ ∼(P → ∼Q)

1	(1) P & Q	전제
2	(2) P → ∼Q	가정
1	(3) P	1 &E
1	(4) Q	1 &E
1,2	(5) ∼Q	2,3 →E
1,2	(6) Q & ∼Q	4,5 &I
1	(7) ∼(P → ∼Q)	2,6 ∼I

(나) ∼(P → ∼Q) ⊢ P & Q

1	(1) ∼(P → ∼Q)	전제
2	(2) ∼(P & Q)	가정
3	(3) P	가정
4	(4) Q	가정
3,4	(5) P & Q	3,4 &I
2,3,4	(6) (P & Q) & ∼(P & Q)	2,5 &I
2,3	(7) ∼Q	4,6 ∼I
2	(8) P → ∼Q	3,7 →I
1,2	(9) (P → ∼Q) & ∼(P → ∼Q)	1,8 &I
1	(10) ∼∼(P & Q)	2,9 ∼I
1	(11) P & Q	10 ∼E

③ P & Q ⊣⊢ ∼(∼P ∨ ∼Q)　　　　　드모르간 법칙

(가) P & Q ⊢ ∼(∼P ∨ ∼Q)

1	(1) P & Q	전제
2	(2) ∼P ∨ ∼Q	가정
3	(3) ∼P	가정

1	(4) P	1 &E
1,3	(5) P & ~P	3,4 &I
3	(6) ~(P & Q)	1,5 ~I
7	(7) ~Q	가정
1	(8) Q	1 &E
1,7	(9) Q & ~Q	7,8 &I
7	(10) ~(P & Q)	1,9 ~I
2	(11) ~(P & Q)	2,3,6,7,10 ∨E
1,2	(12) (P & Q) & ~(P & Q)	1,11 &I
1	(13) ~(~P ∨ ~Q)	2,12 ~I

(나) ~(~P ∨ ~Q) ⊢ P & Q

1	(1) ~(~P ∨ ~Q)	전제
2	(2) ~P	가정
2	(3) ~P ∨ ~Q	2 ∨I
1,2	(4) (~P ∨ ~Q) & ~(~P ∨ ~Q)	1,3 &I
1	(5) ~~P	2,4 ~I
1	(6) P	5 ~E
7	(7) ~Q	가정
7	(8) ~P ∨ ~Q	7 ∨I
1,7	(9) (~P ∨ ~Q) & ~(~P ∨ ~Q)	1,8 &I
1	(10) ~~Q	7,9 ~I
1	(11) Q	10 ~E
1	(12) P & Q	6,11 &I

④ ~(P & Q) ⊣⊢ ~P ∨ ~Q   드모르간 법칙

(가) ~(P & Q) ⊢ ~P ∨ ~Q

1	(1) ~(P & Q)	전제

2	(2) $\sim(\sim P \vee \sim Q)$	가정	
3	(3) $\sim P$	가정	
3	(4) $\sim P \vee \sim Q$	3 $\vee$I	
2,3	(5) $(\sim P \vee \sim Q) \,\&\, \sim(\sim P \vee \sim Q)$	2,4 &I	
2	(6) $\sim\sim P$	3,5 $\sim$I	
2	(7) P	6 $\sim$E	
8	(8) $\sim Q$	가정	
8	(9) $\sim P \vee \sim Q$	8 $\vee$I	
2,8	(10) $(\sim P \vee \sim Q) \,\&\, \sim(\sim P \vee \sim Q)$	2,9 &I	
2	(11) $\sim\sim Q$	8,10 $\sim$I	
2	(12) Q	11 $\sim$E	
2	(13) P & Q	7,12 &I	
1,2	(14) (P & Q) & $\sim$(P & Q)	1,13 &I	
1	(15) $\sim\sim(\sim P \vee \sim Q)$	2,14 $\sim$I	
1	(16) $\sim P \vee \sim Q$	15 $\sim$E	

(나) $\sim P \vee \sim Q \vdash \sim(P \,\&\, Q)$

1	(1) $\sim P \vee \sim Q$	전제
2	(2) $\sim P$	가정
3	(3) P & Q	가정
3	(4) P	3 &E
2,3	(5) P & $\sim$P	2,4 &I
2	(6) $\sim$(P & Q)	3,5 $\sim$I
7	(7) $\sim Q$	가정
8	(8) P & Q	가정
8	(9) Q	8 &E
7,8	(10) Q & $\sim$Q	7,9 &I
7	(11) $\sim$(P & Q)	8,10 $\sim$I

| 1 | (12) ~(P & Q) | 1,2,6,7,11 ∨E |

⑤ ~(P → Q) ⊣⊢ P & ~Q

(가) ~(P → Q) ⊢ P & ~Q

1	(1) ~(P → Q)	전제
2	(2) ~(P & ~Q)	가정
3	(3) P	가정
4	(4) ~Q	가정
3,4	(5) P & ~Q	3,4 &I
2,3,4	(6) (P & ~Q) & ~(P & ~Q)	2,5 &I
2,3	(7) ~~Q	4,6 ~I
2,3	(8) Q	7 ~E
2	(9) P → Q	3,8 →I
1,2	(10) (P → Q) & ~(P → Q)	1,9 &I
1	(11) ~~(P & ~Q)	2,10 ~I
1	(12) P & ~Q	11 ~E

(나) P & ~Q ⊢ ~(P → Q)

1	(1) P & ~Q	전제
2	(2) P → Q	가정
1	(3) P	1 &E
1	(4) ~Q	1 &E
1,2	(5) Q	2,3 →E
1,2	(6) Q & ~Q	4,5 &I
1	(7) ~(P → Q)	2,6 ~I

3.

① ~(P & ~Q), ~Q ⊢ ~P

1	(1) ~(P & ~Q)	전제
2	(2) ~Q	전제
3	(3) P	가정
2,3	(4) P & ~Q	2,3 &I
1,2,3	(5) (P & ~Q) & ~(P & ~Q)	1,4 &I
1,2	(6) ~P	3,5 ~I

② P ∨ ~Q, Q ⊢ P

1	(1) P ∨ ~Q	전제
2	(2) P	가정
3	(3) ~P & Q	가정
3	(4) ~P	3 &E
2,3	(5) P & ~P	2,4 &I
2	(6) ~(~P & Q)	3,5 ~I
7	(7) ~Q	가정
8	(8) ~P & Q	가정
8	(9) Q	8 &E
7,8	(10) Q & ~Q	7,9 &I
7	(11) ~(~P & Q)	8,10 ~I
1	(12) ~(~P & Q)	1,2,6,7,11 ∨E
13	(13) Q	전제
14	(14) ~P	가정
13,14	(15) ~P & Q	13,14 &I
1,13,14	(16) (~P & Q) & ~(~P & Q)	12,15 &I
1,13	(17) ~~P	14,16 ~I
1,13	(18) P	17 ~E

③ P ⊢ P

| 1 | (1) P | 전제 |

④ P & P ⊣⊢ P

(가) P & P ⊢ P

| 1 | (1) P & P | 전제 |
| 1 | (2) P | 1 &E |

(나) P ⊢ P & P

| 1 | (1) P | 전제 |
| 1 | (2) P & P | 1,1 &I |

⑤ P ∨ P ⊣⊢ P

(가) P ∨ P ⊢ P

1	(1) P ∨ P	전제
2	(2) P	가정
3	(3) P	가정
1	(4) P	1,2,2,3,3 ∨E

(나) P ⊢ P ∨ P

| 1 | (1) P | 전제 |
| 1 | (2) P ∨ P | 1 ∨I |

3.5절

1.

① ⊢ $(Q \rightarrow R) \rightarrow ((P \rightarrow Q) \rightarrow (P \rightarrow R))$

1	(1) Q → R	가정
2	(2) P → Q	가정
3	(3) P	가정

2,3	(4) Q	2,3 →E
1,2,3	(5) R	1,4 →E
1,2	(6) P → R	3,5 →I
1	(7) (P → Q) → (P → R)	2,6 →I
	(8) (Q → R) → ((P → Q) → (P → R))	1,7 →I

② ⊢ (P → R) → ((Q → R) → ((P ∨ Q) → R))

1	(1) P → R	가정
2	(2) Q → R	가정
3	(3) P ∨ Q	가정
4	(4) P	가정
1,4	(5) R	1,4 →E
6	(6) Q	가정
2,6	(7) R	2,6 →E
1,2,3	(8) R	3,4,5,6,7 ∨E
1,2	(9) (P ∨ Q) → R	3,8 →I
1	(10) (Q → R) → ((P ∨ Q) → R) 2,9 →I	
	(11) (P → R) → ((Q → R) → ((P ∨ Q) → R))　　1,10 →I	

③ ⊢ (P → (Q & ~Q)) → ~P

1	(1) P → (Q & ~Q)	가정
2	(2) P	가정
1,2	(3) Q & ~Q	1,2 →E
1	(4) ~P	2,3 ~I
	(5) (P → (Q & ~Q)) → ~P　　1,4 →I	

④ ⊢ (~P → P) → P

1	(1) ~P → P	가정

2	(2) ~P	가정
1,2	(3) P	1,2 →E
1,2	(4) P & ~P	2,3 &I
1	(5) ~~P	2,4 ~I
1	(6) P	5 ~E
	(7) (~P → P) → P	1,6 →I

⑤ ⊢ (P → Q) → (~Q → ~P)

1	(1) P → Q	가정
2	(2) ~Q	가정
3	(3) P	가정
1,3	(4) Q	1,3 →E
1,2,3	(5) Q & ~Q	2,4 &I
1,2	(6) ~P	3,5 ~I
1	(7) ~Q → ~P	2,6 →I
	(8) (P → Q) → (~Q → ~P)	1,7 →I

2.

① ⊢ P ∨ (P → Q)

	(1) P ∨ ~P	TI 배중률
2	(2) P	가정
2	(3) P ∨ (P → Q)	2 ∨I
4	(4) ~P	가정
4	(5) P → Q	4 SI ~A ⊢ A → B
4	(6) P ∨ (P → Q)	5 ∨I
	(7) P ∨ (P → Q)	1,2,3,4,6 ∨E

② ⊢ (P → Q) ∨ (Q → R)

	(1) Q ∨ ∼Q	TI 배중률
2	(2) Q	가정
2	(3) P → Q	2 SI B ⊢ A → B
2	(4) (P → Q) ∨ (Q → R)	3 ∨I
5	(5) ∼Q	가정
5	(6) Q → R	5 SI ∼A ⊢ A → B
5	(7) (P → Q) ∨ (Q → R)	6 ∨I
	(8) (P → Q) ∨ (Q → R)	1,2,4,5,7 ∨E

③ ⊢ ((P → Q) → P) → P

1	(1) (P → Q) → P	가정
2	(2) ∼P	가정
1,2	(3) ∼(P → Q)	1,2 SI 후건 부정식
1,2	(4) P & ∼Q	3 SI ∼(A → B) ⊢ A & ∼B
1,2	(5) P	4 &E
1,2	(6) P & ∼P	2,5 &I
1	(7) ∼∼P	2,6 ∼I
1	(8) P	7 ∼E
	(9) ((P → Q) → P) → P	1,8 →I

④ P → (Q & R), ∼Q ⊢ ∼P

1	(1) P → (Q & R)	전제
2	(2) ∼Q	전제
2	(3) ∼(Q & R)	2 SI ∼A ⊢ ∼(A & B)
1,2	(4) ∼P	1,3 SI 후건 부정식

⑤ P → (Q ∨ R), ∼Q ⊢ P → R

1	(1) P → (Q ∨ R)	전제

2	(2) ~Q	전제
3	(3) P	가정
1,3	(4) Q ∨ R	1,3 →E
1,2,3	(5) R	2,4 SI 선언 삼단논법
1,2	(6) P → R	3,5 →I

⑥ (P ∨ Q) → R ⊢ ~R → ~P

1	(1) (P ∨ Q) → R	전제
2	(2) ~R	가정
1,2	(3) ~(P ∨ Q)	1,2 SI 후건 부정식
1,2	(4) ~P & ~Q	3 SI 드모르간 법칙
1,2	(5) ~P	4 &E
1	(6) ~R → ~P	2,5 →I

⑦ P ∨ Q ⊢ ~P → Q

1	(1) P ∨ Q	전제
2	(2) ~P	가정
1,2	(3) Q	1,2 SI 선언 삼단논법
1	(4) ~P → Q	2,3 →I

⑧ (P → Q) → Q ⊣⊢ P ∨ Q

(가) (P → Q) → Q ⊢ P ∨ Q

1	(1) (P → Q) → Q	전제
2	(2) ~(P ∨ Q)	가정
2	(3) ~P & ~Q	2 SI 드모르간 법칙
2	(4) ~Q	3 &E
1,2	(5) ~(P → Q)	1,4 SI 후건 부정식
1,2	(6) P & ~Q	5 SI ~(A → B) ⊢ A & ~B

2	(7) ~P	3 &E
1,2	(8) P	6 &E
1,2	(9) P & ~P	7,8 &I
1	(10) ~~(P ∨ Q)	2,9 ~I
1	(11) P ∨ Q	10 ~E

(나) P ∨ Q ⊢ (P → Q) → Q

1	(1) P ∨ Q	전제
2	(2) ~((P → Q) → Q)	가정
2	(3) (P → Q) & ~Q	2 SI ~(A → B) ⊢ A & ~B
2	(4) ~Q	3 &E
1,2	(5) P	1,4 SI 선언 삼단논법
2	(6) P → Q	3 &E
2	(7) ~P	4,6 SI 후건 부정식
1,2	(8) P & ~P	5,7 &I
1	(9) ~~((P → Q) → Q)	2,8 ~I
1	(10) (P → Q) → Q	9 ~E

⑨ (P & Q) → R ⊢ (P → R) ∨ (Q → R)

1	(1) (P & Q) → R	전제
2	(2) ~((P → R) ∨ (Q → R))	가정
2	(3) ~(P → R) & ~(Q → R)	2 SI 드모르간 법칙
2	(4) ~(P → R)	3 &E
2	(5) P & ~R	4 SI ~(A → B) ⊢ A & ~B
2	(6) P	5 &E
2	(7) ~R	5 &E
2	(8) ~(Q → R)	3 &E
2	(9) Q & ~R	8 SI ~(A → B) ⊢ A & ~B

2	(10) Q	9 &E
2	(11) P & Q	6,10 &I
1,2	(12) R	1,11 →E
1,2	(13) R & ~R	7,12 &I
1	(14) ~~((P → R) ∨ (Q → R))	2,13 ~I
1	(15) (P → R) ∨ (Q → R)	14 ~E

⑩ P → (Q ∨ R) ⊣⊢ (P → Q) ∨ (P → R)

(가) P → (Q ∨ R) ⊢ (P → Q) ∨ (P → R)

1	(1) P → (Q ∨ R)	전제
2	(2) ~((P → Q) ∨ (P → R))	가정
2	(3) ~(P → Q) & ~(P → R)	2 SI 드모르간 법칙
2	(4) ~(P → Q)	3 &E
2	(5) ~(P → R)	3 &E
2	(6) P & ~Q	4 SI ~(A → B) ⊢ A & ~B
2	(7) P & ~R	5 SI ~(A → B) ⊢ A & ~B
2	(8) P	6 &E
2	(9) ~Q	6 &E
2	(10) ~R	7 &E
2	(11) ~Q & ~R	9,10 &I
2	(12) ~(Q ∨ R)	11 SI 드모르간 법칙
1,2	(13) ~P	1,12 SI 후건 부정식
1,2	(14) P & ~P	8,13 &I
1	(15) ~~((P → Q) ∨ (P → R))	2,14 ~I
1	(16) (P → Q) ∨ (P → R)	15 ~E

(나) (P → Q) ∨ (P → R) ⊢ P → (Q ∨ R)

1	(1) (P → Q) ∨ (P → R)	전제

2	(2) P → Q	가정
3	(3) P	가정
2,3	(4) Q	2,3 →E
2,3	(5) Q ∨ R	4 ∨I
2	(6) P → (Q ∨ R)	3,5 →I
7	(7) P → R	가정
8	(8) P	가정
7,8	(9) R	7,8 →E
7,8	(10) Q ∨ R	9 ∨I
7	(11) P → (Q ∨ R)	8,10 →I
1	(12) P → (Q ∨ R)	1,2,6,7,11 ∨E

3.

① P → (~Q → R) ⊢ ~Q → (~P ∨ R)

1	(1) P → (~Q → R)	전제
2	(2) ~Q	가정
3	(3) P	가정
1,3	(4) ~Q → R	1,3 →E
1,2,3	(5) R	2,4 →E
1,2	(6) P → R	3,5 →I
1,2	(7) ~P ∨ R	6 SI A → B ⊢ ~A ∨ B
1	(8) ~Q → (~P ∨ R)	2,7 →I

② P → (Q & R), S → (P ∨ T), ~R ⊢ S → T

1	(1) P → (Q & R)	전제
2	(2) S → (P ∨ T)	전제
3	(3) ~R	전제
4	(4) S	가정

2,4	(5) P ∨ T	2,4 →E
3	(6) ~(Q & R)	3 SI ~B ⊢ ~(A & B)
1,3	(7) ~P	1,6 SI 후건 부정식
1,2,3,4	(8) T	5,7 SI 선언 삼단논법
1,2,3	(9) S → T	4,8 →I

③ ~P → Q, ~R → S, (S ∨ Q) → T ⊢ ~(P & R) → T

1	(1) ~P → Q	전제
2	(2) ~R → S	전제
3	(3) (S ∨ Q) → T	전제
4	(4) ~(P & R)	가정
4	(5) ~P ∨ ~R	4 SI 드모르간 법칙
1,2,4	(6) S ∨ Q	1,2,5 SI 복합 구성적 양도논법
1,2,3,4	(7) T	3,6 →E
1,2,3	(8) ~(P & R) → T	4,7 →I

④ P ∨ ~Q, P ∨ ~R, Q ∨ R ⊢ P

1	(1) P ∨ ~Q	전제
2	(2) P ∨ ~R	전제
3	(3) Q ∨ R	전제
1	(4) ~Q ∨ P	1 SI 선언의 교환법칙
1	(5) Q → P	4 SI ~A ∨ B ⊢ A → B
2	(6) ~R ∨ P	2 SI 선언의 교환법칙
2	(7) R → P	6 SI ~A ∨ B ⊢ A → B
1,2,3	(8) P	3,5,7 SI 단순 구성적 양도논법

⑤ ~(P & R), Q → ((R ∨ T) ∨ S), S → T, Q ⊢ ~T → ~P

1	(1) ~(P & R)	전제

2	(2) Q → ((R ∨ T) ∨ S)	전제
3	(3) S → T	전제
4	(4) Q	전제
5	(5) ~T	가정
3,5	(6) ~S	3,5 SI 후건 부정식
2,4	(7) (R ∨ T) ∨ S	2,4 →E
2,3,4,5	(8) R ∨ T	6,7 SI 선언 삼단논법
2,3,4,5	(9) R	5,8 SI 선언 삼단논법
1,2,3,4,5	(10) ~P	1,9 SI ~(A & B), B ⊢ ~A
1,2,3,4	(11) ~T → ~P	5,10 →I

4장 진리표와 진리나무

4.1절

1. 생략

2.

① 우연명제

② 우연명제

③ 비일관적 명제

④ 항진명제

⑤ 항진명제

⑥ 비일관적 명제

⑦ 항진명제

⑧ 비일관적 명제

⑨ 비일관적 명제

⑩ 항진명제

3.

   ①, ②, ④, ⑤, ⑥, ⑦, ⑨, ⑩.

4.3절

1. ⑥, ⑧, ⑪, ⑮, ⑰은 부당하고, 나머지는 모두 타당하다.

2. ⑤, ⑦은 부당하고, 나머지는 모두 타당하다.

3. ⑤는 부당하고, 나머지는 모두 타당하다.

4.4절

1.

②, ⑤, ⑨는 부당하고, 나머지는 모두 타당하다.

전제는 모두 참이지만 결론은 거짓이 되는 진리값의 조합은 다음과 같다.

	P	Q	R
②	참	참	
⑤	참	거짓	거짓
⑨	참	거짓	거짓

2.

①, ②, ④, ⑦, ⑧, ⑨, ⑩이 부당하고, 나머지는 타당하다.

전제는 모두 참이지만 결론은 거짓이 되는 진리값의 조합은 다음과 같다.

	P	Q	R	S
①	거짓	참	참	
	참	거짓	거짓	
②	거짓	참	참	
④	참	참	거짓	
	거짓	거짓	참	
	거짓	거짓	거짓	
⑦	거짓	거짓	거짓	
⑧	참	거짓	참	
	거짓	거짓	참	
⑨	참	거짓	참	참
⑩	거짓	거짓	참	참

6장 양화논리의 기초 개념

1.

① Sm

② ∼Tn

③ (∀x)(Mx → Sx)

④ (∀x)(Mx → ∼Sx)

⑤ (∀x)(∼Mx → ∼Sx) 또는 (∀x)(Sx → Mx)

⑥ (∀x)(∼Mx → Sx)

⑦ (∃x)(Gx & Tx)

⑧ (∃x)(Mx & ∼Tx)

⑨ (∀x)(Gx → (Sx ∨ Tx))

⑩ (∀x)((Sx ∨ Tx) → Gx)

⑪ Lmo & So

⑫ (∃x)(Lmx & Sx)

⑬ (∀x)(Sx → Lmx)

⑭ (∀x)(Tx → ∼Lnx)

⑮ (∀x)(∼(Tx & Mx) → Lnx))

⑯ Sn & (To & Lno)

⑰ (∀x)(Sx → (∃y)(Lxy & Ty))

⑱ (∃y)(Ty & (∀x)(Sx → Lxy))

⑲ (∃y)(Ty & (∀x)(Sx → Lyx))

⑳ (∃y)(Ty & (∀x)(∼Sx → ∼Lyx)) 또는 (∃y)(Ty & (∀x)(Lyx → Sx))

2.

① 연수는 2학년이거나 3학년이다.

② 연수는 강희를 좋아하지만 지영이는 강희를 좋아하지 않는다.

③ 남학생들은 모두 3학년이 아니다. (또는 어느 남학생도 3학년이 아니다.)

④ 남학생만 3학년이다. (또는 3학년은 모두 남학생이다.)

⑤ 남학생은 어느 누구도 3학년이 아닌 것은 아니다. (또는 남학생 중에는 3학년도 있다.)

⑥ 남학생은 모두 2학년이거나 3학년이다.

⑦ 남학생은 모두 2학년도 아니고 3학년도 아니다.

⑧ 여학생 중에는 2학년이 아닌 사람도 있다.

⑨ 2학년 여학생은 없다. (또는 여학생은 모두 2학년이 아니다.)

⑩ 연수는 2학년 남학생인데 그는 강희를 좋아한다.

⑪ 2학년 남학생인 연수는 좋아하는 사람이 있다.

⑫ 2학년 남학생 중에는 강희를 좋아하는 사람이 있다.

⑬ 2학년 남학생은 모두 강희를 좋아한다.

⑭ 2학년 남학생은 모두 강희를 좋아하지 않는다. (또는 2학년 남학생 중에 강희를 좋아하는 사람은 없다.)

⑮ 2학년 남학생이 아니면 강희를 모두 좋아한다. (또는 2학년 남학생들만 강희를 좋아하지 않는다.)

⑯ 지영이가 2학년이라면 지영이는 남학생인 연수를 좋아한다.

⑰ 지영이가 2학년이라면 지영이가 좋아하는 남학생이 있다.

⑱ 2학년은 모두 (각자) 좋아하는 남학생이 있다.

⑲ 강희는 남학생이고 2학년은 모두 강희를 좋아한다.

⑳ 2학년이 모두 좋아하는 남학생이 있다.

3.
①

(가) $(\forall x)(\exists y)Mxy$ 모든 사람은 누군가의 어머니이다. (또는 누구나 자식을 낳았다.)

(나) $(\exists y)(\forall x)Mxy$ 모두의 자식인 사람이 있다. (또는 모든 사람을 어머니라고 부르는 사람이 있다.)

(다) $(\exists x)(\forall y)Mxy$ 모든 사람을 낳은 사람이 있다. (또는 모든 사람을 자

식으로 둔 사람이 있다.)

(라) (∀y)(∃x)Mxy 모든 사람은 어머니가 있다. (또는 누구나 자신을 낳아 준 어머니가 있다.)

②

(가) (∀x)(∃y)Gxy 어떠한 정수든 그보다 작은 정수가 있다.

(나) (∃y)(∀x)Gxy 가장 작은 정수가 있다.

(다) (∃x)(∀y)Gxy 가장 큰 정수가 있다.

(라) (∀y)(∃x)Gxy 어떠한 정수든 그보다 큰 정수가 있다.

7장 자연연역의 방법

7.1절

① (∀x)Fx ⊢ (∀x)(Fx ∨ Gx)

1	(1) (∀x)Fx	전제
1	(2) Fa	1 ∀E
1	(3) Fa ∨ Ga	2 ∨I
1	(4) (∀x)(Fx ∨ Gx)	3 ∀I

② (∀x)((Fx ∨ Gx) → Hx) ⊢ (∀x)(Fx → Hx)

1	(1) (∀x)((Fx ∨ Gx) → Hx)	전제
2	(2) Fa	가정
1	(3) (Fa ∨ Ga) → Ha	1 ∀E
2	(4) Fa ∨ Ga	2 ∨I
1,2	(5) Ha	3,4 →E
1	(6) Fa → Ha	2,5 →I
1	(7) (∀x)(Fx → Hx)	6 ∀I

③ $(\forall x)(Fx \rightarrow Gx) \vdash (\forall x)((Fx \,\&\, Hx) \rightarrow Gx)$

1	(1) $(\forall x)(Fx \rightarrow Gx)$	전제
2	(2) $Fa \,\&\, Ha$	가정
1	(3) $Fa \rightarrow Ga$	1 $\forall$E
2	(4) Fa	2 &E
1,2	(5) Ga	3,4 $\rightarrow$E
1	(6) $(Fa \,\&\, Ha) \rightarrow Ga$	2,5 $\rightarrow$I
1	(7) $(\forall x)((Fx \,\&\, Hx) \rightarrow Gx)$	6 $\forall$I

④ $(\forall x)(Fx \rightarrow \sim Gx) \vdash (\forall x)(Gx \rightarrow \sim Fx)$

1	(1) $(\forall x)(Fx \rightarrow \sim Gx)$	전제
2	(2) Ga	가정
1	(3) $Fa \rightarrow \sim Ga$	1 $\forall$E
4	(4) Fa	가정
1,4	(5) $\sim Ga$	3,4 $\rightarrow$E
1,2,4	(6) $Ga \,\&\, \sim Ga$	2,5 &I
1,2	(7) $\sim Fa$	4,6 $\sim$I
1	(8) $Ga \rightarrow \sim Fa$	2,7 $\rightarrow$I
1	(9) $(\forall x)(Gx \rightarrow \sim Fx)$	8 $\forall$I

⑤ $(\forall x)(Fx \rightarrow Gx),\ (\forall x)(Gx \rightarrow \sim Hx) \vdash (\forall x)(Fx \rightarrow \sim Hx)$

1	(1) $(\forall x)(Fx \rightarrow Gx)$	전제
2	(2) $(\forall x)(Gx \rightarrow \sim Hx)$	전제
3	(3) Fa	가정
1	(4) $Fa \rightarrow Ga$	1 $\forall$E
2	(5) $Ga \rightarrow \sim Ha$	2 $\forall$E
1,3	(6) Ga	3,4 $\rightarrow$E
1,2,3	(7) $\sim Ha$	5,6 $\rightarrow$E

1,2	(8) Fa → ~Ha	3,7 →I
1,2	(9) (∀x)(Fx → ~Hx)	8 ∀I

⑥ (∀x)(Fx → ~Gx), (∀x)(Hx → Gx) ⊢ (∀x)(Fx → ~Hx)

1	(1) (∀x)(Fx → ~Gx)	전제
2	(2) (∀x)(Hx → Gx)	전제
3	(3) Fa	가정
1	(4) Fa → ~Ga	1 ∀E
2	(5) Ha → Ga	2 ∀E
1,3	(6) ~Ga	3,4 →E
1,2,3	(7) ~Ha	5,6 SI 후건 부정식
1,2	(8) Fa → ~Ha	3,7 →I
1,2	(9) (∀x)(Fx → ~Hx)	8 ∀I

⑦ (∀x)(Fx → Gx), (∀x)(Hx → ~Gx) ⊢ (∀x)(Fx → ~Hx)

1	(1) (∀x)(Fx → Gx)	전제
2	(2) (∀x)(Hx → ~Gx)	전제
3	(3) Fa	가정
1	(4) Fa → Ga	1 ∀E
2	(5) Ha → ~Ga	2 ∀E
1,3	(6) Ga	3,4 →E
1,3	(7) ~~Ga	6 SI A ⊢ ~~A
1,2,3	(8) ~Ha	5,7 SI 후건 부정식
1,2	(9) Fa → ~Ha	3,8 →I
1,2	(10) (∀x)(Fx → ~Hx)	9 ∀I

⑧ (∀x)(Fx ∨ Gx), (∀x)(Fx → Gx) ⊢ (∀x)Gx

1	(1) (∀x)(Fx ∨ Gx)	전제

2	(2) $(\forall x)(Fx \rightarrow Gx)$	전제
2	(3) $Fa \rightarrow Ga$	2 $\forall$E
1	(4) $Fa \vee Ga$	1 $\forall$E
5	(5) Fa	가정
2,5	(6) Ga	3,5 $\rightarrow$E
7	(7) Ga	가정
1,2	(8) Ga	4,5,6,7,7 $\vee$E
1,2	(9) $(\forall x)Gx$	8 $\forall$I

⑨ $(\forall x)((Fx \vee Gx) \rightarrow Hx)$, $(\forall x)\sim Hx \vdash (\forall x)\sim Fx$

1	(1) $(\forall x)((Fx \vee Gx) \rightarrow Hx)$	전제
2	(2) $(\forall x)\sim Hx$	전제
3	(3) Fa	가정
1	(4) $(Fa \vee Ga) \rightarrow Ha$	1 $\forall$E
3	(5) $Fa \vee Ga$	3 $\vee$I
1,3	(6) Ha	4,5 $\rightarrow$E
2	(7) $\sim Ha$	2 $\forall$E
1,2,3	(8) $Ha \ \& \ \sim Ha$	6,7 &I
1,2	(9) $\sim Fa$	3,8 $\sim$I
1,2	(10) $(\forall x)\sim Fx$	9 $\forall$I

⑩ $(\forall x)(Fx \rightarrow Gx)$, $(\forall x)(\sim Fx \rightarrow Gx) \vdash (\forall x)Gx$

1	(1) $(\forall x)(Fx \rightarrow Gx)$	전제
2	(2) $(\forall x)(\sim Fx \rightarrow Gx)$	전제
1	(3) $Fa \rightarrow Ga$	1 $\forall$E
2	(4) $\sim Fa \rightarrow Ga$	2 $\forall$E
	(5) $Fa \vee \sim Fa$	TI 배중률
6	(6) Fa	가정

1,6	(7) Ga	3,6 →E
8	(8) ~Fa	가정
2,8	(9) Ga	4,8 →E
1,2	(10) Ga	5,6,7,8,9 ∨E
1,2	(11) (∀x)Gx	10 ∀I

7.2절

① (∀x)Fx ⊢ (∃x)(Fx ∨ Gx)

1	(1) (∀x)Fx	전제
1	(2) Fa	1 ∀E
1	(3) Fa ∨ Ga	2 ∨I
1	(4) (∃x)(Fx ∨ Gx)	3 ∃I

② (∃x)Fx ⊢ (∃x)(Fx ∨ Gx)

1	(1) (∃x)Fx	전제
2	(2) Fa	가정
2	(3) Fa ∨ Ga	2 ∨I
2	(4) (∃x)(Fx ∨ Gx)	3 ∃I
1	(5) (∃x)(Fx ∨ Gx)	1,2,4 ∃E

③ (∃x)(Fx & Gx) ⊢ (∃x)Fx

1	(1) (∃x)(Fx & Gx)	전제
2	(2) Fa & Ga	가정
2	(3) Fa	2 &E
2	(4) (∃x)Fx	3 ∃I
1	(5) (∃x)Fx	1,2,4 ∃E

④ (∀x)(Fx → Gx) ⊢ (∃x)Fx → (∃x)Gx

1	(1) $(\forall x)(Fx \rightarrow Gx)$	전제
2	(2) $(\exists x)Fx$	가정
3	(3) Fa	가정
1	(4) Fa $\rightarrow$ Ga	1 $\forall$E
1,3	(5) Ga	3,4 $\rightarrow$E
1,3	(6) $(\exists x)Gx$	5 $\exists$I
1,2	(7) $(\exists x)Gx$	2,3,6 $\exists$E
1	(8) $(\exists x)Fx \rightarrow (\exists x)Gx$	2,7 $\rightarrow$I

⑤ $(\forall x)(Fx \rightarrow Gx)$, $(\exists x)\sim Gx \vdash (\exists x)\sim Fx$

1	(1) $(\forall x)(Fx \rightarrow Gx)$	전제
2	(2) $(\exists x)\sim Gx$	전제
3	(3) $\sim$Ga	가정
4	(4) Fa	가정
1	(5) Fa $\rightarrow$ Ga	1 $\forall$E
1,4	(6) Ga	4,5 $\rightarrow$E
1,3,4	(7) Ga & $\sim$Ga	3,6 &I
1,3	(8) $\sim$Fa	4,7 $\sim$I
1,3	(9) $(\exists x)\sim Fx$	8 $\exists$I
1,2	(10) $(\exists x)\sim Fx$	2,3,9 $\exists$E

〈다른 풀이〉

1	(1) $(\forall x)(Fx \rightarrow Gx)$	전제
2	(2) $(\exists x)\sim Gx$	전제
3	(3) $\sim$Ga	가정
1	(4) Fa $\rightarrow$ Ga	1 $\forall$E
1,3	(5) $\sim$Fa	3,4 SI 후건 부정식
1,3	(6) $(\exists x)\sim Fx$	5 $\exists$I

| 1,2 | (7) ($\exists$x)~Fx | 2,3,6 $\exists$E |

⑥ ($\forall$x)(Fx → (Gx & Hx)), ($\exists$x)Fx ⊢ ($\exists$x)Hx

1	(1) ($\forall$x)(Fx → (Gx & Hx))	전제
2	(2) ($\exists$x)Fx	전제
3	(3) Fa	가정
1	(4) Fa → (Ga & Ha)	1 $\forall$E
1,3	(5) Ga & Ha	3,4 →E
1,3	(6) Ha	5 &E
1,3	(7) ($\exists$x)Hx	6 $\exists$I
1,2	(8) ($\exists$x)Hx	2,3,7 $\exists$E

⑦ ($\forall$x)((Fx ∨ Gx) → Hx), ($\exists$x)~Hx ⊢ ($\exists$x)~Fx

1	(1) ($\forall$x)((Fx ∨ Gx) → Hx)	전제
2	(2) ($\exists$x)~Hx	전제
3	(3) ~Ha	가정
4	(4) Fa	가정
1	(5) (Fa ∨ Ga) → Ha	1 $\forall$E
4	(6) Fa ∨ Ga	4 ∨I
1,4	(7) Ha	5,6 →E
1,3,4	(8) Ha & ~Ha	3,7 &I
1,3	(9) ~Fa	4,8 ~I
1,3	(10) ($\exists$x)~Fx	9 $\exists$I
1,2	(11) ($\exists$x)~Fx	2,3,10 $\exists$E

〈다른 풀이〉

| 1 | (1) ($\forall$x)((Fx ∨ Gx) → Hx) | 전제 |
| 2 | (2) ($\exists$x)~Hx | 전제 |

3	(3) ~Ha	가정
1	(4) (Fa ∨ Ga) → Ha	1 ∀E
1,3	(5) ~(Fa ∨ Ga)	3,4 SI 후건 부정식
1,3	(6) ~Fa & ~Ga	5 SI 드모르간 법칙
1,3	(7) ~Fa	6 &E
1,3	(8) (∃x)~Fx	7 ∃I
1,2	(9) (∃x)~Fx	2,3,8 ∃E

⑧ (∀x)(Gx → ~Hx), (∃x)(Fx & Gx) ⊢ (∃x)(Fx & ~Hx)

1	(1) (∀x)(Gx → ~Hx)	전제
2	(2) (∃x)(Fx & Gx)	전제
3	(3) Fa & Ga	가정
1	(4) Ga → ~Ha	1 ∀E
3	(5) Ga	3 &E
1,3	(6) ~Ha	4,5 →E
3	(7) Fa	3 &E
1,3	(8) Fa & ~Ha	6,7 &I
1,3	(9) (∃x)(Fx & ~Hx)	8 ∃I
1,2	(10) (∃x)(Fx & ~Hx)	2,3,9 ∃E

⑨ (∃x)(Gx & ~Hx), (∀x)(Gx → Fx) ⊢ (∃x)(Fx & ~Hx)

1	(1) (∃x)(Gx & ~Hx)	전제
2	(2) (∀x)(Gx → Fx)	전제
3	(3) Ga & ~Ha	가정
2	(4) Ga → Fa	2 ∀E
3	(5) Ga	3 &E
2,3	(6) Fa	4,5 →E
3	(7) ~Ha	3 &E

2,3	(8) Fa & ~Ha	6,7 &I
2,3	(9) (∃x)(Fx & ~Hx)	8 ∃I
1,2	(10) (∃x)(Fx & ~Hx)	1,3,9 ∃E

⑩ (∀x)(Fx & Gx) ⊢ (∃x)Fx & (∃x)Gx

1	(1) (∀x)(Fx & Gx)	전제
1	(2) Fa & Ga	1 ∀E
1	(3) Fa	2 &E
1	(4) (∃x)Fx	3 ∃I
1	(5) Ga	2 &E
1	(6) (∃x)Gx	5 ∃I
1	(7) (∃x)Fx & (∃x)Gx	4,6 &I

7.3절

① (∀x)(Fx → Gx) ⊢ (∃x)~Gx → (∃x)~Fx

1	(1) (∀x)(Fx → Gx)	전제
2	(2) (∃x)~Gx	가정
3	(3) ~Ga	가정
1	(4) Fa → Ga	1 ∀E
1,3	(5) ~Fa	3,4 SI 후건 부정식
1,3	(6) (∃x)~Fx	5 ∃I
1,2	(7) (∃x)~Fx	2,3,6 ∃E
1	(8) (∃x)~Gx → (∃x)~Fx	2,7 →I

② (∃x)~Fx ⊣⊢ ~(∀x)Fx

(가) (∃x)~Fx ⊢ ~(∀x)Fx

1	(1) (∃x)~Fx	전제
2	(2) ~Fa	가정

3	(3) (∀x)Fx	가정
3	(4) Fa	3 ∀E
2,3	(5) Fa & ~Fa	2,4 &I
2	(6) ~(∀x)Fx	3,5 ~I
1	(7) ~(∀x)Fx	1,2,6 ∃E

(나) ~(∀x)Fx ⊢ (∃x)~Fx

1	(1) ~(∀x)Fx	전제
2	(2) ~(∃x)~Fx	가정
3	(3) ~Fa	가정
3	(4) (∃x)~Fx	3 ∃I
2,3	(5) (∃x)~Fx & ~(∃x)~Fx	2,4 &I
2	(6) ~~Fa	3,5 ~I
2	(7) Fa	6 ~E
2	(8) (∀x)Fx	7 ∀I
1,2	(9) (∀x)Fx & ~(∀x)Fx	1,8 &I
1	(10) ~~(∃x)~Fx	2,9 ~I
1	(11) (∃x)~Fx	10 ~E

③ (∀x)~Fx ⊣⊢ ~(∃x)Fx

(가) (∀x)~Fx ⊢ ~(∃x)Fx

1	(1) (∀x)~Fx	전제
2	(2) (∃x)Fx	가정
3	(3) Fa	가정
1	(4) ~Fa	1 ∀E
1,3	(5) Fa & ~Fa	3,4 &I
3	(6) ~(∀x)~Fx	1,5 ~I
2	(7) ~(∀x)~Fx	2,3,6 ∃E

1,2	(8) $(\forall x)\sim Fx$ & $\sim(\forall x)\sim Fx$	1,7 &I
1	(9) $\sim(\exists x)Fx$	2,8 $\sim$I

(나) $\sim(\exists x)Fx \vdash (\forall x)\sim Fx$

1	(1) $\sim(\exists x)Fx$	전제
2	(2) Fa	가정
2	(3) $(\exists x)Fx$	2 $\exists$I
1,2	(4) $(\exists x)Fx$ & $\sim(\exists x)Fx$	1,3 &I
1	(5) $\sim Fa$	2,4 $\sim$I
1	(6) $(\forall x)\sim Fx$	5 $\forall$I

④ $(\forall x)(Fx \rightarrow \sim Gx) \dashv\vdash \sim(\exists x)(Fx$ & $Gx)$

(가) $(\forall x)(Fx \rightarrow \sim Gx) \vdash \sim(\exists x)(Fx$ & $Gx)$

1	(1) $(\forall x)(Fx \rightarrow \sim Gx)$	전제
2	(2) $(\exists x)(Fx$ & $Gx)$	가정
3	(3) Fa & Ga	가정
1	(4) Fa $\rightarrow \sim Ga$	1 $\forall$E
3	(5) Fa	3 &E
1,3	(6) $\sim Ga$	4,5 $\rightarrow$E
3	(7) Ga	3 &E
1,3	(8) Ga & $\sim Ga$	6,7 &I
3	(9) $\sim(\forall x)(Fx \rightarrow \sim Gx)$	1,8 $\sim$I
2	(10) $\sim(\forall x)(Fx \rightarrow \sim Gx)$	2,3,9 $\exists$E
1,2	(11) $(\forall x)(Fx \rightarrow \sim Gx)$ & $\sim(\forall x)(Fx \rightarrow \sim Gx)$	1,10 &I
1	(12) $\sim(\exists x)(Fx$ & $Gx)$	2,11 $\sim$I

(나) $\sim(\exists x)(Fx$ & $Gx) \vdash (\forall x)(Fx \rightarrow \sim Gx)$

1	(1) $\sim(\exists x)(Fx$ & $Gx)$	전제

2	(2) Fa	가정
3	(3) Ga	가정
2,3	(4) Fa & Ga	2,3 &I
2,3	(5) (∃x)(Fx & Gx)	4 ∃I
1,2,3	(6) (∃x)(Fx & Gx) & ~(∃x)(Fx & Gx)	1,5 &I
1,2	(7) ~Ga	3,6 ~I
1	(8) Fa → ~Ga	2,7 →I
1	(9) (∀x)(Fx → ~Gx)	8 ∀I

⑤ ~(∀x)(Fx → Gx) ⊣⊢ (∃x)(Fx & ~Gx)

(가) ~(∀x)(Fx → Gx) ⊢ (∃x)(Fx & ~Gx)

1	(1) ~(∀x)(Fx → Gx)	전제
2	(2) ~(∃x)(Fx & ~Gx)	가정
3	(3) Fa	가정
4	(4) ~Ga	가정
3,4	(5) Fa & ~Ga	3,4 &I
3,4	(6) (∃x)(Fx & ~Gx)	5 ∃I
2,3,4	(7) (∃x)(Fx & ~Gx) & ~(∃x)(Fx & ~Gx)	2,6 &I
2,3	(8) ~~Ga	4,7 ~I
2,3	(9) Ga	8 ~E
2	(10) Fa → Ga	3,9 →I
2	(11) (∀x)(Fx → Gx)	10 ∀I
1,2	(12) (∀x)(Fx → Gx) & ~(∀x)(Fx → Gx)	1,11 &I
1	(13) ~~(∃x)(Fx & Gx)	2,12 ~I
1	(14) (∃x)(Fx & Gx)	13 ~E

(나) (∃x)(Fx & ~Gx) ⊢ ~(∀x)(Fx → Gx)

1	(1) (∃x)(Fx & ~Gx)	전제

2	(2) Fa & ~Ga	가정
3	(3) (∀x)(Fx → Gx)	가정
3	(4) Fa → Ga	3 ∀E
2	(5) Fa	2 &E
2,3	(6) Ga	4,5 →E
2	(7) ~Ga	2 &E
2,3	(8) Ga & ~Ga	6,7 &I
2	(9) ~(∀x)(Fx → Gx)	3,8 ~I
1	(10) ~(∀x)(Fx → Gx)	1,2,9 ∃E

⑥ (∀x)(Fx → (∀y)Gy) ⊢ (∀x)(∀y)(Fx → Gy)

1	(1) (∀x)(Fx → (∀y)Gy)	전제
2	(2) Fa	가정
1	(3) Fa → (∀y)Gy	1 ∀E
1,2	(4) (∀y)Gy	2,3 →E
1,2	(5) Gb	4 ∀E
1	(6) Fa → Gb	2,5 →I
1	(7) (∀y)(Fa → Gy)	6 ∀I
1	(8) (∀x)(∀y)(Fx → Gy)	7 ∀I

⑦ (∃x)(∃y)(Fx & Gy) ⊢ (∃y)(∃x)(Gy & Fx)

1	(1) (∃x)(∃y)(Fx & Gy)	전제
2	(2) (∃y)(Fa & Gy)	가정
3	(3) Fa & Gb	가정
3	(4) Fa	3 &E
3	(5) Gb	3 &E
3	(6) Gb & Fa	4,5 &I
3	(7) (∃x)(Gb & Fx)	6 ∃I

3	(8) $(\exists y)(\exists x)(Gy \,\&\, Fx)$	7 $\exists$I
2	(9) $(\exists y)(\exists x)(Gy \,\&\, Fx)$	2,3,8 $\exists$E
1	(10) $(\exists y)(\exists x)(Gy \,\&\, Fx)$	1,2,9 $\exists$E

⑧ $(\exists x)(Fx \,\&\, (\forall y)(Gy \rightarrow Rxy)) \vdash (\forall x)(Gx \rightarrow (\exists y)(Fy \,\&\, Ryx))$

1	(1) $(\exists x)(Fx \,\&\, (\forall y)(Gy \rightarrow Rxy))$	전제
2	(2) $Fa \,\&\, (\forall y)(Gy \rightarrow Ray)$	가정
3	(3) Gb	가정
2	(4) Fa	2 &E
2	(5) $(\forall y)(Gy \rightarrow Ray)$	2 &E
2	(6) $Gb \rightarrow Rab$	5 $\forall$E
2,3	(7) Rab	3,6 $\rightarrow$E
2,3	(8) $Fa \,\&\, Rab$	4,7 &I
2,3	(9) $(\exists y)(Fy \,\&\, Ryb)$	8 $\exists$I
2	(10) $Gb \rightarrow (\exists y)(Fy \,\&\, Ryb)$	3,9 $\rightarrow$I
2	(11) $(\forall x)(Gx \rightarrow (\exists y)(Fy \,\&\, Ryx))$	10 $\forall$I
1	(12) $(\forall x)(Gx \rightarrow (\exists y)(Fy \,\&\, Ryx))$	1,2,11 $\exists$E

⑨ $(\forall x)(Fx \rightarrow (\exists y)(Gy \,\&\, Hxy))$, $(\forall x)(Gx \rightarrow Mx) \vdash (\forall x)(Fx \rightarrow (\exists y)(My \,\&\, Hxy))$

1	(1) $(\forall x)(Fx \rightarrow (\exists y)(Gy \,\&\, Hxy))$	전제
2	(2) $(\forall x)(Gx \rightarrow Mx)$	전제
3	(3) Fa	가정
1	(4) $Fa \rightarrow (\exists y)(Gy \,\&\, Hay)$	1 $\forall$E
1,3	(5) $(\exists y)(Gy \,\&\, Hay)$	3,4 $\rightarrow$E
6	(6) $Gb \,\&\, Hab$	가정
2	(7) $Gb \rightarrow Mb$	2 $\forall$E
6	(8) Gb	6 &E

2,6	(9) Mb	7,8 →E
6	(10) Hab	6 &E
2,6	(11) Mb & Hab	9,10 &I
2,6	(12) (∃y)(My & Hay)	11 ∃I
1,2,3	(13) (∃y)(My & Hay)	5,6,12 ∃E
1,2	(14) Fa → (∃y)(My & Hay)	3,13 →I
1,2	(15) (∀x)(Fx → (∃y)(My & Hxy))	14 ∀I

⑩ (∃x)(Fx & Gx), (∃x)(Fx & (∀y)(Gy → ~Hxy)) ⊢ (∃x)(Fx & ~(∀y)(Fy → Hyx))

1	(1) (∃x)(Fx & Gx)	전제
2	(2) (∃x)(Fx & (∀y)(Gy → ~Hxy))	전제
3	(3) Fa & Ga	가정
4	(4) Fb & (∀y)(Gy → ~Hby)	가정
5	(5) (∀y)(Fy → Hya)	가정
4	(6) (∀y)(Gy → ~Hby)	4 &E
4	(7) Ga → ~Hba	6 ∀E
5	(8) Fb → Hba	5 ∀E
3	(9) Ga	3 &E
4	(10) Fb	4 &E
3,4	(11) ~Hba	7,9 →E
4,5	(12) Hba	8,10 →E
3,4,5	(13) Hba & ~Hba	11,12 &I
3,4	(14) ~(∀y)(Fy → Hya)	5,13 ~I
3	(15) Fa	3 &E
3,4	(16) Fa & ~(∀y)(Fy → Hya)	14,15 &I
3,4	(17) (∃x)(Fx & ~(∀y)(Fy → Hyx))	16 ∃I
2,3	(18) (∃x)(Fx & ~(∀y)(Fy → Hyx))	2,4,17 ∃E

1,2	(19) $(\exists x)(Fx \,\&\, \sim(\forall y)(Fy \rightarrow Hyx))$	1,3,18 $\exists$E

8장 동일성, 일정 수를 나타내는 양화사, 그리고 한정 기술

① $(\forall x)(\forall y)(Rxy \rightarrow \sim Ryx) \vdash (\forall x)\sim Rxx$

1	(1) $(\forall x)(\forall y)(Rxy \rightarrow \sim Ryx)$	전제
2	(2) Raa	가정
1	(3) $(\forall y)(Ray \rightarrow \sim Rya)$	1 $\forall$E
1	(4) Raa $\rightarrow \sim$Raa	3 $\forall$E
1,2	(5) $\sim$Raa	2,4 $\rightarrow$E
1,2	(6) Raa $\&\, \sim$Raa	2,5 $\&$I
1	(7) $\sim$Raa	2,6 $\sim$I
1	(8) $(\forall x)\sim Rxx$	7 $\forall$I

② $(\forall x)(\forall y)(\forall z)((Rxy \,\&\, Ryz) \rightarrow \sim Rxz) \vdash (\forall x)\sim Rxx$

1	(1) $(\forall x)(\forall y)(\forall z)((Rxy \,\&\, Ryz) \rightarrow \sim Rxz)$	전제
2	(2) Raa	가정
1	(3) $(\forall y)(\forall z)((Ray \,\&\, Ryz) \rightarrow \sim Raz)$	1 $\forall$E
1	(4) $(\forall z)((Raa \,\&\, Raz) \rightarrow \sim Raz)$	3 $\forall$E
1	(5) $(Raa \,\&\, Raa) \rightarrow \sim Raa$	4 $\forall$E
2	(6) Raa $\&$ Raa	2,2 $\&$I
1,2	(7) $\sim$Raa	5,6 $\rightarrow$E
1,2	(8) Raa $\&\, \sim$Raa	2,7 $\&$I
1	(9) $\sim$Raa	2,8 $\sim$I
1	(10) $(\forall x)\sim Rxx$	9 $\forall$I

③ $(\forall x)\sim Rxx$, $(\forall x)(\forall y)(\forall z)((Rxy \,\&\, Ryz) \rightarrow Rxz) \vdash (\forall x)(\forall y)(Rxy \rightarrow \sim Ryx)$

1	(1) $(\forall x)\sim Rxx$	전제
2	(2) $(\forall x)(\forall y)(\forall z)((Rxy \;\&\; Ryz) \rightarrow Rxz)$	전제
3	(3) Rab	가정
4	(4) Rba	가정
1	(5) $\sim$Raa	1 $\forall$E
2	(6) $(\forall y)(\forall z)((Ray \;\&\; Ryz) \rightarrow Raz)$	2 $\forall$E
2	(7) $(\forall z)((Rab \;\&\; Rbz) \rightarrow Raz)$	6 $\forall$E
2	(8) $(Rab \;\&\; Rba) \rightarrow Raa$	7 $\forall$E
3,4	(9) Rab $\&$ Rba	3,4 &I
2,3,4	(10) Raa	8,9 $\rightarrow$E
1,2,3,4	(11) Raa $\&$ $\sim$Raa	5,10 &I
1,2,3	(12) $\sim$Rba	4,11 $\sim$I
1,2	(13) Rab $\rightarrow$ $\sim$Rba	3,12 $\rightarrow$I
1,2	(14) $(\forall y)(Ray \rightarrow \sim Rya)$	13 $\forall$I
1,2	(15) $(\forall x)(\forall y)(Rxy \rightarrow \sim Ryx)$	14 $\forall$I

④ $(\forall x)(\forall y)(Rxy \rightarrow Ryx)$, $(\forall x)(\forall y)(Rxy \rightarrow Rxx) \vdash (\forall x)[(\exists y)Ryx \rightarrow Rxx]$

1	(1) $(\forall x)(\forall y)(Rxy \rightarrow Ryx)$	전제
2	(2) $(\forall x)(\forall y)(Rxy \rightarrow Rxx)$	전제
3	(3) $(\exists y)Rya$	가정
4	(4) Rba	가정
1	(5) $(\forall y)(Rby \rightarrow Ryb)$	1 $\forall$E
1	(6) Rba $\rightarrow$ Rab	5 $\forall$E
1,4	(7) Rab	4,6 $\rightarrow$E
2	(8) $(\forall y)(Ray \rightarrow Raa)$	2 $\forall$E
2	(9) Rab $\rightarrow$ Raa	8 $\forall$E
1,2,4	(10) Raa	7,9 $\rightarrow$E

1,2,3	(11) Raa	3,4,10 ∃E
1,2	(12) (∃y)Rya → Raa	3,11 →I
1,2	(13) (∀x)[(∃y)Ryx → Rxx]	12 ∀I

⑤ (∀x)(∃y)Rxy, (∀x)(∀y)(Rxy → Ryx) ⊢ (∀x)(∃y)(Rxy & Ryx)

1	(1) (∀x)(∃y)Rxy	전제
2	(2) (∀x)(∀y)(Rxy → Ryx)	전제
1	(3) (∃y)Ray	1 ∀E
4	(4) Rab	가정
2	(5) (∀y)(Ray → Rya)	2 ∀E
2	(6) Rab → Rba	5 ∀E
2,4	(7) Rba	4,6 →E
2,4	(8) Rab & Rba	4,7 &I
2,4	(9) (∃y)(Ray & Rya)	8 ∃I
1,2	(10) (∃y)(Ray & Rya)	3,4,9 ∃E
1,2	(11) (∀x)(∃y)(Rxy & Ryx)	10 ∀I

⑥ (∃x)Fx & (∀x)(∀y)((Fx & Fy) → (x = y)) ⊢ (∃x)(Fx & (∀y)(Fy → (x = y)))

1	(1) (∃x)Fx & (∀x)(∀y)((Fx & Fy) → (x = y))	전제
1	(2) (∃x)Fx	1 &E
1	(3) (∀x)(∀y)((Fx & Fy) → (x = y))	1 &E
4	(4) Fa	가정
1	(5) (∀y)((Fa & Fy) → (a = y))	3 ∀E
1	(6) (Fa & Fb) → (a = b)	5 ∀E
7	(7) Fb	가정
4,7	(8) Fa & Fb	4,7 &I
1,4,7	(9) a = b	6,8 →E

1,4	(10) Fb → (a = b)	7,9 →I
1,4	(11) (∀y)(Fy → (a = y))	10 ∀I
1,4	(12) Fa & (∀y)(Fy → (a = y))	4,11 &I
1,4	(13) (∃x)(Fx & (∀y)(Fy → (x = y)))	12 ∃I
1	(14) (∃x)(Fx & (∀y)(Fy → (x = y)))	2,4,13 ∃E

⑦ (∀x)(Fx → Gx) ⊢ (∀x)(∀y)((Fx & Rxy) → (Gx & Rxy))

1	(1) (∀x)(Fx → Gx)	전제
2	(2) Fa & Rab	가정
1	(3) Fa → Ga	1 ∀E
2	(4) Fa	2 &E
1,2	(5) Ga	3,4 →E
2	(6) Rab	2 &E
1,2	(7) Ga & Rab	5,6 &I
1	(8) (Fa & Rab) → (Ga & Rab)	2,7 →I
1	(9) (∀y)(Fa & Ray) → (Ga & Ray)	8 ∀I
1	(10) (∀x)(∀y)((Fx & Rxy) → (Gx & Rxy))	9 ∀I

⑧ (∀x)(Fx → Gx) ⊢ (∀x)(∀y)((Fx & ~Gy) → (Gx & ~Fy))

1	(1) (∀x)(Fx → Gx)	전제
2	(2) Fa & ~Gb	가정
1	(3) Fa → Ga	1 ∀E
2	(4) Fa	2 &E
1,2	(5) Ga	3,4 →E
1	(6) Fb → Gb	1 ∀E
2	(7) ~Gb	2 &E
8	(8) Fb	가정
1,8	(9) Gb	6,8 →E

1,2,8	(10) Gb & ～Gb	7,9 &I
1,2	(11) ～Fb	8,10 ～I
1,2	(12) Ga & ～Fb	5,11 &I
1	(13) (Fa & ～Gb) → (Ga & ～Fb)	2,12 →I
1	(14) (∀y)((Fa & ～Gy) → (Ga & ～Fy))	13 ∀I
1	(15) (∀x)(∀y)((Fx & ～Gy) → (Gx & ～Fy))	14 ∀I

⑨ (∀x)(Fx → Gx), (∀x)(∀y)(Rxy → Syx), (∀x)(∀y)(Sxy → Syx) ⊢
(∀x)[(∃y)(Fx & Rxy) → (∃y)(Gx & Sxy)]

1	(1) (∀x)(Fx → Gx)	전제
2	(2) (∀x)(∀y)(Rxy → Syx)	전제
3	(3) (∀x)(∀y)(Sxy → Syx)	전제
4	(4) (∃y)(Fa & Ray)	가정
5	(5) Fa & Rab	가정
5	(6) Fa	5 &E
1	(7) Fa → Ga	1 ∀E
1,5	(8) Ga	6,7 →E
5	(9) Rab	5 &E
2	(10) (∀y)(Ray → Sya)	2 ∀E
2	(11) Rab → Sba	10 ∀E
2,5	(12) Sba	9,11 →E
3	(13) (∀y)(Sby → Syb)	3 ∀E
3	(14) Sba → Sab	13 ∀E
2,3,5	(15) Sab	12,14 →E
1,2,3,5	(16) Ga & Sab	8,15 &I
1,2,3,5	(17) (∃y)(Ga & Say)	16 ∃I
1,2,3,4	(18) (∃y)(Ga & Say)	4,5,17 ∃E
1,2,3	(19) (∃y)(Fa & Ray) → (∃y)(Ga & Say)	4,18 →I

1,2,3　　(20) $(\forall x)[(\exists y)(Fx \ \& \ Rxy) \rightarrow (\exists y)(Gx \ \& \ Sxy)]$　19 $\forall$I

⑩ $(\forall x)(\exists y)(Fx \ \& \ Gy) \vdash (\exists y)(\forall x)(Fx \ \& \ Gy)$

1	(1) $(\forall x)(\exists y)(Fx \ \& \ Gy)$	전제
1	(2) $(\exists y)(Fa \ \& \ Gy)$	1 $\forall$E
3	(3) $Fa \ \& \ Gb$	가정
1	(4) $(\exists y)(Fc \ \& \ Gy)$	1 $\forall$E
5	(5) $Fc \ \& \ Gd$	가정
5	(6) Fc	5 &E
1	(7) Fc	4,5,6 $\exists$E
3	(8) Gb	3 &E
1,3	(9) $Fc \ \& \ Gb$	7,8 &I
1,3	(10) $(\forall x)(Fx \ \& \ Gb)$	9 $\forall$I
1,3	(11) $(\exists y)(\forall x)(Fx \ \& \ Gy)$	10 $\exists$I
1	(12) $(\exists y)(\forall x)(Fx \ \& \ Gy)$	2,3,11 $\exists$E

9장 진리나무

※ ③, ⑨, ⑩, ⑫, ⑬, ⑮, ⑱이 부당하고, 나머지는 모두 타당하다.
다음과 같은 해석에서 반례가 생겨난다.

	논의 세계	Fx	Gx	Hx
③	자연수들	x는 짝수이다		
⑨	생물들	x는 반려견이다	x는 고양이이다	x는 포유류이다
⑩	생물들	x는 고양이이다	x는 어류이다	x는 새끼를 낳는다
⑫	사람들	x는 2학년 학생이다	x는 아르바이트를 한다	x는 학생이다
⑬	자연수들	x는 짝수이다	x는 홀수이다	
⑮	자연수들	x는 짝수이다	x는 홀수이다	
⑱	존재하는 모든 대상들	x는 산타클로스이다	x는 수염이 희다	

Bergmann, M., Moor, J., and Nelson, J., *The Logic Book*, The McGraw-Hill, 1980.

Bostock, D., *Intermediate Logic*, Oxford Univ. Press, 1997.

Copi, I., *Symbolic Logic*, Macmillan Publishing Co., 1979.

Dummett, M., *Frege: Philosophy of Language*, 2nd ed., Duckworth, 1981.

Fitch, F. B., *Symbolic Logic*, The Ronald Press, 1952.

Forbes, G., "But 'a' Was Arbitrary...", *Philosophical Topics* 21 (2), 1993, pp. 21-34.

_____, *Modern Logic*, Oxford Univ. Press, 1994.

Frege, G., *Conceptual Notations and Related Articles*, trans. by T. W. Bynum, Oxford
    Univ. Press, 1972.

Gentzen, G., "Investigations into Logical Deduction", reprinted in M. E. Szabo, ed.
    The Collected Papers of Gerhard Gentzen, North-Holland Publishing Co.
    1969, pp. 68-131.

Howson, C., *Logic with Trees*, Routledge, 1997.

Hunter, G., *Metalogic*, Univ. of California Press, 1971.

Jeffrey, R., *Formal Logic*, 4th ed., Hackett Publishing Co., 1991.

Kneale, W. and M. Kneale, *The Development of Logic*, 『논리학의 역사 1과 2』, 박우석,

배선복, 송하석, 최원배 옮김, 한길사, 2015.

Lemmon, E. J., *Beginning Logic*, Chapman & Hall, 1987.

Newton-Smith, W. H., *Logic: An Introductory Course*, Routledge, 1994.

Quine, W. V., *Methods of Logic*, 3rd ed., Routledge & Kegan Paul, 1974.

Sainsbury, M., *Logical Forms*, 2nd ed., Blackwell, 1991.

Smith, P., *An Introduction to Formal Logic*, Cambridge Univ. Press, 2003.

Strawson, P. F., *Introduction to Logical Theory*, Methuen & Co Ltd, 1952.

Tomassi, P., *Logic*, Routledge, 1999.

Woods, J., A. Irvine, D. Walton, *Argument: Critical Thinking, Logic and the Fallacies*,
Pearson Prentice Hall, 2nd ed. 2004.